V&R

Für Eva, Till, Nele, Meik und Lila

Jan Bleckwedel

Systemische Therapie in Aktion

Kreative Methoden in der Arbeit mit Familien und Paaren

Mit 25 Abbildungen und 26 Tabellen

2. Auflage

Vandenhoeck & Ruprecht

Bibliografische Information der Deutschen Nationalbibliothek

Die Deutsche Nationalbibliothek verzeichnet diese Publikation in der
Deutschen Nationalbibliografie; detaillierte bibliografische Daten
sind im Internet über http://dnb.d-nb.de abrufbar.

ISBN 978-3-525-49137-9

Printed in Germany.
Satz: Satzspiegel, Nörten-Hardenberg
Druck und Bindung: ⊕ Hubert & Co, Göttingen

Gedruckt auf alterungsbeständigem Papier.

Inhalt

Teil II: Grundlagen des Inszenierens

Teil III: Systemische Aktionstools

Teil IV: System und Begegnung

»Ich kann jeden leeren Raum nehmen und ihn eine nackte Bühne nennen. Ein Mann geht durch den Raum, während ihm ein anderer zusieht; das ist alles, was zur Theateraufführung notwendig ist.«
Peter Brook

»Ein Traum ohne Wirklichkeit bedeutet mir ebenso wenig wie reine Wirklichkeit ohne Traum, und das Theater besteht ja aus verwirklichten Träumen.«
Max Reinhardt

Einladung zum Lesen

Aktionsmethoden sind in der Arbeit mit Gruppen und in Fortbildungen seit langem anerkannt und die aktuellen Ergebnisse der Neurobiologie liefern gute Argumente für den Einsatz erlebnisintensiver Methoden. Doch in der praktischen Arbeit mit Familien und Paaren überfällt viele Therapeuten eine Art Lähmung. Es ist gar nicht so einfach, sich zu erheben und die Situation lebendig zu gestalten. Und tatsächlich tauchen in der Praxis vor Ort eine Reihe berechtigter Fragen auf. Ist es nicht seltsam, was man da vorschlägt? Was können Therapeuten ganz normalen Leuten zumuten, die ahnungslos die Praxis betreten? Was tun, wenn Klienten ablehnend oder zögernd auf Aktionsvorschläge reagieren? Wie arbeitet man mit mehreren Protagonisten gleichzeitig? Wie können Kinder und Jugendliche verschiedenen Alters integriert und als Ressource genutzt werden? Wie geht man mit einem komplexen Geflecht aus Loyalitäten und der Gefahr der Beschämung um? Was tun, wenn plötzlich intensive Emotionen frei werden, unverhofft Chaos ausbricht oder Intimes offenbar wird? Und wann ist es vielleicht besser, einfach ein gutes Gespräch zu führen?

Mit diesen Fragen muss man sich ernsthaft beschäftigen, wenn man Aktionsmethoden angemessen nutzen will. Denn was einfach und spielerisch aussieht, kann komplexe Folgen haben und unvorhergesehene Dynamiken in Gang setzen. Aktionsmethoden sind mächtig, sie wirken multimodal und mehrdimensional, und man kann mit ihnen auch Unheil anrichten. Vor diesem Hintergrund habe ich viel wert darauf gelegt, den Rahmen zu beschreiben, in dem Aktionsmethoden angemessen, passend und verantwortungsvoll eingesetzt werden können (Teil I). Bei aller Lebendigkeit geht es immer auch um das fachliche und ethische Wissen, das hinter den Techniken liegt. Ich glaube nicht an die Wirksamkeit von Methoden, sondern an die Wirksamkeit von Therapeuten, die Begegnungen angemessen gestalten und Methoden passend einsetzen. In diesem Rahmen stellt das Buch ein breites Repertoire von Aktionsmethoden zur Verfügung und will Mut machen, diese Methoden in der Praxis einzusetzen.

In der Arbeit mit Aktionsmethoden verbinden sich Diagnostik und Intervention auf einzigartige Weise. Aktionsmethoden regen die Fantasie an und setzen Kreativität frei. Alle Sinne werden aktiviert und Prozesse der Veränderung und Entwicklung werden vertieft. Die Macht innerer Bilder wird erlebbar und soziale Felder werden begehbar. Konflikte können intensiv bearbeitet und Lösungen spielerisch entwickelt werden.

Doch wie kommen Therapeuten und Klienten in Bewegung? Wie kann systemisches Denken in lebendiges Handeln übersetzt werden? Wie kann die therapeutische Situation als Ganze kreativ gestaltet werden? Das sind die Fragen, von denen dieser Text ausgeht und zu denen er hinführt. Die systemischen Ideen, Konzepte und Techniken, die hier vorgestellt werden, haben sich in vielen Jahren der Praxis und Lehre auf dem Hintergrund verschiedener Traditionen der Familientherapie und des Psychodramas entwickelt, sind aber offen für alle Richtungen der Therapie.

Einsteigen und Querlesen

Ein Text zwingt den Autor zu einer linearen Gliederung. Der Prozess der Erfahrung und Ideenbildung verläuft hingegen zirkulär, er folgt – wie das Leben überhaupt – einer unordentlichen Logik voller Windungen und Wendungen. Ich stelle mir daher Leserinnen und Leser vor, die sich ihren eigenen Weg suchen. Der Text erlaubt einen Einstieg in jedem Kapitel und Sie können nach Lust und Notwendigkeit blättern und nachschlagen. Die Gliederung gibt einen Überblick und die Verweise im Text (→) erleichtern das Querlesen. Das Buch ist in erster Linie als Anregung für die Praxis konzipiert. Eingestreute Fallvignetten und wörtliche Rede zeigen konkret, wie man Paare und Familien ins Spiel bringt. Abbildungen, Tabellen und Listen erleichtern die Orientierung im klinischen Alltag. Es ging mir aber auch darum, die intensive Wirkung von Aktionsmethoden fundiert und anschaulich zu erklären und einen multimodalen, mehrdimensionalen und entwicklungsorientierten Kontext zu entwerfen (Teil IV). Aus Gründen der Lesbarkeit habe ich auf ausführliche Herleitungen weitgehend verzichtet. Die Fallbeispiele sind aus Tatsachen und Erfindungen konstruiert, um die Anonymität zu wahren. Zwischen Sprachästhetik und Gender-Korrektheit hin und her gerissen habe ich mich mal so und mal anders entschieden.

Was bleibt?

Letztlich geht es darum, die therapeutische Situation kreativ zu gestalten. Eine Zeitlinie, ein Stühlerücken, ein Rollenwechsel – das kann jeder relativ schnell lernen und als Technik leicht einbauen. Was ich mir wünsche, ist mehr: Werden Sie selbst kreativ und laden Sie ihre Klienten zu ebensolchem Tun ein. Es sind die Momente des gemeinsamen Erfindens, diese Augenblicke, wenn in der Zusammenarbeit etwas Neues geschieht und sich durchsetzt, die beglücken und voranbringen. Nehmen wir an, es sind diese Momente, die im therapeutischen Prozess wirkungsvoll sind – etwas, was trägt und federt. Die Aufgabe bestünde dann darin, Situationen so zu gestalten, dass solche Momente des Erfindens möglich werden. Improvisation erfordert ungewöhnliche Ideen, klare Konzepte und solides Handwerk. Aber wenn man die grundlegenden Ideen versteht und die Techniken beherrscht, öffnet sich ein unbegrenzter Raum. Alles, was man dann noch braucht, ist Intuition, genügend Platz und Fantasie.

Dank

Die ersten Ideen für dieses Buch sind in der Praxis entstanden. Ich danke allen Klienten, die uns zeigen, was geht und was nicht geht. Ich danke den Autoren, deren Gedanken direkt oder indirekt in dieses Buch eingeflossen sind, und allen Kolleginnen und Kollegen, die mich über die Jahre durch ihre Ideen und Anregungen bereichert haben, unter ihnen Uli Seidel, Franz Stimmer, Ulf Klein, Reinhard Krüger, Ulrike Fangauf, Hildegard Pruckner, Kurt Weber, Helm Stierlin, Gunthard Weber, Fritz Simon, Klaus Deissler, Luigi Boscolo und Anthony Williams. Besonders danke ich Louk Portier aus Holland und Gianfranco Cecchin aus Italien, die mir zeigten, wie sich systemisches Denken und lebendiges Handeln verbinden lassen, ohne das Unbewusste zu verlieren. Für die erste Chance, meine Erfahrungen weiterzugeben, danke ich Meinolf Schönke und der Bundeskonferenz für Erziehungsberatung. Seither hat eine große Zahl von Kolleginnen und Kollegen durch Kritik und Begeisterung in Seminaren und Supervisionen zur allmählichen Weiterentwicklung der hier vorgestellten Konzepte beigetragen. Wertvolle Kommentare und Kritiken verdanke ich Christiane Mahler-Napp aus Freiburg und Katharina Witte, die Teile des Manuskripts gelesen haben. Frau Kamp und Herrn Presting vom Verlag gilt mein aufrichtiger Dank für die freundliche und professionelle Begleitung. Das Schreiben selbst wurde zu einem spannenden Abenteuer, für das ich ebenso dankbar bin wie für die glücklichen Umstände, die es mir ermöglicht haben, in den Sommern ungestört zu schreiben. Ganz besonders danke ich meiner Frau, Eva Frank-Bleckwedel, die mich fachlich beraten und meine Leidenschaft für dieses Projekt mitgetragen hat.

Einführung: Zwischen Wissenschaft und Kunst, Handwerk und Magie

Aufbruchstimmung

In den 1970er Jahren begeisterten sich viele Therapeuten für neue Ansätze und Therapie wurde zur fröhlichen Wissenschaft. Begrenzungen wurden aufgehoben, Gewissheiten in Frage gestellt und Hierarchien durcheinander gekegelt. Ein Klima, das therapeutische Vielfalt und Innovation hervorbrachte. Familientherapie, als neues Paradigma aus den USA kommend, brachte Bewegung in die deutsche Therapielandschaft und wurde zum Experimentierfeld.[1] Systemisches Denken entfaltete seine schöpferische und manchmal subversive Kraft. Die verbindende Idee bestand darin, mehrere Personen, wenn es ging ganze Familien, in den Therapieraum einzuladen, und der Fokus der Aufmerksamkeit wanderte vom Individuum zur Interaktion.

In meinen ersten Ko-Therapien als Praktikant staunte ich nicht schlecht, wenn Leute die Plätze tauschten oder der Therapeut aufstand und aus dem Fenster schaute, um etwas zu sagen, was mir einerseits einleuchtete und zugleich kryptisch vorkam. Aber neben diesen eher geheimnisvollen Dingen faszinierte mich besonders, wenn es gelang, Familien in ein gemeinsames Gespräch über ein bedeutungsvolles Thema zu verwickeln. Mein Gedächtnis gibt wenige Einzelheiten aus dieser ersten Zeit frei, aber ich erinnere mich genau an die Empfindung einer warmherzigen Atmosphäre in den Familiengesprächen und das Gefühl eines respektvollen Umgangs. Mag sein, dass der Zauber des Beginnens verklärt. Aber für mich enthält diese Anfangserfahrung alles wirklich Wesentliche für die therapeutische Arbeit: Respekt, Einfühlung, Achtsamkeit, Entdeckungsfreude und Hoffnung. Natürlich gibt es immer eine Fülle methodischer Fragen und theoretischer Überlegungen, aber die Grundidee ist einfach: Begegnung zwischen Menschen zu ermöglichen und einen angemessenen Rahmen für Veränderung zu schaffen.

---

1 Vgl. die Beiträge zur Entwicklung der Familientherapie in Deutschland von Wolf Ritscher, Günter Reich und Manfred Cierpka in der Zeitschrift Kontext 1/2006.

Neue Ideen

Als junges Team einer Beratungsstelle luden wir Familienmitglieder, insbesondere Väter und andere wichtige Personen aus dem Umfeld, zu Gesprächen ein. Und die Väter kamen, obwohl uns die länger gedienten Kolleginnen und Kollegen vorausgesagt hatten, sie würden nicht kommen. Die Eingeladenen erwiesen sich nicht nur als sprudelnde Informationsquellen, sondern als wichtige Agenten der Veränderung. In vielen Fällen ersetzte, erleichterte oder unterstützte die Aktivierung und Veränderung des Umfeldes die Arbeit mit den so genannten »Indexpatienten« und führte zu erstaunlichen Ergebnissen.

Unsere Aufmerksamkeit wanderte zwischen einzelnen Personen und dem, was zwischen den Personen passiert, hin und her. Um damit zu beginnen, kann man sich gut an Virginia Satir (Satir u. Baldwin, 1988) orientieren. Wir bemühten uns darum, Familien und ihre Mitglieder da abzuholen, wo sie sich gefühlsmäßig und gedanklich befanden. Wir interessierten uns für die sozialen und kulturellen Bedingungen von Verhaltensweisen und Interaktionsmustern. Wir lernten, hinter problematischen Kommunikationsformen Wünsche und Fähigkeiten zu erkennen – gleichsam verschüttet und doch im Problemsystem aufgehoben. Wir achteten auf Kommunikationsstile und versuchten, die positiven Impulse und Anliegen unserer Klienten freizulegen.

Das Konfliktmodell der Psychoanalyse war ebenfalls eine wichtige Quelle der Inspiration. Wir horchten auf das gemeinsame Unbewusste in den Familien und nahmen uns viel Zeit zum Verstehen problematischer Entwicklungen. Wir übten eine frei schwebende, von Lösungsdruck weitgehend freie Art der Aufmerksamkeit, um Symptome und Probleme im Kontext transgenerationaler Muster und biographischer Entwicklungslinien zu verstehen. Mit einer passenden Deutung des gemeinsamen Unbewussten kann man durchaus Änderungen zweiter Ordnung (→ I.8. S. 159) anstoßen. Ich erinnere mich an eine Familie, in der wir mit drei Generationen die eingefrorene Trauer thematisierten, und werde nie vergessen, wie sich die Atmosphäre in der Familie veränderte, als sich im Strom der Tränen die losen Enden anscheinend separater Ereignisse zu einer sinngebenden Geschichte zusammenfügten.

Konflikt und Lösung

Aber genau so oft stießen wir an die Grenzen unserer Möglichkeiten. Wir waren sehr mit Pathogenese beschäftigt und hatten kaum genauere Vorstellungen über Salutogenese. Jedenfalls stand unsere Fähigkeit, Probleme zu analysieren, in keinem angemessenen Verhältnis zu der Fähigkeit, Lösungen zu generieren. Diese Diskrepanz gab Einigen von uns zu denken und es begann eine intensive Suche nach entwicklungsorientierten Konzepten und nach Techniken, Lösungsprozesse gezielt anzuregen und zu unterstützen. Umwege und Irrwege sind dabei unvermeidlich. Als Anfang der 1980er Jahre die Mailänder paradoxe Intervention in Mode kam, waren viele fasziniert. Die abstrakte, strategische, fast mathematische Seite von Therapie trat in den Vordergrund und paradoxe Interventionen, die in der Therapie eine lange Tradition haben (Weeks u. L'Abate, 1985), schienen ein geeignetes Mittel zu sein, festgefügte Muster gleichsam zu sprengen. Als Ingenieure der Seele verschrieben wir Symptome, eingebettet in ausgefeilte Kommentare, die nicht selten provokativ wirkten. Aber Menschen und Familien sind keine Maschinen. Die Erfahrung lehrte uns bald, behutsamer mit geschichtlich gewachsenen, lebenden Systemen umzugehen. In der Regel haben Klienten, Paare oder ganze Familien in einer Kaskade misslungener Lösungsversuche einiges in ihre Problemstruktur investiert, sind darin verwickelt oder fühlen sich darin zu Hause. Das Leiden – quälende Symptome, Störungen, problematische Muster oder Konstellationen – kann zur Heimat werden, die nicht so einfach aufgegeben wird. Darauf muss man sich beziehen, wenn man nachhaltige Entwicklungen und haltbare Lösungen anregen will. Ohne Respekt vor gewachsenen Strukturen und Identitäten erzielt man in der Regel nur kurzlebige Erfolge.

Die therapeutische Kunst besteht allemal darin, das gebundene Potenzial der Veränderung (→ IV.3. S. 289) für nachhaltige Lösungen zu nutzen. In problematischen Verhaltensweisen, Konflikten und Problemkonstellationen sind starke Energien gebunden und es gilt, gerade diese Energien für den Lösungsprozess nutzbar zu machen. Solche Umwandlungen erfordern Geduld und Kreativität, haben aber den unschätzbaren Vorteil, dass Lösungen nicht durch unbearbeitete Konflikte oder neu geschaffene Probleme torpediert werden. Wenn man genau hinschaut, ist dies genau das, was wirksame Therapeuten tun – von den frühen Schamanen bis hin zu modernen Therapeuten.

Jenseits von Richtungen und Methoden

Aktionsmethoden können problemlos mit vielen Richtungen, Verfahren und Methoden der Therapie verbunden werden. Diese Anschlussfähigkeit gewann für mich zunehmend an Bedeutung. Denn je mehr man die Vielfalt therapeutischer Möglichkeiten schätzen lernt, desto skeptischer wird man gegenüber allen Absolutheitsansprüchen einzelner Schulen oder Richtungen. Natürlich geht man von seinen persönlichen Vorlieben und Überzeugungen aus, wenn man Ausbildungen und Behandlungsformen wählt. Aber ich halte es für wenig sinnvoll, Klienten an die jeweiligen Vorgehensweisen einfach anzupassen. Die umgekehrte Richtung erscheint mir sinnvoll. Die Praxis konfrontiert uns in den verschiedenen Feldern mit den unterschiedlichsten Menschen, Situationen, Aufgaben und Fragestellungen. Klienten können mit gutem Recht erwarten, dass wir Verfahren, Settings und

Techniken im Rahmen unserer Möglichkeiten flexibel an die jeweiligen Anforderungen anpassen. Sinnvollerweise konzentrieren sich einige Kollegen auf die puristische Anwendung einzelner Verfahren und Methoden, um deren Essenz zu erhalten und zu entwickeln. Aber für die überwiegende Mehrheit gelten andere Bedingungen: *Im Feld* erscheint es allemal sinnvoll, das zu tun, was die meisten Praktiker ohnehin tun: Settings variieren, Methoden flexibel kombinieren und probieren, was passt und wirkt.

In letzter Instanz entscheiden die Klienten über die Wirksamkeit unserer Bemühungen. Ob Deuten, Trainieren, zirkulär Fragen, Malen, Handeln, Stellen, Legen, Ratschlag, Wunderfrage, Rollentausch, Trance, Skulptur, Musik oder Hausaufgabe: Was einzelne Klienten, Paare oder Familien aufnehmen und was sie daraus machen, hängt letztlich von ihren inneren Prozessen und Landkarten ab. Real existierende Klienten beziehen sich wie alle lebenden Systeme vor allem auf sich selbst und sie entscheiden über Veränderungen im Rahmen ihrer Emotionen und subjektiven Weltanschauungen und nicht im Rahmen irgendwelcher Wissenschaftstheorien.

Vielfalt und Passung

Therapie hat viele Ebenen und lebt von der produktiven Gestaltung dieser Vielfalt. Idealtypisch gesehen geht es darum, innerhalb eines wohl definierten Rahmens für jeden Fall ein besonderes Arrangement zu erfinden, Settings zu variieren und Methoden zu kombinieren. Was passt zu den Personen und Aufträgen, Situationen und Problemen, Leiden und Kontexten? Ich gebe zu, diese Vision stellt hohe Anforderungen, die selten realisiert werden können. Aber diese Vision hat tiefe Wurzeln in den Humanwissenschaften, sie lebt in der Kreativität vieler Praktiker und sie ist wichtig für unsere Zukunft.

Meine Skepsis gegenüber jeder Fixierung auf einzelne Verfahren und Methoden nahm deutlich zu, als ich begann Therapeuten auszubilden. Wenn man viele verschiedene Persönlichkeiten direkt beobachtet, wird schnell klar, dass es keinesfalls Methoden sind, die wirken.

Exkurs

Eine Vielzahl von Forschungsergebnissen bestätigt die klinische Erfahrung, dass die Persönlichkeit des Therapeuten oder der Therapeutin eine ebenso wichtige Rolle spielt wie die Passung von Methoden und Konzepten. Eine Untersuchung der Universität Stanford über die Wirkung verschiedener Arten von Gruppentherapie ergab, dass gute Therapeuten mit jeder Methode Erfolg hatten, schlechte mit keiner. Die guten Therapeuten waren die, die eine Verbindung zum Klienten aufbauen konnten (und daran erkennt man wieder, dass wir in dem einen Fall gute Therapeuten sein können, weil die Beziehungsaufnahme gelingt, und in einem anderen Fall schlechte, weil es nicht zusammenpassen will). Es sind also keineswegs Methoden oder Module für sich, die wirksam sind, sondern Therapeuten und Therapeutinnen, die, auf der Grundlage einer guten Arbeitsbeziehung, Methoden und Techniken passend anwenden. Der aktuelle Forschungsstand bestätigt die klinische Erfahrung, dass etwa 70 % der Gesamtwirksamkeit in therapeutischen Prozessen auf so genannte unspezifische Faktoren zurückgeführt werden kann. Interaktive Präsenz, Zugewandtheit, Balance zwischen Engagement und Gelassenheit, Optimismus, Hoffnung, emotionale Kompetenz und Schwingungsfähigkeit, Kongruenz, Wertschätzung, positive Ausstrahlung, klinische Erfahrung, soziale Kompetenz und Allegianz (Erfolgserwartung im besonderen Fall) spielen auf Therapeutenseite eine wichtige Rolle. Luc Ciompi vermutet, »dass auch in der Psychotherapie und Beratung solche affektiven Grundbotschaften letztlich viel wichtiger sind als jede Technik«. Die affektiven Grundbotschaften entsprechen den bekannten Variablen, die bereits von Carl Rogers und vielen anderen Pionieren formuliert wurden und die sich in fast allen Psychotherapiestudien regelmäßig als valide erweisen. Auf Klientenseite sind es Therapiemotivation, Änderungsoptimismus, Extraversion versus Introversion, self-efficiency, selbstbezogene versus aktionsbezogene Orientierung, proaktive versus propassive Haltungen, die den Verlauf und Erfolg von Therapie wesentlich bestimmen. Kontextuelle Faktoren (Status der Therapeuten, Arbeitsfeld, Schicht- und Kultureinflüsse, Arbeitsbedingungen) wurden bisher in Psychotherapiestudien kaum systematisch untersucht, beeinflussen die Ergebnisse aber ebenfalls. Kurz: Die Wirksamkeit von Psychotherapie lässt sich nur in sehr geringem Maß auf den Einsatz von bestimmten Verfahren und Methoden zurückführen. Die Wirksamkeit von Psychotherapie wird vielmehr durch ein komplexes Zusammenspiel vieler Faktoren in einem Prozess subjektiver und interaktiver Abstimmung zwischen Personen bestimmt.

Wenn überhaupt etwas wirkt, dann ist es das Zusammenwirken von Therapeuten und Klienten und Arrangements und Methoden und Kontexten. Wirksam sind:
- *die Tragfähigkeit des Arbeitsbündnisses* (gegenseitiger Respekt, Vertrauen, Auftragsklärung, Auftragsnetzwerk),
- *die Qualität der therapeutischen Beziehung* (Affektabstimmung, Resonanz, affektive Synchronisation, wechselseitige Modulation von Gefühlen und Empfindungen, Klima der Zusammenarbeit, Kooperation, Wechselspiel von Übertragung und Gegenübertragung, Ambivalenzmanagement),
- *die Persönlichkeit der Therapeuten* (Signaturstärken, Einstellung, Haltung, Ausstrahlung),
- *die Persönlichkeit der Klienten,*
- *die Variabilität in der Gestaltung von Abläufen und Settings* (Zeiten, Beteiligte, Arrangements),
- *die Sicherheit und Flexibilität im Einsatz von Techniken* (Methodenpassung, Angemessenheit, Geschicklichkeit, Kombinationen),
- *eine angemessene Prozesssteuerung* (Klarheit, Übersichtlichkeit, Transparenz, Beteiligung),
- *die Bearbeitung von Konflikten und Problemen,*
- *die Aktivierung von Potenzialen und Ressourcen,*

– *der pragmatische Erfolg* (Umsetzung von Zielen, Entwicklungsschritte, Erfahrung
   erfolgreichen Veränderungshandelns),
– *die Passung von Personen, Settings, Methoden, Aufgaben und Kontexten insgesamt.*

Die Psychotherapieforschung der Zukunft wird sich sowohl auf die Ergebnisse in
der Behandlung spezieller Störungen als auch auf die allgemeine Gesundheitsent-
wicklung von Klientensystemen beziehen (Wachstum, Resilienz, Salutogenese,
Lernfähigkeit, Identität). Nur eine *doppelte Perspektive*, die zugleich störungsbezo-
gen als auch entwicklungsorientiert ist, wird den Klienten und einer humanen
Orientierung gerecht. Wenn sich die Dynamik lebender Systeme grundlegend von
der Dynamik maschineller Systeme unterscheidet und wenn daher die neurophysiologischen Steuerungsmechanismen und die Regelungen in sozialen Beziehungen
gänzlich andere sind als die Steuerungsprozesse und Regeln in einem Maschinenpark, dann hat das enorme Konsequenzen für unser Denken und Handeln im psychotherapeutischen Feld. In dieser Richtung gibt es noch viel zu entdecken und dort
liegt die Zukunft der Psychotherapie.

In jedem Fall wirkt, wenn man auf die Seite der Therapeuten schaut, nicht die
Abwicklung irgendeines Programms oder die Anwendung irgendeiner Technik –
was als Botschaft wirkt, ist die Konsistenz von persönlicher Ausstrahlung, Konzept,
Methode und Performance.

Emotionen und Felder

Selbstverständlich kommt es auf handwerkliches Geschick und ein geeignetes Instrumentarium an. Aber die Wirkung, die Magie entwickelt sich in einer völlig anderen Dimension. Diese Dimension liegt *zwischen* den Personen. Man kann Paare
und Familien als Struktur, als Kommunikationssystem oder als Bedeutungssystem
beschreiben – aber sie sind mehr als das: Paare und Familien sind »affektive Kraftfelder« (Imber-Black, 1998, S. 199), die man nur verändern kann, wenn man sich
auf Begegnung und Gefühle einlässt. Salvador Minuchin schrieb vor vielen Jahren:
»Wenn der Therapeut sich allzu eifrig und allzu eng an die Technik hält und mithin
›Handwerker‹ bleibt, dann wird sein Kontakt mit den Patienten zwar objektiv, lei-
denschaftslos und nicht zu beanstanden sein, er wird aber oberflächlich bleiben, er
wird manipulativ sein, weil der Therapeut seine Macht nicht einbüßen will. Seine
Therapie wird letzten Endes nicht besonders effektiv sein« (Minuchin, 1981, S. 13).

Die Vorstellung von Psychotherapie als Technik raubt dem Prozess seine Seele.
Ausgefeilte Konzepte, eine gute Technik und ausgearbeitete Programme können
sehr hilfreich sein – aber sie sind nicht entscheidend. Psychotherapie lebt von Begegnung und Spiel, Freude und Humor, Kreativität und Lebendigkeit. Wirksame
Therapeuten entwickeln ein Gespür dafür, was zwischen Menschen passiert, und

ein Talent, diesen Zwischenraum angemessen und passend zu gestalten. Im Zweifelsfall hören sie eher auf ihre Intuition als auf irgendwelche methodischen Vorschriften. Denn Therapie ist etwas ganz anderes als die korrekte Aneinanderreihung von Techniken, so wie der Tanz etwas ganz anderes ist als die angestrengte Ausführung bestimmter Schrittfolgen. Die therapeutische Beziehung lebt wie der Tango aus der spontanen gemeinsamen Improvisation, dem *Swing*, der Raum gibt für Authentizität und Überraschung. Jeder einzelne Prozess ist ein neues Wagnis und etwas Besonderes, wie der einzelne Mensch, diese Familie, dieses Paar – unverwechselbar.

Teil I: Pragmatisch denken – systemisch handeln

I.1. Wie Klienten zu Akteuren werden

»The medium is the message.«
Marshal McLuhan

Klienten als Gestalter der therapeutischen Situation

Die wichtigste Aufgabe von Therapie besteht darin, Klienten in eine aktiv gestaltende Position zu sich selbst und zu ihrer Umgebung zu bringen. Das beginnt idealerweise mit der therapeutischen Situation. Die Arbeit mit Aktionsmethoden bietet den Vorteil, dass Orte frei gewählt und unterschiedlich eingerichtet werden können (Szenenaufbau → II.1. S. 161). Da es keine vorgegebenen Ordnungen von Möbeln und Menschen im Raum gibt, können Klienten und Therapeuten alle möglichen Positionen im Raum einnehmen und die Situation kreativ gestalten. Die Metaphorik des Raumes, Aktionen im Raum und die wechselnden Konstellationen im Raum – all dies kann gezielt genutzt und gestaltet werden. Die Therapeutin fragt nicht nur, sie macht Vorschläge, etwas zu tun, zum Beispiel: »*Angenommen, der verstorbene Großvater Paul könnte hier bei uns sein, wo wäre er dann? Können Sie*[1] *das bitte mit einem Stuhl zeigen? – Wer möchte sich mal auf den Stuhl setzen und die Rolle des Großvaters einnehmen?*«. Ein solches Vorgehen wird gern als erlebnisorientiert beschrieben. Der tiefere Sinn solcher Interventionen liegt aber darin, Klienten in eine Position zu bringen, in der sie sich selbst, ihre Lebenswelt und die therapeutische Situation aktiv gestalten können.

Wie werden Klienten zu Akteuren und kommen in eine aktiv gestaltende Position? Diese Frage verweist zunächst zurück auf die Person des Therapeuten, der Therapeutin.

Spontanes Handeln und kulturelles Zögern

Ein lebendiges Modell ist allemal die überzeugendste Botschaft. Die einfachste Form, Klienten in Bewegung zu bringen, besteht daher darin, sich als Therapeut selbst zu bewegen. Stehen Sie einfach auf, wenn Sie den Impuls dazu haben, und laden Sie Ihre Klienten ein, ebenfalls so zu handeln, wenn ihnen danach ist. Das ist

---

1   In der illustrativen direkten Rede verwende ich vereinfachend das *Sie*, in dieser Form ist das Du (für Kinder) immer enthalten.

offensichtlich einfacher gesagt als getan. In Ausbildungssituationen mit Rollenspiel-familien lässt sich leicht experimentieren, aber in der alltäglichen Arbeit mit echten Paaren und Familien scheinen starke Kräfte der Beharrung (→ I.7. S. 111) zu wirken: Da »klebt man am Stuhl«, »kommt nicht in die Hufe«, »steht wie der Ochs vorm Berg« oder »wird von einer geheimen Macht niedergehalten«. Solche oder ähnliche Metaphern werden von Kollegen genannt, wenn man nach den typischen Lähmungserscheinungen fragt. Wenn solche Metaphern in Szene gesetzt (→ III. S. 244) und szenisch exploriert werden, kommt in Seminaren oder Supervisionen regelmäßig Freude auf.

Ich erinnere mich an einen Kollegen, der von einer Paartherapie berichtete, in der er regelmäßig von lähmender Müdigkeit geplagt wurde. In der szenischen Rekonstruk-tion legt er sich zum Schlafen auf den Boden seiner Praxis (Konkretisierung und Ver-stärkung der Müdigkeit) und provoziert damit – während die zuschauenden Kollegen sich vor Lachen ausschütten – das empörte Erstaunen des sich streitenden (Rollen-spiel-) Paares. (Die in der Müdigkeit gebundene Aggression des Therapeuten wirkte in Aktion umgewandelt als Unterbrecher des Streit-Beobachter-Musters.) Der Therapeut wird plötzlich ganz wach und es ergibt sich ein interessantes und erfrischendes Ge-spräch über Zuhören und verlorene Leidenschaft in der Beziehung des Paares. Eine andere Kollegin wechselt auf der Bühne in die Rolle des »Riesen, der mich zurückhält« (der Lehranalytiker aus vergangenen Zeiten). In dieser Rolle entwickelt sie ungeahnte Energien, die sie nach dem Zurückwechseln in ihre eigene Rolle nutzen kann, um als Therapeutin in Bewegung zu kommen und den Klienten ein Spielangebot zu machen.

Die szenische Exploration und Dynamisierung typischer Blockaden macht aber nicht nur persönliche Hindernisse und technische Unsicherheiten deutlich, die die Anwendung von Aktionsmethoden erschweren. Vielmehr zeigt sich in den auftau-chenden Hemmungen ein allgemeines kulturelles Zögern, das körperlich empfun-den wird und aktives Handeln behindert. Es gibt kulturelle Gebote, die zum Still-halten auffordern – in der Familie, in der Schule, im öffentlichen Leben. Dieses Zögern muss man verstehen und *aufheben*, wenn man mit Aktionsmethoden arbei-ten und spontanes Handeln ermöglichen will.

Menschen suchen normalerweise den Schutz von Intimität, wenn sie sich über Gefühle und wichtige zwischenmenschliche Themen austauschen: die Anonymität eines Tisches im Café, einen Spaziergang im Wald oder das Bett. Natürlich gibt es auch die Kehrseite, den Wunsch nach Veröffentlichung von Intimem – auf Fami-lienfeiern, wenn Paare zusammensitzen, in Talkshows – und dennoch ist es unge-wöhnlich genug, sich im Beisein professioneller Helfer über Intimes auszutauschen. In dieser Situation gewährt das klassische und im Erwartungshorizont liegende Ge-sprächssetting als gewohnter Rahmen Halt und Schutz. Der Einsatz von Handlungs-methoden durchbricht solche Erwartungen und erscheint zunächst ungewöhnlich.

Der Vorschlag, etwas zu zeigen oder in eine Rolle zu wechseln, führt in unbekann-tes Gelände, in dem die Umgangsregeln nicht bekannt sind. Schon ein offener Stuhlkreis ohne Tisch als schützende Barriere wirkt für manche Klienten verunsichernd. Stellen Sie sich für einen Moment vor, Sie gehen mit Ihrer Familie in Therapie oder zur Beratung. Wechseln Sie kurz in die Rolle aller Familienmitglieder und nehmen Sie aufmerksam alle Widerstände und Ängste wahr, die auftreten können. Im Rollenwechsel mit Klienten wird schnell deutlich, wie wichtig es ist, als Therapeut für einen respektvollen Rahmen zu sorgen und eine Atmosphäre zu schaffen, in der sich Klienten eingeladen, ermuntert und sicher begleitet fühlen.

Der Therapeut, die Therapeutin als Botschaft

Therapeuten müssen als Person und in ihrer Rolle als Therapeut überzeugen. Sie stehen dabei vor der komplexen Aufgabe, immer wieder zwischen Person und professioneller Rolle klar zu unterscheiden, und zwar *während* sie in die Welt ihrer Klienten eintauchen, sich emotional verwickeln lassen und wieder auf Distanz gehen, um den Überblick zu behalten. Ohne klare Differenzierung zwischen Person und professioneller Rolle verlieren Therapeuten nicht nur ihr wahres Selbst, sondern schädigen auch ihre Klienten. In diesem Rahmen sollten Therapeuten authentisch sein und als Persönlichkeit überzeugen, und das können sie nur, wenn sie sich mit den Methoden, die sie anwenden, identifizieren. Aber auch hier – in der Anwendung von Methoden – ist eine Distanzierung immer wieder notwendig. Ohne Identifikation mit den angewandten Methoden wirkt man nicht authentisch und überzeugend, aber ohne eine angemessene Distanz zur Methodik erlebt man Widerstände (→ I.7. S. 107) gegen eine Technik leicht als Angriff auf die eigene Person (mit fatalen Folgen für die Beziehung und das Arbeitsbündnis).

Die Arbeit mit Aktionsmethoden erfordert also eine gewisse Leidenschaft und gleichzeitig die Gelassenheit, andere Methoden anzuwenden, wenn das besser passt (Pragmatische Grundregel → I.7. S. 113). In diesem Rahmen wirken Aktionsmethoden überzeugend, wenn der Therapeut oder die Therapeutin als lebendiges Modell handelt und auf diese Weise zur Botschaft wird.

Die Freude zu schauen und die Freude sich zu zeigen

Die Arbeit mit Aktionsmethoden erfordert Freude an Bewegung und Aktion. Szenisches Arbeiten beginnt aber – entgegen einem weit verbreiteten Irrtum – mit der Einnahme der Beobachterposition und dem Üben einer frei schweifenden szenischen Aufmerksamkeit (→ II.2. S. 201). Die Kunst des Zeigens beginnt mit der Kunst des Zuschauens.

Zuschauen

Setzen Sie sich in ein Café, auf einen öffentlichen Platz oder in die Bahnhofshalle und schauen Sie einfach zu. Man kann beim Beobachten mit verschiedenen Perspektiven experimentieren und allein dadurch Vielfalt erzeugen. Wechseln Sie bewusst in verschiedene Rollen (Detektiv, einsame Frau, Putzmann, eine Verliebte) und nehmen Sie wahr, wie sich die Sichtweise verändert und damit das, was Sie sehen und erleben. Üben Sie vor allem, genau zu beobachten, was passiert, und nicht irgendetwas in das Geschehen hineinzuinterpretieren, was Sie aufgrund psychologischer Erklärungsschemata, die Ihnen am Herzen liegen, glauben zu sehen. Vielleicht wechseln Sie in die Rolle eines Choreographen. Welche Gesten und Konstellationen tauchen in diesem Theater ohne Worte auf? Wie bewegen sich die Leute, gibt es wiederkehrende Muster, Konstellationen, Rhythmen, Ereignisse? Versuchen Sie zu beschreiben, was Sie sehen, ohne etwas zu erklären oder zu bewerten. Sie werden sehen, das ist gar nicht so einfach. Aber allmählich werden Sie Spaß daran finden, weil immer mehr Details und Facetten der Interaktionen auftauchen, die bisher hinter einem Schleier von psychologischen Interpretationen verborgen waren.

Sich zeigen

Wer mit Aktionsmethoden arbeiten will, muss auch lernen, sich von anderen beobachten zu lassen. Man muss Freude daran entwickeln, sich in angemessener Form selbst zu zeigen. Stellen Sie sich vor, der Raum wird geteilt in einen Zuschauerraum und eine Bühne. Betreten Sie nun in der Vorstellung die leere Bühne, stehen Sie nur einfach da für ein paar Minuten und lassen sich von einer Gruppe von Menschen beobachten. Und beobachten Sie die Zuschauer aus dieser Perspektive. Diese einfache Übung hat in der Praxis eine starke Wirkung. Sie werden erleben, dass Sie durch ein Wechselbad von Gefühlen gehen und sich mit allen möglichen aufsteigenden Empfindungen auseinander setzen müssen. Genau so geht es Ihren Klienten, wenn sie Ihre Praxis betreten; und Aktionsmethoden intensivieren diesen Effekt.

Aktionsmethoden beginnen mit der Teilung des Raumes in *Zuschauerraum und Bühne* (→ II.1. S. 158), und als Therapeut müssen Sie lernen, sich in beiden Teilen des Raumes souverän und sicher zu bewegen. Das kann man nicht aus Büchern lernen. Experimentieren Sie damit, wie es ist, sich vor anderen zu zeigen und Ideen spontan in Handlung umzusetzen. Probieren Sie, kleine Aktionen in Ihren therapeutischen Alltag einzustreuen (einen Stuhl verrücken, eine Geste spielerisch aufgreifen, einen Ball werfen) und selbst in Bewegung zu kommen. Das Ziel systematischen Trainings besteht darin, Aktionsmethoden wie selbstverständlich anzuwenden. Ihr Einsatz verläuft dann eher unterbewusst, während man sich auf den therapeutischen Prozess konzentriert – wie das Schalten beim Autofahren. Mit der Zeit beginnt man, intuitiv szenisch zu handeln, gewinnt Vertrauen in die Methode und wird auf diese Weise zum ansteckenden Modell.

Sinnproduktion und Vertrauen in die Methode

Aber wie gewinnen Klienten Vertrauen in Aktionsmethoden? Zunächst muss man dafür sorgen, vom System *aufgenommen* zu sein und als Autorität *anerkannt* zu werden (was Virginia Satir »in and up« nennt). Ohne gegenseitigen Respekt (→ I.8. S. 127) kann man leicht mit Vorschlägen scheitern. Ein tragendes Arbeitsbündnis macht die Annahme von Vorschlägen wahrscheinlicher. Auf dieser Basis führt man wie ein guter Gastgeber mit Humor durchs Programm (→ II.2. S. 183). Es reicht aber nach meiner Erfahrung nicht aus, Klienten einfach in Bewegung zu bringen und ihre Spiellaune zu fördern. Spielfreude ist gut, aber längerfristig müssen Methoden einen Sinn ergeben, der über den Prozess hinausweist und sich im Alltag der Klienten manifestiert. Therapeuten sollten mit ihrer Spontaneität anstecken, aber die eigentliche Aufgabe besteht darin, Spielräume bereitzustellen, in denen Klienten in Aktion *Sinn* erfinden können. Die Therapeuten betreten die Bühne, um den Raum als begehbar und bespielbar einzuführen und dorthin einzuladen. Viel entscheidender ist jedoch der Schritt an den Rand der Bühne, eine Geste, die den Raum freigibt. Nun füllen die Klienten mit ihren Darstellungen selbst den Raum.

Aber auch die Bereitstellung eines Spielraums reicht nicht aus. Schließlich kommen viele Klienten gerade deshalb, weil sie einen übergreifenden Sinn aus den Augen verloren haben und in ihrem Leben keine Spielräume mehr erkennen. Kein Feuerwerk an Methoden kann auf Dauer den Sinn ersetzen, den das Spiel irgendwann im wirklichen Leben haben muss (das ist auf den Bühnen des Theaters nicht anders als in der Therapie). Daher muss der Therapeut, wenn das Geschehen sich entfaltet, eine nachdenkliche Position einnehmen. Stellen Sie sich vor, Sie sitzen auf einem Hügel und überblicken von dort entspannt das Treiben. Jetzt geht es darum zu verstehen, was vor sich geht und wie die Geschichte weitergehen könnte. Selbstverständlich können Sie als Therapeut Klienten ebenfalls in eine solche Position versetzen. »*Die Küchenszene hat Ihr Problem plastisch beleuchtet. Lassen Sie uns da einen Schnitt machen. Können Sie mir einen Ort nennen, an dem Sie entspannt nachdenken können? Dann richten wir diesen Ort hier ein und überlegen gemeinsam, wie eine Lösung aussehen könnte.*«

Klienten sind aber auch auf die Einfälle von Therapeuten angewiesen. Wirksame Therapeuten entwickeln wie gute Drehbuchautoren und Dramaturgen (→ II.2. S. 180) ein Gespür für die Entwicklungsdynamik einer Geschichte, sie erkennen die Möglichkeiten, die in einer Konstellation liegen, und lassen sich dann von den Figuren und dem Geschehen leiten. In der zurückgenommenen, überschauenden Position erkennt man Schlüsselstellen, Umkehrpunkte, Risiken und Chancen. Therapeutische Interventionen müssen der inneren Logik der beteiligten Personen folgen, an die Systemdynamik anschließen und diese Dynamik nutzen. Dann werden Aktionsvorschläge wie selbstverständlich angenommen und das szenische Arbeiten geht leicht von der Hand. Damit man diesen Zustand erreicht, muss das Spiel über sich selbst hinausweisen und spürbar in den Alltag ausstrahlen.

Beispiel

Irgendwie war es dem Therapeuten gelungen, ein depressiv zerstrittenes Paar zu einer Rauferei anzustiften, und im Gerangel ging die verbal verklemmte Spannung merklich in eine körperlich getönte erotische Spannung über. (Die Sekretärin beobachtete später verwundert, wie das Paar nach der Therapiestunde umschlungen von dannen zog.) Dem Therapeuten ging es deutlich besser als bei den Treffen zuvor. Die nächste Stunde eröffnete die Frau mit den Worten: »Die Rauferei neulich war ziemlich komisch, hat aber Spaß gemacht und uns für eine Weile auf ganz andere Gedanken gebracht.« Die Musterunterbrechung – vom ätzenden Streit zur lustvollen Rauferei – lieferte diverse Ansatzpunkte. Der Therapeut schlug den Klienten vor, die jeweiligen Familienhintergründe in Bezug auf Kampfsituationen zu explorieren. Der Mann inszeniert eine typische sonntägliche Mittagessensszene im elterlichen Pastorenhaushalt. Laute Worte, Streit oder gar körperliche Gewalt sind in dieser Kultur verpönt: »Wenn ausgeteilt wird, dann eher verdeckt und subtil.« Die Frau dagegen zeigt eine typische Situation heftiger und direkter Auseinandersetzung zwischen den Eltern: »Wir Geschwister haben uns häufiger geprügelt.« Es wird deutlich, dass beide auf sehr unterschiedliche Art und Weise gelernt haben zu streiten.

Therapeut: »Die Regeln der Streitkulturen, aus denen Sie kommen, scheinen ziemlich unterschiedlich zu sein. Vielleicht macht das einen Teil der gegenseitigen Anziehung aus, die Sie miteinander verbindet!? Andererseits kommen Sie in Ihren Streits immer wieder an Punkte, an denen es einrastet und nicht weitergeht. Dann fehlt jedem ein geeignetes Gegenüber für die Auseinandersetzungen, die für die Weiterentwicklung in einer Partnerschaft so wichtig sind. Das ist etwa so, als träte ein Boxer gegen einen Redner zum Wettstreit an; beide werden um einen befriedigenden, fairen Kampf betrogen, sind frustriert und schlagen mit ihren jeweiligen Waffen umso mehr um sich. Da beide die fremde Kampfart nicht beherrschen und auch nicht wissen, wie sie sich vor den Attacken des Anderen schützen können, kommt es zu heftigen Verletzungen, ohne dass die Auseinandersetzung irgendwelche produktiven Ergebnisse hätte oder mal zum erschöpfenden Ende käme.« Diese Interpretation konnten beide Partner gut annehmen. Die Geschichte ihrer Kränkungen ergab in diesem Kontext einen neuen Sinn – jenseits individueller Schuldzuweisung – und eröffnete neue Lösungswege. Mit Hilfe des Therapeuten trainierten beide Partner sich gegenseitig in den verschiedenen Auseinandersetzungsformen und bald konnten Themen besprochen werden, die für die Paarepigenese bedeutungsvoll waren – ein Prozess, der vorher durch das Kränkungsmuster blockiert worden war.

Manchmal reicht eine Verlebendigung durch Aktion aus, um Lösungsprozesse anzuregen. Daher sollte man dem Prozess Zeit geben und aufmerksam beobachten, wie weit die angestoßenen Selbstorganisationsprozesse tragen und ob ein System von sich aus Sinn produziert. Oft kehren Systeme jedoch nach einer kurzen Irritation in die Ausgangslage zurück. Erst wenn Aktionsmethoden nachhaltig Sinn erzeugen, entwickelt sich das Vertrauen in die Methode.

Prozessnahe Auftragsklärung

Die Frage nach dem Sinn des therapeutischen Geschehens kann man nutzen, um Aufträge und Ziele im Prozess zeitnah zu überprüfen und flexibel auszuhandeln. Das Verhandeln über Ziele und Wege zum Ziel wird damit zu einem wichtigen Element, das den therapeutischen Prozess voranbringt. Deutlich wird das am Umgang mit Aktionsvorschlägen.

Beispiel
Ein Paar wollte unbedingt den Streit vom Vortag im Rollenspiel nachspielen. Vertraut mit Aktionsmethoden waren beide eigentlich schon im Spiel und kaum zurückzuhalten. Die Therapeuten riskierten aber den Unmut der Klienten (nicht ins Spiel zu kommen) und blieben hartnäckig dabei, die Frage nach dem Sinn dieser Übung zu stellen. Nach einigem Hin und Her fand das Paar als gemeinsames Symbol für den Sinn der Inszenierung einen Blumenstrauß. Einer der Therapeuten besorgte einen echten Blumenstrauß aus dem Sekretariat, um die Wichtigkeit des Symbols zu unterstreichen. Das Paar zeigte sich von dieser Geste berührt und wechselte in eine gänzlich andere Stimmung (einen anderen emotionalen Modus). Den Rest der Zeit war das Paar damit beschäftigt, dem Blumenstrauß einen Ort zwischen sich zu geben (Wo sind wir? Wo der Blumenstrauß? Was fehlt? Stimmt es so? Was bedeutet diese Konstellation für mich? Für uns? usw.). In der nächsten Stunde bauten die Therapeuten die Szenerie wieder auf und führten das Thema Geben und Nehmen ein, was sich als spannendes und weiterführendes Thema herausstellte.

Therapeuten können immer fragen »*Wozu machen wir das jetzt*«? oder »*Ich bin mir nicht sicher, ob ich ausreichend verstehe, wozu dies jetzt gut sein soll.*«

Die Freude, sich zu zeigen, und die Angst vor Beschämung

Die Freude, sich zu zeigen, ist ein ebenso elementares menschliches Bedürfnis wie das Bedürfnis nach Geborgenheit. Menschen möchten geschützt, aber auch gesehen, *erkannt* werden. Wir erkennen uns im Anderen und der zustimmende Glanz in den Augen der Anderen beflügelt uns. Das gilt selbstverständlich auch für die therapeutische Situation. Die Kehrseite zeigt sich in der Angst, beschämt zu werden. Freude und Scham intensivieren sich mit der Anzahl der Zuschauer und beide Gefühle werden in der Arbeit mit Aktionsmethoden besonders deutlich erlebt (Tabelle 1).

Scham und Schuld sind nicht umsonst zentrale Themen der Psychotherapie (Wurmser, 1990, Seidler, 2001, Stierlin, 2001, Bleckwedel et al., 1991, Möller, 2002). Beschämungsszenarien können Vernichtungsimpulse auslösen, besonders dann, wenn Einzelne oder Gruppen gedemütigt werden. Andererseits ist die Entwicklung von Respekt und Verantwortung eng mit der Entwicklung der Schamempfindung verbunden. Die Schamempfindung bildet entwicklungspsychologisch die Basis für

Tabelle 1: Freude und Scham in der therapeutischen Situation

Die Freude	Die Scham
sich kompetent, erfolgreich, mutig zu zeigen, gewürdigt zu werden, einen Sieg davon zu tragen, ermutigt zu werden	sich inkompetent, versagend, entmutigt zu zeigen, entwürdigt zu werden, eine Niederlage zu erleiden, gedemütigt zu werden
wenn Selbstbild, Idealbild und Performance übereinstimmen	wenn sich Diskrepanzen zwischen Selbstbild, Idealbild und Wirklichkeit zeigen
die man spürt, wenn man eine Situation aktiv gestaltet und kontrollieren kann	die man spürt, wenn plötzlich Anteile sichtbar werden, die unbewusst/unterbewusst sind oder unkontrollierbar erscheinen (Tics)
die man erlebt, wenn man sich frei und unabhängig zeigt	die man erlebt, wenn sich tatsächliche oder fantasierte Abhängigkeiten zeigen
die man empfindet, wenn man sich geschützt fühlt und Grenzen eingehalten werden	wenn man sich entlarvt (bloßgestellt) fühlt und Intimitätsgrenzen verletzt werden
die man empfindet, wenn man anderen beim erfolgreichen Handeln zuschaut (Sieg, Erhoben werden, Würdigung, Ermutigung)	die man empfindet, wenn man andere, die sich in peinlichen Situationen befinden, beobachtet (Niederlage, Erniedrigung, Entwürdigung, Demütigung)
die man erlebt, wenn man selbst und andere, jenseits von Unterschieden, Respekt erfahren	die erlebt werden kann, wenn sich Status- und Milieuunterschiede zeigen
die man erleben kann, wenn man gelobt wird	die man erleben kann, wenn man gelobt wird
die man erlebt, wenn erkenntlich wird, dass man etwas getan hat, was man tun sollte	die man erlebt, wenn man beschuldigt wird, etwas getan zu haben, was man nicht tun sollte
die man erlebt, wenn man selbst oder andere belohnt werden	die man erlebt, wenn man selbst oder andere bestraft werden
die man erlebt, wenn man eine gute Figur macht	die man erlebt, wenn man keine gute Figur macht
die man erlebt, wenn man in Applaus badet	die man erlebt, wenn man ausgebuht wird

Schuldgefühle, und ohne Scham und Schuld (Stierlin, 2001) gäbe es weder Moral noch Verantwortung. Nur wer Scham empfindet, kann sich schuldig fühlen, und nur wer sich schuldig fühlt, wird der Gemeinschaft in Form sozialer Verantwortung etwas von dem, was er bekommen hat, zurückgeben.

Wenn die kleinen Kinder der Inuit sich der gefährlichen Eiskante zu weit nähern, läuft die ganze Gruppe zusammen, um die Kleinen aus sicherem Abstand (Erwachsene würden im dünnen Eis einbrechen) kollektiv zu verlachen. Die Inuit setzen die Häme gezielt und sehr wirkungsvoll als fern wirkendes pädagogisches Mittel ein, um die Kinder vor dem Ertrinken im eiskalten Wasser zu schützen. Das Beispiel zeigt, wie intensiv und nachhaltig Beschämung wirken kann. Der Schamaffekt berührt den Kern der Persönlichkeit und setzt starke Impulse in Gang: »Wer sich schämt, möchte am liebsten im Boden versinken oder den Zuschauenden die Augen auskratzen«, sagt Nietzsche.

Die Gefahr der Beschämung – auch der subtilen Beschämung, wenn *nur* gesprochen wird – ist in therapeutischen Situationen immer gegeben. Und doch ist es so, dass die meisten Menschen sich auf einer Bühne ungeschützter fühlen als im Medium der Sprache. Nicht umsonst steigt auf dem Weg zum Rednerpult der Adrenalinspiegel. In dieser Situation öffnet sich ein zutiefst menschlicher Zwiespalt: Die Angst vor Beschämung kann dabei ebenso groß sein wie der Wunsch nach Applaus. Das macht den von Michael Balint beschriebenen Thrill, die Angstlust, aus, die im Lampenfieber besonders spürbar wird.

Aktionsmethoden können sowohl Freude als auch Beschämung intensivieren. Der Einsatz von Aktionsmethoden sollte daher besonders sorgfältig gerahmt werden, um vor Beschämung zu schützen. Andererseits fühlen sich Kinder im Spiel oft besser aufgehoben und auch Jugendliche und Erwachsene, die einer elaborierten Sprechweise eher fremd gegenüberstehen (Beschämung durch Status- und Milieuunterschiede) fühlen sich mit handlungsorientierten Methoden oft wohler (→ I.3. S. 58). Aktionsmethoden eigenen sich hervorragend zur grenzenwahrenden Steuerung von therapeutischen Prozessen und können auf vielfältige Weise dazu beitragen, Freude zu erzeugen und Schädigungen durch Therapie zu vermeiden.

Therapie als zu schützender Lösungsraum

Die Grundidee von Therapie besteht darin, einen sicheren Ort zu gestalten, an dem Klienten und Therapeuten sich ausreichend geschützt fühlen, um kreativ an Konflikten und Lösungen zu arbeiten. Es muss dabei auch Raum geben für schwierige Gefühle, Krisen, Probleme oder Konflikte, allerdings ohne den Ort als Lösungsraum zu gefährden. In der Arbeit mit Familien und Paaren passiert es relativ häufig, dass Therapeuten sich plötzlich live in Szenen wiederfinden, in denen entwertende oder destruktive Muster aktiviert werden. Es wäre auch weltfremd anzunehmen, die therapeutische Situation könnte vom ganz normalen Wüten der Welt freigehalten werden. Das Paar- oder Familiendrama braucht seinen Platz, um dargestellt, um belebt zu werden. Therapie hat auch eine Containing-Funktion. Aber wenn sich in der therapeutischen Situation ausschließlich wiederholt oder widerspiegelt, was sonst auch als nervtötend, kränkend oder problematisch erlebt wird, dann wird der therapeutische Raum als Lösungsraum beschädigt. Das muss gestoppt werden. Eine der großen Stärken von Aktionsmethoden liegt in den Möglichkeiten, Situationen gezielt zu unterbrechen und kreativ umzuwandeln.

Beispiel
Die Therapeuten arbeiten mit einer Familie (Eltern, 2 Kinder) in deren Wohnung (aufsuchende Familientherapie). Dabei kommt es immer wieder zu gegenseitigen Beschimpfungen und dramatischen Gefühlsausbrüchen. Mutter: »Wir streiten uns wie die Kesselflicker, so ist das eben.« Vater: »Ja, das is'n bisschen direkter hier bei uns.« – Therapeut: »Direkt ist gut, aber verletzend ist nicht so gut, das hat Folgen«. Auf Vorschlag wird in der Wohnung eine *Kesselflickerecke* eingerichtet und eine Ecke als *Bera-*

tungsraum. Während der Treffen wird nun zwischen beiden Räumen hin und her ge-
pendelt. In der Kesselflickerecke darf es derbe zur Sache gehen, im Beratungsraum
gelten andere Regeln. Alle, die wollen, können die Kesselflickerecke verlassen und sich
in den Beratungsraum als Schutzraum zurückziehen. Die Therapeuten begleiten und
unterstützen die Transfers. Allmählich etablieren sich neue Umgangsformen. Die Familie berichtet, wie auch im Alltag Kesselflickerecke und Beratungsraum genutzt werden, um Unterschiede zu machen und neue Kommunikationsstile und Umgangsformen auszuprobieren.

Therapie muss dem Leiden oder der Störung einen Platz einräumen und gleichzeitig Lösungen entwickeln – oder zumindest Hoffnung vermitteln. Wenn das nicht
geschieht, verlassen Klienten den therapeutischen Raum mit dem Gefühl, umsonst
da gewesen zu sein. Im ungünstigen Fall verlassen Klienten den Ort der Therapie
mit dem Gefühl, nicht gehört, nicht verstanden, nicht ausreichend geschützt, zusätzlich gekränkt, überfahren, vorgeführt, gebraucht oder gar missbraucht worden
zu sein. Da sowohl dem therapeutischen Ort als auch seinen Hütern, den Therapeuten, enormes Vorschussvertrauen entgegengebracht wird, können Beschädigungen in Therapien, mehr noch als im normalen Leben, zu einer erheblichen Verletzung des Grundvertrauens führen und gravierende Folgen haben. Leider wird das
Risiko von Schädigungen durch therapeutische Prozesse immer wieder unterschätzt
oder bagatellisiert.[2] Im Paar- oder Familiensetting erhöht sich die Gefahr der Schä-
digung vor allem dann, wenn Therapeuten über kein geeignetes Instrumentarium
verfügen, destruktive Prozesse zu erkennen, zu stoppen und umzuwandeln.

Achtsamkeit und Selbstreflexion

Um Beschädigungen durch einen nicht angemessenen Einsatz von Aktionsmethoden weitgehend zu vermeiden, kommt es meiner Erfahrung nach besonders darauf
an, genau darauf zu achten, ob man sich als Beobachter während einer szenischen
Bearbeitung wohl fühlt oder nicht. Wenn man achtsam ist (Interaktive Präsenz
→ II.4. S. 194), kann man Zustände des Unbehagens (oder negative Resonanzen)
bei sich selbst und anderen früh erkennen und die Situation verändern. Wie richtet
man die Situation so ein, dass man gern zuschaut? Die Frage klingt im ersten Moment banal und verweist doch auf ein wichtiges Kriterium. Ich habe in vielen Situationen die Erfahrung gemacht, dass ich mich am besten auf meine Intuition verlasse
und mich kontinuierlich frage: *Wie kann ich als Therapeut diese Situation so gestalten, dass ich mich dabei wohl fühle?* Das hat nichts mit Spaßtherapie zu tun. Freude
in der Arbeit empfinde ich, wenn die Beteiligten gern kommen und aktiv dabei sind.
Dann kann das therapeutisch Notwendige – vom Lachen bis zum schmerzlichen

---

2   Zum Thema potenzieller Kunstfehler: www.sgipt.org/gipt/kfehl.htm

Weinen, von der spontanen spielerischen Aktivität bis zum Schweigen – geschehen. Wenn dieses Gefühl gestört wird, sollte man versuchen, die Situation anders zu gestalten »*Peter, du siehst nicht gerade so aus, als wenn du gern da wärst, was müssten wir hier tun, damit dir das hier was bringt? – Keine Ahnung, blöde Frage – Therapeut (zu den Eltern): Haben Sie eine Idee? – Nein, das ist hier genau wie zu Hause (etwas betretenes Schweigen). Vater zögernd: Früher sind wir immer zusammen in den Werkraum gegangen . . . – Peter: Das ist doch bescheuert – Therapeut: Ich frage mich grade, was 14-jährige Söhne mit ihren Müttern und Vätern überhaupt so machen können, außer dass es ›bescheuert‹ ist und nervt.*«

Emotionale Achtsamkeit als Kompass für die Gestaltung der therapeutischen Situation setzt voraus, dass man in Kontakt mit sich bleibt und offen ist für die Themen, die Familien und Paare bewusst und unbewusst einbringen. Das setzt ein Interesse, sich selbst zu erforschen, voraus. Vielleicht haben die ersten Generationen von Therapeuten die Passion zur Selbsterfahrung übertrieben, aber diese Passion lässt sich nicht durch eine Passion für Techniken ersetzen. Denn die Grenzen für nachhaltige Veränderungsprozesse in Therapien liegen zu einem guten Teil im Unbewussten der Therapeuten. Ein unbearbeiteter Konflikt oder ein blinder Fleck birgt immer die Gefahr, Klienten bewusst oder unbewusst für eigene Zwecke zu gebrauchen und damit die therapeutische Situation zu missbrauchen.

Beispiel
Ein Psychotherapeut litt unter einem unbearbeiteten Autoritätskonflikt. Unerfüllte Sehnsucht nach Führung und Rebellion gegen jede Führung blockierten sich gegenseitig und behinderten eine selbstbestimmte Entwicklung. Der Grundkonflikt zeigte sich trotz verschiedenster Bearbeitungen immer wieder in der Beziehung zum eigenen Vater. Der Therapeut stellte in einer Großgruppe seine Familie nach Hellinger-Art auf und erlebte in diesem Akt eine »tiefe Befreiung« (Verneigung vor den Eltern). In der Einzeltherapie mit einem Patienten, der von seinem Vater sexuell misshandelt worden war, ging es nicht recht weiter, und darauf bot der Therapeut diesem Patienten an, an einem Wochenende seine Familie unter seiner Regie aufzustellen. Obwohl der Patient in der Inszenierung starke Widerstände zeigte, setzte der Therapeut seine ganze Autorität ein – getreu nach Hellinger – und stellte die Familie in der üblichen, vorgegebenen Ordnung auf, brachte den Patienten zur üblichen Verneigung und ließ ihn die üblichen Sätze sprechen. Nach dem Wochenende dekompensierte der Patient in einer psychotischen Episode und musste in eine Klinik eingewiesen werden. Der Therapeut war erschrocken und brachte diesen Fall in die Supervision ein, mit der Frage: »Wie konnte ich einen solchen autoritären Zwang ausüben, ich kenne mich selbst nicht wieder?« In der Bearbeitung stellte sich heraus, dass der Therapeut bei der Aufstellung seiner Familie zwar ein intensives Gefühl von Befreiung erlebt hatte, in der realen Beziehung zum Vater eine versöhnliche Geste jedoch weiterhin sehnlich vermisste. »Ich wollte, dass der Patient sich neigt wie ich selbst und der Vater in der Inszenierung eine versöhnliche Geste zeigt. Etwas, was ich von meinem eigenen Vater nie erfahren habe: Autorität und Zugewandtheit.« Der Kollege konnte in der Supervision erkennen, dass er den Patienten in der therapeutischen Situation stellvertretend zu etwas verführt

hatte, was er selbst gern erleben wollte. Wie viele Angehörige der zweiten Generation nach dem Faschismus hatte der Therapeut eine Fremdheit gegenüber seinem Vater entwickelt und vermisste gleichzeitig schmerzlich das Gefühl, den eigenen Vater lieben und als Autorität anerkennen zu können. Die »Befreiung« aus dieser Ambivalenz zum Vater war allerdings in der Hellinger-Prozedur erkauft worden durch die Unterwerfung unter eine autoritäre und absolutistische Führung, und das hatte er weitergegeben. Der Therapeut hatte den Patienten seine eigene Lösung spielen lassen und ihm dadurch den Raum verwehrt, selbstbestimmt seinen eigenen Weg zu finden. Der Therapeut fuhr mit dieser Einsicht in die Klinik und entschuldigte sich bei dem Patienten für seine autoritäre Manipulation. Daraufhin verbesserte sich der Zustand seines Patienten erheblich.

Gespür für Intimität und Zuschauerfreude

Wenn die eigenen Empfindungen und Gefühle, die als Resonanz in einer Situation auftauchen, beachtet, reflektiert und bearbeitet werden, entwickelt sich die Sensibilität im Umgang mit Intimitätsgrenzen. Intimitätsgrenzen können von Kulturen oder Familien sehr unterschiedlich gesetzt und empfunden werden. Für die Familientherapie ist ein angemessener Umgang mit diesen Grenzen allerdings zentral (→ I.4. S. 74 u. I.5. S. 91). Offensichtlich verfügen wir über ein feines Gespür für Intimität, ein Gefühl, das sozial, kulturell und rollenspezifisch geformt wird. Dieses Gespür schützt uns vor den destruktiven Kräften, die freigesetzt werden können, wenn Intimitätsgrenzen überschritten oder verletzt werden. Das Gespür für Intimität[3] begrenzt – wenn es ausgebildet ist und nicht durch ungezügelten Voyeurismus und Exhibitionismus außer Kraft gesetzt wird – die therapeutische Neugier, den methodischen Ehrgeiz oder gar den Hang, Klienten in öffentlichen Schauveranstaltungen für eigene Zwecke zu gebrauchen.

Neben dem Gespür für Intimität gibt es ein zweites emotionales Kriterium für die Beurteilung der Angemessenheit von Aktionsmethoden. Ich meine die entspannte Zuschauerfreude, die sich einstellt, wenn wir Zeuge von Wachstum, Integration, Lösungsprozessen und Entwicklung werden. Wenn der Rahmen stimmt, wenn Klienten Vertrauen gewinnen und sich Aktionen wie selbstverständlich ergeben und entwickeln, entsteht eine entspannte, spielerische Atmosphäre. Als Therapeut spürt man deutlich eben jene Zuschauerfreude, die es ganz leicht macht, die Aufmerksamkeit und die Gedanken frei schweifen zu lassen und Lösungsfantasien zu entwickeln (→ II.2. S. 187). Wenn sich dagegen ein ungutes Gefühl einstellt, kann man die Situation verändern, stoppen oder direkt fragen »*Mir ist gerade nicht klar,*

---

3   »... die Eigenschaften des Herzens bedürfen des Schutzes [...] gegen das Licht der Öffentlichkeit, um sich entfalten oder auch nur bleiben zu können, was sie sind: die innersten verborgenen Antriebe, die sich zur öffentlichen Schaustellung nicht eignen« (Hannah Arendt, Über die Revolution, Piper, München, 1963, S. 122).

ob die Situation so in Ordnung ist. Können wir so weitermachen oder sollten wir etwas verändern? Wie können wir die Situation hier so gestalten, dass Sie sich gut aufgehoben fühlen und wir vorankommen?«

Passend ungewöhnlich intervenieren

Bei allem Gespür für die Situation steht man doch immer wieder unvermeidlich vor der Frage, für welches Vorgehen man sich in einem bestimmten Moment entscheiden soll. Die goldene Regel lautet: *wenig ist mehr.* Das gilt vor allem dann, wenn man aus einer Fülle von Interventionsideen das Passende auswählen kann. Keinesfalls sollten Aktionsmethoden als eitles Feuerwerk eingesetzt werden. In der Arbeit mit Familien und Paaren können schon kleine Aktionen, die gut durchdacht sind und mit dem richtigen Timing eingesetzt werden, weit reichende Wirkungen erzielen.

Bei der Auswahl kann man sich an einer Regel orientieren, die lautet: *passend ungewöhnlich intervenieren.* Interventionen sollten bestätigen (Gewohnheiten, Ideen, Gefühle) und gleichzeitig Irritation erzeugen und Suchprozesse auslösen. Therapeuten müssen Klienten da abholen, wo sie sich befinden, und ihre Landkarten und Gewohnheiten respektieren. Aber das reicht nicht aus. Es braucht auch Überraschung und eigene Initiative.

Kreative Kooperation ist keineswegs immer harmonisch, das kann man vom Leben und der Kunst lernen: Produktionen und Werke von außerordentlicher Harmonie und Ausgewogenheit entstehen oft in eher schwierigen Prozessen! »The making of«, die kreative Kooperation, lebt von Spannung, Dissens, Zusammenstoß, Konflikt, Anstrengung, Disharmonie, Anstößigkeit, Krise, Risiko und etwas Verrücktheit. Warum? Weil sonst keine Abweichungen, keine Variationen produziert werden und weil ohne Variation alles zum Stillstand kommt (Fehlerfreundlichkeit → I.4. S. 77). Etwas Herausforderung darf sein. Holen Sie kleine Tüten mit Gummibärchen aus dem Schrank und lassen alle Familienmitglieder *ihre* Familie (oder ein Genogramm) legen. Daran haben die Klienten im Traum nicht gedacht, und doch wird das Gespräch über diese Gummibärchenbilder vielleicht aufschlussreich sein.

Hypothetisieren in Aktion

Ich verstehe die Arbeit mit Aktionsmethoden als einen Teil der Hypothesenbildung. Der Prozess der Hypothesenbildung (→ I.8. S. 134) ist ein prinzipiell unabgeschlossener Prozess. Das Hypothetisieren in Aktion erfüllt, genauso wie das Hypothetisieren mit Hilfe des zirkulären Fragens (Boscolo et al., 1988, Schwing u. Fryszer, 2006, S. 209–238), verschiedene Funktionen:

Hypothesen prüfen und entwickeln
Der Vorschlag zu einer Aktion ist mit einer Intention, aber auch mit einer Hypothese verbunden. Es ist also wichtig, genau darauf zu achten, wie ein Vorschlag von den verschiedenen Personen aufgenommen wird (freudig angenommen, zögerlich akzeptiert, abgewiesen, ignoriert, lustlos ausgeführt). Im Zweifelsfall kann ein Vorschlag immer zurückgenommen oder eine Aktion gestoppt werden. *»Ich sehe, Sie sind nicht begeistert, lassen wir das lieber. Was passt denn besser?«* Die Annahme oder Ablehnung eines Aktionsvorschlags kann, eine Hypothese eher stützen oder in Frage stellen. Zum Beispiel könnte die Ablehnung eines Vorschlags zeigen, dass ein tabuisiertes Thema berührt wird. Das Vorschlagen von Aktionen und das Verhandeln über Vorschläge (Grundregel → I.7. S. 113) ist also immer auch ein Instrument zur Überprüfung und Entwicklung von Hypothesen. Deshalb ist auch die Ablehnung eines Vorschlags nicht problematisch, sondern interessant. Was sagt die Ablehnung oder die Annahme eines Aktionsvorschlags über die Hypothese?

Komplexität sinnvoll reduzieren und ordnen
Beispiel: Ein Paar ist in heftige verbale Streits verwickelt und der Therapeut hat den Eindruck, es geht um Nähe. *»Ich schlage vor, Sie umarmen sich, ohne Worte, dann setzen Sie sich bitte hier nebeneinander auf die Stühle und schauen gemeinsam aus dem Fenster, ohne zu sprechen. Kommen Sie nun bitte wieder in den Gesprächskreis. Ist es das, was Ihnen fehlt?«*

Suchprozesse auslösen
Beispiel Rollenfindung als Suchprozess: Ein zusätzlicher Stuhl wird aufgestellt *»Ich möchte gern jemanden einladen, der Sie unterstützen könnte – Nehmen Sie doch bitte auf diesem Stuhl hier Platz – (Platzwechsel) – Guten Tag, wer sind Sie? – Nein, Sie sind jetzt nicht Herr Wiese, Sie sind diese Person, die den Herrn Wiese unterstützen könnte! – Also, wer sind Sie?«*.

Lösungen anregen
Beispiel: *»Ich möchte Ihnen gern etwas zeigen.«* Die Therapeutin zeigt nun der Familie in einer Skulptur oder Aufstellung, wie sie die Familien sieht. In diesem Bild von der Familie sind natürlich Hypothesen der Therapeutin enthalten. Angenommen, das Bild der Therapeutin wird von allen Familienmitgliedern weitgehend akzeptiert, könnte es so weiter gehen: *»Bitte bewegen Sie sich nun alle gleichzeitig – langsam, in kleinen Bewegungen, nicht zu schnell –, und zwar so, dass Sie sich in der Konstellation wohler fühlen.«*

I.2. Respekt und Entdeckungsfreude

> »Der menschliche Kontakt ist die einzige unentbehrliche
> Wirklichkeit.«
> Peter Brook

Unsere Ideen über lebende Systeme (→ IV.3. S. 286) bestimmen sowohl die Strategien, die wir im therapeutischen Prozess verfolgen, als auch die Wahl der Mittel, die wir zum Erreichen von Zielen einsetzen. Mehr noch: Solche Annahmen und die daraus resultierenden Einstellungen und Haltungen beeinflussen die Wirkung von Techniken, *während* wir sie anwenden. Das ist keine Besonderheit des psychotherapeutischen Feldes. Der *Geist*, mit dem wir etwas tun, geht als Subtext in unser Handeln und Sprechen ein. »Jenseits der Technik ist die Weisheit, das Wissen um die wechselseitige Verbundenheit aller Dinge«, schreibt Salvador Minuchin und zitiert Gregory Bateson, der schrieb: »Weisheit verlangt nicht nur die bloße Erkenntnis der Kreisbewegung. Diese Erkenntnis muss vielmehr in der intellektuellen wie in der emotionalen Erfahrung wurzeln und beide Erfahrungsebenen zu einem Ganzen verbinden« (zitiert nach Minuchin u. Fishman, 1983, S. 367).

Wie lassen sich Respekt und Entdeckungsfreude, Behutsamkeit und couragiertes Eingreifen, Nachdenklichkeit und spontanes Handeln, Engagement und Gelassenheit miteinander verbinden und welche Ideen sind dabei hilfreich?

Von der Illusion der Neutralität zum gestaltenden Beobachter

Eine weit verbreitete Illusion ist die Vorstellung, Therapeuten könnten neutral bleiben. Mit diesem Irrtum muss man sich auseinander setzen, bevor man der Frage nachgehen kann, auf welche Weise und mit welchen Ideen man Klienten manipulieren will.

Beginnen wir damit, uns klarzumachen, dass die Manipulation bereits vor dem ersten Kontakt beginnt. Bevor sich Klienten in Therapie begeben, stellen sie die verschiedensten Vorüberlegungen an. In ihrer Fantasie spielen sie die Anfangssituation durch und beziehen sich dabei auf bestimmte Bilder und Vorstellungen von Therapie *(»Wo ist denn Ihre Couch?«, »Ich dachte, es läuft hier so ähnlich wie im Fernsehen«).* Daher kann man davon ausgehen, dass Therapeuten bereits zu einer Botschaft im System werden, bevor sie die Klienten überhaupt sehen. Menschen beginnen im Licht eigener und fremder Erwartungen zu posieren, sobald sie den Blick potenzieller Beobachter spüren. Bereits der Schritt der Anmeldung bewirkt daher Veränderungen auf verschiedenen Systemebenen. Es hat deshalb auch einigen Sinn, danach zu fragen, was sich zwischen der Anmeldung und dem Erstkontakt verändert hat. Die Überlegung zeigt aber auf einer grundlegenden Ebene, dass Therapeuten ihre Klienten niemals so kennen lernen können, wie sie sind, sondern immer schon so, wie sie werden, wenn sie Kontakt aufnehmen und sich durch diese Kontaktaufnahme verändern.

Therapeuten befinden sich gegenüber Klientenkulturen in einer ähnlichen Situation wie Physiker beim Experiment oder Anthropologen im Feld: Die Kontaktaufnahme verändert das, was untersucht werden soll.

Stellen Sie sich vor, Sie arbeiten mit einer Familie in Ihren Räumen. Verdoppeln Sie sich nun in Ihrer Vorstellung und beamen Sie einen Teil von sich für eine Weile an den Rand des Geschehens, um sich selbst und die Familie von außen zu beobachten. In der Konstellation, die Sie jetzt von außen betrachten, nehmen Sie eine Position ein, und diese Position wird von den anderen Mitgliedern des Systems auf irgendeine Weise mit Bedeutung erfüllt. Wenn Sie Ihre Position verändern, verändert sich die Konstellation und damit verändern sich auch die Bedeutungszuschreibungen, Gefühle und Empfindungen aller anderen Personen. Sie können nicht *nicht* Position beziehen, eine solche Position gibt es in der Konstellation nicht. Sie können daher auch nicht *nicht* beeinflussen. Das wäre so unmöglich wie der Versuch, *nicht zu kommunizieren*. Selbst wenn Sie die Konstellation verlassen würden, bliebe etwas von Ihnen, und wenn es nur eine Lücke ist, im System zurück. Ein Teil von Ihnen wirkt als Geist (Bateson, 1981) in der Szene weiter, und das hat nichts mit Esoterik zu tun. Als Bedeutung nehmen Sie in jedem Fall weiterhin eine Position im System ein und beeinflussen es, auch wenn Sie körperlich nicht (mehr) anwesend sind.

Diese Betrachtungsweise erklärt auch, warum verstorbene, verschollene, ausgestoßene, totgeschwiegene oder abwesende Personen in psychischen und sozialen Systemen – manchmal über erstaunliche Zeiträume hinweg – eine eminent wichtige Rolle einnehmen können.

Von dem Moment an, in dem wir in den Köpfen unserer Eltern gezeugt werden, bis zum letzten Gedanken eines Lebenden an uns beeinflussen wir andere Menschen. Das ist so tröstlich wie erschreckend! Wir manipulieren die Anderen, ob wir es wollen oder nicht. Wir können niemals neutral sein. Selbst zurückhaltende Beobachtung kann eine ziemlich starke Intervention sein. Zurückhaltung kann sinnvoll sein, aber die Verleugnung der Tatsache, dass dies die Anderen beeinflusst, führt zu einer gefährlichen Illusion: Man glaubt, Manipulation zu vermeiden, indem man versucht, *nondirektiv* zu handeln oder *neutral* zu bleiben.

Exkurs
Die Neutralitätsillusion kann in zwei Richtungen zu subtiler Herrschaftsausübung führen. Die eine Richtung zeigt sich, wenn Therapeuten sich hinter einer für Klienten unhinterfragbaren, hermetisch geschlossenen Theorie oder Definitionsmacht verschanzen. Die andere Richtung zeigt sich, wenn Therapeuten eine Position der Beliebigkeit pflegen, die ebenso wenig greifbar wie unangreifbar macht. Die zweite Varian-

te verschleiert das Machtgefälle, das zweifelsohne durch die Struktur der therapeutischen Beziehung gegeben ist: auf der einen Seite Hilfe- und Rat-Suchende, auf der anderen Hilfe- und Rat-Anbietende. Wenn man die autoritäre mit der nebulösen Form mischt, dann kommen Typen heraus, über die wir in den einschlägigen Filmen so gern lachen (unübertroffen im Film »Was ist mit Bob«). »Ich würde meine Grundhaltung nicht unbedingt als ›politisch‹ definieren, sie ist genauso gut eine ethische, psychoanalytische, erkenntnistheoretische, wahrheitssuchende […] nur eine neutrale ist sie nicht, von der ich übrigens auch glaube, daß sie nur eine herzlose, zynische oder sich selbst betrügende Haltung sein kann« formuliert Margarete Mitscherlich (zit. nach Kutter, 1988, S. 7). Und Paul Parin vermutet, »dass die Abstinenzregel uns vor den schwer erträglichen Ansprüchen unserer Patienten, aber auch vor Zweifel und Unsicherheit schützen soll. Sie hüllt uns in die Aura der Allwissenheit ein und verleiht uns dadurch Macht. Vielleicht soll sie uns auch vor dem Verwickeltwerden, dem Agieren schützen, aber ist nicht der beste Schutz das Eingeständnis, dass wir immer auch verwickelt sind und eine angstfreie Reflexion dieses Prozesses?« (zit. nach Konrad, 2000, S. 58).

Es gibt keine neutrale Zone im System. Nicht nur weil ich den Anderen nach meinen subjektiven Vorstellungen konstruiere, sondern auch weil der Andere gleichzeitig das Gleiche tut und weil diese Vorgänge mich selbst und den Anderen verwandeln, während wir uns begegnen. Im Moment der Begegnung sind wir schon nicht mehr die, die wir einmal waren und gleich sein werden.

Wenn man diesen Zusammenhang akzeptiert, kann man sich mit der sinnvolleren Frage beschäftigen, welche Formen der direkten oder indirekten Manipulation von Klienten man als Therapeut wählen möchte. Zwei Fragen sind dabei meiner Ansicht nach von überragender Bedeutung:

a) Wie können Therapeuten Klienten in angemessener Form in der kritischen Kontrolle des therapeutischen Prozesses unterstützen?

b) Wie gewinnen und wahren Therapeuten einen passenden Abstand zum Klientensystem und zum therapeutischen Prozess?

Folgende Vorgehensweisen sind dabei hilfreich:
- *Transparenz:* Man kann auch fair manipulieren. Das tut man ganz einfach, indem man die spezielle Art seiner Manipulation transparent macht (Klienten als *informed consent*). Wenn man Klienten dahin bringen will, dass sie sich an bestimmten Ordnungen, Theorien oder vorgegebenen Verhaltensprogrammen orientieren, dann sollte man sie entsprechend aufklären. Das Gleiche gilt, wenn man Klienten dahingehend beeinflussen möchte, dass sie ihre eigenen Ideen und Landkarten, ihre eigene Autorität entwickeln. In beiden Fällen sollte das jeweilige Vorgehen für die Klienten durchschaubar und nachvollziehbar sein.
- *Reflexion der Verstrickung:* Der Zugang zu einem System erfordert es, sich einzulassen und verwickelt zu werden. Die Aufgabe, die sich für Therapeuten daraus ergibt, besteht darin, sich immer wieder aus unvermeidlichen Verstrickungen, Koalitionen und Identifikationen zu lösen und den Kontakt zu sich selbst zu behalten.

– *Orientierung an übergeordneten Ideen und Aufgaben:* Die gemeinsame Arbeit sollte sich auf übergeordnete Aufgaben, Projekte und Ideen beziehen. Übergeordnete
Projekte und Ideen sind Konstrukte, die nicht einseitig an einzelne Personen, Interessen und Wünsche gebunden sind: *gemeinsame Projekte* wie die Paarbeziehung, die Familie, das therapeutische Projekt, der Dialog; *gemeinsame Aufgaben*
wie die Kindererziehung, der Erhalt der ökonomischen Grundlage; *gemeinsame*
Ideen wie das Vermächtnis, unsere Zukunft.

Übergeordnete Projekte, gemeinsame Aufgaben und Ideen bilden Bezugspunkte,
die außerhalb einzelner Personen liegen und zentrieren die Aufmerksamkeit anders. Das Feld erweitert sich, wenn es gelingt, ein gemeinsames Projekt zu (er)fin-
den, an dem alle gemeinsam arbeiten können. Manchmal ist das bereits die Lösung.

Positionierung und Allparteilichkeit

> »Früher oder später musst du Partei ergreifen,
> wenn du menschlich bleiben willst«
> Graham Greene

Menschen brauchen ein Echo auf ihr Dasein und profilierte Gegenüber, um sich zu
entwickeln. Emotional klare und profilierte Therapeuten, die Wahlfreiheiten eröffnen und pragmatisch offen (→ I.6. S. 97) sind, erleichtern es Klienten, in der therapeutischen Beziehung und in der Bezogenheit zu anderen eine eigenständige Position zu entwickeln (Stierlin, 1989, Bleckwedel, 2000). Um ein solches Gegenüber
zu sein, hat sich in der Familientherapie eine Haltung der Allparteilichkeit bewährt.
Allparteilichkeit bedeutet, die Ausgangspositionen, Wünsche und Interessen all derjenigen zu berücksichtigen, die an bestimmten Problemen beteiligt sind, und derjenigen, die zu Lösungen beitragen können. Zu diesem Kreis können auch im Prozess nicht direkt anwesende Personen oder relevante Konstrukte gehören, wie *die*
Familie, das Paar, die Firma, der Freundeskreis. Therapien können leicht scheitern,
wenn die Interessen Außenstehender nicht beachtet werden. Wenn dagegen die Interessen wichtiger Personen oder bestimmter Parteien oder Gruppen ausreichend
gewürdigt werden, können sich für die Klienten, mit denen man arbeitet, Lösungswege eröffnen.

Beispiel
Ein Paar beschloss – auf Anregung der Therapeuten – für zwei Monate nur noch untereinander und in der Paartherapie über ihre Beziehung zu sprechen. Die Partner
konnten auf diese Weise ungestört einige Probleme lösen und die Beziehung erlebte
einen zweiten Frühling. Die Freundinnen der Frau und der Vater des Mannes liefen
jedoch massiv Sturm gegen diesen Ausschluss. In der Therapie wurde beraten, wie die
Frau ihren Freundinnen die ungewöhnliche Maßnahme näher bringen könne. Sie ge-

wann ihre Freundinnen, indem sie die Idee erklärte, dass Veränderung und Entwicklung zu gewissen Zeiten durch die Begrenzung des Lösungssystems (in diesem Fall das Paar → I.8. S. 123) begünstigt wird (»Wir tun das für unsere Beziehung«). Sie redete in dieser Zeit einfach über andere Sachen und gab den Freundinnen das Gefühl, mit der temporären Zügelung ihrer Neugier zur Lösung ihrer Beziehungsprobleme beizutragen. Der allein lebende Vater des Mannes entschloss sich, mit den Therapeuten Kontakt aufzunehmen. Ihn konnten die Therapeuten gewinnen, indem sie ihn von der Vorstellung befreiten, das Paar sehe ihn als hauptsächlichen Problemverursacher (das hatte ihn in die Position eines Paarberaters für seinen Sohn gebracht). In einer Sitzung, zu der er allein erschien, arbeiteten die Therapeuten mit ihm daran, wie er Teil einer alternativen Lösung werden könne. In einer Aufstellung mit Stühlen wurde deutlich, dass er dafür seine eigene Isolation und Einsamkeit als Witwer überwinden musste. Die Therapeuten rahmten diese Überwindung als großes Opfer für den Sohn und luden den Vater zu einer virtuell inszenierten Rücksprache mit der verstorbenen Ehefrau und Mutter ein. Im Rollenwechsel mit seiner Frau antwortete der Mann, für ihn selbst überraschend: *»Finde eine neue Partnerin für dich, das wird auch unserem Sohn helfen.«* Ein Rahmen wurde geschaffen, in dem der Vater aktiv werden konnte. Er trat einem Club bei, der Partnerschaften vermittelt. Das junge Paar gewann einen Freiraum, in dem es selbstbestimmt kreativ werden konnte.

Auch abwesende Personen können von den Therapeuten angemessen gewürdigt und symbolisch einbezogen werden.

Beispiel
Die älteste Tochter einer Familie lebte im Ausland. Im Erstinterview bedauerten die meisten Familienmitglieder ihre Abwesenheit. Die Mutter meinte: *»Ohne sie hat das Gespräch hier eigentlich wenig Sinn.«* Die Therapeuten stellten daraufhin in jeder Sitzung einen Stuhl für die abwesende Tochter in den Kreis und betonten, sie würden gemeinsam mit den Familienmitgliedern darauf achten, dass in den Sitzungen nichts passiere, was ihre Person oder ihre Interessen beschädigen könne. Gelegentlich luden sie Familienmitglieder ein, auf dem Stuhl Platz zu nehmen und im Rollenwechsel mit der Tochter Kommentare abzugeben. An der Abschlusssitzung konnte die Tochter teilnehmen, da sie im Urlaub in die Heimat geflogen war. Sie bedankte sich ausdrücklich bei den Therapeuten: *»Erst fand ich es etwas obskur, als mir meine Mutter schrieb, dass Sie da einen Stuhl für mich hingestellt haben, obwohl Sie mich gar nicht kenne. Aber dann hat mir mein Bruder zum ersten Mal seit langer Zeit einen Brief geschrieben, der mir zeigte, dass er sich für meine Meinung interessiert.«*

Allparteilichkeit kann man am besten erreichen, wenn man sich gedanklich mit dem gesamten System beschäftigt und kontinuierlich in die verschiedenen Rollen und übergeordnete Konstrukte einfühlt. Damit sinkt die Gefahr, einseitige Bündnisse mit Personen oder Fraktionen einzugehen oder sich auf bestimmte Ideen zu fixieren. Auf keinen Fall sollte man dabei die eigene Position vergessen. Abstinenz bedeutet eben keineswegs, seine eigene Position zu verleugnen. Unter Abstinenz verstehe ich das Gebot, Klienten nicht für eigene Zwecke zu gebrauchen.

Dazu eine Anekdote aus dem Frankfurt der 1970er Jahre. Ein Ausbildungskandidat berichtete seinem bekannten Lehranalytiker von quälenden Ängsten, gegenüber einem Patienten die Abstinenz zu verlieren: *»Ich habe mich an einer Demonstration beteiligt und fantasiere nun, der Patient könnte mich gesehen haben. Ich weiß nicht, wie ich reagieren soll, wenn er mich danach fragt!«* Daraufhin der Lehranalytiker trocken: *»Warum fragen Sie nicht einfach, was ihm dazu einfällt?«*

Allparteilichkeit schließt die eigene Position mit ein, insbesondere Positionen, die sich im konkreten Fall aus eigenen ethischen Überlegungen und moralischen Überzeugungen ergeben. Da man für die meisten Klienten aufgrund der therapeutischen Hierarchie eine gewisse Autorität darstellt, empfiehlt sich allerdings Zurückhaltung. Mit der geeigneten Distanz zur eigenen Position kann es hilfreich sein, auf passende Weise Stellung zu beziehen.

Beispiel
Im Rahmen einer aufsuchenden, durch das Jugendamt auferlegten Familientherapie befragten die Therapeuten in einer gemeinsamen Sitzung (Hilfeplanbesprechung) die Mitglieder einer Großfamilie, die Sozialarbeiterin vom Jugendamt, eine Lehrerin und eine Kindergärtnerin nach ihren Aufträgen. Es ergab sich eine Gemengelage zum Teil konträrer Aufträge. Die Therapeuten entwickelten spielerisch Szenarien zu den unterschiedlichen Aufträgen: *»Wenn wir von diesem Auftrag ausgehen, sähe unsere Arbeit etwa folgendermaßen aus:* . . .*«* Allen Beteiligten zeigte sich schnell in aller Absurdität die Unvereinbarkeit der Aufträge. In dieser Situation erklärten sich die Therapeuten für handlungsunfähig, boten aber an, einen eigenen Auftrag zu entwickeln, den sie für machbar hielten. Nach einer kürzeren Pause stellten sie diesen Auftrag auf zwei gesonderten Stühlen vor. Nachdem sie diese Stühle verlassen hatten, forderten sie alle Beteiligten auf, durch Positionierung (soziometrisch) Zustimmung oder Ablehnung zum formulierten Auftrag (symbolisiert durch die Stühle) zu verdeutlichen (→ III. S. 227). Es ergab sich weitgehende Zustimmung. Durch Interviews in den jeweiligen Positionen (Stellung zum Stuhl) konnten einige Korrekturen und Verbesserungen in den Plan eingearbeitet werden.

In der systemischen Therapie spielt die Auftragsklärung eine wichtige Rolle. Dabei ist es sinnvoll, immer auch eigene, mehr oder weniger bewusste Aufträge, die Berater und Therapeuten sich geben, zu klären.

Respekt für den Dialog

Das Dialogkonzept[4] bietet als Metakonzept einen ausgezeichneten Rahmen, um All-parteilichkeit zu verwirklichen. Wer sich auf den Weg des Dialogs einlässt, begibt sich in Abhängigkeit und riskiert einen offenen Ausgang. Denn für den Dialog gilt: Erfolg und Misserfolg hängen von der Zusammenarbeit ab. Dialoge können nicht einseitig bestimmt oder kontrolliert werden. Der Dialog ist daher ein starkes, aber auch empfindliches Instrument, das den Mut erfordert, Macht abzugeben. Die Bedeutung einer sorgfältigen Rahmengestaltung kann kaum überbewertet werden (Abbildung 1).

Rahmengestaltung für den Dialog

– Ort, Zeitpunkt und Arrangement passend wählen

– Einen ausreichenden Vertrauenskontext aufbauen

– Dialogbereitschaft und Dialogfähigkeit entwickeln

– Räume und Zeiten (Pausen) passend organisieren

– Dialogische Prozessmoderation sicherstellen

Abbildung 1: Rahmengestaltung für den Dialog

Eine dialogische Prozessmoderation sorgt während des Prozesses für das Einhalten der Dialogregeln (Abbildung 2, weiter unten), die einen wesentlichen Teil der Rahmung ausmachen. Gegebenenfalls muss der Rahmen erneuert oder wiederhergestellt werden.

Zum Schutz des Rahmens gehören auch Unterbrechungen oder das Abbrechen eines Dialogs, wenn die Voraussetzungen nicht, noch nicht oder nicht mehr stimmen. Wenn der gegenseitige Respekt (→ I.8. S. 127) nicht ausreicht oder eine ausreichende Vertrauensbasis nicht gegeben ist, können auch gut gemeinte Dialoge die Lage eher verschlimmern. Das gilt besonders für Eskalationsphasen von Konflikten oder bei tiefen ideologischen Zerwürfnissen. Die Anbahnung oder Fortführung eines Dialogs führt dann zu weiteren Verletzungen und die Karre wird immer weiter in den psychologischen Sumpf gefahren. Spätestens dann sollten Therapeuten unbedingt eingreifen und Alternativen ins Spiel bringen: »*Mein Eindruck ist, dass Sie in diesem Gespräch nur mehr verletzt werden und sich weiter festfahren. Dabei verlieren Sie an gegenseitigem Respekt. Das sollten wir nicht fortführen. Ich schlage Ihnen eine Pause vor, in der wir alle überlegen, wie wir hier eine Situation herstellen können,*

---

4   Das Dialogkonzept wurde von David Bohm entwickelt und bildet die Basis für das Konzept der »lernenden Organisation«, das in Boston am MIT u. a. von Peter Senge, Freeman Dhority und Peter Garrett für Unternehmen und Organisationen entwickelt wurde (Hartkemeyer u. Hartkemeyer, 1998, Senge, 2003).

in der der Respekt erhalten bleibt. Vielleicht kommen Sie auch zu dem Ergebnis, dass dies nicht der richtige Zeitpunkt, der richtige Ort oder das passende Arrangement ist.«

Ein Dialog bleibt immer ein Risiko, und Therapeuten sollten das Risiko kühl kalkulieren. Im Zweifelsfall nutzt man die Zeit besser, um an den *Voraussetzungen* für einen Dialog zu arbeiten oder Alternativen einzuführen. Dies gebietet der Respekt vor dem Dialog.

Dialogregeln
Wenn die Voraussetzungen gegeben sind, geht es darum, in passender Form bestimmte Dialogregeln in den Prozess einzuführen und für dessen Einhaltung zu sorgen (Abbildung 2).

Regeln für den Dialog

- Sprich von Herzen und fasse dich kurz
- Die Rolle eines Lernenden einnehmen
- Zwischen Erkunden und Plädieren pendeln
- Das Gegenüber im Anderssein annehmen
- Sich selbst in Frage stellen
- Bereit sein, sich im Dialog verändern zu lassen
- Pausen und Verlangsamung zulassen
- Zwischen den Zeilen horchen
- Sich selbst beobachten
- Die eigenen Hintergründe transparent machen

Abbildung 2: Dialogregeln

Dialogregeln sind einfache Regeln, die schwierig einzuhalten sind, aber trainiert werden können. Wenn der Prozess des Dialogs gelingt – ein Prozess des sich gegenseitigen Erkundens und zueinander Positionierens –, wächst sowohl der Respekt vor den Sichtweisen der jeweils Anderen als auch der Respekt für die eigenen Sichtweisen. Das macht gelingende Dialoge so angenehm und wirkungsvoll. Beide Elemente bilden jedoch die Basis für etwas viel Wichtigeres: den Respekt für den Dialog selbst. Denn der Dialog ist mehr als die Interessen der Beteiligten. Die Erfahrung des Dialogs und das Empfinden von Respekt im Dialog wirken oft nachhaltiger als vieles, was sonst noch in Therapien passiert.

Pendeln zwischen Erkunden und Plädieren
Das Gelingen von Dialogen kann man unterstützen, indem man zwischen Erkunden und Plädieren hin und her wechselt. Dieses Pendeln könnte man als die Seele des Dialogs bezeichnen »*Meine Erfahrung sagt mir, dass es ziemlich unwahrscheinlich*

ist, dass Ihr Lösungsweg zum gewünschten Ergebnis führt (plädieren), aber mich interessiert sehr, wie Sie gerade auf diesen Lösungsweg gekommen sind? Welche Erfahrungen haben Sie denn gemacht, die Ihnen sagen, dass Sie mit dieser Lösungsart Ihr Ziel erreichen werden (erkunden)?« Im Dialog versuchen die Beteiligten, eine Situation zu schaffen, die verschiedenen Optionen Raum gibt. Im Beispiel könnte es sein, dass der Klient die Therapeutin von seinem Lösungsweg überzeugt. Als Therapeuten erleben wir oft, dass Klienten Lösungswege verfolgen oder erfinden, denen wir anfangs skeptisch gegenüberstehen, die sich aber als hilfreich und nützlich erwiesen. Genauso gut könnte es im Beispiel aber auch dazu kommen, dass der Klient beginnt, sich für die Einschätzung der Therapeutin zu interessieren. Auf dieses Interesse kommt es im Dialog an. Das Pendeln zwischen Plädieren und Erkunden verleiht dem therapeutischen Prozess eine gewisse Flexibilität und Leichtigkeit.

Aktionsmethoden eignen sich hervorragend sowohl für Erkundungen – *»können Sie mir das zeigen«* – als auch für das Plädieren – *»ich möchte Ihnen gern zeigen, wie ich das meine«.*

Die Rolle eines Lernenden einnehmen

Damit das dialogische Moment sich entwickeln kann und erhalten bleibt, ist es hilfreich, immer wieder bewusst die Rolle eines Lernenden einzunehmen. Mit wachsender Erfahrung und Kenntnis eines Systems wird das immer schwieriger. Ein Kollege drückte es in einem Seminar so aus: »Am Beginn meiner therapeutischen Arbeit fiel es mir noch leicht, mich zu wundern. Alles war neu, aufregend und wollte entdeckt werden. Heute denke ich manchmal ... das kenne ich doch und glaube dann, ich wüsste schon, wie alles weitergeht. Routine ist hilfreich, aber auch gefährlich. Wenn du beginnst, dich zu langweilen, musst du aufpassen. Ich versuche dann herauszufinden, was meine Neugier in diesem ganz konkreten Fall wecken könnte.«

Nach einer längeren Arbeitspause gibt es diese wunderbaren Momente, in denen geläufige Prozesse wie gewohnt ablaufen und doch alles einen Hauch von Erstmaligkeit atmet. Wie in einem Traum, in dem man nicht weiß, ob man Fahrradfahren kann, aber im Moment des Losfahrens plötzlich wieder weiß, dass man es kann. In solchen Momenten läuft die Arbeit besonders flüssig und effektiv. Daraus kann man schließen, dass es gut ist, hin und wieder eine schöpferische Pause einzulegen und alles zu vergessen, was man gelernt hat.[5] Ich glaube, wir Therapeuten sollten uns hin und wieder mit etwas ganz Anderem beschäftigen, um dann mit frischer Entdeckungsfreude ans Werk zu gehen. Wenn der kleine Bär und der kleine Tiger nach einer langen Reise ihr eigenes Haus in Panama wiederentdecken, wirkt die alte

---

5   Die Samurai beschäftigten sich nach der Beendigung ihrer umfassenden Ausbildung im Schwertkampf einige Jahre mit Poesie und Kalligraphie, erst dann nahmen sie ihr erlerntes Handwerk auf.

Couch auf einmal so herrlich neu. Therapeuten müssen wie Ethnologen in der Lage sein, die eigenen Ordnungssysteme bewusst zu suspendieren, wenn sie fremde Kulturen erforschen wollen, das unterscheidet sie von den Missionaren.[6] Klienten möchten in der Regel gern auf kompetente und gleichzeitig unvoreingenommene Art und Weise entdeckt werden. Wer als Therapeut über längere Zeit versucht, sich die Rolle eines Lernenden immer wieder zu erkämpfen, weiß, dass das harte Arbeit ist. Die *Fähigkeiten sich zu wundern* müsste man als Therapeut eigentlich ständig wie einen Muskel trainieren.

Systemische Behutsamkeit und beherztes Eingreifen

Menschen sind von Natur aus neugierig und Therapeuten brauchen diese Eigenschaft. Das Wort Neugier enthält aber auch die Gier, und diese Gier kann die Freude, entdeckt zu werden, erheblich beeinträchtigen. Die Tante oder der Onkel, die sich mit allerlei Verzückungstönen und Kitzelbewegungen übers Kind beugen, können schon den Säugling das Fürchten lehren. Die Amerikaner, die Kolumbus entdeckten, konnten sich auch nicht lange ungeschoren an ihrer Entdeckung freuen.[7] Als Therapeuten sollten wir bedenken, dass wir, so behutsam wir auch auftreten, unweigerlich Spuren hinterlassen werden. Immerhin können wir uns bemühen, die Integrität einer Familie und deren Regeln zu achten, indem wir Erkundungen über die Gepflogenheiten einholen. »Daher ist meine grundsätzliche Empfehlung, jeder neuen Patientin und jedem neuen Patienten so zu begegnen, als betrete man neues, unbekanntes Land mit einer recht ungenauen Landkarte« (Reddemann, 2004, S. 21). Das heißt keineswegs, dass man sich immer an alle Spielregeln, die vorgegeben werden, halten muss:

Beispiel
Ein Paar meldete sich in der Beratungsstelle, um an Kommunikationsproblemen zu arbeiten. Nach einigen Sitzungen stellte sich »zufällig« heraus, dass es im Verlauf der Beziehung immer wieder zu Zyklen von Gewalt und Versöhnung gekommen war und kam. Die Gewalt war heftig, wurde aber bagatellisiert. Daraufhin traten die Therapeuten in eine neue Verhandlungsphase über das Arbeitsbündnis ein, indem sie sinngemäß etwa Folgendes äußerten: *Wenn wir hier nach Ihren bisherigen Spielregeln (Beschönigung von Gewalt, Nichtklären der Situation, Eingehen eines hohen Risikos) arbeiten, wird wenig Veränderung eintreten, und da wollen wir nicht mitmachen. Wenn wir aber nach den für uns gültigen Spielregeln arbeiten (Klärung, Sicherung, Risikovorbeugung, gewaltlose Auseinandersetzung), werden für Sie selbst und in der Beziehung allerdings erhebliche Änderungen eintreten. Das wird eine große Kraftanstrengung von Ihnen*

---

6 Der Engländer Nigel Barley zeigt in seinem Buch über die Briten *als traurige Insulaner*, wie man diese Haltung auch auf die eigene Umgebung anwenden kann (Barley, 1993).
7 Frei nach einer Bemerkung von Lichtenberg.

erfordern. Sie müssen entscheiden, ob Sie das wollen. Nach einigem Hin und Her, in dem die verschiedenen Alternativen und Konsequenzen deutlich wurden, entschied sich das Paar für eine Zusammenarbeit, und die Therapeuten begannen mit der Dekonstruktion des Gewalt-Versöhnungs-Zyklus.

Die Arbeit mit Aktionsmethoden erfordert eine Mischung aus behutsamem Vorgehen und couragiertem Eingreifen. Das Beispiel oben verdeutlicht, dass Behutsamkeit keineswegs mit Unklarheit oder Unentschiedenheit verwechselt werden darf. Meine Erfahrung geht vielmehr dahin, dass Klienten ein beherztes und umsichtiges Handeln zu schätzen wissen. In der Arbeit mit Aktionsmethoden ist eine solche Haltung besonders gefragt, denn neue Herausforderungen können während des Inszenierens schnell und unverhofft auftauchen.

Beispiel
Es geht um das Thema Unterstützung. Eine Skulptur (→ III. S. 236) soll zeigen, wie die Familie zusammenarbeiten kann, wenn sich die Mutter in einer depressiven Phase befindet. Die Absicht der Therapeutin besteht darin, behutsam die Potenziale der Familie zu erkunden und zu entwickeln. Schlaglichtartig wird jedoch die bisher nicht thematisierte Isolation des Vaters deutlich. Der älteste Sohn beginnt zu weinen. Die Therapeutin entscheidet sich spontan für einen fliegenden Szenenwechsel. Sie fragt den weinenden Sohn: »*Peter, Ihre Tränen erscheinen mir wichtig, mit wem in der Familie möchten Sie jetzt am ehesten über Ihre Tränen sprechen?*« Da Peter den Vater als Gesprächspartner wählt, bietet sie den beiden an, sich gegenüberzusetzen. Nun wendet sie sich den anderen Familienmitgliedern zu, gibt ihnen in der Szenerie einen Platz als Reflecting Team und bittet diese zuzuhören: »*Nach einer Weile werde ich Sie fragen, was Sie bedeutungsvoll finden.*« Nun wendet sie sich wieder Peter und dem Vater zu. Nach dem zirkulären Interview bittet sie die beiden nun ihrerseits, als *Reflecting Team* den anderen Familienmitgliedern zuzuhören. Szenisches Arbeiten erlaubt es, Szenen zu wechseln oder zu drehen (→ II.1. S. 168). Szenenwechsel (und das Hin-und-Herschalten wie mit einem Spotlight) erlauben eine klare und transparente Interpunktion therapeutischer Prozesse, sie geben den Familienmitgliedern Halt in einer Struktur und unterstützen die notwendigen Perspektivwechsel auch in emotional aufwühlenden Situationen. Zum Abschluss bittet die Therapeutin alle in einen Kreis, um sich über das Geschehen auszutauschen (die Kreiskonstellation löst die im Prozess entstandenen Fraktionierungen auf: Wiedereingliederung und Betonung der Gleichheit für den Fortschritt des Prozesses), und dankt ausführlich allen beteiligten für ihre Beiträge.

Beim szenischen Arbeiten mit Mehrprotagonistensystemen können plötzlich emotional hoch verdichtete Situationen entstehen. Vieles hängt davon ab, welche Erfahrungen alle anwesenden Klienten in solchen Momenten machen. Im Regieführen (→ II.2. S. 184) ungeübte, auf Einfühlung in *einzelne Personen* trainierte Kollegen neigen in bestimmten Situationen dazu, sich ganz dem Familienmitglied zuzuwenden, das eine Emotion zeigt, im obigen Beispiel dem weinenden Sohn. Sie treten an diese Person heran oder rücken diese Person in den Fokus. Vielleicht folgt ein mitfühlendes Gespräch, während die anderen Personen aus dem Fokus geraten und verloren gehen. Im Beispiel oben: Die Skulptur-Szenerie würde nicht deutlich aufgelöst und die anderen Familienmitglieder stünden etwas betreten und emotional verwirrt herum. Ein solches Vorgehen birgt erhebliche Risiken und kann negative Reaktionen auslösen (→ I.3. S. 58). Die Person, die Zuwendung erhält, findet sich unverhofft und oft ungewollt (*»Ich wollte auf keinen Fall weinen«*) im Fokus der Aufmerksamkeit wieder, während die Anderen sich in ihrer undefinierten Beobachterrolle unbehaglich fühlen. Wer einmal Opfer einer solchen Inszenierung wurde, wird sich kaum ein zweites Mal auf so etwas einlassen.

Systemische Behutsamkeit bedeutet, beherzt einzugreifen, um auftauchenden Emotionen einen angemessenen Rahmen zu geben und für den Prozess zu nutzen. Die Arbeit mit mehreren Protagonisten erfordert es, Strukturen zu setzen und klare Formen zu wahren. Das ist notwendig, weil unaufgelöste, emotional diffuse Situationen nicht nur Anstöße liefern, sondern auch schädigende Wirkungen haben können. Der Therapeut muss den Prozess insgesamt aktiv rahmen und steuern und dabei alle Personen im Blick behalten (→ II.2., II.3., II.4.). Im Zweifelsfall gilt es innezuhalten, die Möglichkeiten zu sortieren und gemeinsam Entscheidungen zu treffen *»Offensichtlich sind wir da auf ein wichtiges Thema gestoßen, das vorher nicht so deutlich war. Lösen Sie sich bitte aus Ihren Positionen und nehmen Sie im Kreis Platz, damit wir darüber sprechen können.«*

Während des Regieführens müssen immer wieder schnell Entscheidungen getroffen werden:
– Welches Thema soll wann und wie verfolgt werden?
– Ist dies die passende Situation, der richtige Zeitpunkt, die geeignete Zusammensetzung von Teilnehmern, um das Thema zu bearbeiten?
– Wie muss das Arrangement aussehen, damit das Thema angemessen bearbeitet werden kann?
– Welche Abläufe müssen bedacht werden, um den Prozess klar und produktiv zu steuern?
– Wie ist es mit der Zeitplanung?
– Wie kann man Requisiten einsetzen und den Raum optimal nutzen?

Respekt für das Befinden im Hier und Jetzt

Vor vielen Jahren las ich in einem Artikel, wie man Lösungsfantasien am Anfang von Paartherapien inszenieren kann (Chasin et al., 1989), und war sofort begeistert. Ich ging dazu über, Paare nach einem kurzen Joining zu bitten, zunächst die Lösung ihres Problems szenisch darzustellen (die Inszenierung der *Wunderfrage*). Das erste Paar, dem ich dies vorschlug, verweigerte die szenische Darstellung. Das zweite zeigte sich empört, dass die lang aufgestauten Klagen und vorbereiteten Problembeschreibungen keinen Platz haben sollten. Das dritte Paar ging auf den

Vorschlag ein und wir inszenierten die Lösungsmetapher *Blume und Schmetterling*. Dramaturgisch war das ein Höhepunkt, das Paar erschien jedoch zum zweiten Termin ohne Absage nicht mehr. Was war passiert? Offenbar hatte ich die Leidensgeschichte und den Leidensdruck in meinem Vorgehen nicht genügend respektiert und prompt die Quittung dafür erhalten. Ich kehrte also reumütig zu der bekannten Regel zurück, die besagt, man solle die Klienten da abholen, wo und wie sie sich gerade befinden. In der Regel möchten Klienten zunächst in ihrem Leiden, ihren Problemen und Konflikten verstanden und aufgefangen werden, und solange sie damit nicht angekommen sind, sind sie für Veränderungen wenig offen. Manche haben einen langen Text vorbereitet und sind wenig amüsiert, wenn sie sich damit nicht beachtet fühlen. Ich glaube, das sollte man – in einem bestimmten Rahmen – respektieren; auch wenn man viele dieser Texte zu kennen glaubt und sich leicht langweilt.

Sprung zu den Lösungsfantasien

Nun sind Lösungsfantasien auch diagnostisch gesehen sehr interessant und ein früher Sprung dorthin kann sich lohnen. Wenn man diesen Sprung absichern möchte, sollte man nicht vergessen zu betonen, dass Problembeschreibungen und Konfliktverstehen auf jeden Fall einen Platz bekommen werden.

> »Sicher begleiten Sie Ihre Probleme schon eine ganze Weile und vielleicht haben Sie sich gut darauf vorbereitet, wie Sie ihre Konflikte hier einbringen können – Für Ihre Problembeschreibung werden wir uns auf jeden Fall ausführlich Zeit nehmen – Heute möchte ich gern einen anderen Weg mit Ihnen einschlagen und zunächst die Lösungsmöglichkeiten erkunden. Dadurch bekommen wir Ideen, wo es hingehen könnte, und auch, was wir hier eigentlich tun könnten – Einverstanden? – Gut, vielleicht wählen Sie vorher ein oder zwei Symbole für die wichtigsten Probleme oder Konfliktthemen und deponieren sie hier (einen Ort anbieten), damit wir das nicht vergessen . . . Danke, lassen wir das erst mal so und gehen (Ortswechsel) zu den Lösungsfantasien – Stellen Sie sich vor, wir sind ein halbes Jahr weiter und wir haben hier erfolgreich zusammen gearbeitet. Nehmen Sie sich ausreichend Zeit, um vor Ihrem inneren Auge Szenen entstehen zu lassen, in denen sich ganz konkret und praktisch zeigt, dass eine Lösung gefunden wurde, mit der Sie zufrieden sind.«

Bilder, die von den Klienten als Lösungsfantasien entwickelt werden, kann man als Lösungsszenen in Aktion umsetzen (ein Mann bringt überraschend einen Blumenstrauß nach Hause; eine Frau lobt ihren Mann im Beisein der Kinder . . .).

Beim Erkunden von Lösungsfantasien erfährt man nicht nur etwas über die Lösungsstrategien und Lösungshorizonte von Klienten, sondern einiges über die Problemlagen und die Konflikte. Die Frage nach der Lösung kann ins Herz eines Konflikts führen.

Beispiel
Nachdem der Therapeut einem Paar 10 Minuten Zeit gegeben hatte, damit jeder für sich Lösungsfantasien (Szenen) entwickeln konnte, präsentierte der Mann fünf Ideen, während die Frau nur trocken kommentierte: »Zu der Frage fällt mir nichts ein!«

Frühe Lösungsorientierung birgt die Chance, schnell auf den Punkt (eine markante Weggabelung) zu kommen. Das Risiko einer einseitigen Lösungsorientierung besteht darin, dass man bestimmte Gegebenheiten einfach übersieht oder vorschnell zu Entscheidungen kommt. In der Regel lohnt es sich, in Ruhe nachzuvollziehen, wie sich Probleme entwickelt haben. Denn dabei erfährt man eine Menge darüber, wie Lösungen aussehen könnten und wo die Grenzen für Veränderungen liegen (→ I.8. S. 140).

Respekt für Geschichtlichkeit

Therapeutische Veränderung beginnt mit dem Respekt vor der Geschichtlichkeit lebender Systeme. Wir sind geschichtliche Wesen. Die Vergangenheit zeigt sich in der Gegenwart und die Gegenwart wirkt in die Zukunft hinein. »Die Wirklichkeitskompresse aus Geschichtlichkeiten bestimmt den Blick, die Wahrnehmung, die Schnitte, die Eingriffe, die Verfahrensweisen [. . .] im Umgang mit den Dingen, den Sätzen, den Tönen, den Leuten, den Bildern, den Erinnerungen, dem Alltag« (Theweleit, 1990, S. 14). Unsere Emotionen, zweifellos ein Blinken von Neuronen im Hier und Jetzt, wurzeln in der Vergangenheit, sie verwurzeln uns in der Vergangenheit und dehnen uns in die Zukunft aus. Das Empfinden von Identität wäre ohne das Empfinden von Geschichtlichkeit nicht möglich und ohne die Spuren von Geschichte und Geschichten in uns können wir nicht leben. Wir existieren in einem Strom von Geschichten und diese Erzählungen enthalten Begründungen für die Gegenwart und verbinden uns über Generationen hinweg mit den Möglichkeiten der Zukunft.[8]

Ein soziales System mag für den Beobachter noch so kurios erscheinen – es gibt immer Gründe dafür, dass es so geworden ist, wie es ist. Wer das missachtet, wird meiner Ansicht nach keine nachhaltigen Erfolge erzielen. Das heißt keineswegs, dass man zwanghaft und anhaltend in der Bewältigung von Vergangenheit befangen blei-

---

8 »Es ist ein Fehler, ein unsinniger Gewaltakt, wenn wir uns auf das Hier und Jetzt konzentrieren in der Überzeugung, damit das Wesentliche zu erfassen. Worauf es ankäme, wäre, sich sicher und gelassen, mit dem angemessenen Humor und der angemessenen Melancholie, in der zeitlich und räumlich ausgebreiteten inneren Landschaft zu bewegen, die wir sind. Warum bedauern wir Leute, die nicht reisen können? Weil sie sich, indem sie sich äußerlich nicht ausbreiten können, auch innerlich nicht auszudehnen vermögen, sie können sich nicht vervielfältigen, und so ist ihnen die Möglichkeit genommen, weitläufige Ausflüge in sich selbst zu unternehmen und zu entdecken, wer und was anderes sie auch hätten werden können« (Mercier, 2006, S. 286).

ben müsste, um etwas zu verändern. Aber es lohnt sich schon, zu verstehen, was schief gelaufen ist, wenn man nicht ständig die gleichen Fehler wiederholen will. *»Was haben Sie bisher schon probiert, um Ihre Probleme zu lösen?«* Wer aufmerksam den Geschichten zuhört, die Klienten in der Gegenwart über ihre Vergangenheit erzählen, gewinnt eine Chance, grundlegende Veränderungen in der Zukunft in Gang zu setzen. Nicht nur, weil damit die Mühen der Vergangenheit gewürdigt werden, sondern auch weil diese Geschichten etwas über die Horizonte und die Grenzen von Veränderungen erzählen. Wie kann man als Therapeut nachhaltig arbeiten, ohne darüber etwas zu wissen? Erst wenn ein System lernt, aus der Geschichte zu lernen, wird es zukunftsfähig! Den Grad der Geschichtlichkeit in einem System kann man »auch beschreiben als das Verhältnis von Verdrängtem zu Durchgearbeitetem: das Durchgearbeitete drängt zu Verwandlungen, zu Spiralen – etwas, das trägt und federt –, die Verdrängung führt zu Wiederholungen, zu konzentrischen Kreisen – etwas, das einengt und abstumpft« (Theweleit, 1990, S. 14).

Das Durcharbeiten erfordert eine Verlangsamung, die sich auszahlt, weil man damit in der Regel nicht nur schneller ans Ziel kommt – wie in der Geschichte vom Igel und vom Hasen –, sondern vor allem lohnende Ziele bestimmen kann.

Respekt für gewachsene Strukturen

Jede Veränderung muss gewachsene Strukturen berücksichtigen. Die wichtigste Lehre jeder Entwicklungshilfe ist, dass es verheerende Folgen haben kann, wenn man gewachsene Strukturen nicht beachtet oder gering achtet. Daher muss man sich unbedingt mit entstandenen Mustern, Gewohnheiten und Regeln beschäftigen, bevor man Veränderungen einleitet. Darüber hinaus wird jede Lösung unvermeidlich Nebenwirkungen in Form von neuen Problemen hervorbringen. Mit diesen unerwünschten, aber unvermeidlichen Nebenwirkungen von Lösungen sollte man sich ebenfalls beschäftigen, bevor man Lösungen realisiert. Das Durchspielen verschiedener Lösungen (psychodramatisch: *Zukunftsprobe*) stellt eine ausgezeichnete Möglichkeiten zur Verfügung, das zu tun. Nachhaltig erweisen sich Lösungen dann,
– wenn keine gravierenden neuen Probleme durch die anvisierten Lösungen entstehen;
– wenn keine dauerhaften Schäden durch Lösungen verursacht werden und
– wenn das System das Neue aufnehmen und die dadurch neu auftauchenden Herausforderungen bewältigen und an ihnen wachsen kann (Fehlerfreundlichkeit → I.4. S. 74).

Nichtveränderung als Intervention

Der Respekt für gewachsene Strukturen schließt die Option *Nichtveränderung* (Cecchin et al., 1992) mit ein. Es gibt Situationen, in denen ein starker Veränderungsdruck oder Veränderungswunsch vorhanden ist, sich aber nach Prüfung der Lage herausstellt, dass es klüger wäre, nichts oder nur wenig zu verändern. Für *wandlungswütige Systeme* bedeutet dies allerdings eine Veränderung 2. Ordnung, weil ein *mehr Desselben* erst mal gestoppt werden muss. Vielleicht wartet man besser auf einen geeigneteren Zeitpunkt. Man kann immer fragen: »*Welchen Gewinn hätten Sie davon, alles so zu lassen, wie es ist?*« Die Lebenserfahrung zeigt, dass unüberlegte Änderungen genauso viel Unheil anrichten können wie krampfhaftes Festhalten an überlebten Mustern.

Wenn Therapeuten *Nichtveränderung* als Option einbringen, würdigen sie nicht nur die Bedeutung gewachsener Strukturen, sondern sie intervenieren mit einem Paradox, das neue Dimensionen der Veränderungen erschließen kann. Nichtveränderung kann wichtige Veränderungen auf anderen Ebenen in Gang setzen[9]:

> »Wenn Sie Ihr Projekt (Familie, Partnerschaft) beibehalten wollen, was müssen Sie ändern (im Handeln, Denken, Fühlen, Wünschen), damit es für Sie weiterhin lebbar bleibt und Freude bereitet?« »Wenn Sie an Ihrem Handeln (Denken, Fühlen, Wünschen) nichts ändern, welche Bedingungen und Kontexte brauchen Sie dann, um Ihr Projekt leben zu können?«

Wenn Therapeuten die Position der Nichtveränderung betonen – »*Sie sollten auf keinen Fall etwas verändern*« –, beginnen Klienten manchmal, sich für die Seite der Veränderung zu erwärmen.

Respekt und Eigensinn

Der Respekt für Geschichtlichkeit und für gewachsene Strukturen lässt sich gut mit einer selbstbewussten Eigenwilligkeit (amerikanisch: *irreference*), verbinden. Um den Eigensinn zu betonen, eignet sich besonders die Rolle des souveränen Narren, der sich von Autoritäten oder ehrbaren Institutionen wenig beeindrucken lässt und Überzeugungen humorvoll in Frage stellt. Aus einer respektvollen Haltung heraus kann man mit Überzeugungen sehr wirkungsvoll konfrontativ arbeiten.

---

9 Jean-Paul Sartre und Simone de Beauvoir wollten als Paar weiter zusammenleben, aber auf keinen Fall in eine bürgerliche Beziehungsform hineinrutschen. Die beiden hätten sich trennen oder eine Paartherapie aufsuchen können, um ein »normales« Paar zu werden (Zum Glück für die Literaturgeschichte ist das nicht passiert). Sie erfanden eine andere Variante: Beide zogen gemeinsam in ein Hotel, jeder in ein anderes Stockwerk.

Beispiel

Maike und Rudi waren zehn Jahre glücklich verheiratet. Die Basis ihrer Beziehung stellte eine klare Rollenverteilung dar: Maike erwirtschaftete als erfolgreiche Juristin im Unternehmen des Vaters das Familieneinkommen und Rudi, promovierter Physiker, versorgte die beiden Kinder und spielte Klavier. Beide betonten zu Beginn, dass an dieser Rollenverteilung auf keinen Fall etwas geändert werden sollte, da beide die Überzeugung teilten, das würde die Harmonie der Beziehung stören. Die Firma war jedoch in ernsthafte wirtschaftliche Schwierigkeiten geraten und diese Veränderung bedrohte den Lebensstil. Die Situation hatte zu heftigen Spannungen und Streit in der Familie geführt. Der Therapeut bat das Paar, die bisherige Erfolgsstory im Raum mit Symbolen darzustellen. Das machte beiden offenbar Freude und sie hatten einigen Spaß bei der Ausgestaltung von Details. Nach einer ausführlichen Würdigung bat der Therapeut die Klienten, sich zwei Mützen (aus dem Fundus) aufzusetzen: *»Das sollen Gefängniswärtermützen sein. Sie mögen mir verzeihen, aber so sehe ich Sie: wie Wärter, die sich selbst im eigenen Gefängnis einsperren, weil Sie der tiefen Überzeugung sind, dass nur das bisherige Erfolgsrezept Erfolg verspricht. Das kann allenfalls in der Schweiz gut gehen.«* In der Folge dieser etwas seltsamen und konfrontativen Intervention ging es um die tieferen Wurzeln ihrer Überzeugungen, und die Frau zog eine Parallele zur Firma. Die Geschäftsleitung mit dem Vater an der Spitze hielt an Erfolgsrezepten fest, die unter veränderten Rahmenbedingungen zum Niedergang führten. Von dort aus ergaben sich einige neue Optionen, die als Lösungsfantasien durchgespielt wurden.

Personen respektieren und Gewissheiten in Frage stellen

Gianfranco Cecchin empfiehlt Respekt gegenüber Personen und Respektlosigkeit gegenüber Überzeugungen als therapeutische Grundhaltung (Cecchin et al., 1993). Oft sind es Überzeugungen, die Veränderungen entgegenstehen. Die Unterscheidung zwischen Person und Überzeugung erleichtert es erheblich, Klienten respektvoll zu behandeln und gleichzeitig Gewissheiten durch andere Sichtweisen in Frage zu stellen. Natürlich sind Überzeugungen wichtige Bestandteile von Personen und Gruppen, mit denen man achtsam umgehen soll. Aber manchmal versklaven Überzeugungen ihre Erzeuger. Das Ziel therapeutischer Arbeit besteht dann darin, die Personen wieder zu Herren oder Damen im eigenen Haus der Überzeugungen zu machen. Ein wichtiger Schritt besteht dabei in der Unterscheidung zwischen Person und Überzeugung.

Beispiel

Ein junger Skinhead und Neonazi der intelligenteren Art wurde von seinem Vater zur Therapie geschickt (Schulschwierigkeiten, Verfahren wegen Rowdytum, Isolation). Immerhin hatte er ein eigenes Anliegen, das der Therapeut unterstützen konnte. Er litt nämlich unter heftigen Gewaltdurchbrüchen: *»Im Alkohol schlage ich auch Kameraden und Unschuldige«*, und wollte lernen, diese Impulse besser zu kontrollieren: *»Wir sind keine primitiven Schläger.«* Zu Beginn entspann sich ein Dialog, den ich hier verkürzt wiedergebe. Klient: *»Mein Vater will sicher, dass Sie mich ›umdrehen‹, aber das wird Ihnen nicht gelingen, egal welche psychologischen Tricks Sie anwenden, denn meine*

Überzeugungen sind felsenfest, da passt nichts dazwischen. Aber wir können gern diskutieren, wenn Sie wollen«. Therapeut: *»Als Therapeut behandle ich keine Überzeugungen, sondern Personen. Im Übrigen solltest du von mir wissen, dass ich Demokrat und Antifaschist bin. Wenn du mir außerhalb der Praxis als Neo-Faschist gegenübertreten würdest, würde ich dich bekämpfen. Der therapeutische Raum hier ist etwas anderes, wie ein neutrales Gebiet, hier interessiere ich mich für dich als Person und von dir erwarte ich das Gleiche. Aber du musst die Regeln respektieren, die hier gelten.«* Es folgte eine längere Sequenz über die Regeln, in der der Klient sich beeindruckt zeigte von der Konsequenz, die der Therapeut dabei an den Tag legte. Für klare Regeln hatte er volles Verständnis. Klient: *»Aber ich bin Person und Überzeugung in einem. Ich tue, was ich sage, und ich sage, was ich tue, im Unterschied zu meinem Vater und seinen 68er-Freunden* (längere Erläuterung germanischer Tugenden gegenüber *»jüdisch-marxistischer Windigkeit«* usw.). *Wir können meine Gesinnung nicht einfach rauslassen«.*

Diskutieren oder therapieren, das war hier die Frage. Schließlich einigten wir uns darauf, zweigleisig zu fahren, und entwickelten ein Ritual für die Differenzierung von Überzeugung und Person. Er durfte in vollem Skinlook kommen (was zu Hause nicht erlaubt war: Lonsdale-Pullover, Deutschlandhosenträger, schwarze Jeans, Springerstiefel), und wir diskutierten eine Zeit lang im Gegenübersitzen seine Überzeugungen (*»Herrenmenschentum, Ausmerzen des Schwachen, Auschwitzlüge«).* Sein Vater war bei solchen Gelegenheiten regelmäßig ausgeflippt, was ich gut nachvollziehen konnte. Mir half der Rahmen. Dann legte er sich auf die Couch zum freien Assoziieren (meist kränkende und demütigende Kindheitserinnerungen, Triangulierung, kindlich-rührende Fantasien über heile, agrarische Idealwelten). Dazu musste er die Springerstiefel (symbolisch waren das seine Überzeugungen) ausziehen, wozu er als *»ordentlicher«* und *»anständiger«* Mensch selbstverständlich bereit war. Irgendwann gegen Ende unserer gemeinsamen Arbeit – ich hatte seine Überzeugungen wenig ändern können, aber er hatte immerhin weniger Angst vor mir und der Situation – stellte ich ihn vor seine Stiefel und sagte (mit Augenkontakt, volles Charisma): *»Wenn du ein Mensch sein willst, machst du dich nicht zum Knecht irgendwelcher Stiefel, wer auch immer sie trägt. Erst dann wirst du zum Befehlshaber deiner eigenen Überzeugungen«* (über die Führerideologie hatten wir irgendwann ausführlich diskutiert).

Überzeugungen verleihen Sicherheit und Sicherheit ist ein starkes Motiv. Aber wir neigen zu dem folgenschweren Irrtum, Person und Überzeugung in eins zu setzen. Wir verwechseln uns selbst mit unseren Überzeugungen und das passiert leicht auch bei anderen. Die Unterscheidung zwischen Person und Überzeugung erleichtert Veränderungen. Denn Ideen, die einem am Herzen liegen, kann man wesentlich leichter in Frage stellen, wenn man dabei als Person Respekt erfährt. Mit Hilfe von Symbolen können Überzeugungen externalisiert (→ III., S. 211) werden und der Klient selbst wird frei, in der Rolle eines souveränen Dirigenten die Herrschaft über seine Überzeugungen auszuüben.

I.3. Kinder und Jugendliche als Ressource

Das Familiensetting als Herausforderung

»Kinder und Jugendliche möchten einbezogen werden [. . .], sie möchten verstehen, worum es geht, Zeit, Dauer, Grund, Ziel genau kennen. Sie möchten einverstanden sein können und ernst genommen werden in ihrer Fähigkeit, Lösungen und Ressourcen zu entdecken« (Clasen, 2005, S. 12, vgl. auch Rotthaus, 2003, Goll-Kopka, 2004). Familientherapeuten betonen gern, wie wichtig die Anwesenheit von Kindern sei, um Interaktionsmuster erkennen zu können, gleichzeitig zeigen Videoanalysen von Treffen, dass Kinder im Prozess selten beteiligt sind und wenig vom Geschehen profitieren. Wie können Kinder und Jugendliche in Familientherapien aktiv mitwirken, ohne ständig im Rampenlicht zu stehen oder als Indexpatient »ins therapeutische Abseits« (Vossler, 2000) zu geraten?

Exkurs
»Welchen Platz haben Kinder in der Systemischen Familientherapie?«, fragt Wilhelm Rotthaus (2003, S. 225). Die Antwort fällt ernüchternd aus: Eine eigenständige Theoriebildung zum Verständnis der Entwicklung von Kindern und Jugendlichen fand kaum statt und nach den Erstgesprächen wird weitgehend mit den Eltern gearbeitet. Die praktischen Herausforderungen von gemeinsamen Familientreffen fanden lange Zeit kaum Beachtung und es dominierten verbale Methoden. Die Begründung für den tendenziellen Ausschluss von Kindern und Jugendlichen in Theorie und Praxis lieferte eine Überzeugung, die unter Therapeuten weit verbreitet ist: dass nämlich hinter Familienproblemen und Problemen von und mit Kindern und Jugendlichen *eigentlich* Paarkonflikte stehen. In dieser Sicht sorgen die Kinder mit ihren Problemen dafür, dass die Eltern zur Beratung kommen, um dann mit den Therapeuten ihre Paarkonflikte zu lösen. Nach neueren Untersuchungen spielt die Atmosphäre in der Beziehung der Eltern (die Güte der Paarbeziehung) tatsächlich eine zentrale Rolle in der Entwicklung von Kindern und Jugendlichen. Die Idee ist also gar nicht so verkehrt – und verengt dennoch die Perspektive. Immerhin zeichnet sich gegenwärtig eine Trendwende ab, so dass andere Bezüge wieder mehr in den Blick kommen: Schwierigkeiten mit Kindern können die Nerven von Eltern erheblich anspannen und eine Paarbeziehung an den Rand der Belastbarkeit bringen. Paare erwachsener Kinder, die wieder zu zweit leben, haben statistisch gesehen sehr gute Chancen für eine wieder zunehmende Zufriedenheit in der Partnerschaft. Die Wahrscheinlichkeit einer zufrieden stellenden Paarbeziehung steigt mit einer gelingenden Kooperation als Eltern und der Anerkennung und Wertschätzung von Kindern gegenüber ihren Eltern. Der familiäre Alltag (Hawellek u.

von Schlippe, 2005) wird wieder entdeckt, die Bedeutung der emotionalen Dimension betont (Welter-Enderlin u. Hildenbrand, 1998) und elterliche Präsenz eingefordert (Omer u. von Schlippe, 2003, 2004).[10] An dieser Stelle muss die Arbeit von Carole Gammer (2007) besonders hervorgehoben werden: Sie zeigt in ihrem sehr lesenswerten Buch »Die Stimme des Kindes in der Familientherapie«, wie Kinder und Jugendliche in den therapeutischen Prozess mit einbezogen werden können.

Wie kann die Präsenz von Kindern und Jugendlichen in der systemischen Familientherapie verbessert werden? Die Frage gemeinsamer Familientreffen berührt die Fundamente der Familientherapie. Wie geht man mit Kindern und Jugendlichen in gemeinsamen Familientreffen angemessen um, und welche praktischen Fähigkeiten und Methoden erfordert die Arbeit im Familiensetting? Am besten nähert man sich diesen Fragen durch eine nüchterne und kritische Bestandsaufnahme.

Das Unbehagen im Familiensetting

Familiengespräche können für Kinder und Jugendliche belastend sein oder sogar Unheil anrichten. In einer Nachbefragung beurteilten 78 % der befragten Kinder zwischen 6 und 13 Jahren ihre Erfahrungen mit dem Setting Familientherapie negativ (Lenz, 1999). Auch Teilnehmer von Seminaren, die in Rollenspielen die Rolle von Kindern übernehmen, berichten im Rollenfeedback häufig von Missempfindungen oder Langeweile. Inzwischen erwachsene Klienten, die als Kinder und Jugendliche an Familiensitzungen teilnahmen, erinnerten sich in meiner Praxis zwei Jahrzehnte später an peinigende Gefühle, »*als wenn es gestern gewesen wäre*«. Mit solchen gravierenden negativen Konsequenzen muss man rechnen, wenn Kinder und Jugendliche »weitgehend auf die Rolle von Zuhörern oder Zuschauern reduziert [werden], die auf der Beratungsbühne einer Inszenierung beiwohnen, in der ihnen wenig Zeit und Raum zur Verfügung steht, ihre Anliegen, Sichtweisen und Probleme einzubringen« (Rotthaus, 2003, S. 229). Wenn die Erwachsenen die Themen, das Sprechen und die Umgangsweisen dominieren und wenn sich die Gestaltung der therapeutischen Situation vorwiegend an Formen orientiert, die von Erwachsenen für Erwachsene erfunden wurden, muss man sich nicht wundern, wenn Kinder und Jugendliche die Freude verlieren.

Kinder und Jugendliche können und wollen sich durchaus in Therapien engagieren, sie wollen aber auf angemessene Art und Weise einbezogen werden, und sie wollen – auf ihrem Sprach- und Entwicklungsniveau – auch darüber informiert

---

10 In der Zwischenzeit wurde die *Arbeitsgemeinschaft Systemische Kinder- und Jugendpsychiatrie* (ASK) in der DGSF gegründet und im Jahr 2005/2006 begann erstmals eine Aufbauausbildung für systemische Therapeuten, die mit Kindern und Jugendlichen arbeiten.

werden, was vorgeht und wohin es gehen soll. Wenn sie in ihren Fragen, Anliegen und Interessen ernst genommen werden und dort abgeholt werden, wo sie sich befinden, können sie zu einem mächtigen *Potenzial der Veränderung* (→ IV.3. S. 289) in Familien werden. Aber wie genau macht man das? Darüber wissen wir noch viel zu wenig. Kinder und Jugendliche können mit dem üblichen »Psychotalk« von Erwachsenen wenig anfangen. Einfühlsames Fragen – über Gefühle, über Beziehungen – kann von Kindern und Jugendlichen im Kontext des gemeinsamen Settings leicht als belastend, als psychologischer Übergriff, als verbales Eindringen oder als Puschen in Loyalitätskonflikte erlebt werden. Besonders Pubertierende reagieren darauf allergisch und mit Rückzug. Kinder mögen keine langen Begründungsreden und Jugendliche hassen Predigten. Viel besser können sie mit direkten Ansagen und konkreten Aktionen umgehen. Wenn man das nicht beachtet, kann man nicht nur ins Leere laufen, sondern einigen Schaden anrichten. Was als *Familienkonferenz* von Helfern und Eltern gut gemeint ist, kann als langatmiges Gequatsche, im ungünstigen Fall aber auch als Grenzüberschreitung oder Tribunal erlebt werden. Alles in allem eine peinliche Veranstaltung (bei der man doch lieber zu »Viva« umschalten möchte).

Wenn Therapeuten das Gespräch einfach laufen lassen, geraten Eltern leicht in die Position von Anklägern oder Klagenden, während Kinder und Jugendliche in die Position von Beschuldigten oder Patienten geraten. Eine zu Recht von Familientherapeuten gefürchtete Situation. Einige Therapeuten reagieren in dieser Situation mit einem Wechsel auf die Seite der Kinder und beginnen mit einer Beratung der Eltern im Beisein der Kinder. Das macht die Sache nicht unbedingt besser[11], weil Kinder und Jugendliche in die Position von Objekten geraten, über deren Köpfe hinweg psychologisiert wird. Nicht selten fühlen sie sich vorgeführt, unfair behandelt, erleben Eltern und Therapeuten als Verbündete oder deuten das Verhalten der Eltern als Loyalitätsbruch – mit erheblichen negativen Folgen für die Eltern-Kind-Beziehung. Oder die Eltern finden sich auf der Anklagebank wieder beziehungsweise platzieren sich selbst dort. Für die Eltern mag das noch angehen, aber Kinder und Jugendliche, die in einer solchen Szenerie in eine Zuschauerposition wider Willen gedrängt werden, reagieren häufig negativ und mit Scham. Wer möchte schon gern einer öffentlichen Belehrung, Degradierung, Kränkung oder Demütigung der eigenen Eltern beiwohnen? Kinder fühlen sich vielleicht von ihren Eltern zu wenig gesehen, nicht geliebt, vernachlässigt, ungerecht behandelt, verletzt oder missbraucht,

---

11 Die Beratung von Eltern wird häufig beeinflusst von weit verbreiteten psychologischen Theorien, die Probleme und Störungen von Kindern und Jugendlichen einseitig auf ein Versagen von Müttern und Vätern oder dysfunktionale Muster in der Partnerschaft zurückführen. Der Blick auf Kindheit und Jugend wurde lange Zeit durch die Projektionen und Fantasien von Psychotherapiepatienten und ihren Therapeuten bestimmt. Die dabei entwickelten Sichtweisen haben sicher ihre Berechtigung, behindern aber auch einen unverstellten Blick auf die Beziehung zwischen Eltern und Kindern und deren Ko-Evolution.

aber sie lieben es nicht, wenn ihre Eltern vorgeführt werden. Und eine weitere, völlig offene Frage für Kinder und Jugendliche in Familientherapien ist, wie die Eltern, die in der Regel zweifellos über mehr personale Macht verfügen, zu Hause oder nach Beendigung der Therapie reagieren werden.

Den hier nur in Ansätzen skizzierten Herausforderungen müssen sich alle, die mit Familien arbeiten, stellen, wenn sie ihr Handwerk ausüben wollen.

Von der Familientherapie zum Elterncoaching und zurück

Der erste Schritt auf dem Weg, mit Kindern und Jugendlichen in Familientherapien angemessen umzugehen, besteht darin, ihr Unbehagen in der Situation wahrzunehmen und ernst zu nehmen. Die Therapeuten müssen die Schwierigkeiten und Loyalitätskonflikte von Kindern und Jugendlichen verstehen, und alle in der Familie müssen spüren, dass die Therapeuten damit aktiv und angemessen umgehen.

Eine der pragmatischen Umgangsmöglichkeiten besteht natürlich darin, auf gemeinsame Familientreffen zu verzichten und auf das klassische Setting der Kindertherapie zurückzugreifen (Therapie mit dem Kind, parallel Elternberatung). Eine weitere Möglichkeit besteht darin, Eltern, Kinder und Jugendliche getrennt zu beraten oder zu trainieren. Die Praxis der Familientherapie entwickelt sich in den letzten Jahren genau in diese Richtung. Die ganze Familie kommt in der Praxis der Familientherapie tatsächlich selten vor. Wurden anfangs möglichst ganze Familien über längere Zeiträume eingeladen, arbeiten viele Therapeuten heute nach gemeinsamen Erstgesprächen schwerpunktmäßig getrennt mit den Eltern und Kindern/Jugendlichen. Die Arbeit mit Scheidungskindern in Gruppen oder das Elterncoaching (u. a. Omer u. von Schlippe, 2003, 2004) hat sich als wichtige und wirkungsvolle Alternative entwickelt. In vielen Fällen ist es durchaus sinnvoll, mit der theoretischen Perspektive auf das Ganze in der Praxis Grenzen zu ziehen und mit Teilsystemen zu arbeiten (→ I.5. S. 85). Meist arbeiten dann mehrere Professionelle an einem Fall oder – je nach Sichtweise – an mehreren Fällen. (In der Kooperation taucht dann allerdings nicht selten die Frage auf, was eigentlich der *Fall* ist.) Gemeinsame Treffen sollten kein Dogma sein wie in den Anfängen der Familientherapie. Andererseits werden Kinder und Jugendliche auf diese Weise vom therapeutischen Prozess ausgeschlossen und können nicht mehr als Ressource der Veränderung genutzt werden. Helfersysteme können unter dem Druck der Verhältnisse (Individualisierung, Fragmentierung, Bindungsverlust) leicht zu einem Teil der problematischen Systemdynamik werden und diese strukturell abbilden. Die konflikthafte und anstrengende Integrationsarbeit, die einzelne Familien nicht mehr leisten können oder wollen, spiegelt sich dann in der Inflation anstrengender Kooperationskontakte zwischen Helfern, die in parallelen Settings arbeiten. Gemeinsame Treffen bieten dagegen die Chance, die Perspektiven von Kindern und Eltern und die Interaktionsmuster gleichzeitig zu erleben und zu bearbeiten. Um sich im Einzelfall für das optimale

Vorgehen entscheiden zu können, brauchen Familientherapeuten also Konzepte und Methoden, um auch gemeinsame Treffen für alle passend und angenehm zu gestalten – trotz der beschriebenen Schwierigkeiten.

Die gemeinsame Entwicklung im Fokus

Kinder und Jugendliche haben nicht nur in abstrakter Form eine Bedeutung für das System Familie, sie bilden auch eine wichtige Ressource für den ganz konkreten familientherapeutischen Prozess. Das Potenzial der Veränderung, das Kinder und Jugendliche für die Entwicklung von Familie und Gesellschaft repräsentieren, kann man aber nur unter zwei Voraussetzungen aktivieren:

– *Theoretisch* muss man die gemeinsame Entwicklung (Ko-Evolution) von Eltern und Kindern in den Blick bekommen und ein Interesse für die elementaren Fähigkeiten entwickeln, die Eltern und Kinder bei dieser Kooperation zeigen und durch diese Kooperation entwickeln (vgl. u. a. Stern, 1993, Bleckwedel, 2000, Frank-Bleckwedel, 1999, Hawellek, 2005). Die ganze Szene muss ins Blickfeld rücken: Eltern und Kinder, die sich gegenseitig entwickeln.

– *Praktisch* muss man für gemeinsame Familientreffen passende therapeutische Arrangements finden, in denen Erwachsene, Kinder und Jugendliche zusammenarbeiten können. Im Einzelfall erfordert dies Fantasie, Kreativität und ein erlebnisorientiertes Handwerkszeug, das über Verbalisierungen hinausgeht.

Kontextsensibilität: Klärung von Überweisungskontexten und Auftragslage

Kinder und Jugendliche suchen in der Regel nicht selbst den Kontakt zu einem Therapeuten oder zu einer Beratungsstelle, sie werden von Eltern gebracht oder von Dritten überwiesen. Alle Beteiligten verbinden mit der Therapie meist direkte oder indirekte Interessen, Aufträge, Erwartungen und Befürchtungen. Darüber hinaus haben Kinder und Jugendliche eher vage Vorstellungen darüber, was in einer Therapie passieren soll. Die Therapie von Kindern und Jugendlichen stellt in dieser Sicht eine ungleich komplexere Herausforderung dar als die Therapie von Erwachsenen. Die Entwicklung der systemischen Familientherapie ist eng verbunden mit dieser Ausgangslage. Die Komplexität der Situation zwingt zur Kontextsensibilität: Wer hat welche Veränderungswünsche? Wer schickt wen mit welchen Erwartungen? Die Motivlage bei der Therapie von Kindern und Jugendlichen ist oft unübersichtlich und widersprüchlich. Daher ist es sinnvoll, zunächst den Überweisungskontext genau abzuklären, bevor man in eine differenzierte Exploration, Anamneseerhebung und Diagnostik einsteigt. Dazu gehört, zu erfragen, welche offiziellen und inoffiziellen Aufträge (Erwartungen, Wünsche und Interessen) die direkt Beteiligten (Kinder und Jugendliche, Eltern, Geschwister) und indirekt Beteiligten (Verwandte, Schule, Kindergarten, Betreuer, überweisende Institutionen etc.) den Therapeuten stellen, stellen würden oder nicht stellen.

Erste gemeinsame Treffen – wie weiter?

Systemische Exploration und Hypothesenbildung (→ I.8. S. 128 u. 134) beschränkt sich nicht auf das präsentierte Problem oder Symptom, sondern erstreckt sich auf die Familie und andere wichtige Felder, in denen sich das Kind oder der Jugendliche bewegt. Für diese Anfangsphase hat sich das Familiensetting in vielen Einrichtungen etabliert und bewährt. Danach, wenn das Problem oder Leiden sich nicht einfach auflöst, tritt dann meist eine gewisse Ratlosigkeit ein, was die Fortführung gemeinsamer Familientreffen angeht. Das hängt vor allem mit der Frage zusammen, wie Erwachsene, Kinder und Jugendliche (in verschiedenen Altern und unterschiedlichen Entwicklungsphasen) in einem fortlaufenden therapeutischen Prozess praktisch zusammenarbeiten können. Wie kann es nach den ersten Treffen weitergehen, wenn alle Kontexte abgeklärt, alle Aufträge erfragt, Hypothesen gestellt, Reflecting Teams abgehalten, Wunderfragen gefragt und Lösungen »aufgestellt« wurden? Wie geht man mit Geschwisterkindern um, die fragen, was sie hier sollen, wo es doch eigentlich um Peter geht? Wie geht man mit eskalierenden Konflikten oder dröhnendem Schweigen um? Wie handhabt man eine Situation, in der ein Fünfjähriger, eine Achtjährige und ein Fünfzehnjähriger mit den Eltern zusammenarbeiten sollen? Wie kommt man mit allen Beteiligten in Kontakt und hält gleichzeitig den Prozess als Ganzes in Bewegung und Balance? Die Idee, alle um einen Tisch zu versammeln, ist zwar irgendwie schön, trägt jedoch allein kaum durch den Prozess.

Wie kann man im konkreten Fall eine Situation herstellen, in der sich sowohl die beteiligten Kinder und Jugendlichen als auch die Eltern aufgehoben fühlen und zeigen können? Offensichtlich braucht man entwicklungspsychologisches und familiensoziologisches Wissen, Erfahrung im Umgang mit Kindern und Jugendlichen in unterschiedlichen Entwicklungsphasen, Lust, mit Kindern und Erwachsenen gleichzeitig zu arbeiten und ein Repertoire erlebnisorientierter und aktionsorientierter Methoden, um gemeinsame Treffen kreativ zu gestalten. Aber bevor man Techniken mit Familien anwendet, sollte man die psychodramatische Technik des Rollenwechsels selbst nutzen, um sich in die Familienwelten von Klienten einzufühlen.

Familie als Puzzle aus Bildern

Einen Zugang zu Familien kann man nur finden, wenn man sich im inneren Rollenwechsel in die Welt der konkreten Kinder und Eltern einfühlt. Vor allem muss man verstehen, wie Kinder, Jugendliche und Eltern im besonderen Fall jeweils *Familie als Vorstellung* konstruieren und welche Position sie in diesen Konstrukten selbst einnehmen. Dabei kann man acht Bilder unterscheiden, die in ihrer Gesamtheit ein Puzzle ergeben, aus dem sich das persönliche Konstrukt Familie zusammensetzt (Abbildung 3).

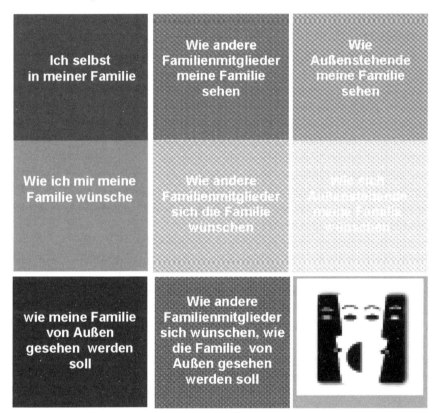

Abbildung 3: Familie als Konstrukt

Die Bilder, die Eltern und Kinder von ihrer Familie haben, können sich erheblich unterscheiden. Aber auch die Vorstellungen, welche Positionen und Rollen Eltern und Kinder, Tanten, Onkel, Vettern, Kusinen und Großeltern im System Familie einnehmen sollten, können erheblich differieren. In jedem Fall wirken diese Vorstellungen – die von der Familientradition, der Kultur und dem Umfeld beeinflusst werden – als mächtige Ordner (→ I.8. S. 150) im System Familie.

Auch der Zeitgeist spielt eine wichtige Rolle. Die allgemeinen Bilder von Familie und Gemeinschaft, von Arbeit und Privatem, von Geschlecht und Arbeitsteilung, von den Beziehungen zwischen Eltern und Kindern, von Partnerbeziehungen, Sexualität, Liebe, Intimität und Öffentlichkeit unterliegen einem beschleunigten Wandel. Dieser Wandel erzeugt Brüche und Risiken, eröffnet aber auch Möglichkeiten und Chancen. In jedem Fall steigt die Herausforderung, die Vielfalt familiärer Entwürfe mit den tradierten Bildern von Familie in Einklang zu bringen.[12]

Familie zwischen Ideal und konkreter Lebensgemeinschaft

Die moderne westliche Psychotherapie hat das Kind in den Mittelpunkt des Interesses gerückt und das Kindsein mit Fantasien von Erwachsenen über die Kindheit projektiv angefüllt. Daniel Stern (1993) kritisiert zu Recht, dass die Psychoanalyse Entwicklung und Kindheit weitgehend aus den Erinnerungen erwachsener Patienten und den Deutungen erwachsener Analytiker (re)konstruiert. Diese Entwicklung ist mit einer starken Tendenz verbunden, Kinder oder Kindheit entweder zu idealisieren oder zu dämonisieren. Etwas Ähnliches passiert der Familie. Einmal soll sie der Hort der Erfüllung sein, der für alles Elend der Welt entschädigt, und wird deshalb heilig gesprochen. Ein andermal soll sie die Keimzelle aller Problemen sein und muss folglich zerschlagen werden.

Historisch gesehen wurden Kinder lange Zeit eher als kleine Erwachsene gesehen und entsprechend behandelt. In dieser Welt mussten Kinder fraglos gehorchen und sich den Geboten der Erwachsenen unterordnen, dafür wurden sie bereits früh als eigenständige Personen wahrgenommen. Allerdings, wenn etwas schief lief, sah man den Grund im schlechten Charakter. Hier haben die moderne Psychologie und Pädagogik (Rotthaus, 2004a, S. 124–127) für mehr Schutz und positive Entwicklungen gesorgt. Andererseits führt der radikalen Paradigmenwechsel auch dazu, dass die Familie nun vorwiegend aus der Perspektive des Kindes wahrgenommen wird und Eltern tendenziell auf mehr oder weniger günstige Kontextbedingungen für die Entwicklung ihrer Kinder reduziert werden. Natürlich ist das aufgrund der Bedeutung wichtiger Bezugspersonen für die Entwicklung von Kindern einerseits berechtigt, andererseits wurde lange Zeit fast vergessen, dass Kinder wiederum auch eine Kontextbedingung für die Entwicklung ihrer Eltern darstellen. Die einseitige Sichtweise führte konsequenterweise dazu, dass die Segnungen der modernen Psychotherapie in Form der Idealisierung von Kindheit, Familie und Elternschaft als Bumerang auf die Menschheit zurasen.

---

12 Eine sehr lesenswerte Einführung in diese Thematik findet sich bei Oliver König (2004, S. 21–51).

Exkurs

Eltern wurden von der Psychologie buchstäblich für alles, von der Neurose bis zur Psychose, verantwortlich gemacht; besonders natürlich die Mütter, vorwiegend weil sie *falsch* anwesend sind oder weil sie, wegen Berufstätigkeit, *nicht genügend* anwesend sind, und die Väter, weil sie *abwesend* sind oder in Anwesenheit versagen. Und Vater und Mutter zusammen sind verantwortlich, weil die Paarbeziehung nicht so funktioniert, wie es für die Entwicklung der Kinder gut wäre. Natürlich hat das alles seine Berechtigung, nur führt die einseitige Kindfixierung dazu, dass Eltern heute, neben allem anderen, unter einen zusätzlichen psychologischen Druck geraten. Im Ergebnis kann das die Flucht aus der notwendigen *elterlichen Präsenz* (Omer u. von Schlippe, 2003) unterstützen, deren Verlust zu Recht beklagt wird. Oder es werden eben wieder die alten, autoritären Strukturen beschworen.

Bei Problemen fragen wir Therapeuten gern: »*Was ist mit den Eltern und der Familie los?*« Und folgerichtig fragen Eltern: »*Was haben wir falsch gemacht?*« In der Konsequenz spaltet sich die Elternschaft in eine Fraktion, die zur Entlastung in die Medizin flüchtet, und eine andere Fraktion, die von sich aus zerknirscht und verunsichert auf der psychologischen Anklage- oder Belehrungsbank Platz nimmt: »*Nun sagen Sie uns doch, was wir falsch gemacht haben und wie wir es richtig machen können.*«

In Therapien mit Familien und Paaren kommt es dagegen darauf an, einen Raum zu schaffen, der jenseits von Idealisierung und Entwertung liegt, ein Raum, in dem sich Familien als konkrete Lebensgemeinschaften zeigen können: mit allen Höhen und Tiefen des alltäglichen Geschehens und mit allen Windungen und Wendungen in den Beziehungen. Familie, das ist ein Kammerspiel, in dem alle Rollen – Vater, Mutter, Kind – sowieso ungenügend und fehlerhaft besetzt sind. Wenn man das erst einmal akzeptiert, kann man sich ungeniert den praktischen Aufgaben zuwenden und an Lösungen für die Praxis arbeiten.

Handlungsorientierte Methoden in der Arbeit mit Familien

Wie können alle Familienmitglieder aktiv in den Prozess der Therapie einbezogen werden? Neben dem Gespräch bieten sich vor allem spielerische Aktivitäten und handlungsorientierte Methoden mit viel Bewegung an. Im gemeinsamen Handeln können Prozesse und Muster in der Familie konkret erlebt und verändert werden. Die Möglichkeiten von Aktionsmethoden veranschaulicht ein Beispiel von Marietheres Clasen. Es geht um die Rekonstruktion einer familiären Situation im Spiel auf der Bühne:

Die Familie besteht aus Vater, Mutter, Jan (12 Jahre), Nils (9 Jahre) und Tim (6 Jahre). Vor drei Jahren kamen sie mit Jan in die Praxis, da dieser sehr belastet war durch viele Operationen wegen einer Lippen-Gaumen-Spalte. In diesem Jahr meldet sich die Familie erneut, diesmal weil die Eltern Sorgen mit Nils haben, der sich in der Schule ag-

gressiv und aufsässig verhält. Seine Leistungen sacken ab, obwohl er über eine gute
Begabung verfügt. Die Mutter klagt, dass zu Hause eine massive Geschwisterrivalität
besteht und vor allem sie sich den »Wortgefechten« mit Nils kaum noch gewachsen
sieht. Da die Familie mit den Räumlichkeiten der Praxis und mit der Therapeutin schon
vertraut ist, ist sie schnell »angewärmt«, aber auch schnell in einem bekannten Muster: Die Mutter erzählt weitschweifig von einzelnen Konfliktsituationen, der Vater
schweigt oder pflichtet seiner Frau einsilbig bei. Die drei Jungen tragen zunächst kleine
Kämpfe um die Sitzordnung aus, wobei Jan als der Älteste achselzuckend nachgibt,
scheinbar gelangweilt in die Runde schaut, während Nils beginnt, mit der Mutter zu
debattieren, immer aber im Blick behält, ob Tim auch keinen Platzvorteil bekommt. Da
die Mutter inzwischen bei den Konflikten rund ums Schlafengehen angekommen ist,
greift die Therapeutin diese Szene auf und macht den Vorschlag, sich die abendlichen
Rituale doch einmal anzusehen. Die Familie ist etwas verblüfft, Nils und Tim springen
gleich auf.

Die Therapeutin skizziert mit wenigen Worten die Methode, deutet mit bunten Seilen die Begrenzung der »Bühne« an. Die Jungen bauen ihre drei Zimmer auf – jeder
seins, was ohne Streit geht. Die Eltern nehmen ihre Plätze ein – die Mutter auf der
Veranda mit einem Buch, der Vater räumt die Küche auf – Tim und Nils streiten sich
um ein Kissen aus dem Therapiezimmer, sie sind in der Szene noch nicht »angekommen«. Die Therapeutin interveniert, setzt einen deutlichen Anfang für diese Spielszene
und interviewt jedes Familienmitglied. Jan hat sich in sein Zimmer verkrümelt, »um
den ganzen Zirkus nicht mitzukriegen«. Er liest Heftchen. Tom hopst auf seinem Bett,
lässt sich durch die offene Tür von Nils provozieren. Er will noch nicht schlafen, weil
Nils ja auch noch aufbleiben darf. Der Vater spielt mit Bedacht seinen Part, ist froh,
dass die Jungen aus dem Weg sind, und leert für Nils den Mülleimer. Die Mutter sitzt
vor ihrem Buch, horcht zu dem Geschehen im Haus, ärgert sich, dass ihr Mann nicht
konsequent ist und den Mülleimer für Nils leert. Es beginnt ein Disput zwischen den
Eltern, quasi durch die Hausmauer hindurch. Parallel dazu beginnen die beiden jünge-
ren Jungen, durch die »Wände« ihrer Zimmer, Kissen zu schmeißen. Die Therapeutin
setzt wieder den Rahmen, lässt die Mutter ihren Ärger als Monolog zur Seite sprechen
und gibt auch dem Vater diese Möglichkeit.

Dann entwickelt sich die Spielszene weiter: Tim wird nun vom Vater zugedeckt,
worauf er wieder aufspringt ... um der Mutter »Gute Nacht« zu sagen, was diese freudig entgegennimmt. Nachdem Tim dann im Bett ist, beginnt der Auftritt von Nils, der
nun auch schlafen soll, aber noch etwas trinken und den Fußball wegräumen will und
anderes mehr. Die Mutter wird immer ärgerlicher, der Vater hält sich in der Küche auf.
Nils reagiert schlagfertig. Wenn er witzig ist, lacht die Mutter, um dann wieder ihrem
Ärger Luft zu machen. Nun entwickelt Nils eine andere Strategie: Er klagt über Bauchschmerzen. Daraufhin ruft die Mutter ihn zu sich, macht auf der Gartenliege neben
sich Platz. Der Vater bleibt in der Küche, schüttelt aber den Kopf.

Die Therapeutin beendet diese Szene und nimmt mit der Familie vor der Bühne Platz.
Im anschließenden Gespräch beteiligt sich der Vater lebhafter. Er formuliert, dass es genauso zu Hause abläuft, dass er sich ärgert, weil Nils jeden Abend noch lange bei den
Eltern herumturnt, dass er selbst aber oft »keinen Nerv mehr hat« einzugreifen. Andererseits würde er aus diesem Grund dann auch die Aufgaben der Jungen erledigen. Die Mut-

ter hat »ein schlechtes Gewissen«, dass sie Nils nachgegeben hat. Gleichzeitig erzählt sie von ihren Sorgen, wenn Nils über körperliche Symptome klagt, vor allem über Bauchschmerzen. Er war als Säugling schwer krank. Tim findet es »gemein«, dass Nils länger aufbleiben darf. Jan zuckt die Schultern, er verschwindet oft ins Bett, ohne sich noch mal bei den Eltern blicken zu lassen, und ist nun überrascht zu hören, dass diese ihn dann vermissen. Nils, der erst noch triumphiert hat, den Platz bei der Mutter erobert zu haben, beginnt Tim zu ärgern, und zieht sich nun wieder den Ärger der Mutter zu.

Die Familie war nach diesem ersten Spiel angewärmt, auch weitere familiäre Situationen spielerisch darzustellen. Dabei wurde den Eltern deutlich, wie groß der Stellenwert körperlicher Symptome in der Familie ist. Durch die Versorgung im Krankheitsfall, die vor allem der Mutter obliegt, entwickelte sich eine enge Beziehung zwischen der Mutter und den älteren Jungen, die Nils, inzwischen ja gesund, befürchtete, wieder zu verlieren. Die Eltern erlebten, dass es zu wenig klare Absprachen gibt und zu viele unausgesprochene Erwartungen an den jeweils anderen Partner. In einer späteren Sitzung ging es auch um die Inszenierung einer möglichen zukünftigen Situation. Diese fehlte in der ersten Sitzung, es stellte sich jedoch heraus, dass es konstruktiv ist, mit einer solchen »›Zukunftsprobe‹ zu enden, weil sie der Familie eine ermutigende Portion Zuversicht mitgibt« (Clasen, 2005, S. 21ff.).

Wenn es gelingt, Kinder und Jugendliche als Akteure und Gestalter des therapeutischen Prozesses zu gewinnen, können Therapeuten und Familien viel erreichen. Im Folgenden skizziere ich in einer unvollständigen Systematik einige Möglichkeiten und Zugänge, wie man Kinder, Jugendliche und Eltern gemeinsam aktivieren kann. Diese Möglichkeiten können mit weiteren Techniken (→ II.1. und III.) kombiniert werden und daraus ergibt sich ein breites Spektrum von Interventionen, um die therapeutische Situation mit Familien kreativ zu gestalten.

Spontanes Spiel
Das Spiel ist der Königsweg zu Kindern (Aichinger u. Holl, 2002).[13] Der Raum sollte nicht zu klein und mit anregenden Materialien ausgestattet sein (Kissen, Matten, Tücher, Schaumstoffbausteine, Symbole, Puppen, Sandkiste, Musikinstrumente usw.).

Man kann die Familie auffordern, spontan Raum und Zeit zu nutzen, und die Therapeuten können bei den sich entwickelnden Stegreifspielen mitspielen oder eine Beobachterposition einnehmen (oder die Rollen aufteilen).

Auf diese Weise inszeniert sich die jeweilige Familiendynamik im Raum von selbst, bestimmte Interaktionen und Konstellationen werden erlebbar und sichtbar, und es ergeben sich die verschiedensten Anknüpfungspunkte für Interventionen. Die Haltung der Therapeuten entspricht in dieser Phase etwa der von Kinderpsychodramatikern oder Spieltherapeuten, nur dass sie hier mit einer ganzen

---

13 Anregungen finden sich u. a. im Kinderpsychodrama (Aichinger u. Holl, 2002), der Psychomotorik, der Frühförderung, der Tanztherapie und der Expressive Arts Therapy (Goll-Kopka, 2000 und 2004, Harvey, 1990, Kinzinger, 1995).

Familie arbeiten. Die Therapeuten können zeitlich beschränkte Gesprächsrunden als Interpunktion vorschlagen, sie können Vorschläge für Spielvarianten einbringen oder selbst auf der Spielebene intervenieren, indem sie sich ins Spiel einbringen. Das Spiel kommt natürlich dem Aktionshunger, dem Bewegungsdrang und der Spielfreude von Kindern und Jugendlichen entgegen, während Eltern meist spezifische Einladungen und Hilfestellungen brauchen, um sich auf die Ebene des Spiels einzulassen. Deshalb sollte man zunächst erklären und begründen, was das gemeinsame Spielen in der Familientherapie bezweckt. Man kann ausführen, dass Kinder nicht wie Erwachsene im Gespräch über Probleme und Lösungen reden, sondern diese im Spiel darstellen und erfinden. Man kann die Eltern bitten, ihren Kindern eine Chance zu geben, sich aktiv in die Therapie einzubringen und an Lösungen zu beteiligen, indem sie sich auf das Spiel einlassen. Und man kann anbieten, selbst mitzuspielen (um als Modell zu wirken und die Scham, beobachtet und bewertet zu werden, zu verringern). Wenn Eltern oder ältere Kinder Spielen als albern erleben und den therapeutischen Sinn solcher Aktionen in Frage stellen, ergeben sich wichtige Anknüpfungspunkte für die Therapeuten, zum Beispiel den nach der eigenen Spielerfahrung. »Gerade in Familien, in denen Eltern sehr negativ über Kinder reden oder viel reden und intellektualisieren, eröffnet die Spielebene Spielräume in einer festgefahrenen Situation und weckt Hoffnung auf Veränderung« (Aichinger u. Holl, 2002, S. 81).

Symbolisches Spiel: vom spontanen Spiel zur Metapher

Alfons Aichinger schildert anschaulich[14], wie er als Kinderpsychodramatiker aus den spontanen Spielaktionen von Kindern zu symbolischen Spielen mit einer Familie kommt. Dazu entwickelt man aus dem szenischen Verstehen heraus Metaphern (zum Beispiel: *das Wildpferd und der Roboter*), die zu einer Spielhandlung anregen und dem Spiel einen Rahmen geben. Die Rollen im Spiel können vom Kind bestimmt werden oder jedes Familienmitglied bestimmt seine Rolle selbst. Dann wird das Spiel ausgespielt, um seine Dynamik zu erleben. Dabei übernimmt der Therapeut die Spielleiterrolle, er kann jedoch auch andere Rollen einnehmen, die das Spiel unterstützen, in Gang halten oder weiter entwickeln. Aus der Metapher kann sich auch eine ganze Folge von Szenen, wie im Psychodrama üblich, entwickeln. Ausgewertet wird das Spiel mit den üblichen Abschlusstechniken (Rollenfeedback, Sharing, Gespräch, Kommentar, II.1. S. 174).

Angeleitetes Spiel

Oft empfiehlt es sich, dass die Therapeuten selbst Spielideen einbringen und Vorschläge für Spiele machen, von denen sie denken, dass sie im therapeutischen Pro-

---

14 Aichinger und Holl (2002) schildern in vielen konkreten Beispielen und sehr anschaulich die Anwendung von Figurenspiel und symbolischem Spiel mit Familien.

zess mit einer Familie sinnvoll sein könnten. Dabei kann man aus dem breiten Angebot von mehr oder weniger bekannten Spielen (Spielekarteien) Anregungen schöpfen, diese nach Wunsch kreativ abwandeln oder selbst Spiele oder Spielsituationen erfinden. Interessant ist es natürlich auch, Kinder und Eltern nach Spielen zu fragen, die sie kennen, gern spielen, spielen möchten oder gern gespielt haben. Daraus können sich ebenfalls Anknüpfungspunkte ergeben und manchmal kommen längst vergessene Schätze ans Licht.

Arbeit mit Figuren, Symbolen und Materialien
Es gibt immer die Möglichkeit, Eltern oder Kinder zu fragen: »*Können Sie/Kannst du uns das mal zeigen?*« Dann kann man Symbole (Figuren, Bausteine, etc.) anbieten, Malpapier, Wandtafeln, Knete oder was sonst gerade zur Verfügung steht und damit arbeiten. Natürlich bietet es sich für Familientherapeuten an, mit Figuren Skulpturen bauen zu lassen und damit in der üblichen Weise zu experimentieren (→ III. S. 236).

Kinderorientierte Familientherapie nach dem BOF-Modell
Das BOF-Modell (Reiners, 2006) wurde in den skandinavischen Ländern entwickelt *(barnorienterad familjeterapi)* und integriert psychodynamische Aspekte (Entwicklungspsychologie, symbolisches Spiel, Bindungstheorie, Säuglingsforschung), verhaltenstherapeutische Vorgehensweisen (Ausprobieren, Trainieren) und Elemente der systemischen Therapie. Mit Hilfe von Figuren und Spielmaterialien begeben sich Kinder, Eltern und Therapeuten auf einen gemeinsamen spielerischen Weg. Das Zusammenspiel *(samhandling)* steht dabei im Zentrum der therapeutischen Arbeit. Das BOF bietet einen halbstrukturierten Rahmen an: »In der ersten Spielsequenz spielt der Therapeut mit seiner Alter-Ego-Figur mit dem Kind, während die Eltern zusehen« (Reiners, 2006, S. 352). Diese Phase dient der Kontaktaufnahme und Beobachtung. Der Therapeut kann dabei die Spielhandlungen des oder der Kinder kommentieren, indem sein Alter Ego sich mit einer anderen Spielfigur darüber unterhält, was gerade passiert. Das direkt oder nach einer Pause erfolgende Nachgespräch wird mit den Eltern allein oder gemeinsam mit Kindern geführt zu der Frage, wie sich der Familienalltag im Spiel spiegelt. Der nächste Schritt besteht darin, mit den Eltern (und Kindern) Ziele in Form von Spielideen zu formulieren. In weiteren Spielsequenzen spielen nun die Eltern, die die Figuren wählen, mit den Kindern, während die Therapeuten sich mit ihrer Alter-Ego-Figur am Rand zur Verfügung halten, um dem Spiel neue Wendungen zu verleihen oder lösungsorientierte Idee einzubringen. Im Prozess geht es nun »immer mehr um die Frage, wie die Eltern ihr Kind anders behandeln können, um Veränderungen im Spiel, aber auch in ihrem Leben zu erreichen« (Reiners, 2006, S. 354).

Arbeit mit Geschichten
Eine selbst ausgedachte Geschichte, ein Märchen oder eine Sequenz aus einem (Kinder-)Buch versammelt die Familie im gemeinsamen Zuhören und um ein bestimm-

tes Thema. Geschichten sind nicht nur als Fokussierung der Aufmerksamkeit hilfreich, sondern auch deshalb, weil man in Geschichten Botschaften (z. B. Hinweise, dass es schon andere gab, die ein solches Problem hatten, und darauf, wie diese das Problem gelöst haben) in wichtige Kontexte einwickeln und so verpacken kann, dass sie nicht allzu aufdringlich daherkommen, also mehr indirekt und offen wirken.[15] Selbstverständlich kann man auch Eltern und Kinder bitten, eigene Geschichten mitzubringen und eventuell selbst einzubringen. Das müssen nicht immer »gute Bücher« sein oder Erzeugnisse der Hochkultur, es eignen sich genauso Daily Soaps, Videos oder Episoden aus einem Mickymaus-Heft. Eine weitere Möglichkeit besteht darin, eine Familie oder einen Teil der Familie eine Geschichte selbst erfinden zu lassen: »*Setzen Sie sich doch mal zusammen und schreiben das Drehbuch für eine Erfolgsgeschichte der Familie als Musical (Tiergeschichte, Märchen, Krimi) . . ., in 5 Jahren, in 10 Jahren, von 1950 bis jetzt.*« Während man über passende Titel, Stile und Formen nachdenkt, kommt man automatisch in Kontakt mit den verschiedenen Welten und Niveaus von Kindern, Jugendlichen und Eltern und kann sich auf unterschiedliche Kulturen und Milieus beziehen. Und natürlich kann man Geschichten oder Teile von Geschichten, bestimmte Szenen oder Bilder auch spielen.

Arbeit mit fantastischen »Ko-Therapeuten«
Nehmen Sie sich für einen Moment Zeit und stellen sich Figuren (Menschen, Tiere, Fabelwesen, Comic-Figuren, Figuren aus den Medien) vor, die Sie gern als Ko-Therapeuten in Ihrem (inneren) Team hätten. Solche imaginären Figuren können Sie in der Therapie zum Leben erwecken, indem Sie diese als Ko-Therapeuten oder Freunde einführen. Sie können die Figur verbal einführen, mit einer Puppe oder einem Symbol oder indem Sie die Rolle tatsächlich spielen. Dafür setzen Sie sich einen Hut auf oder legen Ihre Jacke ab, um die Rolle deutlich von Ihrer normalen Rolle zu unterscheiden. Ihre Auswahl ist dabei wirklich unbeschränkt (Thomas Gottschalk, Elke Heidenreich, der nette junge Mann von nebenan, Mutter Teresa, Red Adair, Woody Allen oder Woody Woodpecker, Virginia Satir, Luke Skywalker . . .).

Viele Kolleginnen haben besondere Ko-Therapeuten, die sie immer, sichtbar oder nicht sichtbar, begleiten. Es ist aber genau so möglich, besondere Ko-Therapeuten oder ganze Teams passend zu der jeweiligen Familie zusammenzustellen (wen bräuchten wir für diese Familie?).

Ein sehr schönes Beispiel, das sich besonders für die Arbeit mit Kindern eignet, die noch guten Kontakt zum magischen Denken haben, gibt Andrea Goll-Kopka (2004, S. 29): »*Heute haben wir viel geredet – ich möchte dir und Ihnen noch von jemand ganz Speziellem erzählen. Ich habe einen Freund, der kann sehr spezielle Sachen . . . Mein Freund und Co-Therapeut, der König Tiger, hilft Kindern zu wachsen und*

---

15 Zahlreiche Beispiele findet man z. B. bei Milton Erickson, der Geschichten speziell für
   Klienten erfindet, oder bei Peseschkian, der die orientalische Märchenerzählkultur für
   die Familientherapie fruchtbar macht.

mit ihren Problemen fertig zu werden ... Ich glaube er würde gern dein Freund werden. Ich erzähle nicht jedem davon ... Er kann selbst keine Post bekommen, da er zurückgezogen lebt. Post kann bei seiner Freundin Andrea abgegeben werden ...« Von da an kann es losgehen: Post vom Tiger an die ganze Familie oder an ein einzelnes Familienmitglied und zurück (kleine Kinder können als Antwort Bilder malen, ältere Geschwister können vorlesen). Auf diese Weise entsteht ein gemeinsamer Fokus auf einer Ebene, die eine eigene spannende Dynamik entfalten kann.

Parallelgruppen im gemeinsamen Setting
Nicht immer kann eine gemeinsame Aktivität gefunden oder durchgehalten werden, und das ist auch nicht immer sinnvoll. Das muss aber nicht zwangsläufig bedeuten, dass man das Setting aufspaltet. Eine gute Möglichkeit, mit unterschiedlichen Interessen und Niveaus umzugehen, ergibt sich durch Parallelgruppen. Diese Gruppen kann man je nach Belieben zusammenstellen (Eltern und Kinder, Vater und Sohn, Mutter und Tochter, Vater und Tochter, Mutter und Sohn, Frauen und Männer, kleinere Kinder und größere Kinder usw.). Wichtig ist, für alle Untergruppen angemessene Aufgaben zu erfinden und diese Aufgaben aufeinander zu beziehen beziehungsweise einen gemeinsamen Austausch darüber herzustellen. Die Gruppen arbeiten jede für sich parallel an ihren jeweiligen Aufgaben, es ist aber klar, dass alle an einer größeren gemeinsamen Aufgabe arbeiten. Die Aufgaben können mehr oder weniger präzise gestellt sein.

Beispiel
Therapeut: »Über Probleme haben wir jetzt Einiges erfahren. Mich würde interessieren, welche Wünsche es eigentlich gibt. Könnt ihr Kinder mal bitte hier mit Bauklötzen und Puppen aufbauen, wie es aussieht oder was passiert, wenn eure Wünsche in Erfüllung gehen. In der Zwischenzeit unterhalte ich mich mit euren Eltern, wie ihre Vorstellungen sind, und hinterher tauschen wir aus, was dabei herausgekommen ist.« (Alternativen: Auch die Eltern bauen ein Szenario auf, der Therapeut nutzt die Zeit, um herumzuwandern und nachzudenken. Oder die Eltern bekommen die Aufgabe, sich allein auszutauschen und die wichtigsten Punkte aufzuschreiben, der Therapeut geht mit den Kindern.) Beim Austausch kann man sich zum einen um die Aufbauten herum versammeln und die Kinder beschreiben lassen, was sie aufgebaut haben, und zum anderen im Gesprächsraum die Eltern interviewen, und zwar so, dass die Kinder sie verstehen können: »Guten Tag, wir sind hier bei der Sendung mit der Maus, und die Eltern möchten gern ihren Kindern erzählen, was passiert, wenn ihre Wünsche in Erfüllung gehen würden.«

Wie viele Parallelgruppen es gibt, welche Aufgaben man stellt, wie man die Zeit einteilt und ob man die Gruppen in getrennten Räumen arbeiten lässt, hängt von der Situation ab. Wichtig ist, dass es einen gemeinsamen Bezug gibt und ein Austausch organisiert wird.

Reflecting Team in der Familie
Eine Variante ergibt sich, wenn man mit Teilgruppen der Familie arbeitet und den jeweils Anderen zunächst eine Beobachterrolle gibt und sie dann im Sinne eines Reflecting Team (Reiter, 1991, Anderson, 1990, von Schlippe u. Schweitzer,1996) befragt (→ III. S. 222).

Kollektiver Rollenwechsel: Eltern spielen Kinder – Kinder spielen Eltern
Eine weitere Möglichkeit stellt der Rollenwechsel zwischen verschiedenen Personen dar, zum Beispiel zwischen Eltern und Kindern. Diese Aufgabe kann man auch mal übers Wochenende mitgeben. Beispiel: »*Heute habe ich mir etwas Besonderes überlegt. Ich möchte Sie bitten, die Rollen Ihrer Kinder zu spielen, und euch, die Rollen eurer Eltern. Gehen Sie/geht ihr doch bitte noch mal vor die Tür, nehmen Sie/nehmt die Rollen ein (hierbei kann man Unterstützung geben) und kommen Sie (jetzt zu den Kindern gewandt) und ihr (zu den Eltern) noch mal herein.*«
   Daraufhin kann man in allen oben beschriebenen Varianten weiterarbeiten. Bei der Auswertung kommt es darauf an, zunächst *Beschreibungen* auszutauschen (das erreicht man dadurch, indem man die Person, deren Rolle gespielt wurde, fragt, wie gut sie sich getroffen fühlt) und dann (innere) *Erklärungen* zu sammeln (das geschieht über das Rollenfeedback, bei dem man eine Person fragt, wie sie sich in der Rolle gefühlt und was sie *in der Rolle* (nicht über die Rolle) gedacht hat. Oder noch besser: Man bringt Rollenspieler und echte Rollenträger in einen Dialog über Gedanken, Gefühle und Motivationen. Danach kann man zu Bewertungen kommen, wenn das sinnvoll erscheint.

Rollenspiel von Alltagsszenen
Eine weitere Variante liefert die Möglichkeit, Alltagsszenen (*Beim Essen, Mutter kommt nach Hause, Ausflug, Im Auto*) im Rollenspiel durchzuspielen. Dabei kann man alle Mittel und Möglichkeiten des Inszenierens verwenden. Wichtig ist eine Auswertung solcher Szenen durch Rollenfeedback und Besprechung. Daraus können sich weitere Sequenzen ergeben: »*Ich schlage vor, es jetzt mal genau so zu spielen, wie Vater/Mutter/Kind/Jugendlicher/Tante es sich vorstellt. Ich bitte alle, in diesem Bild mitzuspielen und möglichst alle Rollenanweisungen genau zu befolgen. Nicht weil ich glaube, es wäre so am besten, sondern um eine genaue Vorstellung zu bekommen von dem Wunschbild.*« Ich habe erlebt, wie eine Familie voll klammheimlicher Freude und erstaunlicher Disziplin die Vision des Vaters für das Bepacken des Autos bei der jährlichen Sommerreise spielte, und sich der Vater und alle anderen während des Spiels kaum noch halten konnten vor Lachen.

Spezielle Szenen
Natürlich kann man mit Familien die ganze Bandbreite von möglichen Inszenierungen nutzen. Das können traumatische Szenen oder Szenen des Glücks aus der Vergangenheit sein, vielleicht sogar Szenen der Großeltern, die die folgenden Gene-

rationen nur aus Erzählungen kennen, es können Szenen aus der Gegenwart sein oder man spielt Szenen der Zukunft, zum Beispiel das *schlimmste Szenario* oder *die tollste Zukunft* (→ II.1. S. 167).

Training und Übungsszenarien
Selbstverständlich können auch spezielle Übungsszenarien nach einem bestimmten Programm und mit bestimmten Schritten genutzt werden, um ein bestimmtes Muster oder Verhalten einzuüben und gemeinsam zu trainieren.

I.4. Fehlerfreundlichkeit und Experimentierfreude

Experimentierfreude als Haltung

Im Jahr 1671 passierte einem Pariser Küchenjungen ein Missgeschick: Er ließ eine Schüssel mit geschälten Mandeln auf den Boden fallen. Der Koch gab ihm eine Ohrfeige, wobei sich ein Pfännchen mit geschmolzenem Zucker über die auf dem Boden verstreuten Mandeln ergoss. Unterdessen wartete der Marschall Du Plessis-Praslin auf sein Dessert. In seiner Verzweiflung servierte der Koch dem Edelmann die erkaltete Mandel-Zucker-Masse und der war so begeistert über diese neue Kreation, dass er ihr kurz entschlossen den namen *Praslin* gab.

Fehlerbereitschaft spielt nicht nur beim Erforschen und Erfinden eine eminent wichtige Rolle, sondern bei allen Aktivitäten des Lebens. Die DNS, die komplexe Speicherstruktur für Information, repliziert sich mit einer erstaunlich hohen Fehlertoleranz. Schon auf dieser molekularen Ebene produzieren lebende Systeme eine hohe Anzahl von Abweichungen und verbinden diese Fehlerproduktion mit einer sehr effizienten Fehlerbeobachtung und Fehlerkorrektur. Therapeuten müssen ebenfalls bereit sein, Fehler zu machen, denn der therapeutische Prozess funktioniert nicht ohne Fehler. »Wenn ich nicht bereit bin, die nächste Aktion anzugehen, weil ich keinen Fehler machen will, wird es schwierig.« Was der Fußballtrainer Jürgen Klopp für den Fußball feststellt, gilt auch für Therapie. Erst wenn man sich selbst und anderen Fehler zugesteht und sich für Abweichungen aller Art interessiert, kann man Neues entdecken und einen dynamischen Veränderungsprozess in Gang setzen. Der erste Schritt besteht in der Bereitschaft, Fehler zu machen. Der zweite Schritt besteht darin, sich für Abweichungen zu interessieren. Im dritten Schritt konzentriert man sich darauf, zwischen Fehlern, die zu Problemen führen, und Fehlern, die zur Lösung führen, zu unterscheiden.

Nun ist die klinische Praxis kein beliebiges Experimentierfeld und Fehler können erhebliche negative Folgen haben. Wie erreicht man also in der Praxis der Therapie die notwendige Balance zwischen innovativer Fehlerbereitschaft und der notwendigen Achtsamkeit, schädigende Fehler zu vermeiden? Experimentierfreude braucht als Grundlage eine angemessene Exploration, Diagnostik und Prognostik, ein tragendes Arbeitsbündnis und einen Rahmen aus gegenseitigem Respekt (→ I.8.). Genauso selbstverständlich sollten sich therapeutische Interventionen auf Erfahrungswissen stützen und den Stand der Kunst berücksichtigen. Genauso wichtig, aber leider weniger selbstverständlich, ist ein profundes Wissen über mögliche Kunstfehler[16]. Selbstverständlich sollte man darauf aus sein, Fehler, von denen man bereits weiß, dass sie Probleme erzeugen, zu vermeiden, und dafür seine ganze Urteilskraft einsetzen. Auf dieser Basis sind Therapeuten dann wirkungsvoll, wenn sie sich auf ihre Intuition verlassen und diese in einem zweiten Schritt prüfen. Das setzt ein gewisses Vorschussvertrauen voraus und die Bereitschaft, Fehler zu machen. Aber erst die genaue Beobachtung dessen, was man tut (und was andere tun) und was dabei herauskommt, ermöglicht es, zwischen zukünftig zu vermeidenden Fehlern und innovativen Erfindungen zu unterscheiden. Fehlerfreundlich zu handeln bedeutet daher alles andere, als eine Laisser-faire-Haltung einzunehmen: »Nichts darf uns abhalten, die Wendung der Beobachtung auf unser eigenes Wesen und die Verwendung des Denkens zu seiner eigenen Kritik gutzuheißen« schrieb Sigmund Freud 1927 in »Die Zukunft einer Illusion«. Aber diese Wendung setzt couragiertes Handeln voraus.

In jedem Fall liefern Abweichungen vom erwarteten Verlauf der Dinge im therapeutischen Prozess wichtige Anknüpfungspunkte und zahlreiche Anregungen, um Veränderungen einzuleiten und zu begleiten. Eine solche Aufmerksamkeit für Abweichungen setzt aber ein fehlerfreundliches Klima voraus, das oft erst geschaffen werden muss[17]: Therapie lädt zur Fehlerfreundlichkeit ein: Abweichungen können sich zeigen und entwickeln und Abweichungen, die zu Lösungen führen, können ausgewählt werden.

Konzentrierte Leichtigkeit

Ein gewisser Pegel an Spannung und Angst vor Fehlern schärft die Aufmerksamkeit und ist produktiv. So wie Lampenfieber gute schauspielerische Leistungen ermöglicht, brauchen Therapeuten und Klienten ein mittleres Maß an Aufregung, um kreativ zusammenzuarbeiten. Sinkt oder steigt der Pegel über oder unter eine optimale Marke, werden Spontaneität und Kreativität eher behindert. Vermeidbare Fehler häufen sich, während innovative Abweichungen kaum noch vorkommen.

Wie im Sport kommt es auch in der Psychotherapie auf ein dynamisches Gleichgewicht zwischen Gelassenheit und Engagement, Konzentration und Lockerheit an – eine Spontaneitätslage, die man braucht, um Veränderungen erfolgreich anzuregen und anzugehen. Therapeuten können sich aktiv darum bemühen, sich selbst und ihre Klienten in eine solche Spontaneitätslage zu bringen. Allgemein geht es darum, eine Atmosphäre konzentrierter Leichtigkeit zu schaffen.

---

16 Eine Einführung und Übersicht in potenzielle Kunstfehler (mit einer Literaturübersicht) findet sich bei R. Sponsel, Materialien zur Qualitätssicherung, über die Website: www.sgipt.org/gipt/kfehl.htm

17 In repräsentativen Untersuchungen zum offenen Umgang mit Fehlern in verschiedenen Kulturen und Nationen belegt Deutschland unter 61 Staaten den vorletzten Rang vor Singapur.

Ein fehlerfreundliches Arbeitsklima beeinflusst die Lernatmosphäre im therapeutischen Prozess positiv. Optimal ist ein Klima, in dem Therapeuten und Klienten von vorgegebenen Pfaden abweichen und Abweichungen untersuchen können, um neue Möglichkeiten zu erfinden. Therapie wird als ein Ort begriffen, an dem Fehler genau analysiert und Lösungen ausprobiert werden können (Abbildung 4).

Fehleranalyse

- Handelt es sich um unbedeutende Abweichungen, die man vernachlässigen kann, oder um gravierende Fehler, mit deren Auswirkungen man sich beschäftigen muss?

- Geht es um selbstverschuldete Fehler, für die man Verantwortung übernehmen kann, oder um tragische Fehler, deren Auswirkungen man in Kauf nehmen muss?

- Handelt es sich um Fehler, die man nicht wiederholen sollte, oder um Innovationen, die man zu Lösungen weiter entwickeln kann?

Abbildung 4: Fehleranalyse

Wenn man genau hinschaut, ist fehlerfreundliches Experimentieren genau das, was lebende Systeme, vom Einzeller bis zu sozialen Systemen immer schon tun. Wir können gar nicht anders, als Abweichungen zu produzieren und uns damit auseinander zu setzen. Weil dieses Verhalten überall in der belebten Natur beobachtet werden kann, kann man diese Abweichungsfreundlichkeit als ein übergreifendes Prinzip des Lebendigen bezeichnen. Eine experimentierfreudige Haltung einzunehmen heißt, dieses allgemeine Prinzip für den therapeutischen Prozess bewusst zu nutzen. Therapie kann also als ein Geschehen begriffen werden, in dem sich Abweichungen und Ausnahmen zeigen und zu Lösungen entwickelt werden können.

Fehlerfreundlichkeit als Prinzip

Als biologisches Prinzip wurde der Begriff der Fehlerfreundlichkeit von dem Autorenpaar Christine und Ernst Ulrich von Weizsäcker eingeführt (1984). Dieses Prinzip begründet und untermauert eine experimentierfreudige therapeutische Praxis und liefert wichtige Anhaltspunkte für die Organisation und Steuerung therapeutischer Prozesse (Klein, Bleckwedel u. Portier, 1991). Es lohnt sich daher, sich mit diesem Prinzip etwas näher zu beschäftigen.

Leben bedeutet Komplexitätsentfaltung. Leben schafft Vielfalt durch Variation und Auswahl. Eine der wesentlichen Fragen für die Dynamik und das Überleben lebender Systeme besteht daher in der Frage, wie lebende Systeme Variation erzeugen, entwickeln und steuern. Die Antwort findet sich in einem elementaren Prinzip des Lebendigen, das die Autoren Fehlerfreundlichkeit nennen. »Fehlerfreundlichkeit bedeutet zunächst einmal eine besondere, intensive Hinwendung zu und Beschäftigung mit Abweichungen vom erwarteten Lauf der Dinge. Dies ist eine in der belebten Natur überall anzutreffende Art des Umgangs mit der Wirklichkeit und ihren angenehmen und unangenehmen Überraschungen« (von Weizsäcker u. von Weizsäcker, 1984, S. 168).

Die Autoren gehen in ihrer Theorie jedoch einen wesentlichen Schritt weiter. Lebende Systeme – vom Einzeller bis zu komplexen sozialen Systemen – beobachten Abweichungen nicht nur genau, sie führen Abweichungen sogar aktiv herbei, um die sich daraus ergebenden Möglichkeiten zu *erforschen*. Die zentrale Idee besteht darin, dass lebende Systeme *aktiv Abweichungen produzieren* (müssen), um zu überleben (vgl. auch Bateson, 1982). Neben der Erzeugung von Variation sind es zwei weitere Aktivitäten, die Leben hervorbringen und sichern: Redundanz und Grenzen. Es sind also im Wesentlichen drei Aktivitäten, die in ihrem Zusammenwirken lebenden Systemen Anpassungs- und Veränderungsfähigkeit ermöglichen und ihre Überlebensfähigkeit sichern: »Redundanz, Variation und Barrieren zusammen garantieren lebenden Systemen ihre Fehlerfreundlichkeit und damit ihr Vorbereitetsein auf künftige Ereignisse« (von Weizsäcker und von Weizsäcker, 1984, S. 170).

Redundanz, Variation und Grenzen sind also Aktivitäten lebender Systeme und *Fehlerfreundlichkeit* beschreibt die Fähigkeit, diese Aktivitäten in jeweils spezifischer Weise zu organisieren.

Die Bedeutung des Prinzips Fehlerfreundlichkeit

Der Nutzen eines theoretischen Prinzips liegt in der Breite seiner Anwendbarkeit und der Tiefe seiner Bedeutung. Worin liegt die tiefere Bedeutung des Prinzips Fehlerfreundlichkeit? Vielfalt ist gegenwärtig in aller Munde, weil die Entwicklung der Zivilisation gegenwärtig die Vielfalt des Lebens auf der Erde massiv bedroht (das gilt nicht nur für Tierarten, sondern zum Beispiel auch für Sprachen). Solche Rückschritte in der Evolution der Vielfalt hat es immer wieder gegeben, neu ist der Faktor, der diesmal den Rückschritt vorantreibt: Wir selbst sind es. Wir sind Meister der Selektion, aber wir wissen zu wenig über die Entwicklung von Vielfalt. Wenn wir nicht das Schicksal der Dinosaurier teilen wollen, müssen wir uns mehr mit den Bedingungen der Entwicklung von Vielfalt beschäftigen.

Die Bedeutung von Liebe und Spiel für die Entwicklung von Vielfalt

Lebende Systeme, die ausschließlich selektieren und keine Abweichungen mehr hervorbringen, schaufeln sich ihr eigenes Grab und gehen zugrunde. Sie produzieren keine Variation mehr, aus der ausgewählt werden könnte. Die Idee, dass die Natur zunächst neue Formen und Wesen erfindet und hervorbringt, indem sie die Anlagen und Formen der bereits existierenden variiert, um dann auszuwählen, wurde bereits früh von Charles Darwin (1871) in seinem bahnbrechenden Werk über den Ursprung der Arten formuliert.

Eine auf Expansion und Eroberung fixierte Zivilisation hatte an dieser Idee selbstverständlich wenig Interesse. So wird Darwin in der öffentlichen und wissenschaftlichen Rezeption bis heute auf eine undialektische Variante reduziert, in der einseitig die Auslese und der Kampf ums Überleben betont wird (Sozialdarwinismus). Damit gerät jedoch die für Darwin zentrale Frage, warum und wie eigentlich die Natur und der Mensch als ein Teil dieser Natur Abweichungen und Vielfalt produzieren, ins Abseits. Wir sehen an diesem Beispiel, wie die Aufhebung von Mehrdeutigkeit im Denken (→ IV.3. S. 293) nicht nur ganz praktisch in Katastrophen führt – Holocaust, Gulag –, sondern auch die Evolution von Ideen massiv behindert. Die Vernichtung von Geist und Leben geht Hand in Hand. In der verkürzten Sicht des Sozialdarwinismus scheint allein die Konkurrenz, der Kampf die Evolution voranzutreiben. Eigennutz oder brutale Durchsetzung von Interessen sind sinnvoll, lautet die Botschaft. In diese Richtung argumentiert die Soziobiologie, allen voran Richard Dawkins, wenn er behauptet, Menschen seien nichts weiter als Überlebensmaschinen, die von »egoistischen Genen« zur Optimierung ihrer Expansionsdynamik programmiert würden: »Sie haben einen langen Weg hinter sich, diese Replikatoren. Heute tragen sie den Namen Gene, und wir sind ihre Überlebensmaschinen« (Dawkins, 1978, S. 23f.).

Variation ist aber die Voraussetzung für Auswahl und beides zusammen sorgt für Vielfalt. Welche Bedingungen begünstigen die Entwicklung von Vielfalt und sichern das Überleben? Die ebenso verblüffend einfache wie überzeugende Antwort, die nachdenkliche Biologen (Darwin, 1871, Maturana u. Verden-Zöller, 1993, Hüther, 1999) damals wie heute geben, heißt: Es sind Liebe und Spiel, die Abweichungen und Variationen begünstigen. Ohne Liebe und Spiel als Voraussetzung von Konkurrenz und Kampf wäre die enorme Entwicklung biologischer Vielfalt auf der Erde nicht möglich.

Natürlich gibt es auch Kampf und Konkurrenz und die enorme Intelligenz, mit der der Mensch seine Aggressivität einsetzten kann, macht uns zu höchst gefährlichen Geschöpfen. Deshalb steht ein Humanismus, der die Kategorie menschlicher Destruktivität nicht erfasst, den Kräften der Barbarei letztlich hilflos gegenüber. Die Anlagen zu unserer Destruktivität sind unabweisbar und wir müssen sie erforschen. Und dennoch stehen wir als Spezies viel tiefer in der Tradition der biologischen Entwicklung von Liebe – als biologischer Voraussetzung von Leben auf unserem Planeten –, als wir uns bisher vorstellen. Spiel und Liebe sind in der Natur genauso tief verankert wie Kampf und Vernichtung. Es ist ein grundlegender Irrtum, Liebe und Spiel allein in den Bereichen der Kultur, der Unterhaltung, der Kindheit, der Romantik oder der Religion anzusiedeln. Wir hätten allen Grund, uns mit der Liebe wissenschaftlich zu beschäftigen, denn tatsächlich verfügen wir über eine Menge positiver Begabungen und Eigenschaften, die sich mit der Evolution entwickelt haben und ohne die sich unsere Zivilisation niemals zu dem hätte entwickeln können, was sie heute ist. Mit seinem entwickelten Gehirn kann der Mensch komplizierte

Waffensysteme erfinden, aber auch Partituren für Sinfonien schreiben, er kann zwischen Gut und Böse unterscheiden und er kann zwischen Vernichten und Lieben wählen.

Wozu verfügen Menschen über all die positiven Emotionen ($\rightarrow$ IV.1. S. 268), die sich in den langen Jahren der Evolution entwickelt haben, wenn es ausschließlich darum ginge, im Kampf ums Überleben der Stärkere zu sein?

Exkurs
Wahrscheinlich haben sich positive Emotionen schon beim Vorgänger des Homo sapiens entwickelt. Der Australopithecus afarensis lebte (bis vor etwa 2,5 Millionen Jahren) als Sammler von Früchten und Nüssen. Als Nichtfleischfresser war er nicht Jäger, sondern Gejagter, ein beliebtes Beutetier für Hyänen, Säbelzahntiger und andere Raubtiere. Die Rolle des Gejagten zwang unsere Vorfahren also ganz besonders zu Kooperation, Listigkeit und der Entwicklung positiver Emotionen untereinander. Im Lauf von Jahrmillionen lernten Hominiden zunehmend ihre Affekte und Gefühle zu beherrschen und zu steuern (emotionale und soziale Kompetenz). Diese Wesen konnten grausam und aggressiv gegen Feinde und Rivalen vorgehen, sie konnten sich aber auch zärtlich und liebevoll anderen zuwenden – eine Fähigkeit, die sie im menschlichen Miteinander besonders entwickelt hat. Diese Entwicklung setzte sich in den umherziehenden Familienverbänden – die *Nahrung*, *Spiel* und *Bedeutung* miteinander teilten – und innerhalb der Stammesentwicklung fort. Positive Emotionen sind nicht risikolos, bringen aber auch erhebliche Vorteile. Solidarität, Teamgeist, die Entwicklung von Sprache, Kultur und Erfindungsgeist – all dies versetzt Menschen trotz widriger Umstände in proaktive Stimmungen und macht sie im Kampf gegen Feinde stark. Wenn aber eine wesensfreundliche Einstellung und Haltung, bezogen auf die eigene Familie und den eigenen Stamm, zu einem Moment des Erfolges wird und wenn diese Fähigkeit neurobiologisch und genetisch gebahnt wird, dann erlangen die in *dieser* Hinsicht Tüchtigsten mit der Zeit auch die Fähigkeit, ihre Feinde zu lieben. Das mag einzelne, in der Liebe hoch entwickelte Exemplare oder Gruppen zunächst in eine kurzfristig unterlegene Position bringen und dennoch dehnt sich die Fähigkeit zu lieben wie eine unaufhaltsame Grundströmung aus, weil kreative Kooperation in einer vernetzten Welt nicht nur die schönere und intelligentere, sondern auch die erfolgreichere Version ist. Schauen wir uns nur einmal die Hände dieser Spezies genau an. Angenommen, Sie hätten den Auftrag, eine Spezies lebender Kampfmaschinen zu konstruieren, dann wären ihre Auftraggeber wahrscheinlich wenig begeistert über extrem empfindliche Extremitäten, mit denen man hervorragend streicheln und Babys halten kann.

Hat die Evolution versagt? Höhere Säugetiere beschäftigen sich nicht nur ausgiebig und gern mit Spiel, Sex und Erotik, sie kümmern sich auch in altruistischer Pflege um Angehörige, Kranke und Verletzte. Das Überleben von scheinbar Schwächeren spielt in der sozialen Organisation höherer Säugetiere eine überragende Rolle. Viele Affenarten verfügen über einen ausgeprägten Sinn für Kooperation und Fairness und bereits bei Menschenaffen finden sich die Grundbausteine einer zivilisierten Haltung:

- Einfühlung,
- Zusammenarbeit,
- Teilen,
- Trösten,
- Vergnügen an der Gesellschaft anderer,
- Wesensfreundlichkeit,
- Starke helfen Schwächeren.

Die evolutionäre Kontinuität dieser Phänomene wird durch kulturelle Überlieferungen, genetische Bahnung und neuronal programmierte emotionale Muster gesichert. Die Beobachtung anderer Lebewesen, die Schmerz erleiden, aktiviert bei Menschenaffen und Menschen dieselben Hirnregionen, die bei eigenem Schmerz aktiviert werden. Auch moralische Dilemmata aktivieren beim Menschen Hirnregionen, die älter sind als unsere Spezies. Es scheint also für unsere Wesensfreundlichkeit genauso wie für unsere Vernichtungsimpulse eine Grundlage in den tiefer liegenden Hirnregionen zu geben, von denen wir, weitgehend unterbewusst gesteuert werden. Das bedeutet nichts weniger, als dass wir Wesen sind, die in Bezug auf Macht und Liebe, Hilfe und Vernichtung, Gut und Böse nicht einseitig programmiert sind, sondern für Entscheidungen offen bleiben.

Die Frage des Ausgleichs von Geben und Nehmen (Boszormenyi-Nagy u. Krasener, 1986), also von Gerechtigkeit und Fairness, spielt in allen menschlichen Gemeinschaften eine überragende Rolle. Die damit verbundenen Emotionen bestimmen einen großen Teil der psychischen und sozialen Dynamik. Warum? Wozu entwickeln Menschen die Fähigkeit, über sich selbst zu lachen, auf unmittelbare Belohnungen zu verzichten und mehr zu geben als zu nehmen? Wozu entwickeln Menschen Humor, Gewissen und Sinn für Gerechtigkeit? Warum helfen Menschen selbstlos anderen Menschen? Wieso fühlen wir uns *erhoben*, wenn wir altruistisches Verhalten anderer beobachten? (Wir sehen im Kino eine Szene, in der jemand im Schneetreiben aus dem Auto steigt und einer alten Frau über die Straße hilft, bekommen einen Kloß im Hals, Tränen steigen in uns auf und ein heißer Stoß eines angenehmen Mitgefühls durchströmt unseren Körper.)

Aus der Perspektive der Fehlerfreundlichkeit dienen Liebe und Spiel der Entwicklung von Vielfalt. In dieser Hinsicht *würfelt* die Natur ständig absichtsvoll, und die Kultur macht es ihr nach.

Veränderungsprozesse fehlerfreundlich gestalten

Ohne Stabilität kollabieren Systeme, ohne Anregung erstarren Systeme. In Veränderungsprozessen wirken drei Aktivitäten zusammen: Stabilisierung (Redundanz), Anregung (Variation) und Grenzen (Barrieren). Das Zusammenspiel von stabilisierenden und anregenden Aktivitäten wird durch Austausch und Grenzen reguliert, dabei sind die drei genannten Komponenten keine statischen Phänomene, sondern dynamische Zustände oder Ereignisse, die Aktivität erfordern (Abbildung 5).

Fehlerfreundliche Aktivitäten in therapeutischen Veränderungsprozessen

– *Stabilisierung: Für Redundanz und Bestätigung sorgen*
   Aktivitäten, die für gleich bleibende Strukturen, Prozesse und Muster sorgen. Aufrechterhaltung oder Aufbau einer dynamischen Stabilität als Basis für die Adaption von Verstörungen und Anregungen aus der Umgebung.

– *Anregung: Produktive Verstörung herbeiführen*
   Aktivitäten, die verstören und anregen. Für Abweichungen sorgen, die einer »fehlerlosen« Stagnation entgegenwirken.

– *Grenzen: Begrenzung und Austausch regulieren*
   Aktivitäten, die Austausch und Begrenzung regulieren. Das Zusammenspiel von Redundanz und Variation angemessen steuern.

Abbildung 5: Fehlerfreundliche Aktivitäten

Für Redundanz und Bestätigung sorgen
Zunächst geht es im therapeutischen Prozess darum, für Stabilität und Bestätigung zu sorgen:

– Eine ausführliche Exploration und Würdigung gewachsener Strukturen gibt dem Veränderungsprozess eine Ausgangsbasis. Erst auf diese Weise kann man den Rahmen für mögliche Veränderungen einschätzen und notwendige Maßnahmen passend gestalten. Dabei geht es nicht nur um die Erhebung von Informationen. Im Prozess der Begegnung geht es vor allem um die Würdigung gewachsener Strukturen im Hier und Jetzt (→ I.2. S. 50), um den Aufbau eines tragenden Arbeitsbündnisses und um die Gestaltung eines sichernden therapeutischen Rahmens.

– In der Arbeit mit fragilen Systemen besteht die Würdigung eben darin, die Instabilität zu erkennen und anzuerkennen. Die Arbeit an der Entwicklung einer stabilen Struktur kann zu einem wesentlichen Part der Therapie werden. Im Zweifel geht es darum, überhaupt stabile und verlässliche Strukturen aufzubauen und zu entwickeln.

– Ein häufiger und vermeidbarer Fehler besteht darin, zu schnell und ohne Aufbau einer stabilen Veränderungsstruktur Veränderungen einzuleiten.[18] Das geschieht typischerweise dann, wenn Klienten oder Dritte auf schnelle Veränderungen drängen und Therapeuten von schlagartigen Erlösungen oder wundersamen Heilungen träumen.

---

18 Dies zeigt nicht nur die tägliche Erfahrung mit Familien. Über 70 % aller Changemanagement-Maßnahmen in Organisationen scheitern – nicht selten genau an diesem Punkt.

– Von einer Bergbesteigung kehrt man eher wohlbehalten zurück, wenn man vorher ausreichend Kondition aufbaut, Basislager anlegt und sich exzellent vorbereitet.

Fehlerfreundlichkeit lehrt, dass man zunächst die grundlegende Stabilität eines Systems sichern muss, damit Veränderungen produktiv wirken können. Die Bindungstheorie (Bowlby, 1975) betont die Wichtigkeit von stabilen Beziehungen als sichere Ausgangsbasis (Hafen, Zuflucht) für Entdeckungen (Exploration der Umgebung). Das gilt nicht nur für einzelne Personen, sondern auch für Paare, Familien oder Gruppen. Zu viel Neuheit, Verunsicherung und Veränderung kann starken Stress und die entsprechenden Gegenreaktionen auslösen. Dann schließen lebende Systeme sich gegenüber Veränderungen ab, protestieren gegen den Verlust gewohnter Strukturen, stabilisieren sich im Widerstand oder dekompensieren. Bringt man ein fragiles oder instabiles System aus der Balance, was im Zweifelsfall nicht schwer ist, wird sich mit Sicherheit etwas verändern. Die Frage ist nur, wie verstört sich das System in seinem neuen Zustand wiederfindet und ob es dann in der Lage ist, eine neue stabile Struktur aufzubauen.

Die meisten Veränderungsprojekte scheitern an der mangelnden Würdigung einer ausreichenden Veränderungsbasis und zu stark beschleunigter Innovation. Die wesentliche Aufgabe bei allen Veränderungsprozessen besteht daher im Aufbau einer angemessen stabilen Basis, die in der Lage ist, Anregung aufzunehmen und Wandel abzufedern. Antonovsky (1997) entwickelt in diesem Zusammenhang den Begriff der Kohärenz (Salutogenesekonzept). Kohärenz vermittelt sich im Empfinden von:

– Verstehbarkeit und Überblick,
– Befähigung und Kompetenz,
– Bedeutsamkeit und Resonanz,
– Identität und Sicherheit,
– Berechtigung und Eingebundenheit.

Erst auf diesem Boden haben neue Muster eine Chance sich zu tragenden Mustern zu entwickeln.

Für Anregung sorgen: Initiale Aktivitäten
Kontinuität allein bedeutet Stillstand. Daher wirken spontane Aktivitäten auf allen Ebenen der Entwicklung von Leben einer »fehlerlosen Stagnation« (von Weizsäcker u. von Weizsäcker, 1984) entgegen. Der Physiker Heisenberg (2000) nennt diese Aktivitäten »initiale Aktivitäten«, das heißt nicht planbare, unüberschaubare Aktivitäten. Der Begründer des Psychodramas und Pionier der Familientherapie, Jakob Levi Moreno, nennt Spontaneität ein universell wirkendes Prinzip (Moreno, 1954). Assoziation, Improvisation, Experiment, Aktion – alle Therapieformen kennen eine

Vielzahl initialer Aktivitäten, die als produktive Verstörung eingesetzt werden können. Man muss sich nur trauen.

Im »Märchen vom kleinen Herrn Moritz, der eine Glatze kriegte« erzählt Wolf Biermann, wie der kleine Herr Moritz eines Tages durch das winterliche und kalte Berlin geht. Die Menschen sind unzufrieden und schimpfen und er denkt: »Wie böse die Menschen alle sind, es wird höchste Zeit, dass wieder Sommer wird und Blumen wachsen.« Als er dann durch die Markthalle geht, wachsen ihm alle möglichen Blumen auf dem Kopf. Er merkt es aber erst gar nicht, dabei ist schon längst sein Hut vom Kopf hochgegangen, weil die Blumen immer mehr werden und auch immer länger. Eine Frau bleibt stehen und sagt: »Oh, Ihnen wachsen aber schöne Blumen auf dem Kopf!« »Mir, Blumen auf dem Kopf?«, sagt Herr Moritz, »so was gibt es gar nicht«. Aber viele Leute sehen die Blumen und bedienen sich nach Lust und Laune, bis der Polizist Max Kunkel kommt: »Wo gibt's denn so was! Blumen auf dem Kopf, mein Herr! Zeigen Sie doch mal bitte sofort ihren Personalausweis!« Verzweifelt sucht Herr Moritz seinen Personalausweis und je mehr er sucht, umso mehr schrumpfen die Blumen zusammen. Schließlich findet er den Personalausweis unter seinem Hut, stellt aber gleichzeitig fest, dass er keine Haare mehr auf dem Kopf hat. »Na, da ist ja der Ausweis«, sagt der Polizist Max Kunkel zufrieden und freundlich, »und Blumen haben Sie ja wohl auch nicht mehr auf dem Kopf, wie?!«

Initiale Aktivitäten bergen das Risiko des Irrtums und des Scheiterns in sich, das Risiko muss man eingehen. Veränderungsvorhaben scheitern, wenn sich niemand an die heiklen Punkte und Tabus heranwagt. Wenn alle möglichen Aktivitäten unternommen werden, während die heiligen Ochsen fröhlich weiter grasen, dann hat man gute Chancen, dass alles beim Alten bleibt.

Grenzen: Begrenzung und Austausch angemessen regulieren
Grenzziehung und Kontakt sind nicht umsonst ein überragendes Thema der Psychotherapie. Dabei ist es von zentraler Bedeutung, Grenzen nicht als starres Phänomen wahrzunehmen, sondern als Aktivität. Grenze ist Aktivität (die Haut, unser Kontaktorgan, das uns begrenzt und schützt, erneuert sich alle sechs Wochen):
– Im Systembereich der Person regulieren bio-psychische Aktivitäten das Zusammenspiel von Emotionen und Bewusstseinszuständen, zwischen psychischen Instanzen oder zwischen verschiedenen Rollen oder Anteilen des Selbst.
– Im Systembereich der Interaktion regulieren Aktivitäten das Zusammenspiel von Nähe und Distanz, Binden und Lösen, Individuation und Bezogenheit.
– Im Systembereich der Organisation von Gemeinschaften regulieren Aktivitäten das Zusammenspiel von Generationen, Geschlechtern, Gruppen und Institutionen.

I.5. Begrenzung und Austausch in Familien

Beziehungsfähigkeit und Verletzlichkeit

Die Ko-Evolution des Homo sapiens hat sich lange Zeit in kleinen Gruppen von Familienverbänden vollzogen, die umherwanderten und als Jäger und Sammler Nahrung, Spiel und Bedeutung miteinander teilten. Die Entwicklung unseres Gehirns und der Fähigkeiten, die sich daraus ergeben, muss man in enger Verbindung mit der Entwicklung dieser sozialen Einheiten sehen. Ohne enge Bindungen und intensive Beziehungen im Binnenraum der Familie wären unsere Gehirne nicht das, was sie sind. Und ohne diese Gehirne wären wir nicht jene Wesen, die besonders begabt sind für Beziehungsfähigkeit und geistige Schöpferkraft. Beziehungsgeschehen und neurophysiologische Entwicklung sind also aufs engste miteinander verknüpft.

Als frühgeburtliche Wesen – zu denen wir uns allmählich entwickelt haben – sind wir extrem auf Pflege angewiesen: sensibel und prägbar in den Beziehungen zu primären Bezugspersonen und gleichzeitig kompetente Säuglinge mit erstaunlichen Fähigkeiten. Diese Fähigkeiten entwickeln sich im Kontakt mit frühen Bindungspersonen – in den Prozessen des Bindens und Lösens. Allmählich entwickeln wir dabei innere Arbeitsmodelle (Bowlby, 1975) von Beziehungen. Diese Arbeitsmodelle schreiben gleichsam die Erwartungen an uns und andere fest; sie üben daher einen erheblichen Einfluss auf die Art und Weise aus, wie wir Beziehungen innerlich konstruieren und äußerlich gestalten. In späteren bedeutsamen Beziehungen (als Partner, als Freunde, als Eltern) haben wir die Möglichkeit, Beziehungsfähigkeit weiter zu entwickeln (→ IV.1. S. 272).

All das hat uns zu einer enorm beziehungsfähigen, gleichzeitig verletzlichen und starken Spezies gemacht. Als Menschen sind wir – wie kein anderes Wesen – auf Bindungen angewiesen, und gleichzeitig bringt diese Gebundenheit ein starkes Autonomiestreben hervor. Familie und Partnerschaft sind daher potenziell Orte der Entwicklung, aber auch der Eingrenzung, Orte, wo Unterstützung und Verletzung, Liebe und Hass nicht weit voneinander entfernt liegen.

Grenzen und Austausch

Im Bereich der Familien regulieren Grenzen das Zusammenleben der Generationen und der Geschlechter, das Zusammenspiel verschiedener Subsysteme und den Austausch der Familie mit der sozialen Umgebung. Die Familie als soziales System wird durch *partnerschaftliche Wahl* einerseits und *verwandtschaftliche Bindungen* andererseits geprägt. Der genannte Gegensatz erklärt sowohl die starken Bindungskräfte als auch die enormen Zerreißkräfte, die in Familien wirken. Autonomie und Bindung, Intimität und Zugehörigkeit, Anerkennung und Konkurrenz, Geben und Nehmen müssen auf verschiedenen Ebenen immer wieder neu austariert und ausbalanciert werden. Ohne permanente Grenzziehung und Kommunikation könnte ein System von dieser Komplexität kaum funktionieren. Familie lässt sich unterteilen in zwei Systembereiche: die Kernfamilie und die erweiterte Familie. In beiden Systembereichen kann man verschiedene Subsysteme unterscheiden. Die jeweils spezifische Art der Abgrenzung und Verknüpfung aller Systembereiche und Subsysteme macht eine Familie aus. Dies ist das Gebiet, in dem man sich als Familientherapeut bewegt.

Der Komplexitätssprung: Die Kernfamilie als ein komplexes System von Subsystemen

Schwangerschaft und Geburt des ersten Kindes stellen in systemtheoretischer Hinsicht einen gewaltigen Komplexitätssprung dar. Die Familiengründung katapultiert Partner, die Eltern werden, in eine völlig neue Dimension. Das Paarsystem, das Elternsystem und das Kindsystem (und das potenzielle Geschwistersystem) bilden als Subsysteme zusammen das neue Kernfamiliensystem. Die neue Situation stellt nicht nur das Kind vor Entwicklungsaufgaben, sondern auch beide Eltern, und die Erweiterung der Paarbeziehung um die Elternschaft (mit der Erziehungsaufgabe) verändert das Paarsystem radikal. Die Dynamik im System wird nun bestimmt durch komplexe Wechselwirkungen zwischen

– der Entwicklung des Kindes,
– der Entwicklung der Paarbeziehung,
– der Entwicklung der Elternbeziehung (Erziehungsteam),
– dem Beziehungs- und Erziehungsverhalten von Müttern und Vätern im Kontakt mit dem Kind (Eltern-Kind-Interaktion),
– der Entwicklung in den Dyaden Mutter-Kind und Vater-Kind,
– der Entwicklung in der Triade Mutter-Vater-Kind,
– der Entwicklung von Vater und Mutter.

Nach einer Studie von Johanna Graf (2002, 2005) gilt ganz allgemein, dass die Geburt eines Kindes einen erheblichen Einfluss auf die Zugewandtheit und die Zufriedenheit in der Paarbeziehung hat. Demnach sinkt die Zugewandtheit in den ersten 4 bis 5 Jahren ab und steigt dann wieder an. Die Studie von Graf zeigt aber auch, dass das Klima in der Paarbeziehung der Eltern – im positiven Fall eine glückliche

Partnerschaft, die sich durch Zugewandtheit und gleichzeitiges Raumgeben auszeichnet – die Entwicklungschancen eines Kindes ganz erheblich beeinflussen:
»Kinder brauchen mehr als die Abwesenheit von destruktiven Konflikten. Das in
der Partnerschaft vorherrschende emotionale Klima (›Zugewandtheit‹) hat für Kinder einen größeren Einfluss als der Umgang mit Konflikten oder die Konflikthäu-
figkeit. Kinder sind wie ein Barometer für die Stimmungen im Familiensystem und
spüren die emotionale Atmosphäre, die zu Hause vorherrscht, sehr genau. Sie be-
merken abwertende Blicke oder verächtliche Gesten zwischen den Eltern, auch ohne
dass Meinungsverschiedenheiten offen ausgetragen werden. Wenn es Paaren gelingt,
heftige Auseinandersetzungen durch ein hohes Maß an liebevoller Zuwendung und
Wärme auszugleichen, macht das die nachteiligen Folgen der Konflikte nicht nur
für die Partnerschaft (vgl. Gottman, 1994), sondern auch für die Kinder wieder
wett« (Graf, 2002).

Das Paarsystem als Urzelle der Kernfamilie ist heute in den westlichen Ländern
in erster Linie eine *Wahlgemeinschaft*, die prinzipiell aufgelöst werden kann, auch
nach der Geburt von Kindern. Ganz anders die Elternschaft. Diese bleibt lebenslang
bestehen und kann ebenso wenig aufgelöst werden wie die Kindschaft. Die Beziehungen innerhalb von partnerschaftlichen Wahlgemeinschaften und *verwandtschaftliche Beziehungen* unterscheiden sich also fundamental. Durch Elternschaft
verändert sich auch die Partnerschaft. Nichts ist in der Partnerschaft so, wie es vorher war, denn der Kontext für alle Interaktionen in der Paarbeziehung ist nun immer auch die Elternschaft. Die Unauflösbarkeit der verwandtschaftlichen Beziehung
zwischen Kindern und Eltern bindet nun auch die Eltern in ihrer Beziehung als Eltern lebenslang, und zwar unabhängig davon, ob sie als Partner zusammenbleiben.

Eine Familiengründung ist nicht nur mit wunderbaren Momenten und täglichen
Mühen verbunden, sondern mit dauerhaften Bindungen, Verantwortungen und
Aufgaben. Wenn Paare zu Eltern werden, wird ihre Beziehung einerseits bereichert
und andererseits komplizierter, weil beide mit der Geburt eines gemeinsamen Kindes zu Mitgliedern zweier Subsysteme werden, in denen unterschiedliche Regeln
gelten: Die Wahlfreiheit in der Partnerbeziehung und die lebenslange Bindung als
Eltern bilden einen Gegensatz, der ausbalanciert werden will. An dieser Situation
können Paare wachsen, aber auch zerbrechen. Schon über die Frage der Priorität-
tensetzung – sind wir eher ein Paar oder sind wir eher Eltern – kann es in bestimmten Situationen zu den klassischen Konflikten kommen (*»die Kinder sind dir wichtiger als ich«* – *»ich bin müde, und wir sollten die Kinder nicht wecken«*).

Die *Paar-Eltern-Beziehung als sensibles Scharnier* wird gesellschaftlich zunehmend weniger durch eine erweiterte Großfamilie, nachbarschaftliche Netzwerke,
gesellschaftliche Normen, kulturelle Überlieferungen oder ökonomische Zwänge
gehalten und gesichert. Ein Prozess, der mit der Industrialisierung in den westlichen
Gesellschaften einsetzt und sich, vor dem Hintergrund der Globalisierung, weiter
fortsetzt und ausdehnt. Die neue Freiheit bedeutet aber, dass die Eltern-Paar-Bezie-
hung mit erhöhtem Aufwand gepflegt werden will, wenn es nicht zum Bruch und

zum Auseinanderfallen der Familie kommen soll. Helm Stierlin schrieb schon vor vielen Jahren dazu: »Diese Kernfamilie wird jedoch unverhältnismäßig großen Belastungen ausgesetzt. In ihrem Bemühen, eine positive Familiengegenseitigkeit zu entwickeln, sind die Angehörigen der Kernfamilie auf sich gestellt. Je mehr die umgebende Gesellschaft als komplex, anonym und fragmentiert erlebt wird, werden die Ehepartner, was die Befriedigung zentraler Bedürfnisse nach Intimität, Sicherheit und Anerkennung anbelangt, voneinander abhängig. Dadurch werden sie leicht überfordert. Dies wiederum kann, wie es oben beschrieben wurde, zur Überforderung der Kinder führen« (Stierlin, 1978, S. 136). Das Aushandeln, Einhalten und Gestalten von Grenzen und Begrenzungen (*Wann sind wir Eltern und wann ein Paar? Welche Grenzen setzen wir als Eltern den Kindern? usw.*) wird damit zu einer zentralen kommunikativen und emotionalen Herausforderung.

Themenraum der Kernfamilie

Die Beziehungsdynamik der Kernfamilie wird wesentlich bestimmt von der *Differenz* zwischen den *Geschlechtern* und den *Generationen* (Parsons nach König, 2004, Tabelle 2).

Tabelle 2: Differenz zwischen Geschlechtern und Generationen

Generation	Geschlecht	
	männlich	weiblich
Eltern	Vater	Mutter
Kinder	Sohn	Tochter

Im Kontext der Generationenperspektive und der Geschlechterperspektive entfalten sich nun die klassischen Themen, die auch in der Psychotherapie eine wichtige Rolle spielen (Tabelle 3).

Tabelle 3: Themenraum der Kernfamilie

Zugehörigkeit	Sicherheit, Schutz, Bindung, Geborgenheit, Kohärenz, Identität, Verlässlichkeit
Intimität	Liebe, Erotik, Sexualität, Kontakt, Bezogenheit, Zuwendung
Macht	Konkurrenz, Autorität, Gefolgschaft, Status, Individuation, Autonomie, Führung
Respekt	Wertschätzung, Anerkennung, Würdigung
Kooperation	Vertrauen, Abstimmung, Arbeitsteilung, Außen-Innen-Präsenz
Verteilung	Neid, Leistung, Erfolg, Geben und Nehmen

Mit der Geburt von Geschwistern erweitert sich das System der Kleinfamilie auf ein Geschwistersystem, das seine eigene Dynamik entwickelt und die Dynamik des Ganzen beeinflusst. Aber auch wenn es bei einem Einzelkind bleibt, können erwünschte oder nicht geborene Geschwister in der Fantasie der Beteiligten und in der Dynamik der Familie eine wesentliche Rolle spielen.

Problematische Konstellationen und typische Konflikte

Was zeichnet die Kernfamilie vor anderen Systemen aus? Es ist die relative Diffusität der Grenzen in Bezug auf die Zugehörigkeit zu Geschlecht und Generation, die den besonderen Charakter der Kernfamilie ausmacht. Die Dynamik ist gekennzeichnet durch reale oder fantasierte Rotationen und Positionswechsel, eine Dynamik, die die verschiedensten Konstellationen hervorbringen kann:

Problematische Konstellationen
- Eltern können Kinder als Substitut für Lücken im eigenen Selbst nehmen und/oder Kinder können diese Funktion einnehmen (die Lücke füllen).
- Kinder können von einem Elternteil als Partnerersatz genommen werden und/oder partnerschaftliche Funktionen für ein Elternteil übernehmen.
- Kinder können für ein Elternteil oder beide Eltern Elternfunktionen übertragen bekommen und/oder übernehmen (Parentifizierung).
- Kinder können die Position eines Geschwisters eines Elternteils übertragen bekommen und/oder übernehmen.
- Partner können füreinander Kind- oder Elternfunktionen übertragen bekommen und/oder übernehmen.
- Kinder können als Puffer oder Botschafter in die Paarbeziehung eingebunden werden und/oder sich selbst in eine solche Position drängen.
- Männer können sich gegen Frauen, Frauen gegen Männer und Kinder gegen Eltern verbünden.
- Mutter und Sohn, Vater und Tochter können eine Fraktion bilden, die sich von der übrigen Familie abgrenzt.

Aus diesen Konstellationen ergeben sich typische Konflikte und Konfliktlösungen, die die Familiendynamik in Gang halten.

Typische Konflikte
- Konkurrenzkonflikte,
- Machtkonflikte,
- Bindungs- und Ablösungskonflikte,
- Ausschluss- und Ausstoßungskonflikte,

– Loyalitätskonflikte,
– Verstrickungs- und Auflösungskonflikte.

Die jeweilige Konflikt- und Entwicklungsdynamik in der Kernfamilie fordert in unterschiedlichen Rollen und in unterschiedlichen Familienphasen immer wieder neue und flexible Grenzziehungen, Transformationen und Ausgleichsbewegungen. Diese Bewegungen können zu Lösungen führen oder sich zu Problemen entwickeln. Besonders deutlich wird dies im Bereich der Körperlichkeit. Für die Mutter ist die Beziehung zum Kind bereits während der Schwangerschaft erotisch getönt, nach der Geburt auch für den Vater. Eine Erotik, die einerseits mit sexuellen Empfindungen verbunden ist und die sich andererseits von der Sexualität stark unterscheidet, die in erwachsenen, ebenbürtigen Paarbeziehungen gelebt wird (König, 2004, S. 115). Wenn es gut geht, ergänzen und transformieren sich die Erotik der Eltern-Kind-Beziehung und die Sexualität des Paares gegenseitig. Beides wird auf eine höhere Stufe gehoben, kann deutlich unterschieden werden und eine neue Balance wird gefunden.

Solange die Dynamik von Einschluss und Ausschluss, Verbindung und Ablösung, Distanzierung und Wiederannäherung in Bewegung bleibt und zu immer neuen, angemessenen Konstellationen führt, ist die familiendynamische Rotation das entscheidende Medium für die Entwicklung von Beziehungskompetenz (emotionale und soziale Kompetenz). Anders formuliert: Das familiäre Beziehungsgeschehen entwickelt die Fähigkeiten von Kindern und Eltern, in der Interaktion mit anderen Menschen Grenzen und Austausch angemessen zu gestalten.

Dieser Balancierungsprozess kann aber auch empfindlich gestört werden oder entgleisen und eine Dynamik in Gang setzen, die eine breite Palette von Symptomen und Störungen hervorbringen oder begünstigen kann.

Die erweiterte Familie und ihre Themen

Die Lage wird noch unübersichtlicher und komplexer, wenn man die erweiterte Familie hinzunimmt: die Elternsysteme beider Eltern, die Geschwistersysteme beider Eltern, die Verwandtensysteme beider Eltern, frühere und spätere Paar- und Elternsysteme der Eltern (komprimiert dargestellt bei König, 2004, S. 59–77).

Mit der Geburt eines Kindes werden Eltern zu Großeltern, Großeltern zu Urgroßeltern, Geschwister zu Tanten und Onkeln. Im Strom der Generationen verbinden sich zwei Herkunftsfamilien und neue Verbindungen entstehen. Die Systemerweiterung entfaltet auf den inneren Bühnen der Beteiligten ihre virtuelle Wirkung, selbst wenn es in der äußeren Wirklichkeit wenig oder gar keinen Kontakt gibt. Die Familiengründung geht also mit einer mehr oder weniger bewussten Neupositionierung in einem größeren Zusammenhang einher.

Diese neuen Positionen weisen allen Mitgliedern des neu entstandenen Systems bestimmte Aufgaben und Verantwortungen zu, die über die engen Grenzen der Kernfamilie hinausweisen. Die Perspektive erweitert sich um die Herkunftsfamilien

und früheren Generationen und auch hier geht es um Grenzziehung und Austausch. Das System einer Großfamilie kann unterstützend sein, wenn etwa Großeltern die Enkel zeitweise hüten oder wenn eine Tante oder ein Onkel ausgleichend
wirken. Es können aber auch Probleme auftauchen, zum Beispiel wenn die Eltern
eines Partners in die neue Familie hineinregieren oder wenn die neue Familie sich
scharf abgrenzt oder einseitig bindet.

Der Kontakt unter den Generationen bindet den Einzelnen in einen übergreifenden Zyklus von Werden und Vergehen, Geburt und Sterben ein – eine Erfahrung,
die über die eigene Existenz hinausweist und dem eigenen Leben und Handeln ei-
nen erweiterten Sinn verleiht. Aber auch in der erweiterten Familie können Grenzen
unklar gesetzt, überschritten oder verschoben werden. Die Mehrgenerationenper-
spektive eröffnet den Blick auf weitere klassische Themen der Familientherapie:
– Delegation und Vermächtnis,
– Geben und Nehmen,
– Verdienst und Schuld,
– Rangordnung und Würdigung,
– Mitgliedschaft und Auflösung,
– Gerechtigkeit und Loyalität,
– Geburt und Sterben.

Die Themen der Kernfamilie sind also in eine umfassendere Dynamik eingebettet,
die sich aus dem Fluss der Zeit und der Abfolge der Generationen ergibt. Eine besondere Herausforderung ergibt sich, wenn die Herkunftsfamilien der Eltern aus
verschiedenen Schichten, Klassen, Ländern oder Kulturen stammen. In jedem Fall
tauchen im Prozess der fortwährenden Regulation von Begrenzung und Austausch
immer wieder Konflikte und Ungleichgewichte auf, die den lebendigen Prozess familiärer Interaktion in Gang halten.

Menschen, die heute Familie leben wollen, stehen vor enormen Herausforderungen. Jenseits von Idealisierung erweist sich die Familie als eine zwiespältige Angele-
genheit. Sie kann ein Entwicklungsraum sein, ein Ort, der Sicherheit, Geborgenheit
und Zuflucht verspricht, ein Ort, an dem gegenseitiger Respekt und Vertrauen
wachsen können. Die Familie kann aber auch zu einem Ort der Enge, Beschränkung
und Kränkung werden, der sich im ungünstigen Fall in ein Gefängnis verwandelt,
in dem alles möglich wird – seelische und körperliche Ausbeutung, Unterdrückung,
Gewalt, Vernachlässigung, Missbrauch, Mord. Die therapeutische Arbeit konzentriert sich in diesen Fällen darauf, Trennung zu ermöglichen und zu begleiten und
unter den veränderten Bedingungen für angemessene Grenzen und angemessenen
Austausch zu sorgen.

Immer mehr Kinder und Eltern leben in Trennungs-, Scheidungs- und Patch-
workfamilien. Daraus ergeben sich erhöhte Belastungen für Kinder und Eltern. Die
Anforderungen an Organisation und Abstimmung steigen enorm. Die Last ruht
nach wie vor in der Regel auf den Schultern der Mütter und Kinder. Väter leiden

eher im Hintergrund. Eine zusätzliche Herausforderung zur Trennung ergibt sich, wenn aus früheren oder späteren Verbindungen der Eltern mit anderen Partnern Kinder hervorgegangen sind oder hervorgehen. Im System entstehen auf diese Weise die Positionen von Stiefeltern und Stiefgeschwistern, eine Tatsache, aus der sich neue Aufgaben, Ansprüche, Verantwortungen und Loyalitätskonflikte ergeben. Auch hier stellt sich die Frage, wie mit Grenzen und Austausch angemessen und produktiv umgegangen werden kann.

Familientherapie als angewandte Fehlerfreundlichkeit

Es versteht sich von selbst, dass klare und flexible Grenzziehungen ohne intensive Abstimmung zwischen den Beteiligten nicht machbar sind. Familie erfordert Zeit, sich mit den angenehmen und unangenehmen Überraschungen des Lebens auseinanderzusetzen und die Aufgabe des permanenten Wandels aktiv anzugehen. Familientherapie und Familienberatung sind darauf ausgerichtet, mit Familien eine Kultur der Fehlerfreundlichkeit zu entwickeln.

Es ist weniger das Auftreten von Störungen, Problemen und Leiden, was Familien voneinander unterscheidet. Der Unterschied, der einen Unterschied macht, besteht vielmehr in der Kraft, dem Stolz, der Befriedigung, der Freude, dem Optimismus und der gegenseitigen Achtung und Anerkennung, die entstehen, wenn man ein gemeinsames Projekt über alle Hürden, Konflikte, Krisen und Fährnisse hinweg zum Gelingen bringt. Das ist es, was Familientherapie im besten Fall anregen und begünstigen kann.

Patentlösungen und vereinfachende Konzepte sind dabei nicht hilfreich. Zu groß ist die Vielfalt von Themen und Dynamiken, zu groß die Fülle von Einflussfaktoren. Ein umfassendes und differenziertes Bild ergibt sich erst, wenn man im besonderen Fall die Muster der Grenzziehung und des Austausches auf den verschiedenen Ebenen im Zusammenhang versteht.

Formen der Grenzziehung und Formen des Austausches können in gemeinsamen Treffen besprochen, im Spiel ausprobiert und eingeübt oder in symbolischer Form inszeniert werden. Man kann aber auch das Setting aktiv zur Grenzziehung nutzen und den nötigen Austausch in Subsystemen der Familie gezielt anregen und entwickeln. Die Variationen des Settings werden dabei zu einem Teil der Intervention (Settingintervention).

I.6. Verschiedene Wahrheiten – Bezugspunkte therapeutischen Erkennens

»Wahr ist, was verbindet.«
Karl Jaspers

»Ich bin besessen von der Idee, dass man alles auch
aus einer anderen Perspektive betrachten kann.«
Luciano Berio

Für die Menschen des Mittelalters bildete die Erde unzweifelhaft den Mittelpunkt eines festgefügten Universums, das von Gott erschaffen wurde – das Lebensgefühl, die Empfindungen und die Vorstellungen von Raum, Zeit, Psyche und Zusammenleben wurden durch diese Überzeugungen geprägt. Heute ahnen wir, dass wir uns irgendwo in einem Kosmos befinden, in dem ungezählte Universen unablässig entstehen und vergehen. Die Erde ein blauer Planet am Rand eines Universums von vielen, das sich (noch) ausdehnt und in dem Zeit und Raum nur scheinbar absolute, feststehende Größen bilden (Einstein, 1916, 1938/1995). Im Kontext von Relativität verändern Systeme und Elemente im fließenden Wandel ständig sowohl ihre eigenen inneren Eigenschaften als auch die Eigenschaften aller anderen Elemente und Systeme, die ihre Umgebung bilden. Wir selbst sind keine Ausnahme. In einer Welt interagierender Teilchen erschafft jeder lebendige Körper und jedes soziale System sich seine eigene wechselhafte Wirklichkeit – ein eigenes Bezugssystem mit einem Raum-Zeit-Empfinden, das durch die Bewegungen anderer Körper und Systeme ständig modifiziert wird.

Das neue, systemische Weltbild bedeutet in der Konsequenz, dass wir uns von tief verwurzelten Vorstellungen verabschieden müssen. Es gibt keine absoluten Bezugspunkte und es gibt keine voneinander isolierten Personen oder Systeme, die für sich genommen bestimmte Eigenschaften besäßen. Woran sollen sich angesichts dieser Lage Therapeuten und Klienten orientieren?

Tatsachen

»Die Welt ist die Gesamtheit der Tatsachen, nicht der Dinge« formuliert der Philosoph Ludwig Wittgenstein (1921/1979, S. 9). Aber was ist die Gesamtheit der Tatsachen? Betrachten wir ein Fußballspiel als Modell, um verschiedene Tatsachen in den Blick zu bekommen. Die Aktionen einzelner Spieler oder die Fehlentscheidung eines Schiedsrichters sind Tatsachen, die ein Spiel entscheiden können. Aber auch, was jemand *nicht* tut – ein Spiel wird sowohl dadurch geprägt, was Spieler tun, als auch dadurch, was sie nicht tun[19] –, ist eine Tatsache. Das Zusammenspiel der Mannschaften (Spielzüge über viele Stationen) und die ständig wechselnden Konstellationen beider Mannschaften auf dem Spielfeld sind ebenfalls Tatsachen (die der Experte zu lesen weiß). Tore, die geschossen oder nicht geschossen werden, sind Tatsachen. Die Platzverhältnisse sind Tatsachen. Aber auch die Regeln, die in einem viel umfassenderen Sinn das Spiel *machen* als einzelne Aktionen, sind offensichtlich Tatsachen. Und ohne eine grundlegende Spielidee – hier: *das Runde muss ins Eckige* – gäbe es das ganze Spiel sowieso nicht. Nicht zu vergessen die Bilder des Spiels in den Köpfen und Herzen von Akteuren und Zuschauern, und das Sprechen über diese Bilder, die Sprachspiele und Erzählungen, die sich um das Spiel ranken ... Alles Tatsachen.

Die Gesamtheit der Tatsachen, das ist die Welt, mit der sich Psychotherapeuten beschäftigen, und jede Dimension kann in der Praxis als Ansatzpunkt für Veränderungen genutzt werden (→ I.8., S. 148). Wenn es nun aber keine absoluten Bezugspunkte für das Erkennen gibt, welche Bezugspunkte für das Erkennen wählen wir im therapeutischen Prozess? Und welche Regeln sollen im Bereich der Psychotherapie dafür gelten, welche Tatsachen und Interpretationen von Tatsachen als gültig anerkannt werden sollen? Welchen Erkenntnisregeln folgen wir?

Ideenbildung und Wirklichkeitskonstruktion als zirkulärer Prozess

»Wie fang ich nach der Regel an?«, fragt Walter in »Die Meistersinger von Nürnberg« und Hans Sachs antwortet: »Ihr stellt sie selbst und folgt ihr dann.« Eine Reflexion der eigenen erkenntnistheoretischen Position beginnt traditionell mit der Frage, ob man – mit Plato – primär von Ideen ausgeht oder – mit Aristoteles – von Erfahrungen.

Exkurs
In der Geschichte der Philosophie und Psychologie pendelt das Denken, vereinfacht gesehen, zwischen zwei miteinander konkurrierenden Traditionen, einer *exogenen* und einer *endogenen* Perspektive (Gergen, 1985, S. 296ff.). Die Vertreter der exogenen Perspektive (Comtes, Locke, Hume, Mach, die Positivisten, die logischen Empiristen, die Lerntheoretiker) betonen die Gegebenheiten der realen, sichtbaren Welt. Die Vertreter der endogenen Perspektive (Kant, Husserl, Nietzsche, Schopenhauer, Hertz, Planck, die Gestaltpsychologen, die Phänomenologen, die Tiefenpsychologen, die radikalen Konstruktivisten) betonen hingegen die Bedeutung der inneren (nicht sichtbaren) Struk-

---

19 Unübertroffen Hennes Weisweiler, langjähriger Trainer von Mönchen-Gladbach: »Abseits is, wenn dat blonde Arschloch zu spät abspielt« (gemeint war Günter Netzer).

turen für die Organisation von Erfahrung. Die Idealisten hoffen, die Gesamtheit der Tatsachen auf die Konstruktionen von Beobachtern zu reduzieren. Die Empiriker hoffen, die Gesamtheit der Tatsachen auf die Ergebnisse von Experimenten zu reduzieren. Beide Traditionen lösen die Dialektik von Idee und Erfahrung unipolar auf. Die praktischen Konsequenzen dieses Irrtums sind weitreichend und im Ergebnis fatal. Im radikalen Objektivismus verschwindet die Subjektivität, im radikalen Konstruktivismus die Realität.

Die Frage führt mitten hinein in das klassische Dilemma der Erkenntnistheorie: Ideen sind ohne Erfahrungen nicht denkbar, aber es wäre naiv anzunehmen, dass Erfahrung voraussetzungslos wäre. Wenn es stimmt, was Bateson mit Bezug auf Kant sagt, dass Ideen in allgemeiner Form in Strukturen[20] aufgehoben sind – egal ob es sich dabei um die Struktur eines Seesterns, um die Struktur des Gehirns, der Gesellschaft oder der Biosphäre handelt –, dann machen wir bereits als Embryos Erfahrungen nicht ohne Ideen – Ideen, die schon im Mutterleib unsere Erfahrungen in besonderer Weise organisieren. Wir konstruieren die Welt nach einer Idee. Andererseits können wir heute auf Computerbildschirmen[21] nachvollziehen, wie Erfahrungen die Strukturen des Gehirns verändern und entwickeln. Die Erfahrung der Welt formt unsere Ideen.

Das beschriebene erkenntnistheoretische Dilemma lässt sich nur auflösen, wenn man sich den Prozess des Erkennens als einen zirkulären Prozess von *Ideenbildung* (wie Erfahrungen Ideen hervorbringen) und *Wirklichkeitskonstruktion* (wie Ideen die Erfahrung organisieren) vorstellt.

Wahrheiten über Wahrheiten

Eine solche Vorstellung setzt allerdings voraus, dass man weder Ideen (Denken, Interpretation) noch Erfahrungen (Empirie, Handeln) priorisiert... Und das hat wiederum zur Konsequenz, dass man auf die Suche nach *einer* Wahrheit oder auf das Aufspüren *letzter Ursachen* oder *unbedingter Tatsachen* verzichten muss (Rorty, 1992). Der Verzicht auf letzte Ursachen und absolute Bezugspunkte bedeutet für die Theoriebildung in der Psychotherapie nichts weniger als die Chance auf das überfällige Ende eines wissenschaftlich längst überholten Richtungsstreits (Bleckwedel, 2006).

In der Praxis gewinnt man durch eine zirkuläre Erkenntnistheorie die Freiheit, sich sowohl mit den Wirkungen von Ideen als auch mit den Wirkungen von Erfahrungen zu beschäftigen und den Zusammenhang beider Dimensionen im konkre-

---

20 »Struktur ist eine informatorische Idee und hat daher ihren Platz im Ganzen der Biologie im weitesten Sinne, von der Organisation im Virusteilchen bis hin zu den von den Kulturanthropologen erforschten Phänomenen« (Bateson 1993, S. 227).
21 Mit dem Verfahren der Positronen-Emissions-Tomographie (PET).

ten Fall für das Verstehen und Intervenieren zu nutzen. Der Übergang zu einer zirkulären Erkenntnistheorie bedeutet, dass man ein Denken, das auf Wahrheiten abzielt, durch ein Denken ersetzt, das sich mit *Wahrheiten über Wahrheiten* beschäftigt. Das Erkennen konzentriert sich dann darauf, zu verstehen, wie individuelle und kollektive Wahrheiten entstehen, wie sie sich entwickeln, wie sie sich durchsetzen, wie sie vergehen und durch andere Wahrheiten ersetzt werden. Für die Praxis der Therapie bedeutet das, dass man sich im jeweils besonderen Fall mit den Relationen, dem Wechselspiel und den Wandlungen unterschiedlicher Wahrheiten befasst.

Jenseits festgefügter Überzeugungen – vorläufiges Erkennen

Therapeutisches Erkennen beginnt mit der klinischen Praxis und der Bereitschaft, sich zu wundern: »Um Lebendes zu erforschen, muss man sich am Leben beteiligen [...] die Wissenschaft hat mit dem Erwachen des Fragens mitten im Leben angefangen« (von Weizsäcker, 1940/1968, S. 126). Das bedeutet keineswegs, auf allgemeine Erkenntnisse und Ideen zu verzichten. Wenn wir aus der Beobachtung vieler ähnlicher Prozesse oder Ereignisse Ideen, Begriffe und Konzepte bilden, so hilft uns das, die verwirrende Vielfalt des Lebendigen zu ordnen. Wenn wir Glück haben, erfassen wir etwas Essenzielles, das im Besonderen aufscheint. Man darf nur nicht vergessen, dass jede Abstraktion sich unweigerlich vom Lebendigen, vom Besonderen und der Erfahrung entfernt.

»Indem der Mensch sich die Dinge vorstellt, sie benennt und in Begriffe fasst, sorgt er dafür, dass sie existieren, jagt sie jedoch gleichzeitig ihrem Verlust entgegen, löst sie auf subtile Art und Weise von ihrer rohen Realität«, schreibt der französische Philosoph Jean Baudrillard (2007). Das Reale verflüchtigt sich sowohl durch die Begriffsbildung als auch, paradoxer und seltsamer noch, durch die Verwirklichung von Vorstellungen, die durch einen Begriff gebündelt werden. Zum Beispiel Liebe: Ich sage »Ich liebe dich« und schon verflüchtigt sich der gerade gelebte Moment, die Realität der Liebe. Das Benennen kann die Liebe neu befeuern, aber auch zum Verschwinden bringen.

Das menschliche Dasein erschließt sich nicht in abstrakten Begriffen, sondern in konkreten Details. System, Ich, Interaktion, Depression, Persönlichkeitsstörung, Energie, Trieb, Selbst, Muster, Ressource – das alles sind mehr oder weniger hilfreiche Begriffe, aber einen Begriff kann man nicht anfassen. Die Erfahrung und das Erleben im Mittelpunkt zu halten bedeutet aber, vom Besonderen über das Allgemeine zum Besonderen zurückzukehren und sich immer wieder überraschen zu lassen.

Wer fest an unverrückbare Ideen oder endgültige Ordnungen glaubt, wird diese überall in der Wirklichkeit bestätigt finden oder solange an der Wirklichkeit herumdeuten oder ihr Gewalt antun, bis diese mit den eigenen Vorstellungen übereinstimmt. Wer sich dagegen für die komplexen Wechselwirkungen zwischen Wirklichkeitskonstruktion und Ideenbildung interessiert, bleibt offen und beweglich. Die Karte ist nicht das Territorium (Bateson, 1993). Die therapeutische Praxis erfordert vor allem die Fähigkeit, die eigenen Landkarten mit den Landkarten anderer abzustimmen. Das kann aber nur gelingen, wenn man bereit ist, die eigenen Landkarten in Frage zu stellen. Die eigene Art, die Welt anzuschauen, ist nicht die einzig mögliche, richtige oder endgültige. Der emotionale Aufwand, Distanz zur eigenen Weltanschauung zu halten, kann allerdings erheblich sein, das wusste schon der junge Karl Marx: »Ideen, das sind Ketten, denen man sich nicht entreißt, ohne sein Herz zu zerreißen« (Karl Marx in der Rheinischen Zeitung,1843).

Für die therapeutische Praxis ist allemal eine Erkenntnistheorie und -praxis hilfreich, die es Therapeuten wie Klienten erleichtert, sich von Vorstellungen und Sichtweisen zu lösen, die nicht (mehr) anschlussfähig oder nützlich sind und Entwicklungen behindern. Eine Erkenntnistheorie, die diesem Anspruch genügt und eine gemeinsame Praxis *vorläufigen Erkennens* begründet, findet sich im amerikanischen Pragmatismus.

Pragmatismus als Denkschule und Haltung

Zwischen 1871 und 1874 trafen sich einige Mitglieder der Harvard Universität in Cambridge, Massachusetts, zu einem Gesprächszirkel, den sie, nicht ohne Ironie, »Metaphysischen Club« nannten. Aus dem Diskurszusammenhang um Charles Peirce, William James und John Dewey entwickelte sich der amerikanische Pragmatismus, eine Denkschule, in der die Nützlichkeit des Denkens für das praktische Dasein und Handeln im Vordergrund steht (Buer, 1999, S. 37–51). Der Pragmatismus wurzelt in einer angelsächsischen Wissenschaftstradition, in der es weniger darum geht, nach einer absoluten Wahrheit zu suchen, sondern eher um Eleganz und Nüchternheit im Umgang mit den Phänomenen der Wirklichkeit. Die amerikanischen Pragmatiker zeigten sich bereits am Ende des 19. Jahrhunderts zutiefst skeptisch gegenüber allen »Grand Theories« (»großen Erzählungen«) aus Europa, die nicht unerheblich zu den Katastrophen und Verwüstungen des 20. Jahrhunderts beigetragen haben. »Die einzige Wahrheit, die der absoluten Ebene nahekommt«, notiert Gregory Bateson, »ist die Wahrheit, die die Sache selber sagen könnte, wenn wir ihr nur so nahe zu kommen vermöchten, wozu wir, wie Immanuel Kant vor langer Zeit schon darlegte, leider niemals im Stande sind« (Bateson, 1993, S. 214.)

Denken und Handeln bilden im Erkenntnisprozess nach John Dewey eine untrennbare Einheit. Dewey weist nach, dass Wahrnehmungen und Aussagen über die Wirklichkeit Interpretationen von handelnden Beobachtern mit Interessen sind. Damit ist von vornherein klar, dass Wirklichkeit immer subjektiv geformt und sozial konstruiert wird. Es existiert eine Wirklichkeit außerhalb des eigenen Selbst, aber alle Aussagen über diese Wirklichkeit bleiben bruchstückhaft, verzerrt, sie sind vorläufig und werden vom Diskurs geformt: »Die Wahrheit einer Vorstellung ist keine feststehende Eigenschaft, eine, die ihr inhärent wäre. Wahrheit geschieht einer Vorstellung. Eine Vorstellung wird wahr, sie wird durch Ereignisse wahr gemacht. Ihr Wahrsein ist in Wirklichkeit ein Ereignis, ein Prozess: der Prozess, in dem sie sich selbst wahr macht, ihre *Verifikation*. Die Gültigkeit einer Vorstellung ist der Prozess des Gültigmachens, ihre Validierung«, schreibt William James (zitiert nach Buer, 1999, S. 41).

Erkenntnistheoretische Bescheidenheit

Vielleicht kann man die pragmatische Grundhaltung am besten als *bleibende erkenntnistheoretische Bescheidenheit* beschrieben: Ich weiß, dass alle Vermutungen vorläufige Annäherungen sind, ich weiß, dass andere Perspektiven und Hypothesen möglich sind, und ich weiß, dass Interessen und Wünsche das Wahrnehmen, Denken und Handeln beeinflussen! Um diese Einsicht muss man jeden Moment kämpfen, denn die Versuchung ist groß, Ereignisse umzudeuten oder Unpassendes auszublenden, damit die Wirklichkeit mit den eigenen Vorstellungen übereinstimmt. »Auch die Verbreitung der reinsten subjektiven Erkenntnis macht einem keine unbedingte Freude mehr, wenn man erst auf folgendes gekommen ist: dass alle Erkenntnis nur aus dem Streben entsteht, Beweisgründe für die eigene Art zu sammeln, dass alle Erkenntnis nur Mittel ist, das eigene Wesen herauszuarbeiten, gegen die Welt zu behaupten. Und wenn eine Erkenntnis nicht geeignet ist, das eigene Ich zu bestätigen, dann deutet man so lange an ihr herum, bis sie es ist« (Feuchtwanger, 1935/1983, S. 417). Mit diesem Problem sollte man rechnen und sich darauf einstellen, dass der vorläufige Weg des Erkennens ein verdammt hartes Geschäft ist. Denn erkenntnistheoretische Bescheidenheit setzt voraus, dass man die Weltbilder in Frage stellt, die einem selbst und den Anderen Sicherheit geben. »Wenn die Erde eine Kugel wäre, müsste man herunterfallen.« Dieses Argument gegen Galilei war nicht nur deshalb ein starkes Argument der Kirche, weil man eben nicht fällt, sondern auch deshalb, weil es die Angst schürt, dass man aus der Welt fällt, wenn die herrschende Weltanschauung in Frage gestellt wird.

Das vorläufige Erkennen befreit aber auch aus den Fesseln von Vorurteilen und festgefügten Ideologien, es öffnet Spielräume und erhöht die Freiheit im Denken, Fühlen und Handeln. Eine moderne Psychotherapie erfordert genau diese Haltung. Sie empfiehlt Therapeuten, in ihren Interpretationen gegenüber Klienten und Situationen offen zu bleiben und flexibel zu handeln.

Situationserforschung durch Aktion – Phasen vorläufigen Erkennens

Eine pragmatische Haltung einzunehmen bedeutet, auf der Grundlage vorläufiger Erkenntnisse klare Hypothesen in Form von Vorhersagen zu formulieren und an konkreten Ergebnissen zu überprüfen.

Vorhersagen können als Wahrscheinlichkeiten für das Eintreffen bestimmter Ereignisse formuliert werden. Das gilt sowohl für die wissenschaftliche Evaluation von Konzepten als auch für die konkrete Arbeit mit Klienten. Auf diesem Hintergrund kann man therapeutische Prozesse gezielt und bewusst als Aktionsforschung anlegen, als permanentes gemeinsames Erkennen im Handeln. Ein erkenntnisoffener Prozess der Situationserforschung durch Aktion durchläuft, angelehnt an John Dewey, sechs Phasen (Abbildung 6).

Sechs Phasen vorläufigen Erkennens in Aktion

– Eine Situation wird als unbestimmt oder unklar wahrgenommen und löst Fragen aus.

– Jemand stellt fest, dass ein Problem besteht, das gelöst werden könnte.

– Das Nachdenken über (alle verfügbaren) Informationen zur Situation führt zu Hypothesen. Es werden konkrete Ereignisse formuliert, die dann eintreten müssten, wenn man das Problem auf der Grundlage der Hypothesen mit bestimmten Aktionen löst.

– Hypothesen und Interventionen werden mit dem zur Verfügung stehenden Erfahrungswissen und allgemeinen Ideen abgestimmt, verworfen oder verfeinert.

– Die Hypothesen werden experimentell in der Praxis überprüft, indem man die konkreten Ergebnisse der Lösungsversuche mit den Vorhersagen vergleicht.

– Der Vergleich führt zu neuen Unklarheiten, Fragen und Ideen.

Abbildung 6: Phasen vorläufigen Erkennens in Aktion

Die pragmatische Erkenntnistheorie bietet ein klares Verlaufsmodell des Erkennens im Handeln an, auf das man sich als Therapeut, unabhängig von Richtungen und Schulen, beziehen kann. Der therapeutische Prozess kann zielgerichtet als ein Prozess des gemeinsamen Erkennens organisiert werden, in dem sich Diagnostik und Intervention gegenseitig durchdringen.

Im Garten der Erkenntnis – vier Bereiche vorläufigen Erkennens[22]

Eine Beschränkung auf das Offenbare oder das vordergründig Nützliche wäre im Feld der Psychotherapie fatal, vielmehr geht es darum, auch diejenigen Bereiche zu erkunden, die nicht oder nicht unmittelbar zugänglich erscheinen: die Bereiche des Ungewissen, des Unwägbaren, des Ungefähren, des Unbewussten, des Verborgenen, der Tabus und der Schatten. Der Pragmatismus hat seine Basis im Offensichtlichen der sozialen Wirklichkeit, die Nilton Bonder (2003) als *die Welt, in der Erkennbares erkennbar ist*, bezeichnet. Diese Welt sollte auch im therapeutischen Prozess Ausgangspunkt und Ziel sein. Aber diese offenbare Welt ist verbunden mit anderen Welten, die im Empfinden und Zusammenleben der Menschen eine ebenso wichtige Rolle spielen. Um was geht es? Das illustriert am besten die Geschichte von den vier Weisen, die in den Pardes, den Garten der Erkenntnis, gehen. Bonder erzählt diese alte Geschichte so:

»Nach der Legende kam nur einer der vier Weisen wieder unversehrt aus dem Garten heraus; der zweite kam ums Leben, der dritte wurde wahnsinnig, und der vierte wurde zum Ketzer [...] Der Weise, der unversehrt zurückkehrt, durchmisst die *Welt, in der Erkennbares verborgen ist*, die *Welt, in der Verborgenes erkennbar ist* und die *Welt, in der Verborgenes verborgen ist*, in der Zuversicht, dass er schließlich wieder ohne Beeinträchtigung seiner Fähigkeiten in die *Welt, in der Erkennbares erkennbar ist*, eintreten wird. Er erntet die reichen Früchte des Gartens und bringt sie in eine Welt, in der man sie in Ruhe genießen kann. Dieser Weise behält den Bezug zum Offensichtlichen beziehungsweise Offenbaren, so dass er am Ende wieder das Festland betreten kann, das sich inmitten der fließenden Instabilität der anderen Welten erhebt.

Die Reise des Weisen, der ums Leben kommt, steht für die völlige Auflösung der Zusammenhänge zwischen dem Untersuchungsgegenstand, der ursprünglichen Frage und den schließlich resultierenden Antworten. Es kommt zu einem endgültigen Bruch zwischen der Logik der ursprünglichen Fragestellung und der Art, auf die eigentlich das Wissen erlangt werden soll. Am Ende liegt die *Welt, in der Erkennbares erkennbar ist*, in Trümmern. Es gibt keine Möglichkeit mehr, Antworten irgendwie konkret oder logisch zu vermitteln, weshalb diese Reise auch keine Rückkehr kennt. Sie bringt nicht den geringsten Erkenntnisgewinn, da in ihrem Verlauf der Pardes keinen Ertrag abwirft. Hier verhält es sich genau umgekehrt zur Reise des Weisen, der unversehrt aus dem Garten herauskam. ›Unversehrt‹ steht für einen Geisteszustand potenzieller Wissensvermehrung, weil man entweder mehr konkrete Informationen erhalten hat oder nun besser über das Nicht-Wissen Bescheid weiß [...]

Die Reise, die im Wahnsinn endet, steht für die Überbetonung von *Derascha* (Metapher, Symbolik). Hier können die auf der Reise durch den Garten gewonnenen Antworten zwar irgendetwas mit der ursprünglichen Frage zu tun haben, aber sie passen je-

---

22 Dieser Abschnitt orientiert sich an dem lesenswerten Buch von Rabbi Nilton Bonder »Der Rabbi hat immer recht. Die Kunst Probleme zu lösen« (Bonder, 2003).

denfalls nicht logisch zusammen. Diese Antworten verlieren sich auf eine Art, die für die *Welt, in der Erkennbares verborgen ist,* typisch ist. Sie bringen so viel Absurdes hervor, dass man mit ihnen nichts anfangen kann. Diese Sphäre des Wahnsinns hat ein gestörtes Verhältnis zu der *Welt, in der Erkennbares erkennbar ist,* und stellt alles verzerrt dar. So kehrt man aus dem Garten mit nicht essbaren Früchten zurück – nämlich mit Antworten, die zu nichts führen.

Der Mann, der als Häretiker von der Reise zurückkehrt, ließ sich von *Remes* berauschen (der anspielungsreichen, übertragenen Auslegung). Damit erlag er der trügerischen Verführungskunst der *Welt, in der Verborgenes erkennbar ist.* Wie wir noch sehen werden, neigt man in dieser Welt zu unzulässigen Verknüpfungen zwischen Zweifelhaftem und Geklärtem. Wenn man den erkennbaren Aspekt an der *Welt, in der Verborgenes erkennbar ist,* mit der *Welt, in der Erkennbares erkennbar ist,* gleichsetzt, glaubt man, mit ihm schon die Antwort gefunden zu haben. Geistesblitze, die während des Denkprozesses – der Reise durch den Garten – entstehen, treten an die Stelle der eigentlichen Frage; freilich kann auch die sich jetzt ergebende Antwort eine echte Antwort sein, aber sie ist dann eben eine Antwort auf eine ganz andere Frage. Der Häretiker kehrt somit im Unterschied zu dem Toten oder dem Wahnsinnigen durchaus mit einer Antwort aus dem Garten zurück, aber ihm ist nicht klar, dass sich diese an der falschen Frage aufhängt. Wenn wir irrtümlich meinen, eine Antwort passe zu einer bestimmten Frage, gefährden wir die gesamte Klarheit unseres Denkens« (Bonder, 2003, S. 50ff.).

Erweitern wir diese Geschichte auf das gemeinsame Erkennen im therapeutischen Prozess, dann ergibt sich das Bild, dass Therapeuten und Klienten gemeinsam durch den Garten der Erkenntnis wandern (Abbildung 7). Die Aufgabe der Therapeuten besteht nun darin, alle Bereiche zugänglich zu machen, klare Grenzen zu

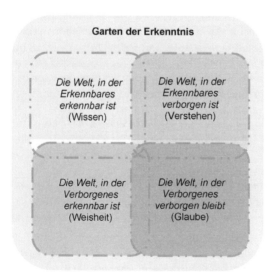

Abbildung 7: Bereiche gemeinsamen Erkennens in der Therapie

ziehen und den therapeutischen Prozess im Offenbaren zu verankern, ohne ihn zu entzaubern.

Exkurs

Keine leichte Aufgabe. Adorno und Horkheimer haben schon früh in der »Dialektik der Aufklärung« (1969) auf die Gefahr der Entzauberung hingewiesen, die durch den Prozess der Aufklärung in der Moderne heraufbeschworen wird. Einzelne und Gruppen erleben eine entfesselte Technik und das Eindringen rationaler und ökonomischer Kalküle in alle Lebensbereiche. Eine entzauberte, unübersichtliche und überwältigende Welt löst Ängste aus und macht ohnmächtig. Gleichzeitig erfordern die Verhältnisse Optimismus, forsches Auftreten und Tatkraft. Kein Platz für Melancholie und Nachdenklichkeit, kein Platz für Authentizität. Die Menschen geraten zwischen diesen mächtigen Mahlsteinen in heftige Zerreißproben und viele erleben die gesellschaftliche Krise als ganz persönliche Identitätskrise und Entzauberung ihrer Lebenswelt … Es liegt auf der Hand, dass der weltweite Boom der Psychotherapie – ebenso wie das Aufblühen von Esoterik und religiösem Fundamentalismus – etwas mit dieser Entwicklung zu tun hat. Auch die Psychotherapie, einst unter Freud angetreten als Institution der Aufklärung, bewegt sich in dem Spannungsfeld zwischen Aufklärung und Verzauberung. Hält sie an einer Aufklärung ohne Zauber fest, bleibt sie Teil des Problems. Das gilt aber auch, wenn sie ohne jede Kritik und Reflexion die Wünsche nach Verzauberung bedient.

Die Welt, in der Erkennbares erkennbar ist (Wissen)

Diese Welt ist auf das Beobachtbare und Sichtbare begrenzt.

Die Welt, in der Erkennbares verborgen ist (Verstehen)

Diese Welt unterscheidet sich von der *Welt, in der Erkennbares erkennbar ist*, dadurch, dass ein Teil des Erkennbaren verdeckt ist oder abgedunkelt wird. Das Verdeckende kann jedoch fassbar gemacht oder die Verdunkelung aufgehoben werden. Es lässt sich also allmählich verstehen, was passiert. Das geschieht etwa, wenn bei einer Person Unbewusstes an die Oberfläche steigt oder wenn in einer Familie ein bisher beschwiegenes, tabuisiertes Thema besprochen werden kann. Es geschieht auch, wenn eine neue Perspektive den Blick erweitert oder wenn mit einem Vergleich oder einer Metapher ein neuer Bezugsrahmen eingeführt wird (Reframing). Allerdings kann der Versuch, den Bereich, in dem *Erkennbares verborgen ist*, zu erhellen, Widerstände auslösen und zu Konflikten führen.

Die Welt, in der Verborgenes erkennbar ist (Weisheit)

In dieser Welt muss und kann nicht alles genau ermittelt, exakt hergeleitet oder bewiesen werden. Es geht vielmehr um freie und überraschende Verknüpfungen in einem breiten assoziativen Wahrnehmungsfeld. In dieser Welt muss und kann man sich auf *Intuition*, auf Erfahrung und Weisheit verlassen – man ahnt das Verborgene und handelt danach. Diese Welt bleibt jedoch diffus und unkontrollierbar, weil in ihr andere Logiken gelten als in der Welt des Offenbaren: die Logik der Umkehrung, der Verkehrung ins Gegenteil oder die Logik des Absurden. Eine Welt, in der sich Narren, Kinder, Weise und andere Unverbildete wohl fühlen und als Kundschafter bewähren.

Die Welt, in der Verborgenes verborgen ist (Glaube)
In dieser Welt des Glaubens geht es um das Unfassliche, das nicht Verstehbare, nicht Beweisbare, nicht Begreifbare. Spiritualität – persönlicher Glaube – schließt die unvermeidlichen Lücken im Wissen und Verstehen. Was man nicht wissen kann, muss man glauben (zum Beispiel, dass der Andere wiederkehren wird). Ohne einen solchen Glauben gäbe es kein Vertrauen in die Welt und kein Vertrauen in der Welt; wir könnten nicht existieren. Die Gefahr besteht im Einbrechen der anderen Welten in die Welt des Glaubens oder in der Ausdehnung der Welt des Glaubens auf die anderen Welten (an was man glaubt, wird zerstört, oder an was man glaubt, muss den anderen Welten aufgezwungen werden). Wenn das geschieht, können heftige destruktive Impulse ausgelöst und barbarische Dynamiken in Gang gesetzt werden – das bestätigt die Geschichte der kleinen und großen Kollektive mit ihren Weltanschauungskriegen. In der Therapie geht es vor allem darum, den Bereich des persönlichen Glaubens (Spiritualität), wie immer dieser aussehen mag, vor diesen beiden destruktiven Tendenzen zu schützen.

Die Welten im Garten des Erkennens bringen sich gegenseitig hervor und kommentieren sich gegenseitig! Was wir wissen, wird klarer durch das, was wir nicht wissen. Und was wir glauben, macht deutlicher, wo die Lücken im Wissen sind. Wer den Garten des Erkennens und seine Welten »nicht vollständig erfasst, schafft einen Lichtschein, der blendet, anstatt zu erhellen« schreibt Nilton Bonder (2003, S. 54). Wenn man sich in der Therapie ausschließlich in einem Bereich des Erkennens bewegt, macht man sich selbst und seine Klienten vielleicht zu Gefangenen einer simplifizierenden, gleichsam platten Wirklichkeit, die weder weiterführende Fragen noch schlüssige und befriedigende Antworten hervorbringen kann. Denn Fragen und Antworten, die zu weiteren Fragen führen, findet man nicht, wenn man sich nur in dem einen oder dem anderen Bereich aufhält. *»Was beobachten Sie?« »Wie erklären Sie sich das?« »Was sagt Ihnen ihre Lebenserfahrung?« »An was glauben Sie?«* Fragen können unterschiedliche Bereiche des Erkennens ansprechen. In jedem Fall sollte der ganze Garten des Erkennens frei zugänglich sein oder werden, um Fragen und Antworten zu generieren, die zu einem bestimmten Zeitpunkt im jeweils besonderen Fall Veränderung und Entwicklung ermöglichen.

Bezugspunkte therapeutischen Erkennens und Handelns

Erkennen ist immer gebunden an Situationen und gestaltende Beobachter, niemals ist es voraussetzungslos.

Welche Voraussetzungen und Bezugspunkte sollen für das Erkennen und Handeln in der Therapie gelten, wenn man den Missbrauch von Definitionsmacht durch Experten vermeiden will? Im Folgenden formuliere ich – als Anregung für eine eigene Positionsbestimmung – einige Bezugspunkte für therapeutisches Erkennen und Handeln, die mir wichtig geworden sind.

Wissenschaftliche Wahrheiten
Auch Wissenschaftler verfolgen Interessen: praktische (Krankheiten heilen), theoretische (Zusammenhänge erforschen) ökonomische (Geld) oder persönliche (Ruhm). »In der Wissenschaft jedoch spielen die Zwecke der Untersuchung, worin auch immer sie bestehen, bei keinem ernsthaften Test auf die Wahrheit von Aussagen eine Rolle« (Ronald Dworkin in »Die Zeit« vom 4.1.2007). Die Wissenschaften zeichnen sich also dadurch aus (oder sollten sich dadurch auszeichnen), dass sie im Prozess der Überprüfung von Erkenntnissen Zwecke weitgehend unberücksichtigt lassen. Was bedeutet das? Die Frage zum Beispiel, wie genetische Disposition und Umgebungsbedingungen zusammenwirken, ist für die Heilung bestimmter Krankheiten von hoher Bedeutung. Forschungen, die in dieser Richtung Erkenntnisse hervorbringen, haben sowohl einen hohen praktischen als auch einen potenziell hohen ökonomischen Wert (vom Ruhm ganz zu schweigen). Die Überprüfung der gefundenen vorläufigen Antworten und Ergebnisse müsste sich aber gänzlich von diesen Zwecken frei machen, um wissenschaftlichen Ansprüchen zu genügen. Wenn das gewährleistet ist (was leider oft nicht der Fall ist), bilden die verschiedenen Wissenschaften einen unabdingbaren Hintergrund für die kritische Überprüfung und Weiterentwicklung therapeutischer Arbeit. Wenn es um die Haltbarkeit vorläufiger Erkenntnisse geht, muss die Wissenschaft sich bemühen, Wahrheit und Zweck zu scheiden. Das bedeutet, dass der Prozess des Gültigmachens sich grundsätzlich nicht an Wünschen, Interessen oder Normen orientieren kann.

Therapeutische Wahrheiten
Ganz anders ist es in der praktischen therapeutischen Arbeit, die normativ sein kann und muss. Arbeitsbündnis und Aufträge geben Ziele und Zwecke vor. Die Beurteilung von Wahrheiten soll sich gerade auf diese Ziele beziehen und die vereinbarten Zwecke verfolgen. Wahrheit und Zweck sind im Bereich der praktischen Psychotherapie aufs innigste miteinander verbunden. Interpretationen und Konstruktionen können dann als wahr gelten, wenn sie in Bezug auf die therapeutischen Ziele Sinn ergeben.

Individuelle Wahrheiten

In der Psychotherapie sollte jede Beschreibung eines Beobachters (sein subjektives Bild der Wirklichkeit) als ein Aspekt der Vielfalt möglicher Interpretationen der Wirklichkeit geachtet und gewürdigt werden. Auf dieser Ebene ist es weder hilfreich noch sinnvoll, zwischen gültigen und nicht gültigen Beschreibungen zu unterscheiden. Therapie verhilft allen Beobachtern und ihren Bildern zu dem Recht, für sich evident zu sein. Über das gefühlte Wetter kann man nicht streiten.

Gemeinsam geteilte Wahrheiten

Alle subjektiven Beschreibungen und die Hypothesen, die in den Beschreibungen enthalten sind, sind zunächst gleichrangig, müssen sich jedoch in der sozialen Wirklichkeit als haltbar erweisen. Im Diskurs und in der symbolischen Interaktion – im Ringen um die Bilder der Wirklichkeit – entsteht ein kollektiv gültiges Bild der Wirklichkeit, eine gemeinsam geteilte Wahrheit als gemeinsamer Bezugspunkt. Die gemeinsam geteilten Bilder der Wirklichkeit wirken als soziale Ordner (→ I.8. S. 150) in Gemeinschaften und verändern sich mit diesen. Interessant ist, wie diese kollektiven Bilder entstehen, wer über die Macht verfügt, Ordner zu bestimmen oder zu verändern, und wie diese Macht ausgeübt wird.

Die hier eingeführte Unterscheidung zwischen individuellen und gemeinsam geteilten Wahrheiten macht es möglich, den jeweiligen Abstand einer subjektiven Beschreibung zur jeweils kollektiv gültigen Beschreibung zu bestimmen. Das sagt über die *Wahrheit an sich* zwar nichts aus, sehr wohl aber etwas über die Differenzen zwischen subjektiven Bildern und kollektiv geteilten Bildern in einer Gemeinschaft.[23] Die Mitglieder eines Systems müssen sich auf gemeinsam geteilte Bilder einigen und diese pflegen – andernfalls verliert ein soziales System an Bindungskraft und zerfällt. Die Entwicklung und Beachtung gemeinsam geteilter Bilder ist daher in der Therapie keineswegs bedeutungslos, sondern zentral. Gibt es einen gemeinsamen Bezugspunkt für ein Paar, eine Familie? Wenn es keinen gibt, was bedeutet das für das System und jeden Einzelnen? Gibt es vielleicht mehrere Bezugspunkte? Wer ist nah dran an gemeinsamen Bezugspunkten und wer weiter weg?

Hilfreiche Fiktionen

Der deutsche Philosoph Hans Vaihinger (1852–1933) kommt, wie die amerikanischen Pragmatiker, zu dem Schluss, dass Denken vor allem ein gutes Mittel ist, um sich im Leben zurechtzufinden. Welche Form des Denkens erweist sich nun als be-

---

23 Erfinder, Entdecker, Dissidenten und Visionäre müssen sich weit von der kollektiv geteilten Wahrheit entfernen, um zu neuen Ufern zu gelangen. Eine Form des kreativen Wahnsinns (Platon). Diese Menschen unterscheiden sich allerdings von den Psychotikern dadurch, dass sie über ein Bewusstsein ihrer »Verrücktheit« verfügen: Sie (an)erkennen, dass eine Mehrheit *andere* Bezugspunkte favorisiert und sie können damit sozial kompetent umgehen.

sonders hilfreich? In seinem Hauptwerk »Die Philosophie des Als Ob« (1911) arbeitet Vaihinger die Bedeutung der Fiktion heraus. Als Fiktionen bezeichnet man in der Wissenschaft Annahmen, die zwar unwahrscheinlich sind, aber dennoch als hilfreiche Konstruktionen gute Dienste leisten. Nach Vaihinger erweist sich die *Welt des Als Ob* für die Entwicklung von Ethik, Religion, Ästhetik und Wissenschaft als ebenso wertvoll wie die empirische Wissenschaft. Das wird schnell deutlich, wenn man Entwicklungen aus einer historischen Perspektive betrachtet. Die Annahme der Gebrüder Wright, der Mensch könne wie ein Vogel fliegen, wurde noch vor 150 Jahren als unwahrscheinlich und abwegig abgetan. Das Fantastische an der Fiktion ist, dass sich Wege öffnen, um die Zukunft anders zu gestalten als die erfahrbare Wirklichkeit uns glauben machen möchte. Das Motto liefert der berühmte Song »Imagine« von John Lennon: *Stell dir vor . . .* Fiktionen, die der erfahrbaren Wirklichkeit und der Logik zu widersprechen scheinen, erweisen sich auch in der Therapie als hilfreich und nützlich.

Ergebnisse in der Lebenswelt
Welche Ergebnisse zeigt der therapeutische Prozess im Alltag der Klienten? Der Transfer in die Lebenswelt ist ein entscheidender Schritt. Wie verläuft der Prozess des Transfers in den Alltag?

Beispiel
Als wir eine in der Therapie gut mitarbeitende Familie baten, einmal so zu tun, als wenn wir nicht da wären und sich so zu unterhalten *wie zu Hause*, erfuhren wir, dass Gespräche außerhalb der Therapie kaum stattfanden. Wir baten die Familie, sich Situationen auszudenken, wo und wie sie das in Zukunft tun könnten, und spielten einige Varianten zum Ausprobieren und Verankern durch. Daraufhin baten wir die Familie, nach drei Monaten über ihre Erfahrungen zu berichten. Nach den drei Monaten hatte sich nichts getan. Wir erörterten dazu verschiedene Hypothesen (Angst, Widerstand?), einigten uns jedoch mit der Familie auf die Interpretation, dass es nur jemanden geben müsse, der zu Gesprächen einlade. Daraufhin schrieben die Therapeuten eine offizielle *Verordnung*, die in der Küche aufgehängt wurde. Jedes Familienmitglied sollte im Monat einmal zum Gespräch einladen. Die Einladungen wurden am Ende durch die Geladenen prämiert. Nach sechs Monaten berichtete die Familie von positiven Erfahrungen und einer großen Vielfalt von Arrangements durch die verschiedenen Gastgeber und Gastgeberinnen.

Ereignisse, die sich auf den Alltag und die Lebenswelt der Klienten beziehen, können erfragt und konkretisiert werden »*Angenommen wir würden hier erfolgreich miteinander arbeiten, woran genau könnten Sie das in ihrem Alltag erkennen?*« Mit Hilfe von Aktionsmethoden können Szenen konkretisiert und es kann am Transfer in die Lebenswelt gearbeitet werden.

Verantwortung für einen Traum
»Wie sollen wir die Verantwortung all jener interpretieren, die mit lebendigen Systemen umgehen? Der ganze bunt gewürfelte Haufen der Begeisterten und der Zy-

niker, der Heiligen und der Habsüchtigen, hat – individuell und kollektiv – Verantwortung für einen Traum. Der Traum handelt davon, was der Mensch sein mag, dass er lebendige Systeme erkennen und bearbeiten kann – und was solche Systeme sein mögen, dass sie erkannt werden können« (Bateson, 1993, S. 258). Anknüpfend an die amerikanische Verfassung betont John Dewey, dass es dem Pragmatismus um die Verbesserung der Lebenslage aller Menschen gehe. Natürlich kann man im Allgemeinen und im Besonderen trefflich darüber streiten, was ein gutes Leben für alle sei und wie es erreicht werden könnte. Und doch existiert die Vorstellung, dass Menschen kooperieren und füreinander da sind, als sehr reale Utopie im alltäglichen Zusammenleben von Familien, Paaren und Gemeinschaften überall auf der Welt. Die Fiktion vom guten Zusammenleben aller erfüllt in der Therapie eine wichtige Funktion, weil die Fragen, die damit verbunden sind, über den Einzelnen hinaus weisen. Dieses Paar, diese Familie: Was müsste wer wann tun oder sagen, damit sich die Lebenslage aller Beteiligten verbessert?

Stellt man sich eine entsprechende Vision konkret vor, dann zeigt sich schnell, dass ihre Verwirklichung die Einbeziehung jedes Einzelnen und die Zusammenarbeit aller Beteiligten erfordert. Daher betont der Pragmatismus die persönliche Verantwortung des Einzelnen für die Gemeinschaft genauso wie die Verantwortung der Gemeinschaft für den Einzelnen. Wenn Therapeuten in ihrer Praxis Kooperation anregen, dann beteiligen sie sich an einem historischen Projekt.

Das Zusammenleben größerer Gruppen von Menschen wäre nicht möglich (gewesen) ohne die Entwicklung einer verbindenden Sprache und die Bahnung von Emotionen, die zu der Bereitschaft führen, Konflikte und verschiedene Optionen untereinander zu diskutieren. Beides zusammen – die sprachlichen Fähigkeiten und die emotionale Bereitschaft, sich dem Anderen und Fremden einfühlend zu nähern – versetzt uns als Spezies in die Lage, Konflikte ohne Gewalt zu regeln. Es spricht vieles dafür, dass ethische Regeln sich im historischen Prozess zunächst als ganz praktische Lösungen sozialer Probleme entwickelt haben und erst später verschriftlicht wurden. Es ist wahr, das Projekt Ethik erleidet im Prozess der Zivilisation immer wieder grausame Rückschläge. Und doch lässt sich eine positive Entwicklung erkennen, die keineswegs abgeschlossen ist. Die letzten fünftausend Jahre zeigen Rückschritte aber auch Entwicklungen: Das Recht Fremder wird eingeführt, die Sklaverei wird geächtet, Diversität wird geschützt und Frauen kämpfen in vielen Gegenden der Welt um Gleichberechtigung.

Wenn man im Diskurs Werte und Wertsysteme transparent macht und die Konsequenzen reflektiert, kann man sich entscheiden, welchen Ideen man in einer bestimmten Situation den Vorzug geben will – nicht weil diese *wahrer* wären als andere, sondern weil man die Konsequenzen anderen Konsequenzen vorzieht. Was heißt es, ein Mensch zu sein, und wer sind die Anderen, denen wir begegnen? Die Antworten auf diese Fragen beeinflussen den Lauf der Welt.

I.7. Vom Widerstand zur pragmatischen Grundregel

Kreativer Umgang mit Widerstandsphänomenen

Der Einsatz von Aktionsmethoden ist ungewöhnlich. In Seminaren taucht daher regelmäßig die Frage auf, wie man angemessen mit Widerständen gegen Aktionsmethoden umgeht (s. a. von Ameln et al., 2004, Kap. 19, S. 300–324). Die Frage lässt sich am besten im lebendigen Spiel beantworten. Dazu bilden die Teilnehmer »Widerstandsgruppen«, also Fantasiefamilien oder Fantasiepaare, die im Rollenspiel möglichst viele Widerstände gegen Aktionsmethoden produzieren sollen. Die Aufgabe wird meist mit viel Elan angegangen – schon die Aussicht, im Rollenwechsel die Seite der Rebellion und Verweigerung einnehmen zu dürfen, scheint viel Energie freizusetzen. Das Spiel mit dem Widerstand entwickelt sich in der Regel lustvoll und dynamisch, und es wird viel gelacht. Nicht selten zeigen sich Kolleginnen im Rollenfeedback überrascht, *»was da in mir steckt, wie viel Energie frei wurde, wie sehr sich eine Spannung gelöst hat«*. Im Widerstand scheint es also ein gebundenes Potenzial der Veränderung zu geben, das freigesetzt werden kann, wenn es den Therapeuten gelingt, mit dem Widerstand angemessen umzugehen. Im Spiel kann ganz konkret demonstriert und erfahren werden, welche Varianten im Umgang mit Widerstandsphänomenen hilfreich sind:
– sich vor dem Widerstand verbeugen (durch erklären und einladen),
– gegen den Widerstand angehen,
– mit dem Widerstand gehen,
– den Widerstand umgehen,
– den Widerstand verstärken,
– etwas ganz anderes tun,
– den Widerstand umarmen und annehmen,
– mit dem Widerstand verhandeln,
– den Widerstand deuten,
– an die Seite des Widerstands treten,
– Freundschaft mit dem Widerstand schließen.

Das Spiel mit Widerständen zeigt, dass Widerstände gegen Aktionsmethoden in der Regel leicht aufzulösen sind: *»Warum soll ich mich auf diesen Stuhl setzen?«* *»Weil es so leichter ist, sich in die Rolle Ihres Sohnes einzufühlen und nachher wieder in Ihre eigene Rolle zurück zu wechseln.«* Es zeigt sich aber auch sehr schnell, dass sich in

Widerständen gegen das methodische Vorgehen etwas zeigen kann, was mit der Methode nur wenig zu tun hat: »*Ich möchte mich aber nicht in meinen Sohn einfühlen, dafür bin ich viel zu enttäuscht.*« Wenn dies der Fall ist, lohnt es sich in aller Regel, sich mit dem auftauchenden Widerstand näher zu beschäftigen und die Hintergründe zu erforschen: »*Ja, dann sollten Sie im Moment auf gar keinen Fall in die Rolle Ihres Sohnes wechseln. Es jetzt einfach so zu tun, wäre sicher ein Fehler gewesen. Danke. Mich interessiert sehr, was Sie heute daran hindert, mit Ihrem Sohn Kontakt aufzunehmen. Den Stuhl für Ihren Sohn lasse ich mal stehen. Wählen Sie doch bitte Symbole für Ereignisse oder Vorkommnisse, die Sie an einem Rollenwechsel hindern, und stellen Sie diese in den Zwischenraum (zwischen sich und den Stuhl)*« – »*Bevor wir uns damit näher beschäftigen: Gab es auch mal andere Zeiten zwischen Ihnen und Ihrem Sohn?*« – »*Ach ja, dann bitte ich Sie, für diese Situation in diesem Teil des Raumes zwei andere Stühle hinzustellen, nur damit wir nicht vergessen, dass es auch mal andere Zeiten und andere Gefühle gab. Wenn Sie das jetzt so von außen betrachten, womit beginnen wir, wo machen wir weiter?*«

Widerstandsphänomene können hindeuten auf:
– Autonomiestreben von Klienten
– berechtigten Protest gegen eine Prozedur,
– Abwehrmechanismen (im Sinn der Psychoanalyse),
– unbearbeitete Konflikte,
– Schutz vor Veränderung,
– Angst vor Veränderung,
– Verunsicherung durch die Situation,
– der Sinn eines Vorschlags wird nicht erfasst,
– chronische Unlust bei Veränderung,
– mangelnde Aufklärung über die Ziele,
– das Arbeitsbündnis trägt nicht,
– Angst vor Beschämung,
– Angst vor Schuldzuweisung,
– eine Phase der Rebellion ist angesagt,
– mangelnde Flexibilität des Systems,
– mangelndes Vertrauen in die Therapeuten,
– falschen Zeitpunkt,
– falsches Tempo,
– Verweigerung,
– Trotz,
– schlechte Erfahrung mit Therapie (oder mit bestimmten Methoden),
– blockierte Spontaneität,
– Festhalten an Gewohntem und Bewährtem,
– kein Respekt,
– andere methodische Vorlieben,
– die Klienten haben einen besseren Vorschlag.

In jedem Fall lohnt es sich, sich für die Unterschiede zu interessieren und auf dieser Grundlage aufmerksam und wertschätzend mit Widerstandsphänomenen umzugehen. Wer sich als Therapeut persönlich angegriffen oder seine Methode beleidigt sieht, hat schon verloren. Wer sich mit Freude und Humor der Widerstandsarbeit widmet, kann dagegen Einiges gewinnen. Im Umgang mit Widerständen gegen Aktionsmethoden kommt es meiner Erfahrung nach auf Folgendes an:
– im Kontakt mit den eigenen positiven Emotionen bleiben,
– für gegenseitigen Respekt und Vertrauen sorgen,
– geplante Vorgehensweisen verständlich erklären,
– Aktionsmethoden authentisch verkörpern,
– Übergänge gestalten und Hilfestellungen geben,
– Aktionsmethoden gezielt und passend zur Situation einsetzen.

Klienten kommen in der Regel einerseits mit dem Wunsch nach Veränderung in die Therapie. Andererseits werden Menschen von Beharrungsvermögen bestimmt. Warum aktiv werden, an sich selbst arbeiten und seine Umgebung umgestalten? Diese Zwiespältigkeit der therapeutischen Situation begründet, warum es im Prozess der Veränderung häufig unumgänglich ist, sich explizit oder implizit mit den jeweiligen Beharrungstendenzen zu beschäftigen. Diese können sich in Widerständen gegen eine Methode zeigen aber auch in der Wahl einer Methode. Ich wähle vielleicht eine bestimmte Methode, weil ich mich nicht verändern möchte. Wer weiß das schon?

Grundregeln und Widerstandsphänomene

Welche Ideen und Konzepte führen zu welchem Umgang mit Beharrungsvermögen und wie wirkt sich das auf die Kooperation in therapeutischen Veränderungsprozessen aus? Wenn man sich mit diesen Fragen beschäftigt, trifft man, wie sich gleich zeigen wird, auf die Bedeutung und die Macht von Grundregeln, die von Therapeuten explizit oder implizit aufgestellt und genutzt werden. Ich skizziere diesen Zusammenhang am Beispiel der Psychoanalyse und des Psychodramas, beides Verfahren, in denen Grundregel und Methode unauflöslich verschränkt sind. Danach stelle ich eine Grundregel vor, die diese Verschränkung aufhebt, einen entspannten Umgang mit Widerstandsphänomenen erlaubt und ein freies Einbringen ungewöhnlicher methodischer Vorschläge erleichtert.

Die psychoanalytische Grundregel und das Konzept der Widerstandsanalyse
Das psychoanalytische Arrangement zielt darauf ab, eine Übertragungsbeziehung zwischen Therapeut und Klient herzustellen. Der Klient soll in der Regression kindliche Muster auf die therapeutische Situation übertragen und im therapeutischen Prozess charakteristische Abwehrformen produzieren, die er als Kind zum

Schutz entwickelt hat, die dem Erwachsenen aber als spezielle Neurose im Wege stehen. Die Übertragungsbeziehung ermöglicht auf diese Weise ein Durcharbeiten von Konflikten in der therapeutischen Beziehung. Das Einschwingen in die Übertragungsbeziehung wird begünstigt durch die bekannte Couch-Sessel-Konstellation und die Einführung der einfachen Grundregel: *Sprechen Sie über alles, was Ihnen einfällt!* Mit diesem genialen Kunstgriff wird ein therapeutischer Raum eröffnet, in dem die infantilen Abwehrmuster in der therapeutischen Beziehung zum Analytiker als Behandlungswiderstände wieder auftauchen (können). Der Analytiker kann nun auf dieser Grundlage beim Durcharbeiten zwischen zwei Deutungsebenen hin- und herwechseln: der Beziehung zwischen Therapeut und Klient und der Beziehung zwischen Klient und bedeutungsvollen Anderen. Die psychoanalytische Prozedur nutzt auf diese Weise die durch Abwehrmuster geprägte therapeutische Konfliktdynamik zur Auflösung von Beharrungstendenzen, die Entwicklung verhindern. Damit wird der Weg frei zu einer Um- und Neustrukturierung der psychischen Struktur. Der Therapeut zollt damit dem, was in der Behandlung (bedingt durch die Grundregel und durch die Benennung als Abwehr) als Widerstand auftaucht, großen Respekt. Während die Traumdeutung den Königsweg zum Unbewussten darstellt, ebnet die Widerstandsanalyse den dornigen Weg zum Strukturwandel.

Wichtig für unseren Zusammenhang ist nun: Diesem Prozess und seiner impliziten Logik kann sich der Klient unmöglich entziehen, ohne das Arbeitsbündnis in Frage zu stellen. Denn innerhalb des Konzepts der Psychoanalyse ist es völlig schlüssig von Widerständen zu sprechen, wenn die Methode in Frage gestellt wird. Das analytische Behandlungssystem bildet ein geschlossenes System, in dem das Setting, die technische Grundregel, die Triebtheorie, die Theorie der Abwehrmechanismen und das Konzept des Behandlungswiderstandes unauflösbar aufeinander bezogen sind. Die Methode kann nur wirksam werden, wenn sich Therapeut und Klient auf dieses System als Ganzes einlassen. Innerhalb dieses Systems können weder die Methode noch deren grundlegende Ideen hinterfragt oder verhandelt werden. Die Methode kann nur funktionieren, wenn sich der Klient dem Behandlungsritual, den grundlegenden Ideen und den Behandlungsregeln unterwirft. Die Grundregel selbst ist ein wesentlicher Teil der psychoanalytischen Methode, und das Arbeitsbündnis muss an einem anhaltenden Widerstand gegen die Regel und die Methode zerbrechen.

Die psychodramatische Grundregel und das Konzept der Spontaneität (Aufhebung von Handlungsblockaden)
Im klassischen Psychodrama zeigt sich das, was Psychoanalytiker als Widerstand beschreiben, als Handlungsblockade. Das liegt am Bühnensetting und einer Grundregel, die – explizit formuliert – lautet: *Zeige dich spontan und ergründe auf der Bühne im Handeln deine Seele und die Umgebung.* Innerhalb der psychodramatischen Grundregel zeigen sich Widerstände in Handlungsblockaden, zum Beispiel in der Schwierigkeit, die Bühne einzunehmen, in Rollen zu wechseln oder in Aktion zu

kommen. Der Psychodramatiker deutet diese Handlungsblockaden jedoch nicht, sondern setzt als Mittel zur Veränderung gezielt bestimmte psychodramatische Techniken ein, um den blockierten Spontaneitätsprozess wieder in Gang zu setzen.[24]

Auf dem Weg zu einer methodenunabhängigen Grundregel

Bei aller Unterschiedlichkeit machen die Beispiele deutlich, dass in beiden beschriebenen Verfahren die jeweiligen Grundregeln integraler Bestandteil der Methode sind. Die Grundregeln in der Psychoanalyse und im klassischen Psychodrama verankern das methodische Vorgehen im Arbeitsbündnis und machen es zur Grundlage der Zusammenarbeit. Was macht man nun, wenn man das Arbeitsbündnis unabhängig von Methoden gestalten will? Diese Frage stellt sich, wenn man die Beziehungsgestaltung und die kreative Kooperation für primär hält und Methoden als sekundär erachtet. Wie lautet eine Regel, die eben das ausdrückt und eine flexible Wahl von Settings und Methoden zulässt? Bei dieser Frage halfen mir meine Erfahrungen im spielerischen und flexiblen Umgang mit Widerständen gegen Aktionsmethoden. Ich entdeckte dabei allmählich, dass alle beschriebenen Varianten des Umgangs mit Widerstandsphänomenen zu produktiven Ergebnissen führen, wenn sie von einer bestimmten Haltung getragen werden. Bei dieser Haltung kommt es im Wesentlichen darauf an, sich a) für die verschiedenen Formen von Widerstandsphänomenen wertschätzend zu interessieren und b) sich prinzipiell offen und verhandlungsbereit zu zeigen, wenn es um den Einsatz von speziellen Methoden geht.

a) Beharrungsvermögen wertschätzen
Der Schlüssel zu der beschriebenen Haltung liegt darin, Widerstandsphänomene im Rahmen einer Theorie lebender Systeme zu verstehen. In einer systemtheoretischen Sicht zeigt sich in den Widerstandsphänomenen, die uns in therapeutischen Prozessen begegnen, ein Vermögen zur Beharrung. Das Vermögen zur Beharrung ist neben dem Vermögen zur Veränderung ein wesentliches Charakteristikum lebender Systeme (Fehlerfreundlichkeit → I.4). Erst beide Tendenzen zusammen sichern lebenden Systemen jene dynamische Stabilität, die sie zum Überleben brauchen. Lebewesen sind nur lebensfähig, wenn sie ständig in einer dynamischen Ausgleichsbewegung zwischen Zuständen nah am Gleichgewicht (Stabilität) und fern vom Gleichgewicht (Labilität) hin und her pendeln. Auf dieser Grundlage bilden sich in einem Prozess zwischen Ordnung und Chaos aus alten Strukturen und Ordnungen neue Strukturen

---

24 Auf dem Hintergrund einer tiefenpsychologischen Sichtweise kann man einen Zusammenhang zwischen Abwehrmechanismen, Handlungsblockaden und psychodramatischen Methoden herstellen. Dazu hat Reinhard Krüger (1997) einen grundlegenden theoretischen Entwurf und eine entsprechende Praxeologie geliefert.

und Ordnungen. Der Nobelpreisträger für Biologie, Prigogine, nennt dieses Prinzip »Ordnung durch Fluktuation« (Nicolis u. Prigogine, 1987). Für Personen, Paare und Familien heißt das, dass sie sich im Kontext von Wandel ständig in einem dynamischen Prozess des Ausbalancierens befinden, der Aktivität und Energie erfordert. Ein anschauliches Beispiel geben Seiltänzer im Zirkus, die lange Stangen benutzen, um ihre dynamische Stabilität beim Balancieren auf dem Seil zu erhöhen. Ohne Beharrungsvermögen wären die Artisten verloren. Dynamische Stabilitäten spielen nicht nur in der komplexen Regulation körperlicher Vorgänge (Atmung, Herzschlag, hormonelle Regulation usw.) eine zentrale Rolle, sondern auch in der Regulation biopsychischer und soziokultureller Systeme.

Die hier vorgeschlagene Sichtweise hat den großen Vorteil, dass sie einen wertschätzenden Umgang mit allen Formen von Widerstandsphänomenen erlaubt. Und das ist in der Praxis ein zentraler Punkt, denn mit Widerstandsphänomenen kann man am besten umgehen, wenn man Widerstände schätzt. Alle Formen von Widerstandsphänomenen können in diesem Rahmen zunächst als Bemühen um Balance in Entwicklungs- und Veränderungsprozessen angesehen und in diesem Sinne bewertet werden. In einigen Fällen führt das Bemühen um Beharrung jedoch zu Problemen und Konflikten, weil notwendige Entwicklungen verhindert oder blockiert werden.

Ein wichtiger Schritt in Therapien besteht nicht selten darin, gemeinsam mit Klienten herauszuarbeiten, welche Formen des Beharrungsvermögens beziehungsweise welche Widerstandsformen Entwicklung behindern und welche zu Lösungen führen.

Beharrung erfordert, wie Veränderung, Aktivität. Diese Aktivität ist jedoch in der Regel wenig sichtbar oder wenig bewusst. Für Therapeuten ist es von zentraler Bedeutung zu verstehen, dass Nichtveränderung (scheinbare Inaktivität, Erstarren oder Festhalten an alten Mustern) Aktivitäten erfordert, die Energien binden. Wer einmal versucht hat, sich im Rollenspiel in der Rolle eines Schweigers länger zu verweigern, der weiß, wovon hier die Rede ist. Egal ob bewusst oder unbewusst und unabhängig davon, wer dabei was gewinnt (Kompensation, Symptomgewinn), man braucht eine Menge Energie/Aktivität, um ein bestimmtes Symptom – ein depressives Muster, ein Streitmuster – aufrechtzuerhalten. Die Aufgabe von Therapeuten besteht darin, zu zeigen, wie das im speziellen Fall genau funktioniert und wie Entwicklung behindert wird. Manchmal muss man sich sehr intensiv mit dem Beharrungsvermögen beschäftigen, um Entwicklungen nachhaltig in Gang zu setzen.

b) Verhandlungsbereitschaft beim Einsatz von Methoden

Jedes Verfahren, das spezielle Grundregeln und Methoden zur Voraussetzung eines Arbeitsbündnisses macht, begrenzt zwangsläufig das Einsatzfeld auf bestimmte Klienten, Aufgaben, Arbeitsfelder und Problematiken. Wenn man mit vielen unterschiedlichen Klienten in unterschiedlichen Zusammenhängen an unterschiedlichen Aufgaben arbeiten will, ist eine solche Beschränkung aber nicht sinnvoll. Die Frage ist dann eher, welches Vorgehen am besten passt. Mit einer flexiblen Haltung, die

Verhandlungsbereitschaft signalisiert, entkrampft sich die Situation merklich: Das Einbringen von Aktionsvorschlägen wird plötzlich ganz einfach, weil eine Ablehnung das Arbeitsbündnis nicht mehr grundsätzlich in Frage stellt, und Klienten können sich viel entspannter auf ungewöhnliche Vorschläge einlassen.

Eine pragmatische Grundregel

Auf der Grundlage der geschilderten Überlegungen, liegt es nahe, eine Grundregel einzuführen, die das Arbeitsbündnis nicht an eine bestimmte Verfahrensweise oder Methode koppelt. Diese Grundregel nenne ich pragmatische Grundregel.

> »Ich stelle Ihnen Fragen oder mache Ihnen Vorschläge, etwas zu tun. Sie prüfen bitte, ob die Frage oder das vorgeschlagene Vorgehen für Sie angemessen und passend ist. Wenn Ihnen etwas nicht passend erscheint, dann melden Sie sich bitte. Es ist mir wichtig, dass wir gemeinsam danach suchen, was jeweils gut passt. Wenn Sie ganz unentschieden sind, heißt das, dass es nicht passt. Sie können gern zu jeder Zeit eigene Vorschläge einbringen.«

Die große Mehrheit der Klienten reagiert auf diese Regel mit sichtbarer Entspannung und zeigt deutliche Zeichen erhöhter Kooperationsbereitschaft. Die Regel begünstigt einen Kontakt auf gleicher Augenhöhe und motiviert Klienten, eine aktiv gestaltende Haltung einzunehmen. Nachdem die Regel von den Klienten bestätigt wurde bedanke ich mich: »Schön, damit erleichtern Sie mir meine Aufgabe sehr, denn nun kann ich Vorschläge und Fragen einbringen, ohne lange zu überlegen, ob ich Ihnen das zumuten kann. Wenn es nicht passt, werden Sie mir das sagen. Vielen Dank.«

Auf Nachfrage erläutere ich gegebenenfalls kurz die Palette methodischer Möglichkeiten, die mir persönlich zur Verfügung stehen. Die pragmatische Grundregel erleichtert das Einbringen ungewöhnlicher Methoden und eröffnet gleichzeitig alle Möglichkeiten, um mit Widerstandsphänomenen kreativ umzugehen. Wie jede Regel, so ist auch die pragmatische Grundregel eine Intervention. Als Intervention verfolgt die Regel verschiedene Ziele:

– *Therapie als gemeinsames Projekt:* Der therapeutische Prozess wird als gemeinsames Projekt von aktiven Therapeuten und Klienten beschrieben.
– *Methodenunabhängiges Arbeitsbündnis:* Die Kooperation von Therapeuten und Klienten wird auf einer Ebene angesiedelt, die jenseits einzelner Methoden liegt.
– *Kreativer Spielraum:* Es wird ein Raum der Möglichkeiten geschaffen, in dem verschiedene Methoden zur Anwendung kommen können.
– *Verantwortung:* Therapeuten und Klienten übernehmen in verschiedenen Rollen Verantwortung für den Prozess.
– *Passung:* Verhandeln über die Passung und Angemessenheit von Vorgehensweisen werden zu einem integralen Bestandteil des therapeutischen Prozesses.
– *Experimentierfreude:* Es wird ein experimentierfreundlicher Spielraum eröffnet,

in dem Widerstände und Blockierungen von Klienten in ihrer ganzen Bandbreite gewürdigt werden können.

– *Klare Rollenaufteilung im Therapieprojekt:* a) Die Therapeuten als Experten sorgen auf der Basis von Erfahrung, Kompetenz und therapeutischer Distanz für Fragen, Kommentare, Hinweise und Vorschläge, die weiterführen. b) Die Klienten als Experten sorgen auf der Basis ihrer Kenntnis von sich selbst und ihrer Lebensumstände für Ideen, Passung, Angemessenheit und Grenzen.

Es ist wirklich faszinierend zu erleben, wie bereit Klienten auf Aktionsvorschläge reagieren, wenn man vorher die genannte Grundregel einführt. Die Erfahrung zeigt, dass Widerstände gegen Aktionsmethoden sehr viel weniger auftauchen. Wenn sie auftauchen, lässt sich im Gespräch über das geeignete Vorgehen meist gut differenzieren, um welche Formen des Beharrungsvermögens es sich handelt. Der Aushandlungsprozess über das methodische Vorgehen wird zu einer eigenen, sehr wertvollen Methode im therapeutischen Prozess.

Wenn Klienten den Sicherheit gebenden Rahmen spezieller Verfahren oder Methoden favorisieren, verweise ich an Kollegen. Oder ich versuche, den Raum im Sinne der Grundregel offen zu halten. »*Ein Dialog ohne Aktion kann auch sehr hilfreich sein. Es freut mich, wenn Sie lebendigen Methoden gegenüber aufgeschlossen sind. Aber wichtiger ist mir, dass das Ganze Sinn ergibt. Zunächst würde ich gern hören, wie Sie Ihre Situation in Worten (Geschichten) beschreiben.*« Das Beharrungsvermögen zeigt sich nicht selten in einer speziellen Methodenwahl und kleidet sich gern in Gewänder, die dem Therapeuten schmeicheln. Eine kritische Distanz zu den Methoden, die man favorisiert, erscheint mir daher sinnvoll. Die pragmatische Grundregel erleichtert eine solche Distanz und erweitert den Raum der Möglichkeiten.

I.8. Navigation und Prozessgestaltung

Unterwegs

Bruce Chatwin arbeitete als gefragter Experte für Gemälde beim Auktionshaus Sotheby's in London. Er hatte allerdings ein Problem – er erblindete allmählich. Chatwin suchte eine Vielzahl medizinischer Experten auf, die jedoch keine organische Ursache finden konnten. Ratlos wandte er sich an seinen alten Hausarzt. Dieser nahm sich Zeit für ein längeres Gespräch und riet ihm dann: »Vielleicht sollten Sie für eine Weile in die Wüste gehen.« Nach einem halben Jahr in der Wüste gewann Chatwin seine Sehkraft zurück und begann als Reiseschriftsteller die Kultur der Nomaden zu erforschen. Das Arrangement »Allein in der Wüste« hatte Chatwin erlaubt, sich selbst neu zu erfinden.

Therapeutische Prozesse lassen sich mit Reisen vergleichen, Reisen zu sich selbst und Reisen zu Anderen. In günstigen Momenten verbindet sich beides auf besondere Weise – wie in dem wunderbaren Roman von Pascal Mercier »Nachtzug nach Lissabon« (Mercier, 2006). Die Reisenden können den Traumpfaden folgen, die zum Unbewussten führen, oder sie können bestimmte Interaktionen oder spezielle Konstellationen erkunden. Oder sie tauchen ein in die Lebenswelten, die engen Gassen alltäglicher Abläufe zwischen Menschen, die für den aufmerksamen Beobachter ebenso Überraschungen und wichtige Erkenntnisse bereithalten. Nicht jeder kann seinen Job kündigen oder die Stadt verlassen wie Chatwin. Aber schon der Weg zum Ort der Therapie und zurück in die Lebenswelt bringt in Bewegung. Unterwegs – zwischen der vertrauten Welt und der Welt der Therapie – können Innenwelten und Umgebungen erforscht und gestaltet werden. Der Zustand des Reisens, des Unterwegsseins fördert Beweglichkeit und Fantasie, erfordert aber auch den Mut, sich auf Ungewisses einzulassen. Mit jedem neuen Prozess beginnt eine neue Forschungsreise und jede Reise erweitert die klinische Erfahrung und die Intuition für Entwicklungsprozesse.

Auftragsorientierte Prozessbegleitung

Ziele und Aufträge

Wo soll der therapeutische Prozess hinführen, und wie will man wiederkehren? Das Aushandeln von Zielen steht am Anfang jeder therapeutischen Unternehmung. Ziele können deutlich benannt und konkret gemacht werden – ein bestimmter Zustand, ein konkretes Ereignis oder eine bestimmte Handlungsweise. »*Angenommen, es wird so, wie Sie sich das vorstellen, wie würde sich das konkret zeigen?*« Ziele können aber auch, wie bei der Entdeckung Amerikas durch Kolumbus, als vage Vorstellung hinterm Horizont liegen oder gänzlich verloren gegangen sein.

In Henning Mankells Roman »Der Chronist der Winde« irrt der neunjährige Nelio, der seine Familie verloren hat, im Busch umher und trifft dabei auf den Zwerg Yabu Bata, der dem Jungen erlaubt, sich ihm anzuschließen. Irgendwann sagt der Zwerg: »Jetzt will ich auf deine Frage antworten, wohin ich unterwegs bin. Ich habe geträumt, dass ich mich auf eine Wanderung begeben und einen Pfad suchen soll, der mir das rechte Ziel weist.« »Was für einen Pfad?«, fragt der Junge. »Den Pfad, von dem ich geträumt habe. Der mich zum rechten Weg führen soll. Frag nicht soviel. Wir haben noch weit zu gehen.« »Woher weißt du das?« Yabu Bata sah ihn verwundert an, bevor er antwortete: »Ein Pfad von dem man geträumt hat und der einen Menschen zum rechten Ziel führen soll, kann nicht in der Nähe liegen«, antwortete er schließlich, »was wichtig ist, ist immer schwer zu finden« (Mankell, 2002, S. 76).

Wenn keine Ziele benannt werden können, kann das Ziel darin bestehen, Ziele zu (er)finden. Bei Paaren und Familien kann man zwischen gemeinsamen Zielen und persönlichen Zielen unterscheiden. Manchmal werden auch Ziele von außen benannt oder gesetzt. Bei unterschiedlichen Zielen kann man klären, wie die verschiedenen Ziele erreicht werden können, ohne sich gegenseitig zu behindern. Es kann auch ein Ziel sein, nach gemeinsamen Zielen zu suchen oder gemeinsame Projekte zu entwickeln. Aus den Zielen ergeben sich die Art der spezifischen Begleitung und der besondere Auftrag. Unterwegs können sich Ziele und Aufträge ändern. Es kann sinnvoll sein, innezuhalten und Aufträge erneut auszuhandeln. Ein Prozess kann mit der Auftragsklärung bereits beendet sein, diese Klärung ist aber in jedem Fall hilfreich und kann therapeutischen Charakter haben. Ohne Auftragsklärung und Hoffnung sollte man als Therapeut nicht losziehen.

Sicherheit und Ressourcen
Bevor man sich auf eine therapeutische Expedition begibt, sollten Schwierigkeiten und Hindernisse bedacht werden. Welche Gefahren könnten auf der Strecke lauern? Welche Nebenwirkungen des Reisens sind zu bedenken? Was muss vorher abgeklärt werden? Welche Fähigkeiten braucht man, um die Reise zu bestehen, und wie muss demnach die Ausrüstung beschaffen sein? Welche Ressourcen müssen bereitgestellt, welche Sicherungsmaßnahmen getroffen werden? Wann sollte man besser umkehren oder einen anderen Weg einschlagen?

Arbeitsbündnis und Plan
Eine therapeutische Reise als gemeinsames Projekt erfordert ein tragendes Arbeitsbündnis – den Aufbau eines Rahmens aus gegenseitigem Respekt, eine Basis gegenseitigen Vertrauens und eine klare Verteilung von Rollen, Aufgaben und Verantwor-

tungen. Respekt und Vertrauen können zu Beginn aufgebaut werden, festigen sich jedoch vor allem unterwegs durch Erfolge und bestandene Krisen. Ein erfahrener Prozessbegleiter wird sofort innehalten, wenn Respekt oder Vertrauen in Frage stehen, und versuchen, diese wieder herzustellen, bevor es weitergeht. Nur auf der Basis von Respekt und Vertrauen und mit Hilfe eines fundierten Plans kann es gelingen, alle verfügbaren Potenziale und Ressourcen optimal zu aktivieren. Pläne müssen nicht jedes Mal völlig neu entworfen werden. Spezifische Programme und Module können sehr hilfreich sein, allerdings sollte man einen Reiseplan nicht mit der Reise selbst verwechseln und flexibel bleiben. Eine klientenbezogene und prozessorientierte Therapie muss offen bleiben für Besonderheiten, Überraschungen und Abweichungen. Im kreativen Umgang mit unvorhersehbaren Situationen liegen Risiken, aber auch besondere Chancen.

Flexibilität und Entdeckungsfreude
Natürlich können sich Ziele unterwegs als Illusion, als nicht erreichbar oder als unattraktiv herausstellen. Dann sollte man innehalten und Ziele neu aushandeln. Auf therapeutischen Reisen gerät man immer wieder in unerforschtes Gelände, für das es keine Landkarten gibt. Jetzt wird es interessant! Es lohnt sich, von gebahnten Wegen abzuweichen, um Abweichungen zu erforschen (→ I.4. S. 76). Therapie ist eben keine präzise, immer nach dem gleichen Muster ablaufende Operation, der therapeutische Prozess gleicht eher einer umherschweifenden Suchbewegung, die zuweilen ziellos wirken mag. Aber so, wie man das Wesen einer Stadt wie Venedig nur auf Umwegen und Irrwegen entdecken kann – wenn man ohne eine Karte zu benutzen einfach der Intuition folgend in das Gewirr der Gassen eintaucht –, so kann man das Besondere von Klienten und Situationen nur verstehen, wenn man alle Schablonen für eine Weile vergisst und sich unmittelbar auf das Geschehen einlässt. »Die erste und einzige Route, die ich dir empfehlen möchte hat einen Namen, sie heißt Zufall. Untertitel: ohne Ziel. Sich verirren ist der einzige Ort, den anzusteuern sich lohnt«, rät Tiziano Scarpa dem Venedig-Reisenden. Genau diese Fähigkeit, ins Gewirr einzutauchen und sich zu verirren, brauchen Therapeuten, um an Orte zu gelangen, an denen Innehalten sich lohnt. Von dort aus kann man, gemeinsam mit den Klienten, vielleicht Wege finden, die aus dem Labyrinth herausführen.

Kreative Prozessgestaltung

Psychotherapeutische Interventionen sind letztlich Kontextinterventionen. Es gilt daher, zunächst geduldig und aufmerksamen alle wesentlichen Bedingungen für die Veränderung und Entwicklung von Klientensystemen zu erforschen. Auf dieser Basis kann man dann überlegen, welche Arten therapeutischer Arrangements Koope-

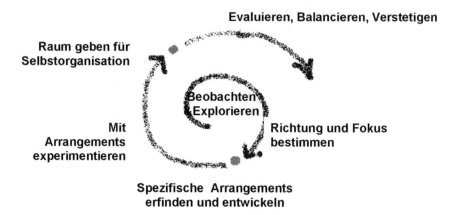

Abbildung 8: Kreative Gestaltung von Arrangements für Veränderung und Entwicklung

ration, Veränderung und Entwicklungen in Gang bringen und unterstützen. Die Aufgabe besteht also darin, herauszufinden, wie man für diesen Klienten, dieses Paar oder diese Familie eine optimale Umgebung für Veränderung und Entwicklung einrichten kann (das hatte der alte Hausarzt von Chatwin verstanden). Therapeuten sind also nicht nur Prozessbegleiter, sondern vielmehr Gestalter kreativer Arrangements für Veränderung und Entwicklung. Die Abbildung 8 verdeutlicht die Arbeitsschritte in einem zirkulären Gestaltungsprozess.

Therapeutische Arrangements können flexibel an Situationen angepasst und spezifisch gestaltet werden: ambulant oder stationär – am Heimatort, an der See oder in den Bergen – in einem Raum mit Sesseln oder auf einer leeren Bühne – drinnen oder draußen – im Sitzen, im Stehen oder im Liegen – mit einem männlichen Therapeuten oder einer weiblichen Therapeutin – einzeln oder als Familie – einmal im halben Jahr oder dreimal wöchentlich. Die Gestaltungsmöglichkeiten ergeben sich aus der Variation und Kombination von fünf Aspekten:

– Orte und Umgebungen,
– Raumgestaltung,
– Settings und Personen,
– Abläufe und Zeitgestaltung,
– Konzepte, Methoden, Medien.

Verbindet man die genannten Aspekte mit den Möglichkeiten szenischen Gestaltens (→ II.1.), ergibt sich ein unerschöpfliches Reservoir, um therapeutische Situationen kreativ zu gestalten. Die kreative Gestaltung therapeutischer Settings und Arrangements setzt allerdings die Fähigkeit, den Willen und die (inneren und äußeren) Räume voraus, aus verschiedenen Bausteinen etwas Neues zu formen (Moreno, 1988, Brodbeck, 2007). Dabei wirken divergente und konvergente Fähigkeiten zusammen (Tabelle 4).

Tabelle 4: Kreative Prozessgestaltung

Konvergente Fähigkeiten	Divergente Fähigkeiten
– *Problemsensitivität* (Allgemeine Aufnahmebereitschaft für Probleme)	– *Flüssigkeit* (Leichtigkeit, gespeicherte Information neu zu verwenden)
– *Neu- und Umdefinition* (ein Objekt anders benutzen, eine Idee übertragen)	– *Flexibilität* (Informationen revidieren oder ungewöhnlich verwenden)
– *Transformation* (eine neue Ordnung herstellen, etwas auf eine andere Ebene transferieren).	– *Elaboration* (differenzierte Ausarbeitung eines Plans oder eines Konzeptes)
	– *Originalität* (etwas Seltenes gestalten)
	– *Evaluation* (eine Idee oder eine Aktion auf Gültigkeit und Richtigkeit hin überprüfen)

Methodenunabhängige Navigation

Therapeutische Arbeit erfordert behutsames Eintauchen in Innenwelten und beherztes Eintreten in soziale Räume. Man muss also bereit sein, sich auf Menschen einzulassen und emotional zu verstricken. Genauso wichtig ist aber das Auftauchen und Heraustreten, um den Überblick und Durchblick zu gewinnen, den man braucht, um einen Kurs zu bestimmen, der zu einem Ziel führt. Um sich zu orientieren und handlungsfähig zu bleiben, haben Therapeuten in der Geschichte der Psychotherapie – von der traditionellen Heilkunst über die Psychoanalyse und die Verhaltenstherapie bis hin zu humanistischen Verfahren und systemischen Ansätzen – eine Menge Orientierungssysteme und navigatorische Hilfsmittel ersonnen. Ähnlich wie Navigatoren an Land oder auf See, die Karten, Kompasse, Sextanten, die Nase am Wind oder GPS benutzen, brauchen Therapeuten Intuition für Entwicklungsprozesse und ein praktisches Instrumentarium, um zu navigieren. Die Tätigkeit des Navigierens sollte spontanes Handeln mit strategischer Präzision verbinden (einmal steht man in Wind und Wellen am Ruder, ein andermal sitzt man in Ruhe am Kartentisch) und umfasst drei Teilbereiche:
a) Positionsbestimmung durch Ortung,
b) Berechnung eines Weges zum Ziel,
c) Steuern eines optimalen Kurses.

Will man Therapie als einen kreativen Prozess organisieren, in dem man je nach Situation und Fall verschiedene Konzepte und Methoden integriert, dann braucht man ein übergreifendes Navigationssystem, das es erlaubt, unabhängig von einzelnen Methoden, Schulen und Richtungen und gestützt auf eine Vielfalt von Perspektiven zu navigieren. Die Bestandteile eines solchen Orientierungssystems

2. Ordnung müssen keineswegs alle neu erfunden werden. Vielmehr können bewährte Instrumente der verschiedensten Richtungen und Verfahren integriert werden, um:

– Position, Fokus, Ziel und Kurs im Prozess zu bestimmen;
– Settings zu variieren;
– Arrangements fallspezifisch und kreativ zu gestalten;
– Methoden zu kombinieren und Aktionsmethoden gezielt einzusetzen und
– den Grad der Komplexität im Prozess angemessen zu steuern (→ II.4.).

Orientierung im therapeutischen Arbeitsfeld

Eine erste Orientierung im therapeutischen Arbeitsfeld ergibt sich durch die Unterscheidung von Klientensystem, Therapeutensystem, Arbeitssetting und therapeutischem Feld (Abbildung 9).

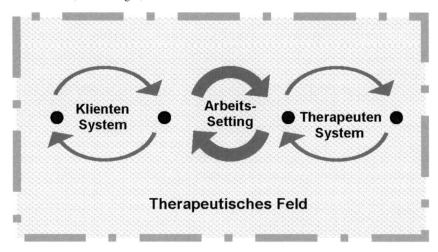

Abbildung 9: Therapeutisches Arbeitsfeld

Klientensystem
Das Klientensystem im engeren Sinne besteht aus einzelnen Klienten, Paaren, Familien oder Gruppen. Das Klientensystem im weiteren Sinne besteht aus der erweiterten Familie, Freunden, Nachbarschaftsnetzwerken, Haustieren, Vereinen, Kollegen, Fantasiewesen, Verstorbenen, entfernten Verwandten. Relevante Kontexte sind Wohnumgebung, Wertsysteme, Weltanschauung, Kultur, Ethnie, Religion, Milieu.

Therapeutensystem
Das Therapeutensystem im engeren Sinne besteht aus den direkt (am Arbeitssetting) beteiligten Therapeuten. Zum erweiterten Therapeutensystem gehören alle

Personen eines Teams oder einer Abteilung, Leitungen und Supervisoren. Relevante Kontexte sind Zugang, Funktion, Ort, räumliche Gegebenheiten, Therapeutische Ausrichtung und Haltung, Organisationsstruktur, Organisationskultur, Trägerschaft.

Arbeitssetting

Zum Arbeitssetting gehören alle Personen, die an den jeweiligen Zusammentreffen direkt beteiligt sind. Es umfasst aber auch Aspekte des Ortes (in der Praxis, vor Ort, in der Klinik, im Park) und der Zeit (Tageszeit, Dauer der Treffen, Anzahl der Treffen, zeitlicher Abstand der Treffen). Das jeweilige Arbeitssetting hängt von den verschiedensten Faktoren ab und kann immer gleich oder sehr unterschiedlich gestaltet werden. Die praktische Gestaltung von Arbeitssettings ist ein wesentlicher Bestandteil therapeutischer Intervention (→ I.3. S. 60). Arbeitssettings können strategisch und taktisch genutzt und gezielt gestaltet werden: Wer wird wann wohin eingeladen. Wer ist dabei, wer nicht. Dies kann als Settingintervention bezeichnet werden.

Die Wahl des Arbeitssettings hängt aber auch vom Grad der Komplexität ab, mit dem die verantwortlichen Therapeuten umgehen können und wollen. Der Grad der Komplexität wächst in jedem Fall mit der Anzahl der beteiligten Klienten und der Anzahl von Subsystemen. Aber auch mehrere Therapeuten (Ko-Therapie, verschiedene Berufsgruppen, Institutionen und Helfertypen) erhöhen den Grad der Komplexität. Das sollte man berücksichtigen, wenn man das Arbeitssetting und damit den Grad an Komplexität wählt. Mit Hilfe von Aktionsmethoden können auch komplexe Arbeitssettings mit vielen Personen gut strukturiert und angemessen gesteuert werden.

Therapeutisches Feld

In einer systemischen Perspektive ergeben sich die Möglichkeiten und Beschränkungen von Therapie nicht nur durch das Arbeitssetting, sondern allgemein durch die Kräfte, die im therapeutischen Feld wirksam werden. Zum therapeutischen Feld gehören nicht nur die Klienten, die unmittelbar anwesend sind, sondern alle Personen, Gruppierungen und Kontexte des Klientensystems und des Therapeutensystems. Im konkreten Fall ist es daher sinnvoll, einzuschätzen, ob und wie bestimmte Personen und Kontexte im therapeutischen Feld Einfluss ausüben. Solche Einflüsse können sich auf zwei Ebenen oder Bühnen bemerkbar machen:

a) Äußere Bühne: Einflüsse auf der Ebene der sozialen Realität (Die beste Freundin berät eine Klientin in Partnerschaftsfragen. Der Chefarzt macht Vorgaben für die Behandlung.)

b) Innere Bühne: Einflüsse auf der Ebene psychologischer Bedeutung (Der verstorbene Großvater wirkt im Familienmythos als guter Geist. Eine starke innere Stimme, die eine wichtige therapeutische Mentorin repräsentiert, meldet sich zu Wort.)

Beide Bühnen sollten berücksichtigt werden, wenn es um die Navigation im therapeutischen Arbeitsfeld geht.

Alle Emotionen, Interaktionen und Konstellationen, die im Arbeitssetting auftauchen, können auch, in einer übergreifenden Perspektive, im Kontext des therapeutischen Feldes interpretiert werden. Ein soziales Feld wird einerseits von Personen hervorgebracht, andererseits wirkt das Feld auf die Personen zurück. Das erklärt, warum auch Personen oder Konstellationen Einfluss ausüben können, die nicht (mehr) unmittelbar ins Geschehen eingreifen. Selbst Leerstellen oder Randpositionen können im therapeutischen Feld eine zentrale Bedeutung bekommen und den therapeutischen Prozess erheblich beeinflussen (Über wen oder was darf auf keinen Fall gesprochen werden? Wer sollte niemals eingeladen werden?). Die Feldwirkung (oder psychologische Bedeutung) von Personen, die im Arbeitssetting nicht anwesend sind, wird im Fall von Verstorbenen oder Ausgestoßenen, im Fall von Kindern, die ihre leiblichen Eltern nie kennen gelernt haben, oder im Fall von Eltern, die ihre Kinder verloren haben, besonders deutlich.

Beispiel
Während einer Familientherapie arbeitete der Therapeut zeitweise mit dem Elternpaar. Gerade als die Arbeit in Richtung einer Lösung gut voranging, hatte die Frau, Nora, einen Traum. In diesem Traum machte die Großmutter ihrer Enkelin schwere Vorwürfe wegen ihrer engen Zusammenarbeit mit einem deutschen Therapeuten. Die Großmutter war in Auschwitz umgekommen und die Klientin kannte sie nur von Bildern und Geschichten. Für die Klientin aktualisierte sich ein tief greifender Loyalitätskonflikt zwischen ihrer jüdischen Herkunftsfamilie und der Herkunftsfamilie ihres Mannes, einer deutschen Pastorenfamilie. Daraufhin inszenierte der Therapeut eine virtuelle Zusammenkunft mit der Großmutter, dem Ehemann und dem Therapeuten, in der die Klientin die Rolle der Großmutter übernahm. Im Nachgespräch ergaben sich die verschiedensten Bezüge.

Auch Therapeuten haben eine Feldwirkung. Im therapeutischen Prozess positionieren sie sich im sozialen Feld der Klienten, werden (vorübergehend) zu einer Randbedingung des Klientensystems und verändern auf diese Weise die Konstellationen und Bedeutungen im Klientensystem. Ein Überblick über das therapeutische Feld hilft bei strategischen Entscheidungen und der Gestaltung von angemessenen Arrangements.

Problemsysteme
Unter einem Problemsystem versteht man dasjenige System, in dem ein Problem, eine Störung, ein Konflikt oder ein Leiden erzeugt oder aufrechterhalten wird. Problemsysteme entstehen häufig aus Lösungsversuchen. Problemsysteme können negative Emotionen, problematische Interaktionsmuster, schwierige Konstellationen, entwicklungshemmende Systemstimmungen, Problemtrancen (Schmidt, 1985), Problemszenen, Problemnarrative (Omer u. Alon, 2005) und Problemfelder erzeugen.

Es erscheint mir wichtig, zu verstehen, dass das *problemerzeugende* System (in dem ein Problem oder Symptom geschichtlich entstanden ist), keinesfalls mit dem *problemerhaltenden* System (durch das ein Problem, Symptom oder Leiden aktuell aufrechterhalten wird) identisch sein muss. Ein bestimmtes Problem kann auch längst gelöst sein, während sich die Problemlösung als Problemmuster verselbstständigt hat. Komplizierend kommt hinzu, dass ein Problem oder Konflikt, der sich in einem bestimmten Systembereich (Person, Interaktion, Konstellation, Feld, Umgebung, vgl. weiter unten) entwickelt, sich auf andere Bereiche ausweiten (übergreifen, übergehen, sich zeigen) kann. In einer linearen Sicht sind beide Richtungen denkbar: Das Problem einer einzelnen Person strahlt in Richtung Paar, Familie und Umgebung aus oder ein Problem in der Umgebung wirkt in die Familie, die Partnerschaft oder die Person hinein. In einer zirkulären Sicht geht es um die turbulenten Wechselwirkungen in beiden Richtungen. Oder ein Problem wird von einer Generation zur anderen weitergegeben beziehungsweise übernommen. Für die klinische Praxis bedeutet dies, dass in jedem konkreten Einzelfall die genauen Zusammenhänge exploriert und verstanden werden müssen. Auf dieser Grundlage ergeben sich wichtige Anhaltspunkte für die Gestaltung therapeutischer Arrangements und die Wahl von Lösungssystemen.

Lösungssysteme
Unter dem Lösungssystem verstehe ich dasjenige System, das die Bearbeitung eines Problems, einer Störung, eines Konflikts oder Leidens erfolgreich ermöglicht. Lösungssysteme erzeugen positive Emotionen (Seligman, 2003), produktive Interaktionsmuster, passende Konstellationen, entwicklungsfördernde Systemstimmungen, Lösungsszenen, Lösungsnarrative, Lösungstrancen und Lösungsfelder.
Die Wahl des Lösungssystems hängt davon ab, was therapeutisch sinnvoll ist. Natürlich spielen die Aufträge und Wünsche der Klienten, die den Kontakt aufgenommen haben, und die Kooperationsbereitschaft potenzieller Klienten, die eingeladen werden könnten, eine Rolle. Aber unabhängig davon, was konkret machbar ist, sollte man das Lösungssystem im Blickfeld behalten. Nicht selten kommt es vor, dass Menschen in Therapie versuchen, die Probleme anderer Menschen zu lösen: Partner für Partner, Eltern für Kinder, Kinder für Eltern, einer für alle, alle für einen. Daraus können sich neue Problemsysteme (oder Systeme, die Teil des Problems sind) unter Einschluss von Therapeuten ergeben. Auch im therapeutischen Feld gilt: Lösungsversuche können Probleme erzeugen.

Reale und virtuelle Lösungssysteme
Das optimale Lösungssystem kann, aber muss nicht mit dem therapeutischen Arbeitssetting übereinstimmen. Klassischer Fall: Nur ein Klient kann kommen, das Paar oder die Familie erscheint aber als das optimale Lösungssystem. Wenn dies der Fall ist, kann im Arbeitssetting an der Aktivierung des Lösungssystems gearbeitet werden (ein Gespräch mit dem Partner oder der Familie wird im Rollenspiel durch-

gespielt als Vorbereitung für ein Gespräch außerhalb der Therapie). Oder man arbeitet an der Motivation, sich gemeinsam zu treffen: »*Sagen Sie bitte Ihrem Mann, dass er für die Lösung Ihrer Probleme hier gebraucht wird. Sie können dieses Problem nur als Elternteam lösen. Seine Teilnahme ist daher sehr wichtig.*«

In der Arbeit mit Familien kommen – auf der Suche nach Lösungssystemen – verschiedene Subsysteme in Frage:

– *Kernfamilie:* Paarsystem, Elternsystem, Geschwistersystem.

– *Erweiterte Familie:* Großelternsysteme, Geschwistersysteme, Verwandtensysteme, frühere und spätere Paar- und Elternsysteme der Eltern.

Alle Personen oder Subsysteme können gemeinsam oder in Teilgruppen direkt in das Arbeitssetting eingeladen werden. Dabei sollte man allerdings darauf achten, dass diejenigen Klienten, mit denen man bereits arbeitet, mit einer solchen Einladung einverstanden sind. Denn mit dem Eintritt weiterer Personen in das Arbeitssetting verändern sich die Beziehungen und Balancen, die in diesem Raum entstanden sind. Auf solche Veränderungen reagieren Klienten erfahrungsgemäß sensibel. Oft müssen im Vorfeld Ängste und Befürchtungen bearbeitet werden und Einladungen bedürfen einer besonderen Vorbereitung und Begleitung. Im Zweifelsfall sollte ein Vetorecht eingeräumt werden »*Sie waren die Ersten hier, es ist Ihr therapeutischer Raum und Sie entscheiden, ob Sie jemanden in diesen Raum einladen möchten oder nicht.*«

Wenn Personen (oder Elemente) des optimalen Lösungssystems nicht (oder nicht mehr) zur Verfügung stehen, kann man mit Hilfe von Aktionsmethoden wichtige Personen (oder Elemente) als Gäste einladen (ausführlich → III. S. 229).

Orientierung im therapeutischen Verlauf

Stationen und Aufgaben
Therapeutische Prozesse oder Verläufe werden klassischerweise in Phasen unterteilt: Kontaktaufnahme und Diagnostik, Prognostik und Indikation, Behandlungsplanung und Durchführung, Auswertung und Beendigung. In der klinischen Praxis verlaufen Prozesse jedoch in der Regel nicht linear-phasisch sondern spiralförmig-turbulent, voller Windungen und Wendungen. Wenn man diese seltsamen Schleifen antizipieren will, erweist es sich als hilfreich, mit der Vorstellung von Stationen zu arbeiten, die im Verlauf des therapeutischen Prozesses immer wieder nach Bedarf angesteuert werden können. Jede Station ist mit besonderen Aufgaben verbunden. Im Überblick und zur Veranschaulichung kann man sich die einzelnen Stationen als Arbeitsbereiche in einem therapeutischen Werkraum oder Arbeitsgarten vorstellen (Abbildung 10).

Das Stationenmodell erlaubt eine Orientierung sowohl in einzelnen Treffen als auch für ganze Verläufe von Therapien. Im konkreten Fall kann man flexibel zwischen den entsprechenden Aufgabenschwerpunkten hin- und herwechseln und diese mit-

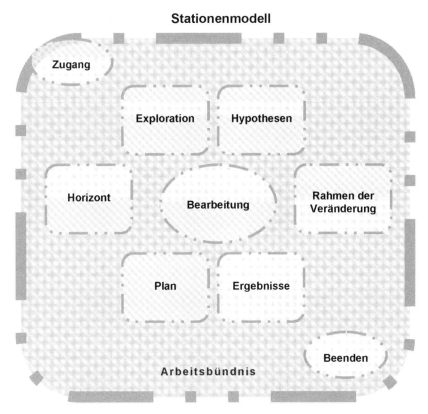

Abbildung 10: Stationen und Aufgaben im therapeutischen Verlauf

einander verbinden – denn darauf kommt es an. Selbstverständlich können Klienten, wenn es sinnvoll erscheint, in diesen Prozess mit einbezogen werden. »*Mich interessiert besonders Ihre Vorstellung, wo Sie als Paar gemeinsam hinwollen* (positive Vision am Horizont). *Sie haben aber bestimmte Konflikte genannt, die Sie hergeführt haben* (Exploration der Problemsituation). *Beides sollten wir uns genau anschauen. Womit beginnen wir am besten?*«

Stationen können auch ad hoc im Raum eingerichtet (Situationsaufbau → II.1. S. 161) und gemeinsam mit Klienten besucht werden. »*Es erscheint mir in diesem Moment sinnvoll, genauer zu erfahren und zu beschreiben, in welchem Rahmen von Veränderung wir hier in der Therapie arbeiten können. Was ist machbar, was nicht? Dazu bitte ich Sie in diesen Teil des Raumes, damit klar ist: jetzt beschäftigen wir uns mit den Grenzen des Machbaren und den Spielräumen, die diese Grenzen zulassen.*« »*Nachdem der Rahmen der Veränderung nun klarer ist, wechseln wir in diesen Teil des Raumes, um Ideen zu sammeln, was innerhalb dieses Rahmens alles möglich wäre.*«

Im therapeutischen Verlauf kommt es darauf an, alle Stationen in einem zirkulären Prozess sinnvoll zu verbinden und alle Beteiligten aktiv in diesen Prozess einzubinden. Im Folgenden beschreibe ich die einzelnen Stationen genauer.

Zugang
Therapeuten und Klienten müssen Zugang zueinander finden, um Veränderungen in Gang zu setzen. Das klingt zunächst simpler, als es offenbar ist, davon zeugen die diversen Konzepte, die in der Psychotherapie erfunden wurden, um näher zu beschreiben, wie Therapeuten Zugang zu Klienten finden können: Kontakt, Beziehung, Begegnung, Dialog, Übertragung und Gegenübertragung, Pacing and Leading, strukturelle Kopplung, Joining, Interdependenz, emotionale Abstimmung, Resonanz. Alle diese Konzepte beschäftigen sich damit, wie Therapeuten und Klienten Zugang zueinander finden können. Kontakt und Passung bilden die Basis jeder Zusammenarbeit. Ohne Zugang (zum Selbstorganisationsprozess eines Systems) verpufft jedes Engagement, jeder Plan, jede Vision, jede Aktion, jedes Training oder jedes Durcharbeiten – und nicht wenige therapeutische Prozesse scheitern genau an diesem Punkt.

Der Kontakt zu einer Person, einem Paar oder einer Familie bildet also eine Conditio sine qua non therapeutischer Arbeit. Aber auch ein bereits bestehender Zugang kann sich im Verlauf eines Prozesses leicht wieder verschließen. Eine Person, eine Familie macht dicht oder wendet sich ab. Dann muss erneut am Zugang gearbeitet werden. Die Arbeit am Zugang liefert darüber hinaus auch wichtige diagnostische und prognostische Informationen.

Bei der Arbeit in Zwangskontexten, wenn Klienten zur Therapie geschickt werden, oder in der Arbeit mit sich abschließenden oder isolierten Systemen (paranoide Systeme, Abhängigkeitssysteme, Festungsfamilien, Gummizaunsysteme) kann die Station Zugang, die Arbeit am Kontakt, zum zentralen Arbeitsschwerpunkt werden. Ähnliches gilt für die Arbeit mit Borderline-Klienten (Bleckwedel, 2000 b).

Arbeitsbündnis und Vertrauen als Dreh- und Angelpunkt
Die pragmatische Grundregel (→ I.7. S. 113) konstituiert das Arbeitsbündnis in allgemeiner Form. Auf dieser Grundlage können Aufträge konkret verhandelt und Ziele für den therapeutischen Prozess entwickelt und festgelegt werden (einen guten Überblick über Auftragsgestaltung geben Schwing und Fryszer, 2006, S. 104–125). Ziele beziehen das Arbeitsbündnis auf ein klar umschriebenes gemeinsames Projekt. Zu Beginn der gemeinsamen Arbeit erfordert das Arbeitsbündnis die besondere Aufmerksamkeit. Die unterschiedlichen Rollen müssen festgelegt und eingeübt, Verantwortlichkeiten geklärt und verbindlich umgesetzt werden. Auf diese Weise entsteht in der Therapie ein Team, das an einem gemeinsamen Projekt arbeitet. Therapie ist Teamwork und während arbeitsteilig in verschiedenen Rollen an einem gemeinsamen Ziel gearbeitet wird, entwickelt sich das Arbeitsbündnis. Das Vertrauen in ein bestehendes Arbeitsbündnis kann sich im Prozess festigen, es kann

aber auch unmerklich zerbröseln oder plötzlich heftig gestört werden. Bei solchen Störungen sollte die Arbeitsbeziehung, das Arbeitsbündnis, erneut in den Mittelpunkt rücken. Dann geht es darum, das Projekt mit seinen Zielen und die Verteilung von Rollen und Verantwortungen zu überprüfen, zu konkretisieren und neu auszuhandeln – oder das Projekt geordnet zu beenden.

Störungen im Arbeitsbündnis haben deshalb Vorrang, weil das Arbeitsbündnis Klienten und Therapeuten vor Beschädigungen durch die therapeutische Situation schützt. Intimität und intensive Beziehungsaufnahme bergen immer auch die Gefahr von Entwertung, Verlust von Grundvertrauen oder sekundärer Traumatisierung. Für Therapeuten besteht ein Berufsrisiko, mit dem sie umgehen müssen, und für Klienten besteht ein Behandlungsrisiko, von dem sie erwarten können, dass Therapeuten es im Rahmen ihrer Möglichkeiten klein halten. Daher lohnt es sich, das Arbeitsbündnis als Dreh- und Angelpunkt des therapeutischen Prozesses ständig im Blick zu behalten.

Gegenseitiger Respekt als Rahmen

Das Arbeitsbündnis erfordert, wenn es funktionieren soll, einen Rahmen aus gegenseitigem Respekt. Welter-Enderlin und Hildenbrandt sprechen von der *Metastabilität* (Welter-Enderlin, 1998), die ein guter therapeutischer Rahmen als haltende Umgebung (Winnicott, 1994) gewährleistet und Sicherheit fühlbar macht. Dieser Rahmen sollte und kann erhalten bleiben, auch wenn bestimmte Ziele nicht erreicht werden. Solange der Rahmen aus gegenseitigem Respekt erhalten bleibt, können Krisen in der Arbeitsbeziehung als Chance genutzt werden, um das Arbeitsbündnis zu überprüfen und zu erneuern. Ohne einen Rahmen aus gegenseitigem Respekt kann sich jedoch jede Krise leicht gegen die Beteiligten wenden (Entwertung, Abbruch). Deshalb sollte man Risse im Rahmen aus gegenseitigem Respekt besonders beachten und mit Vorrang behandeln.

Beispiel

Ein Therapeutenehepaar, beide fachlich sehr kompetent, meldete sich zur Paartherapie. Das therapeutische Team bestand aus einem Kollegen und einer Kollegin mit verschiedenen Ausbildungen. Das Paar zeigte sich in beiläufigen Bemerkungen und Gesten dem Kollegen gegenüber abwertend und respektlos, während die Kollegin Anerkennung erntete. In der Nachbesprechung beschlossen die Therapeuten auf der Ebene des gegenseitigen Respekts zu intervenieren. Therapeut: »Unser Eindruck ist, dass mit dem Respekt etwas nicht stimmt, das möchten wir gern mit Ihnen bearbeiten. Am besten, wir (die Therapeuten setzen sich gegenüber), unterhalten uns über Respekt, und Sie hören zu, anschließend unterhalten Sie sich darüber, was in Ihnen durch unsere Unterhaltung angeregt worden ist, und wir hören zu (Reflecting-Team-Technik).« Im Verlauf der beiden folgenden Sitzungen wurde deutlich, dass in der Paarbeziehung der gegenseitige Respekt als Rahmen schon lange Zeit zerbrochen war und sich damit jede Bemühung der Partner ins destruktive Gegenteil wendete. Die Therapeuten entschlossen sich daher zu einem gemeinsamen Kommentar: »Für Therapeuten ist es wahrscheinlich besonders bitter, die eigene Hilflosigkeit in Beziehungsdingen einzugestehen. Daher geben Sie sich beide besondere Mühe, die Beziehung zu retten (ausführliche Würdigung). Wir glauben jedoch, dass Ihre Bemühungen wahrscheinlich ins Leere laufen, weil der gegenseitige Respekt aufgebraucht zu sein scheint. Aber ohne Respekt ist Vertrauen gefährlich und jedes Engagement kann sich leicht gegen die Beteiligten wenden. Etwas Ähnliches zeigt sich hier in der therapeutischen Situation. Deshalb schlagen wir vor, die gemeinsamen Sitzungen erst einmal zu beenden, und bieten Ihnen Einzelsitzungen an, in denen jeder für sich klären kann, ob und wie der Respekt füreinander wieder herstellbar erscheint und ob Sie glauben, dass sich der Aufwand dafür lohnt.«

Wer den Respekt verliert, der stellt die Würde des Anderen grundsätzlich in Frage, und das macht das produktive Austragen von Konflikten und eine kreative Zusammenarbeit nicht nur schwierig, sondern sogar gefährlich (Dialog → I.2. S. 46). Nichts weckt das in uns schlummernde Potenzial zur Zerstörung mehr als Respektlosigkeit, Demütigung, Entwürdigung oder dauerhafte Entwertung. Das Problem besteht nicht nur in den Verletzungen, die einem zugefügt werden oder die man einem anderen zufügt. Nachhaltig wirkt der Verlust an Selbstachtung, der dann eintritt, wenn man sich lange in einem Rahmen von Respektlosigkeit bewegt. Das freiwillige oder erzwungene Verbleiben in einem Rahmen von Respektlosigkeit kann einen verhängnisvollen Kreislauf von Demütigung und zerstörerischer Gewalt in Gang setzen. Beispiele finden sich im Fernbereich (Naher Osten), aber auch im Nahbereich (hochstrittige Eltern). Wenn sich ein solcher Teufelskreis in der Therapie zeigt und den Rahmen aus gegenseitigem Respekt zu sprengen droht, sollte alles gestoppt werden, um zunächst den Rahmen und die Grundlagen der Zusammenarbeit zu thematisieren. Die wichtigste Aufgabe im therapeutischen Prozess besteht darin, einen Rahmen aus gegenseitigem Respekt aufzubauen und zu erhalten. Wenn das nicht gelingt, sollte der Prozess beendet werden.

Exploration

> »Wir können diesen Fall – wie immer – nur in zwei Schritten lösen:
> Zunächst müssen wir durch genaue Untersuchung und
> Beobachtung die scheinbar unsichtbaren Spuren wieder sichtbar
> werden lassen, und dann müssen wir versuchen, die
> Zusammenhänge zwischen dem scheinbar Offensichtlichen
> und dem scheinbar Unoffensichtlichen wieder herzustellen.«
> Sherlock Holmes

Wenn wir als Therapeuten um Hilfe gebeten werden, werden wir zunächst für erste Hilfe sorgen und sodann die Vorgeschichte abklären, um eine vorläufige Diagnose zu stellen und eine passende Therapie anzubieten. »Erkenne die Lage«, sagt Gottfried Benn. Die Exploration bildet in enger Verbindung mit der Hypothesenbildung einen Teil der diagnostischen Arbeit, die ich für unverzichtbar halte.

Exkurs

Diagnostik hat in der systemischen Familientherapie einen schweren Stand. Man befürchtet, unangemessene Zuschreibungen zu machen oder diagnostische Labels überzustülpen, die für die therapeutische Arbeit wenig sinnvoll erscheinen. Mit dem Verweis auf den konstruktivistischen Charakter von Beschreibungen wirkt eine reine Expertendiagnostik antiquiert oder es wird argumentiert, dass man für Lösungen keine Diagnostik von Störungen brauche, weil es darauf ankomme, sich bei Lösungen auf die Ausnahmen symptomatischen Verhaltens oder symptomatischer Beziehungsmuster und die Ressourcen von Klienten zu konzentrieren (u. a. de Shazer, 1989). Alle diese Argumentationen erscheinen im Kontext der historischen Fixierung von Psychotherapie auf Pathologie und die negativen Erfahrungen mit problematischen diagnostischen Zuschreibungen verständlich. Sie gehen aber an der Sache vorbei, wenn man Diagnostik als einen Verstehensprozess begreift, in dem Klienten und Therapeuten gemeinsam einen sinngebenden Zusammenhang zwischen geschichtlichen Entwicklungen und problematischen Mustern konstruieren, der für den therapeutischen Prozess und für zukünftige Lösungen als Rahmen nützlich ist. Dabei muss offen bleiben, welche Instrumente für einen solchen Prozess im Einzelfall hilfreich sind und wie dabei die Kooperation von Therapeuten, als fachliche Experten, und Klienten, als Experten für den eigenen Veränderungsprozess, organisiert wird. Eine therapeutische Hermeneutik als die Kunst des sinnvollen Auslegens und Deutens von Phänomenen *ohne* Diagnostik (vom griechischen Verb *diagnoskein* = genau untersuchen, unterscheiden) halte ich allerdings für abenteuerlich und wenig verantwortlich. Eine einseitige Ausrichtung auf Ressourcen, Ausnahmen und Kundenwünsche ohne Störungsanalyse, Problemerfassung und Konfliktverstehen führt in der Regel zu wenig nachhaltigen Lösungen. Dies zeigt nicht nur die klinische Erfahrung, sondern auch die theoretische Überlegung, dass Systeme nachhaltige Lösungsmuster nur auf der Grundlage derjenigen Störungsmuster entwickeln können, die sie über eine lange Zeit entwickelt haben und die unter Umständen relativ tief oder fest programmiert sein können. Erst wenn man die Grenzen respektiert, die gewachsene Strukturen und Muster dem Veränderungsprozess setzen, kann man therapeutisch intervenieren, ohne neues Leiden zu produzieren. Die Herausforderung besteht meiner Ansicht nach darin, wie wir unser noch rudimentär entwickeltes Wissen über Salutogenese (Antonovsky, 1997) und positive Emotionen (Seligman, 2003) weiterentwickeln können und wie wir dies mit dem relativ gut entwickelten Wissen über Pathogenese und Störungsbilder (DSM, ICD) im Einzelfall verbinden können. Selbstverständlich sind diagnostisches Vorgehen und Intervenieren in Psychotherapie und Beratung von Anfang an eng aufeinander bezogen (Stierlin, 2001). Klienten sollten möglichst wenig mit diagnostischen Begrifflichkeiten erschreckt oder verwirrt werden. Aber manifeste Störungen sollten auch nicht schöngeredet, Konflikte sollten nicht bagatellisiert und schwierige Themen sollten nicht tabuisiert werden.

Beim Explorieren geht es vor allem um die gemeinsame Ausweitung des Blickfeldes und das Sammeln von Details, die für den Zusammenhang bedeutungsvoll sind.

Offenheit

Auf die einfache Frage: »*Was führt Sie zu mir?*« oder »*Was kann ich für Sie tun?*«, antworten Klienten sehr unterschiedlich. Die einen beschreiben ein Problem, die nächsten eine Störung, wieder andere fordern Unterstützung oder eine Lösung, und manche brechen einfach in Tränen aus. Ich glaube, dass wir gut daran tun, wenn wir die Art, wie Klienten sich präsentieren, beachten und ihre Wünsche respektieren. Das kann aber nur gelingen, wenn man als Therapeut den Fokus der Exploration nicht von vornherein einengt, etwa auf Verhalten, auf Triebkonflikte, auf Familienkonstellationen, auf Konflikte, auf Lösungen oder irgendetwas anderes.

Ausweitung des Blickfeldes

Im Prozess der Exploration geht es zunächst um das Generieren und Sammeln möglichst vieler Beschreibungen. Diese Beschreibungen von Personen über Personen und Beziehungen können sich beziehen auf:
– Daten und Fakten,
– Überweisungskontexte,
– Beschreibungen von Problemen und Leiden,
– Beschreibungen von Potenzialen und Ressourcen,
– Beschreibungen von Entwicklungen und Entwicklungsphasen,
– bisherige Lösungsversuche,
– innere Zustände und Fantasien,
– emotionale Muster und Verhaltensmuster,
– Interaktionsmuster und Atmosphären,
– äußere Situationen und Szenarien,
– innere und äußere Kontexte,
– Alter, Zugehörigkeit zu sozialen Schichten und Gruppen, Status,
– die konkrete Lebenswelt,
– ökonomische Lage und Zukunftsaussichten,
– ethnische Herkunft und Aufenthaltsort,
– Kultur, Klima,
– Alter, Geschlecht, Lebensphasen,
– sexuelle Orientierung, erotische Ausrichtung,
– Weltanschauungen und Religiöse Vorstellungen,
– ethische Einstellungen und Wertorientierungen.

Überweisungskontext

Die Erwartungen und Aufträge des therapeutischen Feldes sollten exploriert werden. Das Image der Therapeuten und ihr Charisma, das ganze Drumherum, spielt ebenfalls eine nicht zu unterschätzende Rolle in der therapeutischen Arbeit. Die Familien, mit denen die Mailänder Gruppe arbeitete, reisten meist über Hunderte von Kilometern an. Sie hatten lange auf den Termin gewartet und Mara Selvini Palazzoli ging der Ruf einer Magierin voraus. Ein Klient ist garantiert ein anderer Klient, je nachdem, ob er von selbst zu einer Koryphäe kommt oder von bestimmten Leuten mit impliziten Aufträgen zum Therapeuten um die Ecke geschickt wird.

Geschichtlichkeit
Störungen von Entwicklungen können eine eigene Dynamik entwickeln, die zur Verfestigung von Problemen und weiteren Störungen führen. Aber auch Beschreibungen und Diagnosen entwickeln eine eigene Dynamik. Es ist daher sinnvoll, beides zu erfragen und zu verstehen – die Störungsgeschichte und die Geschichten über die Störung. Nicht selten ist beides ineinander verwoben, und es lohnt sich, dieses Paket aufzuschnüren. Wer hat wann bestimmte Probleme oder Störungen gezeigt, wer hat sie zuerst beobachtet und wer hat sie wie benannt? Wer glaubt an welche Interpretationen, Erklärungen und Diagnosen und wie wurde und wird damit umgegangen? Welche Bedeutungen haben Interpretationen und Diagnosen im Lauf der Zeit für Patienten, Klienten, Behandler und Umfeld bekommen?

Mehrdeutigkeit
Die Exploration wird immer schon durch die unwillkürlich ablaufende Hypothesenbildung mitbestimmt. Zudem sind Explorieren, Sortieren und Klären bereits zentrale Bestandteile eines konstruktiven Bearbeitungsprozesses. Gerade deshalb sollte man sich nicht zu früh auf bestimmte Interpretationen festlegen, vor allem dann nicht, wenn es sich um nahe liegende und scheinbar einleuchtende Ideen handelt. Was anfangs als brillante Hypothese imponiert, kann leicht zum Verlust wichtiger Aspekte führen und in einer Sackgasse enden. Es gilt, das Denken offen zu halten. Es könnte alles ganz anders sein und deshalb muss zunächst auch die Plausibilität von Gegenthesen verfolgt werden. In dieser Phase besteht die Aufgabe demnach darin, den Raum der Interpretationen und damit den Raum für mögliche Konstruktionen und Handlungsalternativen offen zu halten (gerade wenn Klienten auf schnelle, einfache Erklärungen und Lösungen drängen).

Beschreiben, Erklären und Bewerten
Eine wichtige Arbeit, die Therapeuten während der Exploration leisten, besteht darin, zwischen Beschreiben, Erklären und Bewerten zu unterscheiden. In der Regel enthalten Beschreibungen von Klienten alle Anteile. Besonders interessant sind Beschreibungen von Klienten für Therapeuten wegen ihres doppelten Beschreibungscharakters, also deshalb, weil alle Beschreibungen die Beschreibenden selbst beschreiben und damit wichtige Anhaltspunkte über Wahrnehmungsweisen, Erklärungsweisen, Gestimmtheiten, Glaubenssysteme und Wertsysteme liefern. Innere Landkarten können genauso gut in Aktion exploriert werden wie soziale Netzwerke oder das soziale Umfeld.

Präsentationsformen
Beim Beschreiben kann man zwischen verschiedenen Präsentationsformen wählen oder diese kombinieren (Tabelle 5).

Tabelle 5: Präsentationsformen

Präsentationsformen	
– Erzählen	– Schreiben
– Symbolisierungen	– Zeichnen
– Gestik und Haltungen	– Musizieren
– Aktionen und Szenarien	– Bilder, Video

Auftragsorientierung und Unabhängigkeit
Die Exploration richtet sich einerseits nach den Interessen und Aufträgen von Klienten, steht aber auch im Dienst der Therapeuten, damit diese ihren Job nach dem Wissensstand, den Regeln der Kunst und den Standards der Profession erledigen können. Eine überhebliche Expertenposition ist dabei genauso wenig hilfreich, wie eine Verleugnung des Expertenstatus. Therapeuten sollten Experten darin sein, Prozesse und Entwicklungen zu verstehen, sinnvolle Zusammenhänge herzustellen und therapeutische Arrangements zu gestalten. Die Vorstellungen und Wünsche von Klienten bewegen sich in einem breiten Spektrum zwischen direkten und indirekten, bewussten und unbewussten, machbaren und nicht realisierbaren Aufträgen. In diesem Spannungsfeld müssen Therapeuten auf einer ausführlichen Exploration und gemeinsamer Diagnostik bestehen, um die Situation einschätzen zu können. Erst auf dieser Basis kann man Aufträge und Ziele aushandeln und Aufgaben und Abläufe verantwortlich planen.

Störungsanalyse und Potenzialerforschung
In einer entwicklungsorientierten Sicht geht es sowohl darum, Störungen und Konflikte zu analysieren, um diese bearbeiten zu können, als auch darum, Potenziale und Ressourcen zu erforschen, um diese zu unterstützen und zu entwickeln. Die Erfahrung lehrt, dass die Konzentration auf Probleme, Defizite, Störungen und Konflikte dazu führen kann, dass man am Problem klebt, im Leiden gefangen bleibt oder Entwicklungschancen verpasst. Wenn das passiert, verbinden sich Klienten und Therapeuten in einer Problemtrance und entwickeln keine Lösungen. Die Erfahrung zeigt aber auch, dass eine vorschnelle oder alleinige Konzentration auf Potenziale und Ressourcen zu oberflächlichen Lösungen führen kann, die wenig Bestand haben. Wenn das passiert, verbinden sich Klienten und Therapeuten in einer euphorischen Lösungstrance, in der Entwicklungsblockaden, Konflikte oder andere Hindernisse nicht bearbeitet werden. Will man erreichen, dass Klienten die Fähigkeit entwickeln, zukünftige Probleme, Konflikte und Entwicklungsaufgaben selbstständig zu meistern (Lernen 2. Ordnung), sollte die Exploration entwicklungsorientiert sein und zwei Richtungen verfolgen (Tabelle 6).

Im Einzelfall kann flexibel entschieden werden, welche Gewichtung zwischen Störungsanalyse und Potenzialerforschung jeweils angemessen erscheint, damit sich

Tabelle 6: Zwei Richtungen entwicklungsorientierter Exploration

Verstehen von	Erforschen von
Behinderungen, Defiziten, Problemen, Konflikten, Störungen, Leiden	Potenzialen, Ressourcen, Ausnahmesituationen, Entwicklungsmöglichkeiten, Lösungen

Konfliktbearbeitung und Lösungsentwicklung optimal ergänzen können. Erst die Verbindung beider Momente liefert eine ausreichende Grundlage zur vertieften Hypothesenbildung und Ansatzpunkte für kreative Interventionen.

Beispiel
Ein Paar meldete sich ziemlich verzweifelt kurz vor der Trennung. Die beiden hatten zwei Kinder und liebten sich, der Mann litt jedoch unter einer manisch-depressiven Störung, die sich darin zeigte, dass Phasen normaler Gestimmtheit mit Phasen tiefer depressiver Niedergeschlagenheit und Phasen manischer Aktivität (Kauf mehrerer Motorräder in einer Woche) wechselten. Das brachte die Familie immer wieder an den Rand des Erträglichen. Das Leiden des Mannes hatte sich schon in seiner Jugend und in anderen Beziehungen gezeigt, und man konnte davon ausgehen, dass die Störung nicht allein durch die Familiensituation bedingt war. In der Therapie ging es zunächst darum, die Störung genau und konkret zu beschreiben und sie in der Erklärung des Bedingungszusammenhangs von den Einflüssen der Paar- und Familienbeziehungen zu trennen, was für beide Partner sehr entlastend war. Gleichzeitig konnte die gemeinsame Forschungsarbeit zeigen, in welcher Form die Störung des Mannes in der konkreten, aktuellen Paarbeziehung durch bestimmte Interaktionsmuster reguliert und dereguliert wurde. In dieser Phase der therapeutischen Bearbeitung wechselte der Fokus der Aufmerksamkeit zur Frau als Interaktionspartnerin, zu ihrer Familiengeschichte und ihren besonderen Eigenheiten. Dieser Fokuswechsel wurde von beiden Partnern, vor allem von der Frau, als angenehm erlebt, weil die eigene Beteiligung nicht mit einer Schuldzuweisung verbunden war. Obwohl die Beziehung weiterhin durch die Störung belastet wurde, entwickelte das Paar, gestützt auf ihre Potenziale und Ressourcen (in dieser Phase erwies sich die Einbeziehung der Kinder als hilfreich), ein kreatives Alltagsarrangement, das zwar von den üblichen Paar- und Familienarrangements im Bekanntenkreis erheblich abwich, es ihnen jedoch erlaubte, die Störung wesentlich abzudämpfen und in den Familienalltag zu integrieren.

In der Exploration kommt es darauf an:
- sowohl die Prozesse und Kreisläufe konkret zu analysieren, die zu Problemen, Störungen und Konflikten führen oder diese erhalten, als auch
- die Prozesse und Kreisläufe konkret zu analysieren, die Entwicklung, Lösung und Wachstum herbeiführen, begünstigen und stabilisieren (können).
- Problemkreisläufe bilden, als systemische Anfangsbedingung, die Ausgangslage für Lösungskreisläufe. Man muss diese Problemkreisläufe kennen, um an ihnen anzuknüpfen oder sie gegebenenfalls zu unterbrechen.

Hypothesenbildung

Exploration und Hypothesenbildung sind eng aufeinander bezogen und miteinander verwoben. Unter dem Blickwinkel der Exploration geht es aber vor allem um das nüchterne Sammeln von Details, während es bei der Hypothesenbildung darum geht, die Details zu einem sinnvollen Ganzen zusammenzusetzen. Ohne fundierte Hypothesenbildung kann man in den seltensten Fällen nachhaltige Lösungen entwickeln. Über Erfolg und Misserfolg entscheidet die Passung (Annahme, Aufnahme) einer Hypothese, aber auch die Güte einer Hypothese. Die Güte einer Hypothese misst sich daran, ob sie komplexe Zusammenhänge sinnvoll verdichtet und Ansatzpunkt für Entwicklungen liefert beziehungsweise Räume für Entwicklungen öffnet. Ein gewisser Aufwand, um die Qualität von Hypothesen zu sichern und zu entwickeln, lohnt sich daher. Dabei geht es um:

a) das Verstehen gemeinsamer Entwicklungen von Personen und Gemeinschaften, die Identifizierung von wichtigen musterbildenden Ereignissen und von Ordnern (→ I.8. S. 150) und Rahmenbedingungen von Entwicklungen;

b) die Konstruktion sinnvoller Zusammenhänge zwischen Personen, Interaktionen, Konstellationen, sozialen Feldern und Umgebungen.

Wie sind Entwicklungen verlaufen, welche Ereignisse waren bestimmend und welche Muster haben sich dabei gebildet? Wie hängen die Entwicklungen und Dynamiken einzelner Personen mit den Entwicklungen und Interaktionsdynamiken in bestimmten Konstellationen zusammen? Welche Kräfte werden in sozialen Feldern wirksam und welche Umgebungen und Kontexte sind bedeutungsvoll? Das sind die Ausgangsfragen einer entwicklungsorientierten und mehrdimensionalen Hypothesenbildung. Dabei können fünf zentrale Perspektiven unterschieden und systematisch im Zusammenhang erfasst werden. Jede Perspektive erfasst und fokussiert un-

Tabelle 7: Zentrale Perspektiven mehrdimensionaler Hypothesenbildung

Perspektive (Dimension)	Beobachtbare Phänomene	Beispiel: Ballspiel
Person	Sprache, Gestik, Mimik, Stimme, Körperhaltung, Bewegungen, Hautreaktionen, Gefühle, Handlungen	Einzelne Spielerin
Interaktion	Ereignisse, Szenen, Interaktionsmuster, Abstimmung, Koordination, Kooperation	Passspiel, Foul
Konstellation	(Symbolische) Anordnungen von Personen im Raum, Hierarchien, Rangfolgen, Positionen	Aufstellung (z. B. 4/4/2)
Feld	Systemstimmungen, soziales Klima, Organisation von Raum-Zeit	Feld, Feldverteilung, Spielanteile, Rhythmus
Umgebung	Natürliche, kulturelle, gesellschaftliche Ereignisse, Kunst, Wissenschaft, Religion, Medien, Zeitgeist, Institutionen, Organisationen	Publikum, Stadion, Medien, Verein

terschiedliche Phänomene, die auf der Basis spezifischer Folien (Konzepte, Theorien) interpretiert werden können (Tabelle 7).

Welche Perspektive passend und damit leitend ist, kann im Einzelfall entschieden werden. Jede Erweiterung des Blickfeldes durch die Hinzunahme einer weiteren Perspektive vertieft jedoch ein mehrdimensionales Verstehen und erweitert die Handlungsspielräume im therapeutischen Prozess. Interessant für die Hypothesenbildung sind vor allem Zusammenhänge zwischen den Dimensionen. Solche Zusammenhänge ergeben sich durch Ähnlichkeiten (Isomorphien) und Unterschiede von Mustern und Themen, die verbinden. Ein sinngebender Zusammenhang zwischen den Details aller Beobachtungen auf den verschiedenen Ebenen kann oft erst dann hergestellt werden, wenn es gelingt zu verstehen, welche Themen im Klientensystem eine zentrale Rolle spielen. Hier eine unvollständige Zusammenstellung relevanter Themen in menschlichen Beziehungen (Tabelle 8).

Tabelle 8: Themen in menschlichen Beziehungen

Zugehörigkeit	Sicherheit, Schutz, Bindung, Geborgenheit, Kohärenz, Identität, Verlässlichkeit
Intimität	Liebe, Erotik, Sexualität, Kontakt, Bezogenheit, Zuwendung
Macht	Konkurrenz, Autorität, Gefolgschaft, Status, Individuation, Autonomie, Führung, Durchsetzungsfähigkeit
Respekt	Wertschätzung, Anerkennung, Würdigung, Dankbarkeit, Vergebung
Kooperation	Vertrauen, Abstimmung, Arbeitsteilung, Außen-Innen-Präsenz, Engagement
Verteilung	Leistung, Erfolg, Neid, Geben und Nehmen
Transzendenz	Spiritualität, Gelassenheit, kosmische Verbundenheit, Weisheit, Geburt, Sterben, Magie

Entlang dieser Themen oder um diese Themen herum entwickeln sich spezifische Wahrnehmungen, Ideen, Verhaltensweisen, Emotionen, Wünsche, Muster von Interaktionen, Konstellationen, soziale Felder und Erzählungen.

Entwicklung und Ko-Evolution
Menschen, Paare oder Familien durchlaufen im Prozess ihrer gemeinsamen Entwicklung notwendigerweise Wandlungen. Störungen und Symptome können als Ausdruck misslungener, blockierter, forcierter, vermiedener oder behinderter Entwicklungsprozesse angesehen werden (Willi, 1996). In einer Entwicklungsperspektive bieten Probleme und Konflikte die Möglichkeit zu lernen und zu wachsen. Es ist daher sinnvoll, Entwicklungen zu explorieren (Entwicklungsgeschichten, Entwicklungslinien → III. S. 215). Dabei sind sensible Entwicklungsphasen, Übergänge, Springpunkte oder intensive Wandlungszeiten besonders interessant. Wie wurde mit Entwicklungsschritten und Entwicklungsaufgaben umgegangen? Wurden Entwicklungen blockiert, forciert, verhindert oder vermieden? Welche Entwicklungen wurden erfolgreich vollzogen und warum? Welche Entwicklungen standen und ste-

hen an? Welche Fähigkeiten zur Unterstützung von Entwicklung konnten nicht ausreichend entwickelt werden? Welche Fähigkeiten zur Unterstützung von Entwicklung stehen zur Verfügung, werden aber nicht hinreichend praktiziert?

Beim Erfassen von gemeinsamen Entwicklungen kommt es nicht nur auf besondere und herausgehobene Ereignisse an (Traumata, Trennungen, kritische Lebensereignisse, besondere Glücksmomente, Erfolge), sondern auch auf jene alltäglichen und wiederkehrender Episoden (vgl. Hawellek u. von Schlippe, 2005, S. 64), die wenig bedeutungsvoll erscheinen, aber in ihrer Summe generalisiert (→ IV.1. S. 273) werden und Entwicklungen stark beeinflussen können. Beim Verstehen von Entwicklungen geht es darum, einen Bogen von der Vergangenheit über die Gegenwart in die Zukunft zu spannen und Bearbeitungsmöglichkeiten zu entwickeln.

Szenisches Verstehen und Musterähnlichkeiten
Bei der Hypothesenbildung können drei Quellen der Beobachtung und Erfahrung unterschieden werden[25]:

Aktuelle Szenen: Damit sind Szenen gemeint, die die aktuelle Dynamik im Klientensystem zeigen. Solche Szenen können im therapeutischen Arbeitssetting erzählt, aber auch gespielt werden. Bei Paaren und Familien können aktuelle Szenen im Kontext des Arbeitssettings zum Teil direkt beobachtet werden.

Entwicklungsszenen: Damit sind Szenen aus der Vergangenheit gemeint, die die Entwicklungsdynamik(en) in einem Klientensystem zeigen. Wie hat sich ein Problem, ein Muster, eine Störung, eine Lösung entwickelt? Diese Szenen werden von Klienten erinnert und können in der therapeutischen Situation in unterschiedlicher Form dargestellt und bearbeitet werden.

Therapeutische Szenen: Damit sind jene Szenen gemeint, in denen sich die Beziehungsdynamik zwischen Klienten und Therapeuten zeigt. Diese Szenen werden in der therapeutischen Situation unmittelbar gestaltet, beobachtet und erfahren.

Für die Hypothesenbildung sind Musterähnlichkeiten (Isomorphien) und Unterschiede in den drei genannten Dimensionen interessant. Auf der Grundlage eines szenischen Verstehens (Lorenzer, 1973) können Verbindungen und Zusammenhänge zwischen Szenen hergestellt werden. Die Suche nach Ähnlichkeiten, Unterschieden und Verbindungen erfolgt in der Regel intuitiv, sie kann aber auch gezielt angeregt werden (Tabelle 9).

Die Liste von Kriterien in Tabelle 9 entspricht den Merkmalen, die ein Autor oder ein Regisseur braucht, um eine Situation zu beschreiben oder eine konkrete Szene einzurichten (→ Szenenaufbau II.2. S. 161). Dazu müssen folgende Fragen beantwortet werden: Wo? Wann? Wer mit wem? Um welches Thema geht es? Welche Situation ist es? Wie ist der Ablauf einer Szene? Welche Emotionen sind bestimmend?

---

25 Krüger (1997) unterscheidet zwischen Phänoszene, Genoszene und therapeutischer Szene. Als vierte Dimension benennt er mystische Szenen. Damit sind Szenen aus Märchen oder Mythen gemeint, die als Referenzszenen auf das kollektive Unterbewusste verweisen.

Tabelle 9: Matrix zum Generieren von Hypothesen

Kriterien	Beobachtungs- und Erfahrungsquellen		
	Aktuelle Szenen	Entwicklungsszenen	Therapeutische Szenen
Ort			
Zeit			
Thema			
Figuren/Rollen			
Emotionen			
Konstellation			
Situation			
Atmosphäre			
Konkrete Szene			
Interaktion			
Regeln			
Kontexte			

Welche Atmosphäre herrscht vor? Nach welchen Regeln wird gespielt? Wie ist das Bühnenbild? Die Hypothesenmatrix (Tabelle 9) erleichtert im konkreten Fall die Bildung stimmiger Hypothesen. Wirksame Hypothesen verdichten und bündeln komplexe Information in einer griffigen Formel, einer Geschichte, einem einprägsamen Bild, einer Metapher und eröffnen Entwicklungsmöglichkeiten.

Resonanzanalyse
Es ist ungeheuer wertvoll, wenn Therapeuten darin geschult sind, Gefühle und Gedanken, Reaktionen und Impulse, die im Kontakt mit Klienten auftauchen, bewusst wahrzunehmen, innerlich zu bearbeiten und für die Hypothesenbildung zu nutzen. Die Analyse von Übertragung und Gegenübertragung – ein zentrales Konzept der Psychoanalyse – ist ein bewährtes Instrument zum Verstehen von Beziehungsdynamiken und meiner Erfahrung nach sehr hilfreich bei der Bildung systemischer Hypothesen.[26] Ein systemisches Verständnis von Übertragung und Gegenübertragung geht aber von einer wechselseitigen und zirkulären Beeinflussung von Personen in einem von Resonanzen und Interferenzen (Überlagerung, Überschneidung) gekennzeichneten sozialen Feld aus. In einer solchen übergeordneten Perspektive werden Phänomene der Übertragung und Gegenübertragung als Details eines wesentlich umfassenderen Prozesses der kommunikativen Abstimmung und emotionalen

---

26 Alle Mitglieder des bekannten Mailänder Teams hatten eine psychoanalytische Ausbildung durchlaufen.

Resonanz verstehbar. Für die Praxis mit Familien und Paaren ergibt sich eine differenzierte Betrachtung:

– Welche Gefühle, Gedanken, Wünsche, Rollen und Impulse lösen einzelne Personen in einzelnen Therapeuten aus?
– Welche Gefühle, Gedanken, Wünsche, Rollen und Impulse löst das Paar, die Familie in einzelnen Therapeuten aus?
– Welche Dynamiken werden durch einzelne Personen oder das ganze System im therapeutischen Team in Gang gesetzt?
– Wie wird dadurch die Dynamik im Arbeitssetting zwischen Klienten und Therapeuten beeinflusst (gesteuert)?

Eine Resonanzanalyse ist hilfreich, um Spiegelphänomene (die Widerspiegelung von Emotionen, Interaktionen und Konstellationen, die für Klientensysteme typisch sind, in der therapeutischen Situation) und Tendenzen zur Reinszenierung zu verstehen. Es kann aber auch gefragt werden, welche (regelnde) Funktion bestimmte Gefühle, Gedanken, Wünsche, Rollen oder Dynamiken im System (dem Klientensystem, dem Therapeutensystem, dem Arbeitssetting) haben. Auf dieser Grundlage kann man eventuell Ordner und Bedingungsparameter identifizieren, die sowohl die Dynamik im Klientensystem als auch die Dynamik im Arbeitssetting bestimmen. Und das liefert wichtige Anhaltspunkte für therapeutische Interventionen.

Hypothetisieren als gemeinsamer Prozess
Systemische Hypothesenbildung zielt auf das Verstehen von Konflikten und Problemen und die Aktivierung von Potenzialen und Ressourcen, um Lösungsprozesse anzuregen. Die Rollenverteilung bringt es mit sich, dass sich vor allem Therapeuten gezielt mit dieser Aufgabe befassen. Aus therapeutischer Sicht kommt es jedoch vor allem auf die Einpassung von Hypothesen in das Klientensystem an – die beste Hypothese oder Deutung nützt nichts, wenn sie nicht Eingang in das Klientensystem findet und dort eine fruchtbare Wirkung entfaltet. Inhalt, Zeitpunkt, Form, Rahmen oder Überbringer einer Hypothese können passend oder unpassend sein. Hypothesen müssen also vor allem anschlussfähig eingebracht und in einer angemessenen Form übermittelt werden. Botschaften, die aus Hypothesen abgeleitet werden, vereinigen idealer Weise vier Aspekte:

– Bestätigung (an Bekanntes und Vertrautes anknüpfen),
– Erstmaligkeit (durch Neuheit und Fremdheit verstören),
– Öffnung (Suchbewegungen provozieren und für neue Blickwinkel eröffnen),
– Anregung (neue Ideen und Aktivitäten anregen).

Im Kontakt geht es also darum, gleichzeitig an Muster im Klientensystem anzuknüpfen, Muster zu verstören und neue Muster anzuregen.

Auch wenn Therapeuten professionell Hypothesen bilden, so liegt der Schwerpunkt des Hypothetisierens doch auf der gemeinsamen Hypothesenbildung. Die praktische Aufgabe besteht darin, sowohl im Therapeutensystem als auch im Klientensystem Hypothesenbildung gezielt anzuregen und einen Austausch über Hypothesen zu organisieren. In diesem Prozess geht es darum, gemeinsam Hypothesen zu entwickeln, die Veränderungs- und Entwicklungsprozesse anregen und unterstützen.

Horizont

Wo soll es, wo könnte es hingehen? Diese Station beschäftigt sich zunächst noch nicht mit realisierbaren Zielen, sondern mit Möglichkeitsräumen, Träumen und Visionen. Manche Klienten können zwar präzise Ziele angeben, haben aber ihre Träume oder die Fähigkeit zu träumen verloren. Ziele ohne Visionen für sich selbst, die Paarbeziehung oder die Familie erzeugen wenig Leidenschaft, Lust und Motivation, etwas zu unternehmen. Es ist daher sinnvoll, mit Paaren und Familien den Horizont zu erkunden, bevor oder während man an Kommunikationsproblemen oder anderen Details arbeitet.

Für manche Klienten ist der Horizont allerdings durch handfeste Bedrohungen (Krankheit, Tod), reale Beschränkungen (Armut) oder fantasierte Schreckensszenarien (Ängste, Bestrafungsfantasien, Phobien, Katastrophenängste, Fantasien zu scheitern oder überflüssig zu werden) verdunkelt oder verstellt. Dann gilt es, auch diesen Teil des Horizonts zu erkunden. Harte Realitäten können konkretisiert ($\rightarrow$ II.2. S. 186) werden, um den Schrecken, den die Fantasie oft überdimensioniert, zu reduzieren und eine Situation anzunehmen (Krankheit, Behinderung). Entwicklungsbehindernde Ängste und Fantasien, die eher der Dynamik der inneren Welt entspringen, können konkretisiert und dekonstruiert werden, um sie aufzulösen oder auf ein Maß zu reduzieren, mit dem sich leben lässt. Gleichzeitig kann man die Suche nach Lösungsrichtungen und die Entwicklung von Lösungsfantasien anregen.

Hoffnung

Hoffnung, sagt Václav Havel, sei eben nicht Optimismus, nicht die Überzeugung, dass etwas gut ausgeht, sondern die Gewissheit, dass etwas Sinn habe – ohne Rücksicht darauf, wie es ausgeht. Diese Art von Hoffnung sollten Therapeuten ausstrahlen, wenn sie etwas erreichen wollen. Manchmal muss die Therapie mit dem Aufbau von Hoffnung bei den Klienten beginnen, um den Horizont neu zu entdecken. Übertriebener Optimismus dagegen kann gefährlich werden. Das ausgiebige, vielleicht gut gemeinte Ausmalen von Zukunftsvisionen, ohne die Grenzen der Veränderung zu berücksichtigen, endet meist in Enttäuschungen. Und solche Enttäuschungen machen passiv und wirken destruktiv weiter. Die Begehung des Horizonts sollte daher mit einer nüchternen Einschätzung der Möglichkeiten verbunden werden. Wenn dies gewährleistet ist, kann man sich differenziert mit den Möglichkeiten und Chancen, die in der Zukunft liegen, beschäftigen.

Bei der Arbeit an einem Zukunftspanorama kann man sechs Zukünfte entwerfen (Abbildung 11):

Zukunftspanorama

– Die befürchtete Zukunft

– Die gewünschte Zukunft

– Die unerwartete Zukunft

– Die wahrscheinliche Zukunft

– Die mögliche Zukunft

– Die gestaltbare Zukunft

Abbildung 11: Verschiedene Zukünfte

Rahmen der Veränderung

Was ist machbar? Es gibt eine Dialektik des Wandelbaren und des Unwandelbaren.
Wenn man Entwicklung will, dann muss man das Unwandelbare berücksichtigen.
Der Rahmen der Veränderung beschreibt die Grenzen der Möglichkeiten von Veränderungen und ergibt sich aus einer Zusammenschau der Informationen, die während der Exploration, der Erkundung des Horizonts und der Hypothesenbildung
entwickelt worden sind. Wo liegen die Grenzen von Entwicklungen und Wachstum?
Begrenzende Faktoren und Spielräume, Risiken und Chancen sollten nüchtern abgewogen werden. Welche Ziele sind durch bestimmte therapeutische Aktivitäten erreichbar und welche nicht? Aus all dem ergibt sich ein Rahmen, in dem Veränderungen und Entwicklungen im konkreten therapeutischen Prozess angegangen
werden können.

Wenn man den Rahmen der Änderungsmöglichkeiten überschätzt und (direkt
oder indirekt) Versprechungen macht, die nicht eingelöst werden können, kann dies
zu Enttäuschungen führen. Therapie, die (motiviert durch unrealistische Zukunftsvisionen) gegen unüberwindliche Grenzen anrennt, wird zum Teil des Problems
und produziert neues Leiden. Therapeuten sollten die Möglichkeiten von Klienten
und ihre eigenen Möglichkeiten nüchtern einschätzen und bescheiden auf Grenzen
hinweisen (nicht ohne den Vermerk, dass dies nicht für andere Therapeuten oder
Therapien gilt, von denen man im Zweifelsfall nur annehmen kann, dass sie erweiterte Möglichkeiten bieten könnten). Aber auch eine Unterschätzung der Entwicklungsmöglichkeiten demotiviert, blockiert Entwicklungen und kann dazu führen,
Menschen in Zuständen festzuhalten, die unter ihren Möglichkeiten liegen. Ein pathologiefixierter, einseitig konfliktorientierter Blick kann die Sicht auf brachliegende Potenziale und ungenutzte Ressourcen versperren. Auch dann kann die Therapie
zum Teil des Problems werden.

Natürlich lässt sich der Rahmen von Entwicklung und Veränderung niemals endgültig und exakt bestimmen. Wahrscheinlich ist eine Haltung hilfreich, die sich in
beiden Richtungen eines Besseren belehren lässt. Dennoch erscheint es sinnvoll, einen solchen Rahmen vorläufig einzuschätzen und bei der Planung von therapeuti-

schen Prozessen zu berücksichtigen. Der Rahmen der Veränderung gibt an, was machbar erscheint.

Plan
Beim Planen geht es um Ziele, Abläufe, Meilensteine, die vorausschauende Gestaltung von Settings und Arrangements und den gezielten Einsatz von Methoden. Ein Plan sollte so konkret und präzise wie notwendig und so flexibel wie möglich sein. Es ist immer gut, einen zweiten oder dritten Plan zu haben, perfekt funktionieren sie mit Sicherheit alle nicht. Es geht also um eine flexible Prozessplanung, die offen bleibt für Überraschungen, unvorhergesehene Ereignisse und Wege, die sich spontan ergeben.

Zum Planen braucht man Ziele. Ziele können allgemein oder differenziert formuliert werden. Aktionsmethoden eignen sich ausgezeichnet, um Ziele auszuhandeln, zu präzisieren, abzustimmen, zu überprüfen und zu verankern. *»Sie möchten die Zuneigung Ihres Mannes wieder mehr spüren. Woran könnten Sie das erkennen? – Sie möchten ein Lächeln im Gesicht Ihres Mannes sehen, wenn Sie nach Hause kommen! Ok. Spielen wir das mal durch, damit wir wissen, ob es wirklich das ist, was Sie sich wünschen«* Die Inszenierung von Zielen geht von den bekannten Kriterien und Fragen für gute Zielvereinbarungen aus (Tabelle 10).

Tabelle 10: Ziele

Ziele festlegen und justieren	
Kriterien	**Fragen**
positiv	– Was soll erreicht werden?
spezifisch	– Was genau wollen wir?
konkret	– Wie zeigt sich das genau?
einfach	– Verstehen alle das Ziel?
steuerbar	– Können wir das beeinflussen?
aktiv	– Wer macht was?
attraktiv	– Macht es Sinn und Freude?
realistisch	– Ist das machbar?
terminiert	– Wann soll das Ziel erreicht werden? Meilensteine?
innovativ	– Welchen Entwicklungsschritt machen wir dabei?
prüfbar	– Woran erkennen wir genau den Erfolg?
flexibel	– Was passiert, wenn das Ziel (nicht) erreicht wird?

Es gibt Klienten, die Ziele eher vage ausdrücken und Situationen, in denen das auch angemessen erscheint. In anderen Situationen kommt es auf die genaue Klärung von Zielen an, die in Szenen konkretisiert werden können. Natürlich sind auch Situationen denkbar, in denen es sinnvoll ist, explizit keine Ziele zu vereinbaren.

Eine gemeinsame Zielplanung wirkt der unkontrollierten Regression von Klienten und einer Mystifizierung des therapeutischen Prozesses entgegen (und damit der Gefahr von andauernder Idealisierung oder Dämonisierung von Therapeuten). Durch ihre Beteiligung an der Planung gewinnen Klienten eine eigenständige Orientierung. Damit wird ihre Position in der vorgegebenen Hierarchie der therapeutischen Beziehung gestärkt. Der erste Schritt besteht darin, dass Therapeuten und Klienten Ideen für einen Plan entwickeln. *»Wir haben einige Möglichkeiten besprochen und angespielt. Überlegen Sie bitte bis zum nächsten Mal, wie Ihre Vorstellungen sind. Ich werde mir ebenfalls Gedanken über eine genauere Planung machen.«* In der Verhandlungsphase kommt es dann darauf an, die Prozessfantasien von Klienten und Therapeuten aufeinander abzustimmen und mit der Prozessgestaltung in Einklang zu bringen.

Entwicklungen und Veränderungen weisen bestimmte Gesetzmäßigkeiten auf (Phasen, Intensität, Dauer, Prozessbogen), über die es sehr unterschiedliche Vorstellungen geben kann. Das allgemeine Wissen und die Erfahrung der Therapeuten über Entwicklungsprozesse muss abgestimmt werden mit dem besonderen Wissen und der Erfahrung der Mitglieder des Klientensystems in Bezug auf sich selbst. Wie lange braucht eine Veränderung und wie soll sie interpunktiert werden (Abfolge, Länge, Häufigkeit von Treffen, Variation des Settings)? Zudem können die personellen, räumlichen und zeitlichen Ressourcen beschränkt sein. Manchmal ist es nicht machbar, was man sich wünscht, oder es wird nicht gewünscht, was machbar wäre.

In jedem Fall sollten Therapeuten ihr Vorgehen verständlich erklären und in der passenden Form begründen können. Ebenso wichtig erscheint es mir, mit Alternativen, also anderen Planungsvorschlägen, zu arbeiten, um Wahloptionen zu eröffnen. *»Angenommen, wir würden den ganzen Aufwand nicht betreiben, was könnten Sie dabei gewinnen?«*

Jede Planung sollte berücksichtigen, dass jede zu einfache oder zu komplexe Lösung eines Problems das Problem wahrscheinlich verstärkt. Immer sollte man bereit sein, Pläne zu verändern oder Ziele neu zu justieren, wenn nicht mehr passt, was man sich vorgenommen hat. Ein therapeutischer Plan muss offen bleiben für Überraschungen und die spontanen Ordnungen, die sich aus den lebendigen Interaktionen ergeben.

Bearbeitung
Selbstverständlich sind Zugang, Exploration, Horizont, Hypothesenbildung, Rahmung und Planung bereits therapeutische Bearbeitungsformen. Das intensive Erleben einer existenziellen Begegnung im Familiengespräch, die Klärung eines Zustands oder einer Situation, das Verstehen einer Entwicklung, das Anerkennen einer

Begrenzung, die Eröffnung eines neuen Horizonts, die Wiederbelebung eines alten Traumes oder ein haltgebender Plan können eine Person oder eine Familie bereits genügend anregen, um Veränderungen eigenständig anzugehen. Wenn man diesen Eindruck hat, kann man sich als Therapeut zumindest vorübergehend aus dem Prozess auskoppeln, um dem Entwicklungsprozess eine Chance zu geben und die Selbstheilungskräfte nicht zu stören. In solchen Fällen ist es jedoch wichtig, einen weiteren Termin oder eine Abfolge von Terminen fest zu vereinbaren. *»Wann ist es Ihrer Meinung nach sinnvoll, dass wir uns wieder sehen, um die Entwicklung zu beobachten?«* Ich begründe dieses Vorgehen manchmal damit, dass es mich interessiert, wie die Klienten Lösungen gestalten und Entwicklungen voranbringen: *»Ihre Erfahrungen sind für mich und meine Kollegen sehr wertvoll.«*

Leider ist es jedoch nicht immer mit Anregungen und Anstößen getan. Gegen Veränderung können stehen: die Macht der Gewohnheit, die Behäbigkeit von Verhältnissen, die relativ feste neurobiologische Programmierung von Bildern und Mustern, Ängste und Beharrungstendenzen, die Verstrickung von Systemen oder deren starre Verkopplung. Eine entwicklungsorientierte Bearbeitung stützt sich auf beides: Konfliktbearbeitung und Lösungsentwicklung (Abbildung 12).

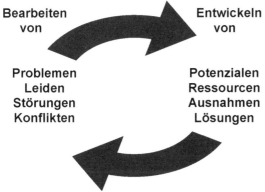

Bearbeiten von   **Entwickeln von**

Problemen   **Potenzialen**
Leiden   **Ressourcen**
Störungen   **Ausnahmen**
Konflikten   **Lösungen**

Abbildung 12: Konfliktbearbeitung und Lösungsentwicklung

Die Pendelbewegung zwischen Problembearbeitung und Lösungsentwicklung erzeugt jene therapeutische Energie, ohne die es keine nachhaltigen Veränderungen gibt. Als Bearbeitungsmöglichkeiten bieten sich an:
– Dekonstruktion/Durcharbeiten von Konflikten/Problemmustern in der therapeutischen Beziehung,
– Auflösen/Ersetzen von Mustern durch korrigierende Erfahrungen in der Therapie,
– Aktivierung von Potenzialen durch Anregung und Training,
– Verfügbarmachen von Ressourcen (z. B. durch das Herstellen von Kontakten),
– Dekonstruktion problematischer Muster und Lösungsansätze,
– Konstruktion und Stabilisierung passender und angemessener Muster und Lösungsansätze,

– Ausnahmen erkennen, verstetigen und zur beständigen Regel machen,
– neue Verhaltensweisen einüben,
– ungewohnte Konstellationen herbeiführen und verstetigen.

Im Prozess der Bearbeitung sollen Entwicklungsblockaden aufgelöst, Behinderungen beiseite geräumt und notwendige Entwicklungen eingeleitet und ermöglicht werden.

Welche Dimensionen (→ S. 148) der Bearbeitung jeweils gewählt werden und welche Verfahren und Methoden dabei wie intensiv zum Einsatz kommen – all das kann meiner Ansicht nach nur im Einzelfall entschieden werden.

Es darf auch nicht vergessen werden, dass Therapeuten oder therapeutische Institutionen für Klienten zur – manchmal einzig verfügbaren – Anlaufstation oder Orientierung gebenden Kraft werden können. Dann kommt es auf dauerhafte Bindungen, Strukturierung und Unterstützung an (Übernahme von Ich-Funktionen, stabiles Gegenüber, Einbindung in ein sozialtherapeutisches Milieu). In speziellen Fällen, zum Beispiel bei der Behandlung traumatischer Erfahrungen, geht es zunächst um den Aufbau einer haltgebenden Arbeitsbeziehung, ein stabiles Arbeitssetting, um die Sicherung äußerer und innerer Orte und die Stabilisierung von Personen und Gruppen im Kontext (van der Kolk et al., 2002, Reddemann, 2001 und 2004, von Ameln et al., 2004, Bleckwedel, 1999).

Unabhängig von Verfahren und Methoden kann man zentrale wirkungsvolle therapeutische Tätigkeiten unterscheiden, die sich in der Praxis überlagern und ergänzen (Tabelle 11).

Tabelle 11: Wirkungsvolle therapeutische Tätigkeiten

Kontakt	Kontakt herstellen zwischen Innen und Außen, Personen, Anteilen
Halten	Halt, Sicherheit, Schutz, Stabilität geben
Klären	Sammeln und Sortieren, Klären von Zuständen und Situationen
Verstehen	Verstehen von Entwicklungen und Zusammenhängen
Motivieren	Für Veränderung und Entwicklung motivieren
Aktivieren	Potenziale und Ressourcen aktivieren, Fähigkeiten trainieren
Bearbeiten	Konflikte bearbeiten und Entwicklung unterstützen

Wirksame Therapeuten vermitteln den Klienten Wertschätzung für sich selbst und das Vertrauen in die eigene Lösungskompetenz. Sie sind in *Kontakt* mit ihren Klienten, sie geben Klienten in Krisensituationen *Halt*, sie *klären* gemeinsam mit Klienten Zustände und Situationen, sie *verstehen* gemeinsam mit Klienten Entwicklungen und Zusammenhänge, sie *motivieren* Klienten für Veränderungen, sie *aktivieren* Potenziale und Ressourcen, *bearbeiten* Konflikte und *unterstützen* Entwicklung.

Ergebnisse

Im therapeutischen Raum können Klienten Erfahrungen sammeln und Entwicklungen machen. Eine Dimension der Auswertung bezieht sich demnach auf den therapeutischen Prozess selbst und erfasst die *Prozessqualität*. Eine weitere Dimension der Auswertung, die *Ergebnisqualität*, bezieht sich auf die Lebenswelt der Klienten, also den Transfer therapeutischer Bemühungen in Resultate, die sich im Alltag der Klienten zeigen (und die Therapeuten in der Regel nur indirekt beobachten können). Eine Evaluation kann sich der verschiedensten Methoden und Instrumente bedienen (z. B. einen Fragebogen oder folgende Aktion: eine doppelte Linie aus Symbolen erstellen, eine für wichtige Ereignisse in der Therapie, eine für wichtige Ergebnisse in der Lebenswelt; oder ein Narrativ: *»Erzählen Sie bitte in der Rolle einer Familienbiographin, was sich in den letzten Monaten in Ihrer Familie verändert hat.«*), sie sollte jedoch in jedem Fall beide Dimensionen – Prozessqualität und Ergebnisqualität – und ihre wechselseitigen Beziehungen berücksichtigen.

Die Beziehungen zwischen vereinbarten Zielen, Therapieprozess und Alltagstransfer können vertrackt sein, man sollte dabei paradoxe Effekte nicht unberücksichtigt lassen. Ich erinnere mich an eine Klientin, deren heftige rheumatische Symptomatik wir ausdrücklich im Kontrakt als unveränderbar angenommen hatten. Das Leiden verschwand (nachhaltiger als sonst) auf fast wundersame Weise während der Arbeit an ihren Familienbeziehungen. Ich bin mir nicht sicher, ob das auch passiert wäre, wenn die Verbesserung der Symptomatik Teil des Kontraktes gewesen wäre.

Auswertungsart, Auswertungsintensität und Zeitpunkte von Zwischenauswertungen sollen zum Konzept und zum Prozess passen. Häufige Ergebnisauswertung kann den Prozess unterstützen, aber auch stören. Eine sehr differenzierte Auswertung kann wichtige Aspekte zu Tage fördern, aber auch den Kern verhüllen.

Forward-Feedback

Es kann hilfreich sein, am Beginn eines therapeutischen Prozesses nach den Zielen und Wünschen zu fragen: *»Angenommen wir arbeiten hier in Ihrem Sinne erfolgreich zusammen, wie wird sich das in Ihrer Familie (in der Paarbeziehung, zwischen Vater und Sohn, in der Schule usw.) konkret zeigen?«* Wenn man sich solche Zielvorstellungen möglichst konkret schildern oder in kleinen Inszenierungen zeigen lässt, generiert man nicht nur eine Menge diagnostisch wertvoller Informationen und bahnt Lösungen, sondern erhält auch Anhaltspunkte für Auswertungen. *»Wie weit haben Sie sich der Situation genähert, die Sie zu Beginn gezeigt haben? Oder hat sich Ihre Zielvorstellung geändert?«* Man kann Klienten auch am Anfang einen Katalog von Fragen mitgeben, die von Beginn an eine Reflexion des Prozesses anregen und eine aktive Beteiligung fördern. Eine Auswahl möglicher Fragen:
– Was ist hilfreich? Was stört? Was fehlt?
– Welche Fähigkeiten fördert die Therapie? Welche nicht?
– Werden Konflikte und Probleme erkannt und angemessen bearbeitet?

– Werden Potenziale erkannt und angemessen gefördert?
– Werden Lösungen gefunden und entwickelt?
– Werden alle Personen und wichtigen Perspektiven beachtet?
– Stimmen der Ablauf, der Einsatz von Methoden?
– Was könnte verbessert werden? Wer könnte was mehr oder weniger tun?
– Freuen Sie sich auf die therapeutischen Treffen?

Selbstverständlich können diese Fragen im Prozess auch zirkulär variiert werden: »*Was glaubst du, Karl, wer von der Familie freut sich am meisten auf die Therapiestunde?*«

Ergebnissicherung
Ein wichtiger Aspekt der Auswertung besteht in der Ergebnissicherung. Es gibt Klienten, die erwähnen die tollsten Entwicklungen nebenbei beim Rausgehen. Gewünschte Ergebnisse können, wenn sie eintreten, leicht untergehen und dann geht unter Umständen der viel wichtigere Effekt des Lernens 2. Ordnung verloren: Wie bin ich, sind wir zu dieser Lösung gekommen, und was bedeutet das für ein ähnliches Problem? Deshalb ist es wichtig, sich positive Veränderungen möglichst konkret schildern oder zeigen zu lassen: »*Wie haben Sie das gemacht?*« und zu verankern. Positive Effekte haben die Tendenz, sich zu verflüchtigen, deshalb kann eine Verflüchtigungsprophylaxe manchmal nicht schaden: »*Wenn Sie es darauf anlegen würden, was könnten Sie tun, um das Erreichte wieder einschlafen zu lassen (zu torpedieren)?*« Eine Vorfallprophylaxe wirkt umso nachhaltiger, je konkreter man es macht.

Die Auswertung sollte auch der gegenseitigen Anerkennung für die geleistete Arbeit genügend Raum geben.

Beenden
Das besondere Merkmal einer therapeutischen Beziehung liegt in einer Paradoxie: Sie wird aufgenommen, um sie zu beenden[27]. Für das Loslösen braucht man also genauso einen guten Plan wie für den Zugang zu einem System. Therapeuten sollten während der Arbeit das Ende im Blick behalten (Wann ist ein guter Zeitpunkt, sich zu verabschieden?). Diese Idee ist auch deshalb hilfreich, weil man mit dem Blick auf das Ende erkennt, wie wichtig eine ausgeglichene Bilanz von Geben und Nehmen im Prozess der Zusammenarbeit ist (unausgeglichene Bilanzen können leicht zu frühen Abbrüchen oder zu unproduktiven Verlängerungen führen). Die Beendigungsphase sollte zum passenden Zeitpunkt und rechtzeitig eingeläutet werden: »*Wir nähern uns dem Ende unserer Zusammenarbeit. Was sollten wir dabei bedenken?*«

---

27 Die Literatur über das Beenden therapeutischer Beziehungen erscheint im Vergleich zum Beginnen und angesichts der Bedeutung des Beendens denkbar spärlich. Wertvolle Anregungen geben Schwing und Fryszer (2006, S. 313–317). Vgl. auch: »Trennungskompetenz – die Kunst, Psychotherapien zu beenden« von Johanna Müller-Ebert (2001).

Emotionen, die sich auf die Vergangenheit beziehen – sowohl negative wie Bitterkeit, Groll, Scham, Schuld, Rache als auch positive wie Genugtuung, Zufriedenheit, Erfüllung, Stolz, Behagen und Dankbarkeit –, können unser gegenwärtiges Erleben erheblich beeinflussen. Beim Erinnern an die Vergangenheit spielt aber der ganze Hergang oft eine geringere Rolle als das Ende einer Episode oder Geschichte. Ein ungutes Ende kann einem noch lange auf der Seele liegen, während ein gutes Ende beflügelt. Wie eine Geschichte endet, darauf kommt es offensichtlich an, und das bedeutet, dass man in der Therapie auf ein gutes Beenden besonderen Wert legen sollte. Das gilt auch und besonders für schwierige Prozesse. Es lohnt sich also, ausreichend Zeit zu investieren, um einen therapeutischen Prozess so abzuschließen, dass möglichst nichts Negatives hängen bleibt und das Positive weiterwirken kann. Im Prozess des Beendens sollte die gemeinsame Bilanz (Auswertung) vor dem Abschied liegen und, wenn möglich, deutlich vom Abschiednehmen getrennt sein (das eröffnet die Chance, sich auch bei einer weniger guten Bilanz, versöhnlich und respektvoll zu verabschieden).

Bilanz ziehen
Beim Bilanzziehen geht es darum, allen Beteiligten eine Stimme zu geben und sich darüber auszutauschen, was gewesen ist. Bilanzen sollten nichts verklären und nüchtern sein.
– *Fragen zum Prozess:* Wie habe(n) ich (wir) die Zusammenarbeit erlebt? Was war wenig hilfreich? Was hat gefehlt? Was war hilfreich? Was steht noch aus? Was ist geglückt? Was war nicht möglich? Was ist misslungen? Wie zufrieden bin ich (sind wir) insgesamt mit dem Prozess?
– *Fragen zum Transfer:* Was hat sich verändert und wie zeigt sich das (wie für wen)? Wie erkläre(n) ich (wir) Entwicklungen? Wie bewerte(n) ich (wir) die Veränderungen/Entwicklungen? Was lerne(n) ich (wir) daraus? Welche weiteren Ziele setze(n) ich mir (wir uns)? Wie gehe(n) ich (wir) damit um, wenn das Problem/Leiden wieder auftauchen sollte? Oder ein neues Problem auftaucht?

Abschiednehmen
Die Gestaltung von Abschieden ist ein wichtiges Lernfeld in Therapien. Von der Geburt bis zum Sterben – der Umgang mit Abschied und Trennung ist für unser Leben zentral. Unsere Fähigkeit, in Beziehungen zu leben, entwickelt sich in Zyklen von Bindung und Lösung und setzt Bindungsfähigkeit *und* Lösungskompetenz gleichermaßen voraus (Bleckwedel, 2000a). Lösungskompetenz zeigt sich in der Fähigkeit, Schmerz und Freude von Abschieden bewusst zu erleben und Beziehungen angemessen abzuschließen. Wenn einem das Abschiednehmen gelingt, ist man offen für neue Bindungen (mit denselben oder anderen Partnern). Therapeuten und Klienten stehen also in einem letzten Schritt vor der Aufgabe, den Abschied passend zu gestalten. Dazu gehört ein Austausch darüber, was man dalassen und ablegen will (weniger gute Erfahrungen, Kritik, negative Emotionen), was man mitnehmen

möchte (wichtige Lernerfahrungen, Anerkennung, positive Emotionen und Gedanken) und was man sich für die Zukunft wünscht.

Am Ende steht der Dank für die Zusammenarbeit.

Dimensionen der Veränderung

Als sich die Familientherapie von der Individualtherapie emanzipierte, erweiterte sich der Blick vom Individuum und seinen Beziehungen auf die Familiendynamik, auf Beziehungskonstellationen und Kontexte. Das Zentrum der Aufmerksamkeit wechselte vom einzelnen Individuum zur Interaktion und zur Dynamik von Systemen. Mit der konstruktivistischen Wende und der Entwicklung der Neurobiologie pendelte die Aufmerksamkeit zurück zum Individuum. »Das Dasein des Menschen als ein stetes Bezogensein« (Sperber, 1981, S. 14) kann man aber nur verstehen, wenn alle Perspektiven berücksichtigt werden (Kriz, 2000). Es geht darum, sowohl das Erleben aller einzelnen Personen als auch das, was zwischen den Personen passiert, in den Blick zu bekommen und dabei den Einfluss von Konstellationen, sozialen Feldern und Umgebungen zu berücksichtigen. Dabei kann man fünf Perspektiven oder Dimensionen unterscheiden, die jeweils eine besondere Form der Aufmerksamkeiten erfordern (Abbildung 13).

In einer mehrdimensionalen Sichtweise erweitern sich die therapeutischen Möglichkeiten auf fünf Interventionsebenen oder Arbeitsfelder, die als Schwerpunkte gewählt, aber auch gezielt miteinander verbunden werden können (Tabelle 12).

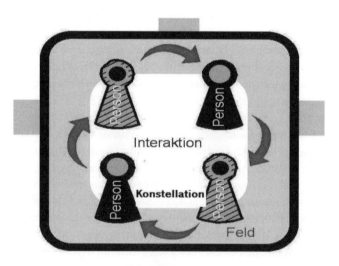

Abbildung 13: Person, Interaktion, Konstellation, Feld, Umgebung

Tabelle 12: Dimensionen und Arbeitsfelder

Mehrdimensionaler Ansatz			
Dimension		Im Fokus der Aufmerksamkeit	Arbeitsfelder
Person	↑	Erleben einzelner Individuen in Bezug zu sich selbst, Anderen, Gegenständen, Stoffen, Maschinen, Lebewesen, Themen, Projekten, Landschaften, Orten	Körper-Geist-Seele. Handeln, Wahrnehmen, Denken, Empfinden, Fühlen, Wünschen, Träumen. Emotionen, Selbstempfinden, Kohärenzempfinden, Wertorientierung, Seelische Strukturen
Interaktion	↓ ↑	Handeln im Zusammenspiel mehrerer Personen	Ko-Evolution, Kommunikation, emotionale Abstimmung, Muster und Regeln der Interaktion, Koordination, Inter-Rollendynamik, Kooperation
Konstellation	↓ ↑	Konfigurationen von sozialen Systemen	Positionen in Konstellationen, Rangordnungen, Platzverteilungen, Hierarchien, Strukturen
Feld	↓ ↑	Gestaltphänomene soziale Felder	Organisation des sozialen Raumes, soziales Klima, Verteilungen (in Bezug zu Themen oder Ereignissen)
Umgebung	↓	Kontexte, die sich auf Felder, Konstellationen, Interaktionen und Personen auswirken	Kultur, Religion, Ökonomie, Politik, Organisation, Institution, Medien, Technik, Klima, natürliche Umgebungen

Dabei muss man berücksichtigen, dass jede Erweiterung der Wahrnehmung (zum Beispiel von einzelnen Personen auf die Interaktion) zwar im Prinzip alle Phänomene der vorherigen Ebenen mit einschließen sollte, durch eine andere Fokussierung der Aufmerksamkeit aber Details der eingeschlossenen Dimensionen leicht verloren gehen können. In der Praxis geraten mit der Einnahme einer interaktionellen oder kontextuellen Perspektive einzelne Personen und ihre Emotionen leicht aus dem Blickfeld. Wenn man aber als Therapeut den emotionalen Kontakt zu den Klienten verliert, wird man wenig ausrichten (Welter-Enderlin u. Hildenbrand, 1998). Andererseits geraten Konstellationen und Umgebungen leicht aus dem Blick oder werden gar nicht wahrgenommen, wenn sich Therapeuten zu sehr auf die Wahrnehmung einzelner Personen oder ihrer Gefühle konzentrieren (dann sieht man den Wald vor lauter Bäumen nicht). In einer übergreifenden ökosystemischen Perspektive (Willi, 1996, Kriz, 2000) wird deutlich, dass einerseits Interaktionen, Felder, Konstellationen und Umgebungen die Personen beeinflussen und andererseits die Personen die Interaktionen, Felder, Konstellationen und Umgebungen hervorbringen (→ IV.1). Wenn man diese Dialektik berücksichtigt, finden sich auf allen Ebenen und in allen Systembereichen Möglichkeiten für therapeutische Interventionen, die sich auf allen anderen Ebenen auswirken.

In der praktischen Arbeit ergeben sich fünf Arbeitsfelder, die von den Therapeuten jeweils spezielle Blickwinkel, ein spezielles Wissen und spezielle Fähigkeiten erfordern. Im szenischen Arbeiten sind immer alle fünf Dimensionen präsent. Szenisches Arbeiten ist mehrdimensional angelegt und erfordert daher Interaktive Präsenz und zirkulierende Aufmerksamkeit (→ II. S. 194).

Ordnungsparameter und Bedingungsparameter

Eine wichtige Hilfe bei der Klärung von Wirkungszusammenhängen liefert die Synergetik (Haken, 1987), eine systemische Theorie der Selbstorganisation, die sich auf das Zusammenwirken verschiedener Kräfte und Faktoren in Feldern konzentriert. Selbstorganisation (Nicolis u. Prigogine, 1987) kann in den verschiedensten Bereichen beobachtet werden. Die Synergetik (Lehre vom Zusammenwirken) des Physikers und Nobelpreisträgers Hermann Haken eignet sich besonders gut, um Selbstorganisationsdynamiken in so verschiedenen Systembereichen wie Psyche, Interaktion oder Kultur unter einer übergreifenden Perspektive zu verstehen: »Ein wesentlicher Gesichtspunkt der Synergetik ist, dass sie nach allgemein gültigen Prinzipien sucht, unabhängig davon, ob es sich bei den Teilen des Systems um Atome, Moleküle, Zellen oder sogar Menschen handelt« (Haken, 1984, zit. nach Kriz, 2000, S. 36). Dabei geht es um alle Systeme, die a) offen gegenüber ihrer Umgebung sind, b) nichtlineares dynamisches Verhalten zeigen und c) aus Elementen oder Komponenten bestehen, die miteinander interagieren. Unter Selbstorganisation versteht man alle Entwicklungs- und Differenzierungsprozesse, die innerhalb eines Systems und durch die Dynamik eines Systems selbst erzeugt werden. Maturana (Maturana u. Varela, 1987) verwendet dafür den Begriff der Autopoiese (Selbstschöpfung; IV.3. S. 297). Diesen autopoietischen Prozess (einer Person, einer Familie, einer Kultur) kann man sich nach Haken nun so vorstellen, dass es in jedem System bestimmte Ordner oder Ordnungsparameter gibt, die die Elemente eines Systems in einer bestimmten dynamischen Anordnung organisieren (die Elemente in gewisser Weise versklaven), wodurch aus dem vorher ungeordneten Chaos eine spezifische Prozessstruktur oder Prozessorganisation entsteht. Es ist diese *Prozessorganisation*, die die spezifische Gestalt eines Systems aufrechterhält. Ordner organisieren einerseits die Elemente, andererseits werden Ordner durch die Dynamik der Elemente immer wieder hervorgebracht, so dass ein dynamisches Wechselspiel entsteht, das Veränderung und Entwicklung durch Selbstorganisation möglich macht.

Die Theorie der Synergetik unterscheidet zwischen Ordnungsparametern und Bedingungsparametern:

– Ordnungsparameter ordnen die einzelnen Elemente eines Systems in einer bestimmten dynamischen Struktur.
– Bedingungsparameter ermöglichen und begrenzen als Rahmenbedingungen die Selbstorganisation von Systemen.

Beispiele für Bedingungsparameter sind bedeutungsvolle Andere, wichtige Lebensereignisse, die Wohnverhältnisse, das Einkommen oder die klimatischen Bedingungen. Beispiele für Ordner sind Emotionen (bei Personen) oder gemeinsam geteilte Werte (bei Familien oder Gruppen) (Abbildung 14).

Abbildung 14: Ordnungsparameter

Bedingungsparameter wirken über Ordnungsparameter. Das bedeutet, dass ein nachhaltiges Einwirken auf Personen oder soziale Systeme nur über eine Veränderung der relevanten Ordner möglich ist. Es bedeutet auch, dass Veränderungen durch Bedingungsparameter (zeitlich) beschränkt bleiben, wenn die Ordner unverändert bleiben (Beispiel: Klinikaufenthalt). Es kommt daher darauf an, sich in die Selbstorganisationsdynamik von Systemen einzukoppeln, um Ordnungsparameter zu verändern oder um neue Ordnungsparameter zu entwickeln. Im konkreten therapeutischen Prozess geht es darum:
– relevante und zugängliche Ordner zu identifizieren und
– Ansatzpunkte für eine sinnvolle Veränderung von Ordnern auszumachen.

Aus der Perspektive von Max ist Karl ein Bedingungsparameter und umgekehrt. Aus der Perspektive der Familie X bildet der Kindergarten (die Schule, das Jugendamt) einen Bedingungsparameter, während aus der Sicht des Kindergartens die Familie einen Bedingungsparameter darstellt. Personen oder soziale Systeme bilden also, wenn man die Perspektiven wechselt, wechselseitig für einander Kontexte.

Linear und zirkulär
Bei der Betrachtung von Phänomenen und Ereignissen kann man zwischen einer Kybernetik 1. Ordnung (lineare Sichtweise) und der Kybernetik 2. Ordnung (zirkuläre Sichtweise), unterscheiden (Abbildung 15).
Beide Sichtweisen haben ihre Berechtigung und bieten Vorteile und Nachteile. Innerhalb der Kybernetik 1. Ordnung können Phänomene kausal aufeinander bezogen werden (Ursache und Wirkung) und Ereignisse zeitlich nacheinander (dia-

Kybernetik	Verknüpfung	Modell	Erkennen von
I. Ordnung	linear	➔ ➔ ➔ ➔	Ursache und Wirkung
II. Ordnung	zirkulär	⤸ ⤿ ⤹ ⤾	Wechselwirkungen und Schleifen

Abbildung 15: Kybernetik 1. und 2. Ordnung

chron) geordnet werden. Aktion und Reaktion können unterschieden und Aktionen zur Beeinflussung von etwas geplant werden. Der Nachteil dieser Sichtweise besteht darin, dass man auf diese Weise komplexe Muster und Regeln, wie sie für psychische und soziale Systeme typisch sind, weder erkennen noch angemessen mit ihnen umgehen kann. Die Kybernetik 1. Ordnung erfasst auch nicht den jeweiligen Beobachter als Bedingungsparameter für das beobachtete System.

Mit Hilfe der Kybernetik 2. Ordnung können komplexe Wechselwirkungen, Muster und Zyklen von Interaktionen erkannt und beschrieben werden, egal ob es sich dabei um das Zusammenspiel von Personen in einer Familie handelt oder um das Zusammenspiel von psychischen Anteilen innerhalb einer Person. Der Vorteil dieser Sichtweise besteht darin, dass man auf der Ebene von Mustern und Regeln intervenieren kann, zum Beispiel indem man Muster unterbricht oder Regeln verändert. Das gilt selbstverständlich auch für den therapeutischen Prozess (Abbildung 16).

Der Nachteil einer zirkulären Sichtweise liegt darin, dass sich Phänomene und Ereignisse nicht mehr auf einzelne Personen und ihre Handlungen zurückführen lassen.

Mit etwas Überlegung wird deutlich, dass es wenig sinnvoll ist, eine lineare einfach durch eine zirkuläre Sichtweise zu ersetzen. Es kommt vielmehr darauf an, beide Sichtweisen zu berücksichtigen, ohne eine von beiden a priori zu favorisieren. Erst dadurch gewinnt man die notwendige Freiheit, sich je nach Situation zu entscheiden, welche Rangfolge von Sichtweisen sinnvoll und angemessen erscheint:

Kybernetik	Verknüpfung	Modell	Intervention
I. Ordnung	linear	➔ ➔ ➔ ➔	Einwirken auf Aktion und Emotion
II. Ordnung	zirkulär	⤸ ⤿ ⤹ ⤾	Einwirken auf Interaktionsmuster, Regeln, Konstellationen, Felder

Abbildung 16: Lineare und zirkuläre Interventionsebenen

- linear oder zirkulär,
- eher linear und dann zirkulär, oder eher zirkulär und dann linear,
- sowohl linear als auch zirkulär,
- keine von beiden.

Im besonderen Fall geht es darum zu entscheiden, welche Kombination oder Hierarchie der Sichtweisen in einer sozialen Situation angemessen und ethisch vertretbar erscheint (von Schlippe u. Schweitzer, 1996, S. 262ff.). Ethische Kriterien spielen vor allem dann eine Rolle, wenn es in Beziehungen um Ausbeutung, Unterdrückung, Gewalt oder den Missbrauch von Abhängigkeitsverhältnissen geht.

Individuelle und gemeinsame Verantwortung

Wann ist eine zirkuläre und wann eine lineare Sichtweise angemessen? Das Nachdenken oder der Diskurs über das, was in einer Situation als richtig oder falsch gelten soll (Ethik), erfordert nach Kant einen Bezugspunkt, der *jenseits* kybernetischer Überlegungen liegt: Verantwortung. In sozialen Beziehungen kann man zwischen einer individuellen und einer gemeinsamen Verantwortung unterscheiden. Eine lineare Sichtweise betont die individuelle Verantwortung für Ereignisse, eine zirkuläre Sichtweise betont die gemeinsame Verantwortung für Ereignisse.

Betrachtet man soziale Ereignisse ausschließlich im Rahmen der Kybernetik 2. Ordnung, kann man Personen keine individuelle Verantwortung zuweisen, weil sich in einer zirkulären Sicht Ereignisse und Muster von Beziehungen eben nicht auf einzelne Personen eines Systems zurückführen lassen. Eine rein zirkuläre Betrachtung sozialer Systeme oder Ereignisse muss daher zwangsläufig in die individuelle Verantwortungslosigkeit führen. Eine zirkuläre Sicht rückt zwar die gemeinsame Verantwortung aller Beteiligten in den Mittelpunkt der Aufmerksamkeit (als Rahmenbedingung für das Handeln des Einzelnen), aber auf dieser Grundlage kann man nur gemeinsames Handeln einfordern oder entwickeln. Begriffe wie Täter oder Opfer lösen sich in dieser Perspektive (im Relativen) auf und ergeben keinen Sinn, da in einer übergeordneten Perspektive Täter immer auch Opfer und Opfer immer auch Täter sind. Nur eine lineare Sichtweise erlaubt es, individuelle Verantwortung zuzuweisen und persönliche Konsequenzen für individuelles Handeln einzufordern (Abbildung 17).

Kybernetik	Verknüpfung	Verantwortung	Konsequenz
1. Ordnung	linear	Individuell für Aktionen und Reaktionen	Persönliches Handeln
2. Ordnung	zirkulär	Gemeinsam für Rahmenbedingungen	Gemeinsames Handeln

Abbildung 17: Individuelle und gemeinsame Verantwortung

Eine zirkuläre Sichtweise ergibt durchaus Sinn, wenn es darum geht, die gemeinsame Verantwortung einer Gruppe von Menschen für Ereignisse oder bestimmte Rahmenbedingungen hervorzuheben, zum Beispiel den Erfolg einer Mannschaft, die Ergebnisse von Teamwork, gemeinsame Bemühungen zur Stabilisierung des Klimas. Falsch oder schief wird eine zirkuläre Sichtweise jedoch immer dann, wenn persönliche Verantwortung nicht mehr identifiziert wird. Das wird bei Gewalt, Missbrauch oder Unterdrückung besonders deutlich. Wo die kollektive Verantwortung von Tätern, Opfern und Zuschauern hervorgehoben wird, ohne persönliche Verantwortung zu benennen, gibt es kein verantwortliches Handeln des Einzelnen mehr.

Die alleinige Verwendung einer Kybernetik 2. Ordnung verschleiert oder rechtfertigt Macht- und Gewaltverhältnisse und schützt Täter und Profiteure vor Konsequenzen. Eine beliebte Variante einer solchen Entschuldung von individueller Verantwortung besteht darin, alle Beteiligten von Ereignissen zu Teilnehmern eines »schicksalhaften Geschehens« zu erklären, das nicht von handelnden Menschen sondern von »höheren« Instanzen, Triebkräften oder Mächten gesteuert wird. Die Umstände, an denen man nichts ändern kann, die Verhältnisse, das Schicksal, die göttliche Vorsehung oder der natürliche Kampf ums Überleben lassen die menschlichen Akteure als Marionetten erscheinen, die über keinen eigenen Willen verfügen. In dieser Perspektive erscheinen alle Beteiligten – egal ob Opfer, Täter, Retter oder Zuschauer – als Opfer ein und derselben Situation, eine Situation, die nicht beeinflusst werden, also nur (demütig) hingenommen werden kann. Teilnehmer eines solchen *schicksalhaften* Geschehens können demnach für ihre Taten auch nicht persönlich verantwortlich gemacht werden. Für diese Argumentationsform finden sich zahlreiche Beispiele. In der Regel sind es Täter und ihre Umgebungen, die Missbrauchssituationen, Völkermorde, Gewaltherrschaft oder Terrorakte in eine Form der Erzählung kleiden, in der äußere Bedingungen (das Schicksal, die Biologie, die Umstände, nicht beeinflussbare Mächte) zu letzten und übermächtigen Ursachen erklärt werden.

Ohne Zweifel können bestimmte Rahmenbedingungen – extrem problematische Familienverhältnisse, Ausnahmesituationen wie Krieg, kollektiver Wahn, Hunger oder Terror – das Handeln des Einzelnen erheblich bestimmen und Handlungsspielräume empfindlich einschränken. Und dennoch bleibt dem einzelnen Menschen immer ein Minimum an freiem Willen, nein zu sagen, Widerstand zu leisten. Wer diesen Willen, die individuelle Entscheidungsmöglichkeit, negiert, muss wissen, dass er an den Grundfesten der Zivilisation rüttelt und das Tor zur Barbarei öffnet. Natürlich differieren Zuschreibungen von Täter- und Opferrollen bei den unterschiedlichen Beobachtern, und die Auslegung von Ereignissen kann selbst zum Kampfplatz werden, auf dem ein erbitterter Kampf um die Definitionsmacht entbrennt. Und dennoch basieren alle Rechtssysteme, die die Grundlage unserer Zivilisation bilden, auf der Unterscheidung von Tätern und Opfern. Diese Unterscheidung, die nur auf der Grundlage der Kybernetik 1. Ordnung getroffen werden kann, muss daher auch für die therapeutische Arbeit gelten, insbesondere dann, wenn es um Gewalt und Missbrauch geht. Nicht aus Gründen der »Wahrheit«, sondern aus Gründen der Ethik

Teil II: Grundlagen des Inszenierens

II.1. Zentrale psychodramatische Techniken in der Arbeit mit Familien und Paaren

»Ohne Vernunft sind Sie ein Fiasko,
ohne Technik ein Amateur,
ohne Herz eine Maschine.«
Vladimir Horowitz[1]

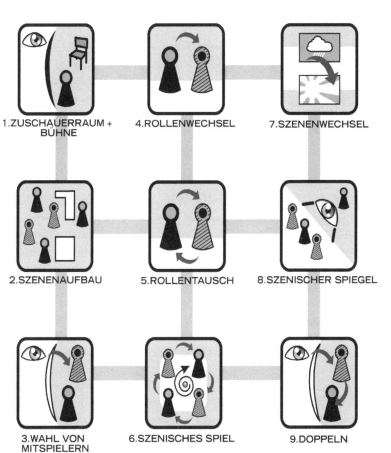

Abbildung 18: Zentrale psychodramatische Techniken im Überblick

1 Kaiser, J. (2004). Große Pianisten in unserer Zeit. Vladimir Horowitz (S. 98–112). München: Piper.

Jede Inszenierung geht aus einer Kombination einfacher Techniken hervor. Wie in der Malerei, der Musik oder dem Tanz muss man bestimmte Grundformen kennen und beherrschen, um in der Praxis mit dramatischen Mitteln zu improvisieren. In diesem Kapitel werden zentrale psychodramatische Techniken vorgestellt und die Möglichkeiten beschreiben, die jede einzelne Technik in der therapeutischen Arbeit mit Familien und Paaren eröffnet. Alle Techniken zusammen bilden die Basis, um therapeutische Situationen mit Hilfe von Aktionsmethoden kreativ zu gestalten. Die Abbildung 18 gibt ein Überblick über die zentralen Techniken, die das klassische Psychodrama zur Verfügung stellt.

Unterteilung von Zuschauerraum und Bühne

 Ein beliebiger Raum – in Gebäuden oder in der freien Natur – wird in Zuschauerraum und Bühne unterteilt *»Hier ist unser Besprechungsraum und hier der Spielraum.«* Ein Halbkreis oder Kreis mit Stühlen markiert den Besprechungsraum, jenseits davon liegt die Bühne. Klötze, Seile oder Klebeband können zusätzlich als Markierung genutzt werden. Die Bühne sollte von störenden Gegenständen frei sein (leere Bühne).

Bedeutung
»Durch die Schaffung einer Bühne entsteht ein Ort, wo alles eine neue Dimension bekommt [...] Alle Gesten, alle dort gesprochenen Wörter werden größer, klarer, emphatischer. Es ist schwierig, fast unmöglich, sich auf der Bühne zu verstecken« (Boal, 1999). Vor der Bühnenarbeit liegt jedoch als wichtige Technik die Unterteilung des Raumes in Zuschauerraum und Bühne. Diese Unterteilung bildet den Rahmen für alle weiteren Techniken und entspricht dem Zwei-Kammern-Prinzip der systemischen Familientherapie (ursprünglich die Räume vor und hinter dem Einwegspiegel). Auf diese Weise kann Therapie gezielt als kreativer Prozess gestaltet werden, der zwischen kreativer Interaktion und schöpferischer Reflexion hin- und herpendelt.

In einer tiefenpsychologischen Sicht öffnet sich ein *intermediärer Bereich* (Winnicott, 1953), ein Raum, in dem sich innere und äußere Welten überlappen und Unbewusstes aufsteigen und sich zeigen kann. Aus lerntheoretischer Sicht können auf der Bühne Ängste und Hemmungen überwunden, Rollen trainiert und kooperatives Verhalten eingeübt werden. Der Zuschauerraum bietet die Möglichkeit zum *Lernen am Modell.* Soziales Leben ereignet sich zwischen Akteuren und Beobachtern, und in diesem Sinn ist die ganze Welt Zuschauerraum und Bühne zugleich.

Die Klassische Form
Das klassische psychodramatische Theater, von J. L. Moreno entworfen und in Beacon Hill (NY) erbaut, besteht aus einer zweistufigen Rundbühne und einem halb-

kreisförmigen Zuschauerraum eine Stufe tiefer. Der Raum bietet also drei (plus Balkon vier) Ebenen. Die Raumanordnung unterstützt die Prozesssteuerung mit den typischen psychodramatischen Phasen: *Erwärmung*, *Aktion* und *Integration*. Der Prozess beginnt auf der ersten Ebene, wenn aus der Mitte einer Gruppe ein Protagonist hervortritt oder gewählt wird:

- Dieser betritt nun mit dem Leiter, eine Stufe überquerend, die zweite Ebene. Auf der zweiten Ebene explorieren Protagonist und Leiter das Thema im Gespräch, während sie im Rundgang die Bühne umkreisen und sich für die Aktionsphase erwärmen. Fällt dem Protagonist in dieser Situation eine Szene ein,
- steigt der Protagonist eine Stufe höher auf die dritte Ebene, die zentrale Bühne. Der Leiter betritt diese Bühne nicht, er leitet das Spiel von einer distanzierten Position aus, wobei er im Raum seine Position zwischen zweiter Ebene und Zuschauerraum frei wechseln kann (Perspektivwechsel, Distanzwechsel). Auf der zentralen Bühne wird in der Spontaneitätslage in einer Folge von Szenen mit Hilfe von Mitspielern (Hilfs-Ichs) das psychodramatische Spiel inszeniert. Die dritte Ebene repräsentiert eine symbolische Zwischenwelt *(Surplus Reality)*, in der Schlüsselszenen vertiefend auf einer symbolischen Ebene bearbeitet werden können. Die Folge von Szenen endet mit einer Szene in der aktuellen Lebenswelt des Protagonisten (Zurückführung, Realitätsprüfung, Transfer).
- Nach der Abschlussszene geben die Mitspieler auf der zweiten Ebene ihre Rollenfeedbacks und werden aus den Rollen auf die Zuschauerraumebene entlassen (*De-Rolling*). Protagonist und Leiter können das Erlebte auf der zweiten Ebene im gemeinsamen Gespräch abrunden (Kommentare, Ausblicke).
- Danach begeben sich Leiter und Protagonist auf die Ebene des Zuschauerraums, und alle Beteiligten, jetzt auf gleicher Ebene, tauschen sich im Kreis über ihre persönlichen Erfahrungen und Assoziationen ohne Wertungen aus (*Sharing*). Nach einer Pause kann eine Nachbesprechung in Form einer reflektierenden Prozessanalyse folgen.

Der zirkuläre psychodramatische Prozess wird also durch die Raumaufteilung transparent organisiert und durch das Betreten der unterschiedlichen Ebenen in Handlung und Erleben nachvollziehbar interpunktiert. Das ist wegen der hohen Komplexität des Geschehens auch notwendig. Denn das therapeutische Theater mit Bühne und Zuschauerraum ist gleichzeitig *soziale Realität* (Menschen treffen sich in unterschiedlichen Rollen zum Zweck der Therapie), *imaginärer Raum* (fantastische Welten zeigen sich mit Hilfe von Hilfs-Ichs auf der Bühne) und *soziales Feld* (in dem sich die Dynamik der Gruppe symbolisch entfaltet).

Praxis mit Familien und Paaren
In der Regel beginnt eine Paar- oder Familientherapie am Besprechungsort. Er ist Ausgangspunkt und Zielort, ein Hafen, der zur Sicherung immer wieder angelaufen

werden kann. Wenn es den Therapeuten sinnvoll erscheint, können sie einen zweiten Ort, den Spielort, eröffnen. Dafür gibt es verschiedene Möglichkeiten:

- Der Besprechungsort als Spielort

Ein Besprechungsort kann gleichzeitig als Spielort angesehen werden. Die Szene ereignet sich bereits: Ein Paar oder eine Familie mit Therapeuten im Gespräch. Die Therapeuten gehen mit dem Besprechungsort um, als wäre er ein Spielort. Beispiele:

– Spontanes Spiel: *»Wir finden, das Ganze läuft etwas steif und verkrampft ab, wir räumen mal den Tisch weg und lassen einen Ball kreisen, während wir weiter sprechen.«*

– Szenenwechsel: *»Angenommen, wir würden bei Ihnen zu Hause am Tisch (im Urlaub: am Strand) sitzen, wie würden wir dann sitzen? – Lassen Sie uns das mal hier zusammen einrichten und wir sprechen dann weiter.«*

– Systemerweiterung: *»Angenommen, die Großmutter (der tote Bruder, die kranke Tante, Ernie aus der Sesamstraße) wäre bei der Besprechung heute dabei, wo würde sie sitzen? – Zeigen Sie uns das mal mit einem Stuhl.«*

– Kontextwechsel: *»Ich schlage mal vor, wir tun so, als wären wir alle Gestalten aus ›Herr der Ringe‹ (Grimms Märchen, ›Bay Watch‹). Wo befinden wir uns und wer wäre dann wer?«*

– Binnendifferenzierung: Teilen des Raumes in Aktion und Beobachtung: *»Wir machen folgenden Vorschlag: Die Eltern bleiben hier sitzen und diskutieren weiter das Thema … und wir, Paul und Martin, gehen hier rüber – stellt euch vor, das ist ne Talkshow und ihr hört entspannt zu.«* Anschließend werden Paul und Martin nach ihren Eindrücken befragt wie bei der Reflecting-Team-Technik. Oder die Therapeuten teilen den Raum in zwei Orte und teilen sich auf; Therapeut: *»Herr Wiese, nehmen Sie doch mal das Baby auf den Arm und kommen Sie bitte mit in diesen Teil des Raumes – Therapeutin: Ja, Frau Sommer, und wir beide unterhalten uns hier mal in Ruhe über diese Situationen, wenn zu Hause alles drunter und drüber geht und Ihnen alles über den Kopf wächst.«*

- Spielorteröffnung

Zu gegebener Zeit definieren die Therapeuten einen Spielort im Raum: *»Der Besprechungsraum bleibt uns erhalten. Wir gehen jetzt mal hier rüber, um erlebbar zu machen, was als Genogramm aufgemalt wurde.«* Jetzt gibt es zwei voneinander unterschiedene Orte, Besprechungsraum und Spielraum. Übergänge sollten klar interpunktiert und begleitet werden, um Verwirrung zu vermeiden. An Schwellen kann man auch innehalten und Klienten zum Thema des Übergangs befragen:

»Zwischen Besprechungsraum und Spielraum, Frau Sommer, was macht für Sie den Unterschied aus?« »Hier im Spiel, da waren Sie ja noch ein junger Mann, Herr Wiese, voller Elan. Wählen Sie sich doch dafür bitte ein Symbol – Wenn wir jetzt in den Besprechungsraum wechseln, möchten Sie den Elan mitnehmen oder lieber dalassen?«

Klappbühne: Die üblichen Besprechungszimmer sind leider häufig beengt. Man kann Platz freiräumen oder einen anderen Raum nutzen, der mehr Raum gibt (Gruppenraum, Teamraum), aber manchmal ist auch das nicht möglich. Dann kann man sich den Raum als Klappbühne vorstellen. Dabei verwandelt man bei Bedarf den Besprechungsraum in einen Spielort: »*Wir stehen jetzt mal auf und stellen uns vor, dies ist Ihre Küche (eine Insel, ein Café, ein Wartezimmer).*« Anschließend verwandelt man den Spielort zurück in den Besprechungsort: »*Lassen Sie uns die Stühle wieder wie vorher hinstellen und wir sprechen darüber, wie Sie das Spiel erlebt und was Sie dabei erfahren haben.*«

Szenenaufbau

 Auf der Bühne wird eine bestimmte Situation aufgebaut und für eine Szene eingerichtet. Im Situationsaufbau geht es vor allem um die Beschaffenheit eines Ortes, das Ambiente und die Konfiguration des Raumes: Landschaften, Räume, Positionen werden mit Stühlen, Gegenständen, Klötzen und Tüchern angedeutet. Die Frage ist: Wo befindet sich was (Personen, Möbel, Türen, Fenster, wichtige Gegenstände, Bäume, das Meer, der Mond usw.)? Einiges kann konkret aufgebaut, vieles kann imaginiert werden (zwei Stühle sind ein Café am Strand). Beim Einrichten der Szene geht es vor allem um die Frage: Wer mit wem zu welcher Zeit mit welchem Thema? Situationsaufbau und Szeneneinrichtung erfolgen im Dienst des Spielflusses. Das Tempo orientiert sich am Prozess und kann beschleunigt oder verlangsamt werden. Der Szenenaufbau kann auch zur zentralen Technik gemacht werden. Eine Situation oder Szenerie kann ausgiebig in Aktion erforscht werden, indem Klienten mit Einrichtungsgegenständen (Fernseher, Lampe, Teppich, Kühlschrank, Fenster) oder Teilen der Umgebung (Baum, Sonne, Haus) die Rolle wechseln und in diesen Rollen interviewt werden: »*Wie lange stehst du schon hier, Kühlschrank? Was beobachtest du so über die Jahre in der Küche der Familie Sommer-Wiese?*« Oft sprechen Situationsaufbau und Szeneneinrichtung bereits für sich. Zum Situationsaufbau im Psychodrama als Gruppenverfahren gehört auch die Wahl von *Doppelgängern* und *Hilfs-Ichs*. Der Protagonist wählt dabei Gruppenmitglieder für Personen, die in der Szene eine Rolle spielen (Hilfs-Ichs), und für sich selbst einen (oder mehrere) *Doppelgänger*. Dabei kann man zwei Varianten unterscheiden: In der einen Variante werden das Spiel beziehungsweise die Äußerungen der Doppelgängerin weitgehend durch die Protagonistin modelliert und bestimmt (mit Hilfe von Rollenwechseln); in der anderen Variante können die Doppelgänger ihr Spiel als Stellvertreter weitgehend intuitiv selbst bestimmen. Für bedeutungsvolle Gegenstände oder Kontexte können im Psychodrama ebenfalls Personen (als Hilfs-Ichs) gewählt werden (ein Wandregal, ein Ofen, die Sonne, der gute Geist, der Mief der Vergangenheit).

Bedeutung

Der Situationsaufbau macht ganz konkrete räumliche und örtliche Verhältnisse deutlich (zum Beispiel beengte Wohnverhältnisse), darüber hinaus werden aber auch psychologische und soziale Bedeutungen sichtbar und erfahrbar (Nähe-Distanz, Oben-Unten, Vorne-Hinten usw.). Im Situationsaufbau verbinden sich also konkrete und symbolische Bedeutungen. Allgemein geht es bei dieser Technik um einen bewussten und aktiv gestaltenden Umgang mit der *Konfiguration des Raumes* als Ort des Erlebens.

Praxis mit Familien und Paaren

• Sich Situationen zeigen lassen und explorieren

In der Arbeit mit Familien und Paaren kann es bereits aufschlussreich sein, sich die Wohnung oder einzelne Räumlichkeiten zeigen zu lassen und damit weiter zu arbeiten: *»Frau Sommer, Herr Wiese, Sie haben über Ihre sexuellen Schwierigkeiten gesprochen. Können sie uns den Ort zeigen, wo es schwierig ist – und können Sie uns nun Orte zeigen, wo es anders ist?«* *»Anna, du hast immer so Angst, zeig uns mal wo du bist, wenn die Angst kommt – Dein Bär, was macht der dann? Wo ist deine Schwester?«* Bei der Exploration von Szenerien kann man mit der Technik des Interviews im Rollenwechsel mit Teilen der Umgebung arbeiten. Es können sowohl Alltagssituationen eingerichtet werden (Familie beim Essen) als auch imaginäre Situationen aufgebaut werden (Traumorte, Lösungsfantasien).

• Kreative Gestaltung der therapeutischen Situation

Wenn man Situationsaufbau und Szeneneinrichtung auf die therapeutische Situation selbst anwendet, ergeben sich viele Möglichkeiten, therapeutische Situationen alternativ zu gestalten: *»Wir haben die ganze Zeit gesessen. Stellen wir doch mal die Stühle beiseite und unterhalten uns, während wir durch den Raum gehen.«* *»Das ist ja toll, dass ihr alle eure Kuscheltiere mitgebracht habt, wir setzen uns jetzt alle mal auf den Boden.«* – Der Therapeut nimmt sich selbst ein Kuscheltier und spricht damit – *»Wer was sagen möchte, nimmt sich ein Kuscheltier und spricht als Kuscheltier«* *»Stellen Sie doch bitte Ihre Stühle so hin, dass Sie sich direkt anschauen, ich nehme etwas Abstand, damit Sie Raum haben, und nun sprechen Sie, ich höre erst mal zu.«*

»Vielleicht stellen wir mal die Parkbank, von der Sie gesprochen haben, hier vors Fenster – so nebeneinander spricht es sich vielleicht anders, ich setze mich hier in die Ecke und höre Ihnen zu.« *»Wie wäre es, wenn sich die ganze Familie auf den Boden legt, mit den Köpfen zur Mitte, als Stern – ja, genau so, und jetzt sprechen Sie bitte, was Ihnen gerade so einfällt.«*

• Spezieller Situationsaufbau

Viele der Möglichkeiten, die in Teil III näher vorgestellt werden, entsprechen einem besonderen Situationsaufbau.

Rollenwechsel

 Eine Person wechselt in eine andere Position und nimmt eine andere Rolle ein. Rollenwechsel sind möglich mit signifikanten Anderen, Personen aus dem sozialen Umfeld, Trägern generalisierter sozialer Rollen, fantasierten Figuren oder Figuren aus der weiten Welt der Öffentlichkeit. Rollenwechsel sind aber auch möglich mit Teilen des Körpers (Hand, Herz), Teilen der Persönlichkeit (Über-Ich, Inneres Kind), Ideen (Zwangsidee, Hoffnung), Konzepten (meine Depression), Systemen (Familie, Team), Tieren, Pflanzen, Gegenständen, Maschinen, Landschaften oder dem Universum. Ein Rollenwechsel wird vorgeschlagen, eingeleitet und begleitet. »*Jetzt haben wir die Situation mit dem Lehrer noch mal aufgebaut, hier steht sein (leerer) Stuhl. Paul, kannst du mal die Rolle des Lehrers einnehmen, um zu zeigen, wie du ihn erlebt hast?*« – Die Therapeutin weist mit einer Geste zum Stuhl des Lehrers und leitet den Rollenwechsel ein – »*Bitte setz dich auf diesen Stuhl – gut, und versuche jetzt mal die Haltung von Herrn Franz einzunehmen.*«

Mit Zögern bei der Rolleneinnahme sollte man achtsam umgehen. Ab dem Zeitpunkt der Rolleneinnahme spricht die Regisseurin den Klienten in der eingenommenen Rolle an (hier Herr Franz) und behandelt die Situation als Geschehen im Hier und Jetzt. Sie spricht in der Gegenwartsform und gleicht sich sprachlich an. Die Rolleneinfühlung wird durch Rolleninterviews und Interaktionsinterviews unterstützt. Abgeschlossen wird ein Rollenwechsel durch verschiedenste Arten des De-Rolling: »*Paul, steh doch mal wieder vom Stuhl des Lehrers Franz auf, komm aus der Rolle raus, lauf vielleicht ein bisschen herum, schüttel dich und streif die Rolle ab.*« Ein kurzes Interview über das Erleben in der Rolle (Rollenfeedback) kann zum De-Rolling beitragen und bildet einen Übergang, um wieder die eigene Position und Rolle einzunehmen: »*Paul, was war interessant für dich in der Rolle vom Lehrer Franz?*«

Bedeutung
Wir erfahren und erforschen Beziehungswelten durch *inneren, stillen Rollenwechsel* und *äußeren, expressiven Rollenwechsel*. Die expressive Einnahme einer Rolle – Position, Haltung, Gestik, Mimik, Bewegung, Sprache – verstärkt die Einfühlung enorm. Durch Hineinversetzen in andere oder Teile der Umgebung nehmen wir als bewegliche und gestaltende Beobachter unterschiedliche Perspektiven ein und erweitern unseren Horizont und unser Rollenrepertoire. Im Rollenwechsel mit Interaktionspartnern erfahren wir uns selbst mit den Sinnen der anderen und erkunden durch Positionswechsel verschiedene Dimensionen der Interaktionen. Nach einem Rollenwechsel zeigen sich die Ereignisse in einem anderen Licht, wir verändern uns also selbst und kehren aus dem Rollenwechsel als andere zurück.

In einer tiefenpsychologischen Sicht integrieren Klienten im Rollenwechsel abgewehrte oder abgespaltene Anteile ins Selbst. Im Rollenwechsel können wir Projektion, Spaltung und projektive Identifikation zurücknehmen (Krüger, 1997). Lerntheoretisch gesehen können im Rollenwechsel Rollen eingenommen, ausprobiert, eingeübt und erweitert werden. Psychodramatisch betrachtet werden im Rollenwechsel Rollen entworfen, entwickelt, überprüft und ausgestaltet. Dabei geht es darum, Rollen selbstbestimmt verfügbar zu machen, in das eigene Rollenrepertoire zu integrieren, Beweglichkeit in Rollen und zwischen Rollen herzustellen und das innere Rollenensemble als Ganzes zu dirigieren. Rollenwechsel ermöglicht aus psychodramatischer Sicht *Zweifühlung* (ich fühle mich und ich fühle, wie du dich fühlst). Interaktionell gesehen werden Situationen durch Rollenwechsel aufgelockert und Beziehungsdynamiken verflüssigt. Systemisch gesehen verwirklicht der Rollenwechsel ein wichtiges systemisches Prinzip, den Perspektivwechsel: Die Dinge und Ereignisse zeigen sich anders, abhängig von Rolle, Position, Einstellung und Blickwinkel. In einer lösungsorientierten Sicht werden durch Rollenwechsel mit starken Figuren (Krafttiere, Inneres Team) Ressourcen verfügbar, Stärken integriert und Potenziale aktiviert.

- Rolleninterview

Das Rolleninterview beginnt mit einfachen Fragen, um die Rolleneinfühlung zu erleichtern (Name, Alter, Hobbys, Situation, Umfeld). Im Rolleninterview können verschiedene Aspekte von Emotionen (→ IV.1. S. 267) differenziert erfragt werden: »*Was passiert körperlich?*« »*Wie fühlen Sie sich?*« »*Was denken Sie?*« »*Was wünschen Sie?*« »*Was möchten Sie tun?*« Ein Rolleninterview kann natürlich auch, je nach Zielsetzung, narrativ erweitert werden: »*Erzählen Sie mal, Herr Franz, wie haben sich denn die Schülergenerationen aus Ihrer Sicht in den letzten zwanzig Jahren verändert?*« Ein Rolleninterview bietet viele Möglichkeiten der Intervention (→ III. S. 229), die therapeutisches Fragen sonst auch bietet, allerdings in einem zirkulär erweiterten Rahmen, denn im Rollenwechsel arbeitet man mit dem Bild, das jemand von einem Anderen oder etwas Anderem hat. Natürlich sind auch zirkuläre Fragen (eine Art Loop) möglich: »*Herr Franz, angenommen, Paul wollte in Ihren Augen ein guter Schüler werden, wie müsste er sich dann verhalten? Was könnten Sie am besten tun, um Paul dazu zu bringen, den Unterricht zu stören?*«

- Interaktionsinterview

Die Interaktionstechnik erweitert die Möglichkeiten des einfachen Rolleninterviews. Im Interaktionsinterview bittet man eine Person, in Haltung, Geste und angedeuteten Bewegungen Gefühle, Beziehungen oder Wünsche auszudrücken. Das jeweilige Gegenüber kann eine Person, eine Gruppe oder irgend etwas anderes (Landschaft, Gegenstand, Maschine) sein: »*Herr Franz, können Sie bitte in einer Geste Ihr vorherrschendes Gefühl zu Paul deutlich zeigen? – Danke, können Sie nun bitte Ihre Beziehung zur gesamten Klasse in einer Haltung deutlich machen? – Danke, und nun zeigen Sie uns bitte noch in einer angedeuteten Bewegung, wie Sie am liebsten in der angesprochenen Situation reagieren würden.*« Die Stärke des Interaktionsinterviews liegt in der schnellen Verdeutlichung von Beziehungsdynamiken und Beziehungserleben. Dabei können auch wichtige Unterscheidungen herausgehoben werden: »*Herr Franz, Ihre Gefühle gegenüber Paul seien zwiespältig, sagen Sie. Zeigen Sie doch Ihre Zuneigung zu dem Jungen mit der einen Hand, gut, und jetzt nehmen Sie die andere Hand für Ihr Genervtsein gegenüber dem Schüler Paul.*« Die Reihenfolge beim Interaktionsinterview ist:

a) eine Haltung gegenüber jemandem (oder etwas) einnehmen,

b) eine Geste zum Gegenüber zeigen,

c) aus Geste und Haltung heraus sprechen: »*Und jetzt sprechen Sie bitte einen Satz aus der einen Hand und einen anderen aus der anderen Hand.*«

Praxis mit Familien und Paaren
Rollenwechsel können in der Arbeit mit Familien und Paaren vielfältig eingesetzt werden. Der Kreativität sind hier kaum Grenzen gesetzt.

• Arbeit mit Gästen, Elementen, Kontexten
Alle möglichen Personen, Figuren oder Kontexte können virtuell eingeladen und mit Hilfe des Rollenwechsels in die therapeutische Arbeit mit einbezogen werden (ausführlich → III. S. 229).

• Kollektiver Rollenwechsel
Dabei wechseln alle Klienten gemeinsam in eine Rolle: »*Heute möchten wir, dass sich alle in die Familie Sommer-Wiese als Familie einfühlen, wir machen also eine kleine Reise in die Familie Sommer-Wiese ... Wie riecht die Familie, wie schmeckt sie, welche Farben hat sie, wie klingt sie? ... Nehmen Sie bitte als Familie Sommer-Wiese eine Haltung ein, die deutlich macht, wie sich diese Familie anfühlt ... Und nun kommen Sie hier im Kreis zusammen, bleiben Sie aber bitte in den Haltungen. Und nun stellen Sie sich gegenseitig in Ihrer Rolle als Familie vor.*«

• Rollenwechsel mit anwesenden Personen
Rollenwechsel mit anwesenden Personen können gezielt genutzt werden, wenn es um den Austausch von Bildern oder die Bearbeitung von Konflikten geht. Es muss dabei immer bedacht werden, dass Rollenwechsel mit Anwesenden ein (indirektes) Feedback beinhalten. Der Prozess muss sorgfältig gerahmt werden und auch diejenigen, die dieses Feedback bekommen, müssen begleitet werden.

• Umgang mit unterschiedlichen Interpretationen von Rollen
In der Arbeit mit Mehrprotagonistensystemen tauchen natürlich unterschiedliche Interpretationen und Auslegungen von Rollen auf. Das ist interessant und kann genutzt werden: »*Frau Sommer, während ich Ihren Mann in der Rolle Ihrer Mutter interviewt habe, habe ich beobachtet, wie Sie immer unruhiger wurden. Vielleicht sind Sie nicht ganz einverstanden und möchten uns Ihre Version vorstellen.*« – Es folgt ein Rollenwechsel von Frau Sommer mit ihrer Mutter Katrin. »*Danke, tja, jetzt*

haben wir zwei ganz unterschiedliche Katrin Sommer kennen gelernt – aber Anna,
du sitzt da wie in Startlöchern – natürlich kannst du uns dein Bild von der Oma
zeigen, das ist bestimmt hilfreich.« Selbstverständlich ist es wichtig, den Prozess so
zu leiten und zu rahmen, dass auftauchende Konflikte bearbeitet werden können
und die Beziehungen zu Hause nicht zusätzlich belasten (*»Das hätte ich von dir*
nicht gedacht, dass du meine Mutter so siehst. Dass du immer noch so unter dem
Einfluss deiner Mutter stehst, hat mich schockiert. Du hast also Oma lieber als
mich.«). Der Prozess des Rollenwechselns kann zum Beispiel durch Kommentare
gerahmt werden: *»Das Bild, was jemand von einem Anderen hat, ist weder falsch*
noch richtig.« »Dass unterschiedliche Bilder entstehen, ist ganz normal, man muss
nur damit umgehen.« »Niemand soll für sein Bild, was er oder sie hier präsentiert,
bestraft werden.« In jedem Fall müssen Rollenwechsel mit Respekt und Umsicht
begleitet werden. Das kann auch durch einen entsprechenden Abschlusskommen-
tar geschehen: *»Heute ist deutlich geworden, wie wichtig Frau Sommer/Ihre Mut-*
ter/Ihre Schwiegermutter/eure Oma zu sein scheint ... Dass Anna ihre Oma so gern
hat, ist in jedem Fall gut und das sollte so bleiben. Herr und Frau Sommer-Wiese, Sie
möchten wir bitten, dass Sie sich allein, ohne die Kinder, zusammensetzen und über
Ihre unterschiedlichen Bilder sprechen: Wo sind Ähnlichkeiten, wo Unterschiede? Wir
laden Sie das nächste Mal zu zweit ein, um zu beraten, wie Sie mit diesen unterschied-
lichen Bildern gut umgehen können. Wenn wir uns in Ihre Mutter/Ihre Schwieger-
mutter/eure Oma einfühlen, scheint für sie die Situation auch nicht ganz leicht zu
sein und wir denken, eine Klärung ist in ihrem Sinne.«

- Gleichzeitiges Interaktionsinterview

Die Technik des Interaktionsinterviews kann in erweiterter Form auch gut mit mehreren Personen eingesetzt werden: *»Herr Sommer-Wiese, Frau Sommer-Wiese, wir*
möchten gern, dass Sie in Haltung und Geste ausdrücken, wie Sie Ihre Paarbeziehung
im Moment (vor 5 Jahren, in 1 Jahr, wenn Ihre Wünsche in Erfüllung gehen) erleben.
Nehmen Sie sich bitte Zeit, um zu überlegen – Gut, ich zähle bis drei, dann nehmen
Sie bitte beide gleichzeitig Ihre Haltungen ein und zeigen Ihre Geste.« Haltungen und
Gesten können auch für kurze Stimmungschecks genutzt werden: *»Guten Tag, Fa-*
milie Sommer-Wiese, schön dass alle da sind. Zeigt doch mal bitte jede, jeder mit dem
Daumen nach oben, unten und in der Mittellage (Drehen der Hand mit dem Daumen)
wie Sie, wie ihr die Stimmung in der Familie momentan einschätzt.«

Rollentausch

 Zwei Personen tauschen simultan die Rollen, Person A wechselt also
in die Rolle von Person B während Person B gleichzeitig in die Rolle
von Person A wechselt.

Bedeutung

Der Vorgang des Rollentausches erweitert den einfachen Rollenwechsel auf ein Geschehen, das auf Gegenseitigkeit beruht. Als zirkulärer Prozess – vorgestellt als permanenter gleichzeitiger Rollenwechsel – ermöglicht Rollentausch *Begegnung*. Gelingende Begegnung kann zu gegenseitiger Anziehung (Sympathie), zu gegenseitiger Abstoßung (Antipathie) oder gegenseitiger Neutralität führen. Begegnung ist also insofern ein heilsamer Weg, als er in Beziehungen zu Klarheit führt – diese Klarheit kann angenehm oder schmerzlich sein.

Praxis mit Familien und Paaren

Die Technik spielt in der Arbeit mit Familien eine untergeordnete Rolle. In der Arbeit mit Paaren kann Rollentausch in Verbindung mit gezielten Fragestellungen eingesetzt werden. Beispiel: »*Frau Sommer-Wiese, Herr Sommer-Wiese, zunächst geht es mir darum, Ihre Anliegen für das heutige Treffen zu erfahren. Dazu bitte ich Sie, ihre Rollen zu tauschen, stehen Sie doch bitte beide auf, Sie, Herr Sommer-Wiese, setzen sich auf den Stuhl Ihrer Frau hier und Sie, Frau Sommer-Wiese, auf den Stuhl Ihres Mannes dort.*« Nach einer Sequenz im Rollentausch (im Beispiel: die Befragungen zum Anliegen) werden die Rollen zurückgetauscht und beide Partner gefragt, ob sie etwas von dem, was sie gehört haben, korrigieren oder ergänzen möchten.

Szenisches Spiel

Praxis mit Familien und Paaren

In der Praxis mit Familien kann szenisches Spiel, vom Stegreif über Alltagsszenen und fantastische Szenarien bis hin zum Ritual, vielfältig genutzt werden. Im szenischen Spiel können Kinder und Jugendliche zu einer Ressource im Familiensetting werden ($\rightarrow$ I.3. S. 57).

- Alltagssituationen

können eingerichtet und weitgehend ohne Unterbrechungen im Rollenspiel durchgespielt werden. Therapeuten können im Spiel Rollen übernehmen, wobei die Rollenwechsel sehr klar umgesetzt und für die Klienten nachvollziehbar sein müssen. In der Regel beobachten die Therapeuten von außen und werden erst in der Nachbesprechung aktiv.

- Übungsszenarien

können für alle möglichen Situationen erdacht und entwickelt werden, um Rollen im szenischen Spiel einzuüben und zu trainieren.

- Fantasierte Szenen

können gemeinsam szenisch exploriert und bearbeitet werden: »*Alle sagen, in der Familie Sommer-Wiese gehe es immer so freundlich zu. Jetzt hat Anna von ihrer Angst berichtet, dass einmal ein schlimmer Streit kommen könne. Wie könnte ein solcher Streit aussehen?*« »*Ein Sonntag in Ruhe scheint für Sie kaum vorstellbar. Wie könnte ein solcher Sonntag aussehen?*«

- In Bewegung setzen

Standbilder, Skulpturen und Aufstellungen können in Bewegung gesetzt werden oder zum Ausgangspunkt neuer Szenen werden.

Szenenwechsel

 Die Szene wechselt. Das kann im gleichen Bühnenaufbau geschehen (zum Beispiel mehrere Szenen in der gleichen Küche) oder eine Szenerie muss abgebaut und eine andere aufgebaut werden. Es können auch mehrere Szenerien/Orte gleichzeitig aufgebaut und eingerichtet werden. Sie können nacheinander oder parallel bespielt werden.

Praxis mit Familien und Paaren

Im klassischen Psychodrama reihen sich meist verschiedene Szenen, die im spontanen Prozess auseinander hervorgehen, zu einer Szenenfolge, einem szenischen Zirkel. In der Arbeit mit Familien und Paaren kann sich ein Szenenwechsel ebenfalls spontan ergeben, er erfordert aber in der Regel mehr Planung und Aufmerksamkeit (Grad der Komplexität, Zeit). Wenn man das berücksichtigt, ergeben sich vielfältige Möglichkeiten. Hier eine Auswahl:

- Kontextintervention

Die Therapeuten greifen vom Rand des Geschehens dramaturgisch in ein Spiel ein: »*Es klingelt an der Tür und jemand Wichtiges kommt zu Besuch . . .*« »*Ein Wunder ist geschehen. Jetzt verhalten sich alle so, wie Frau Sommer-Wiese (Herr Sommer-Wiese, Paul, Anna, Martin, Lilli) sich das immer gewünscht hat.*«

- Szenenbesprechung

Die Therapeuten stoppen die Szene und lassen die Beteiligten gemeinsam überlegen, wie es weiter gehen könnte: »*Stop. Wir möchten an dieser Stelle die Szene unterbrechen. Kommen Sie bitte alle aus der Situation heraus – lassen Sie uns hier besprechen, wie es jetzt weiter gehen könnte, wenn das Problem gelöst werden soll (das Zusammensein Freude machen soll; es noch schrecklicher werden soll)*« (Dramaturgie → II.2. S. 180).

- Szenenwechsel

können die Fixierung auf ein Interaktionsmuster in einer sich ständig wiederholenden Szene lockern: »*Jetzt haben wir diese traurige Szene gespielt, gibt es auch heitere Szenen aus Ihrem Beziehungsleben? – Gut, das ist der übliche Streitablauf, gibt es auch Ausnahmen und können wir das mal genauer anschauen?*« Szenenwechsel werden auch notwendig, wenn man sich auf dem Zeitkontinuum zwischen Vergangenheit und Zukunft bewegt: »*Wir machen mal einen großen Sprung in die Vergangenheit und schauen uns an, wie dieses Problem in der Familie Sommer und in der Familie Wiese gelöst wurde.*« »*Wir schlagen vor, einen Sprung zu machen, über die Gegenwart hinaus in die Zukunft. Nehmen wir an, das Problem (der Konflikt) ist gelöst. Welche Szene könnte deutlich zeigen, dass das Problem (der Konflikt) gelöst wurde?*«

- Szenenfolge im gleichen Bühnenaufbau

in einem gleich bleibenden Bühnenaufbau können verschiedene Szenen hintereinander gespielt werden.

Beispiel

Situationsaufbau: Wohnzimmer der Familie Sommer-Wiese, Pauls Zimmer mit Computer. Szene 1: Mutter trinkt im Wohnzimmer Kaffee, Paul pendelt zwischen Wohnzimmer und seinem Computer und nervt seine Mutter mit Taschengeldvorschuss, um ein bestimmtes Computerspiel heute noch zu erwerben. Mutter lehnt, nach Telefonat mit Vater, ab und geht zur Arbeit. Szene 2: Vater kommt nach Hause und lässt sich durch Paul doch noch erweichen. Szene 3: Krach zwischen den Eltern. »*Diese Szene brauchen wir nicht zu spielen, alle kennen sie.*« Szene 4: Verhandlungen aller drei im Wohnzimmer über den Umgang mit Computern.

- Mehrere Stationen

Es können verschiedene Situationen an verschiedenen Orten im Raum eingerichtet werden: »*Es gab verschiedene Themen, die mit verschiedenen Szenarien verbunden sind, vielleicht richten wir drei Orte ein: einen für die Trauer, einen für die Dankbarkeit und einen für die Freude.*« Stationen können nacheinander oder im Wechsel besucht werden. Dort kann einfach gesprochen, es können aber auch kleine Szenen angespielt werden.

- Simultane Szenen

Es kann an zwei oder mehreren Spielorten gleichzeitig gespielt beziehungsweise gearbeitet werden. Im Beispiel geht es darum, Lösungsfantasien für die Zukunft zu entwickeln: »*Paul, Anna und Martin, ihr versucht mal, eure Lösung hier mit den Klötzen und den Playmobils aufzubauen, und Sie, Herr und Frau Sommer-Wiese, setzen sich bitte dort zusammen und besprechen Ihre Lösungsideen. Ich werde zwischen beiden Orten hin- und herwandern, anschließend stellen Sie sich gegenseitig die Ergebnisse vor.*«

Szenischer Spiegel

 Eine Szene wird von einer Position außerhalb der Szene betrachtet. Der szenische Spiegel kann eingeleitet werden, indem ein Spiel gestoppt wird und jemand aus einer Szene heraustritt: »*Halt. Ich schlage vor, dass Sie sich das mal von außen ansehen. Treten Sie bitte hier heraus.*« Zur Vervollständigung der Szene übernimmt ein *Doppelgänger* Position und Rolle des Betrachters und die Szene wird möglichst genau nachgestellt oder nachgespielt. Entfernung und Positionen der Betrachter können variiert werden (zum Beispiel indem man auf Kisten oder Stühle steigt). Die Distanzierung von der Szene und der Perspektivwechsel können zusätzlich unterstützt werden, indem die Betrachter in einer bestimmten Rolle angesprochen werden: »*Angenommen, Sie wären eine Expertin in Familienangelegenheiten, was würden Sie vorschlagen, Frau Kollegin?*« Eine Szene kann auch von Beginn bis Ende aus der Betrachter- oder Erzählerposition heraus aufgebaut und von dieser Position aus geleitet werden (Playback-Theater-Methode[2]). Doppelgänger können auch als *Stellvertreter* weitgehend eigenständig agieren (wie in Aufstellungen). Die Betrachter können aber jederzeit auch wieder in die Szene eintreten und dort alternative Positionen, Haltungen oder Handlungsweisen ausprobieren.

Bedeutung

Im klassischen Psychodrama steht die Spiegeltechnik vor allem im Dienst der Konfrontation mit unbewussten Verhaltensweisen oder blinden Flecken. Die Technik wird angewandt, wenn die Spontaneität blockiert wird. Aus einer tiefenpsychologischen Sicht werden eigene Anteile unbewusst abgewehrt, verleugnet oder auf Andere projiziert. Der szenische Spiegel wird dann vor allem als Realitätsprüfung im Dienst der Integration eingesetzt. In einer systemischen Perspektive unterstützt der szenische Spiegel Distanzierung, Perspektivwechsel und die Reflexion von Mustern. Die Beobachterposition ermöglicht den *Überblick* über eine Situation, dabei können bisher unklare Zusammenhänge deutlich werden. Die Betrachtung einer Szenerie von außen, in die man eigentlich involviert ist, kann auch Durchblicke eröffnen, die den Blick freigeben auf Bedeutungen, die bisher verborgen und nicht sichtbar oder erfahrbar waren. Nicht zuletzt eröffnet der szenische Spiegel die Möglichkeit des Anblicks einer fantasierten Zukunft.

Praxis mit Familien und Paaren

In der systemischen Arbeit mit Familien und Paaren kann der szenische Spiegel als wirkungsvolle Technik eingesetzt werden, um Veränderungsprozesse anzuregen.

---

2 Informationen über die Methode des Playback-Theaters unter: www.playbacktheater-bremen.de

Ohne Video oder Gruppe muss man jedoch improvisieren, um Positionen und Rollen zu besetzen. Dafür bieten sich verschiedene Möglichkeiten an:

• Stühle oder Symbole als Platzhalter
Für die beobachtenden Personen können Stühle oder größere Symbole positioniert werden.

• Therapeuten als Stand-In
Therapeuten können als *Stand-In* die Position und Rolle von Beobachtern in einer Szene übernehmen. Wenn zwei Therapeuten zusammen arbeiten, bietet sich eine Rollenaufteilung an. Geübte Therapeuten können aber auch zwischen der Therapeutenrolle und einer Rolle in einer Szene wechseln: *»Herr Sommer-Wiese, bleiben Sie bitte hier draußen stehen. Ich werde jetzt Ihre Position/Rolle in der Szene (Bild, Skulptur, Aufstellung) einnehmen, wie ich es gesehen habe (dazu ziehe ich meine Weste aus, damit deutlicher wird, wer ich gerade bin). Bitte schauen Sie sich das Ganze von außen an, nachher sprechen wir darüber, was für Sie interessant war.«* Ein solches Vorgehen hat den Vorteil, dass Therapeuten sich besser einfühlen können, der Nachteil besteht in der Einmischung und Vermischung von Rollen. Oberstes Gebot ist daher hohe Achtsamkeit für die Gesamtsituation (Interaktive Präsenz → II.4. S. 194) und Klarheit beim Rollen wechseln. *»Wir stoppen hier. Danke – tritt heraus, zieht Weste wieder an – Herr Sommer-Wiese, was haben Sie beobachtet, was war interessant für Sie?«*

• Arbeit mit Symbolen
Szenen oder Bilder werden mit Symbolen (Steine, Figuren, Klötze, Tücher etc.) aufgebaut. Auch hier ergeben sich diverse Varianten (→ III. S. 210). So können alle Beteiligten einzeln oder in Gruppen (die Kinder, die Eltern) die gleiche Szene in ihrer Version parallel aufbauen. Dann werden die verschiedenen Aufbauten vorgestellt, verglichen und in ihrer Unterschiedlichkeit gewürdigt.

• Videotechnik
Eine spezielle Form szenischen Spiegelns ergibt sich durch den Einsatz von Videoaufnahmen (vgl. Hawellek u. von Schlippe, 2005).

• Beobachter als Interviewpartner
Klienten können in besonderen Beobachtungsrollen befragt werden: *»Stellen Sie sich vor, Sie wären eine weise Vorfahrin – Was würden Sie dem Herrn Sommer-Wiese in dieser Situation empfehlen? – Was denken Sie, müssten die Familienmitglieder tun, um den Herrn Sommer-Wiese bei seinen Bemühungen zu unterstützen?«*

• Gemeinsame Betrachtung und Beratung
Natürlich können auch weitere oder alle Familienmitglieder aus der Szene geholt, in die Beobachterposition gebracht und zur gemeinsamen Beratung über eine Situation eingeladen werden.

Doppeln

 Therapeuten oder Gruppenmitglieder treten seitlich versetzt hinter einen Protagonisten oder Mitspieler und sprechen als Alter Ego oder innere Stimme einer Person. Doppeln kann in verschiedenen Varianten erfolgen (Tabelle 13).

Tabelle 13: Varianten des Doppelns

Varianten des Doppelns	Beispiel
unterstützend	Ich bin Paul, und Paul schafft das
einfühlend	Wenn ich als Vater so zuhöre, stimmt mich das traurig
explorierend	Das macht mich total sauer, weil …
aufnehmend	Wenn das hier so weiter geht, renn ich bald raus
hinterfragend	Ich habe zwar gerade zugestimmt, aber ich bin mir gar nicht so sicher …
deutend	Das ist bitter, weil ich in der Familie immer als Letzter gefragt werde
ironisch übertreibend	Ich finde es toll, wenn immer alle an mir herumzerren, wirklich super
intensivierend	Manchmal liebe ich dich, dass mir fast das Herz zerspringt
direkt	Auf den Punkt gebracht: Du kannst mich mal
zirkulär	Angenommen, du würdest mir zeigen, dass du mich ernst nimmst, könnte ich meine Gefühle eher zeigen

Als Doppel tritt man seitlich hinter eine Person und spricht in der Ich-Form, wechselt aber nicht in die Rolle: »*Ich trete jetzt hinter Sie und formuliere einen Satz für Sie.*« In jedem Fall muss die Stimmigkeit von Doppelgängerbotschaften geprüft werden: »*Sie müssen mich korrigieren, wenn etwas nicht stimmt.*« »*Ich sehe, Sie sind damit nicht ganz einverstanden, vielleicht finden Sie eine eigene Formulierung, die besser passt.*«

Bedeutung
Doppeln unterstützt Klienten darin, Impulse und Gefühle auszudrücken oder Gedanken zu formulieren, die bewusstseinsfern sind oder nur schwer in Worte gefasst werden können. Allgemein geht es um Achtsamkeit: die Wahrnehmung, Bewusstwerdung und Benennung wichtiger Impulse, Gefühle und Gedanken. In einer tiefenpsychologischen Sicht geht es um die Aufhebung von Spaltung oder die Befreiung von hinderlichen Introjekten. Lerntheoretisch gesehen geht es um die Unterstützung und Anregung von kommunikativem Handeln. Doppeln intensiviert und dynamisiert Interaktionsgeschehen. Im klassischen Psychodrama unterstützt Doppeln, wenn es systematisch als Stilmoment eingeführt und von einer gan-

zen Gruppe praktiziert wird, gegenseitige Einfühlung auf der Gruppenebene, bringt aber auch die Gefahr von Fusion und Grenzüberschreitungen mit sich. Die Frage ist immer, ob überhaupt und von wem, wann und wie jemand eingefühlt werden möchte. Das gilt natürlich auch für Familien oder in Paarbeziehungen. Doppeln berührt einen sensiblen, ambivalenten Bereich, denn die Erfahrung des Gedoppelt-werdens kann mit sehr unterschiedlichen Gefühlen besetzt sein. Ich kann das Gefühl haben, in passender und angemessener Weise unterstützt und begleitet zu werden (etwas Angenehmes an meiner Seite, etwas Stärkendes in meinem Rücken). Ich kann mich aber auch durch Doppeln festgehalten, überwältigt, penetriert oder manipuliert fühlen (etwas Störendes an meiner Seite, etwas Niederdrückendes in meinem Rücken, etwas Eindringendes um mich herum, ein Schatten über mir). Doppeln ist also eine Technik, die Behutsamkeit erfordert und mit einer hohen Achtsamkeit für die Situation und die Reaktionen der Gedoppelten verbunden sein sollte. Bei allen Anzeichen von Verwirrung oder Widerstand sollten Therapeuten innehalten und überlegen, wie sie weiter vorgehen wollen.

Praxis mit Familien und Paaren

Auch in der Praxis mit Familien und Paaren ergeben sich immer wieder Möglichkeiten zu doppeln. Man sollte aber genau abwägen, ob diese Technik wirklich passt. Therapeuten können in einem Gespräch aufstehen, hinter eine Person treten, doppeln und sich wieder setzen. In aufgebauten Szenen können Therapeuten durch geschicktes Doppeln neue Wege öffnen und wichtige Anregungen geben. Dabei muss man aber auf seine Position im Feld achten und beim Doppeln unbedingt *alle* Personen im Blick behalten (→ II.4. S. 194). Denn beim Doppeln in Familien oder bei Paaren positionieren sich Therapeuten unweigerlich im Feld auf der Seite bestimmter Personen. Die wichtigste Frage besteht daher darin, wie man beim Doppeln die Balance im Feld wahrt und Allparteilichkeit (→ I.2. S. 42) herstellt. Dafür bieten sich verschiedene Möglichkeiten an:

• Pendelndes Doppeln

Beim pendelnden Doppeln bleibt die Therapeutin nicht bei einer Person stehen, sondern bewegt sich im Fluss der Kommunikation von Person zu Person – immer in die seitlich versetzte, rückwärtige Position. Damit können Dialoge wieder in Gang gebracht oder intensiviert werden. Pendelndes Doppeln ermöglicht auch die Unterstützung von Einfühlen und Zuhören in Dialogsituationen: *»Bitte sagen Sie das doch Ihrem Mann jetzt in Ihren eigenen Worten.«* – Therapeut wechselt aus der Doppelposition hinter Frau Sommer-Wiese in die Doppelposition hinter Herrn Sommer-Wiese: *»Hören wir uns das mal an – Herr Sommer-Wiese, bevor Sie etwas erwidern, unterhalten wir uns doch mal darüber, was wir beide verstanden haben.«* – Dialog zwischen Therapeut und Klient. – *»Gut, sagen Sie das doch bitte Frau Sommer-Wiese direkt mit Ihren eigenen Worten.«* – Therapeut wechselt wieder in die

Doppelposition hinter Frau Sommer-Wiese und empfängt die Botschaft in der Zuhörerposition.

• Doppeln übergeordneter Elemente
Personen, Systeme, Projekte, Konzepte oder Ideen können von Therapeuten eingeführt und gedoppelt werden: Die Therapeutin stellt einen Stuhl in eine Ecke des Raumes und wechselt in die Doppelposition hinter den Stuhl: »*Als Paarbeziehung fühle ich mich in die Ecke gestellt.*« Selbstverständlich können Klienten auch aufgefordert werden, selbst Elemente und Positionen zu bestimmen und zu doppeln: »*Wenn es etwas Verbindendes gäbe zwischen Ihnen, was wäre das und wo wäre es hier?*« – »*Treten Sie nun bitte hinter den Stuhl und sprechen Sie als ›Liebe zur Musik‹.*« In der Doppelposition können Therapeuten auch anregende Kommentare abgeben, zum Beispiel als Doppel für die Paarbeziehung: »*Wenn Frau Sommer-Wiese mich pflegen würde wie ihren Garten und Herr Sommer mir Aufmerksamkeit schenken würde wie seinem neuen Buch, könnte ich vielleicht etwas belebt werden.*«

• Interview mit mehreren Doppeln
Dabei werden einzelne Familienmitglieder von den Therapeuten interviewt, während die anderen Familienmitglieder in Doppelpositionen versetzt werden: »*Diese Situation scheint ja allen sehr wichtig zu sein. Ich möchte gern alle dazu nacheinander interviewen.*« – Therapeut stellt einen Stuhl in die Mitte, dahinter drei weitere. »*Während ich jeden Einzelnen nach seiner Sichtweise frage, bitte ich die Anderen, sich auf die Stühle dahinter zu setzen und sich einzufühlen.*« Mit dieser Technik versetzt man alle Anderen in einen kollektiven Rollenwechsel mit der Person, die interviewt wird.

Integrationstechniken
Integrationstechniken dienen dazu, Erlebtes zu integrieren und eine Situation abzuschließen.

• Rollenfeedback
Rückmeldungen aus einer Rolle enthalten oft wichtige Informationen: »*Was ist Ihnen in der Rolle aufgefallen, gab es neue Erkenntnisse, was war im Rollenwechsel interessant, welche Gefühle oder Gedanken waren zentral?*« Das Rollenfeedback dient aber auch dem Abstreifen einer Rolle und dem Zurückwechseln der Spieler in ihre eigene Rolle.

• Situations- und Szenenabbau
Eine Situation und Szene muss abgebaut werden, um den Prozess abzuschließen und den ursprünglichen Zustand im Therapieraum wieder herzustellen. In der Regel sollen Klienten selbst eine Szene abräumen: »*Ich helfe Ihnen nicht dabei – nicht weil ich faul bin, sondern weil es Ihre Szene ist und das Abräumen zum Prozess gehört.*«

Nehmen Sie sich bitte Zeit dafür.« Das Abräumen durch die Klienten hat auch den Aspekt der Entrollung von Personen, aber auch von Gegenständen, die als Symbole oder Platzhalter gewählt wurden. Die Reihenfolge des Abräumens hat oft eine wichtige Bedeutung (auch wenn sie nicht ausdrücklich thematisiert wird). Teile, die von Therapeuten aufgebaut wurden, können auch von diesen abgebaut werden.

• Prozessanalyse

Ein Spiel kann auch auf der Metaebene gemeinsam reflektiert und verstanden werden. In der Arbeit mit Familien und Paaren bietet sich dies an, wenn es um die Verarbeitung intensiver Gefühle und Prozesse geht oder Lernen 2. Ordnung (Lernen zu Lernen) angeregt werden soll. Ein Spiel sollte aber möglichst nicht zerredet werden. Vor einer ausführlichen Reflexion ist eine Pause hilfreich.

• Sharing

Das klassische Psychodrama kennt eine weitere Integrations- und Abschlusstechnik. In dieser Phase berichten Gruppenmitglieder, mitunter auch Leiter, von Szenen aus ihrem eigenen Leben, die ihnen während des Spiels eingefallen sind. Sie enthalten sich dabei aller Wertungen und Belehrungen. Das Sharing als Ritual dient der Erweiterung des Horizonts, der Würdigung der Protagonisten und der Reintegration der Gruppe als Gemeinschaft auf gleicher Augenhöhe. In der Arbeit mit Familien und Paaren kann man diese Technik nutzen, indem man zum Beispiel Eltern anregt, über ihre eigene Schulzeit (Pubertät, Zeit der Angst vor der Dunkelheit usw.) zu berichten. Therapeuten können von anderen Familien erzählen, die sie begleitet haben, oder, mit der angemessenen Zurückhaltung, von eigenen Erlebnissen.

Szenisches Grundverständnis

Abbildung 19 listet alle zentralen psychodramatischen Techniken und erlaubt einen Überblick über die Einsatzmöglichkeiten in der Arbeit mit Familien und Paaren. Entscheidend ist es, die therapeutische Situation selbst als Szene zu betrachten und von dieser Basis aus kreativ zu werden.

Zentrale Psychodramatische Techniken	Einsatz in der Arbeit mit Familien und Paaren (Stichworte)
 Unterteilung in Zuschauerraum & Bühne	Unterteilung in Besprechungsort und Spielort. Zwei-Kammer-Prinzip: kreative Interaktion und schöpferische Reflexion • *Besprechungsort als Spielort* • *Spontanes Spiel* • *Systemerweiterung* • *Binnendifferenzierung* • *Spielorteröffnung* • *Klappbühne.*
 Szenenaufbau	Situation: Ort, Ambiente, Positionen, Konfiguration des Raumes, „wo befindet sich was?". Szene: Zeit, Thema, „wer mit wem" • *Sich Situationen und Orte zeigen lassen* • *Die therapeutische Situation selbst kreativ gestalten* • *Spezieller Situationsaufbau (Teil III).*
 Rollenwechsel	Wechseln in andere Personen, Figuren, Teile, Aspekte der Umgebung. Perspektivwechsel und Horizonterweiterung. Erkunden von Strukturen und Dynamiken. Zweifühlung • *Kollektiver Rollenwechsel* • *Umgang mit unterschiedlichen Interpretationen* • *Rollenwechsel mit Anwesenden* • *Gleichzeitiges Rolleninterview.*
Rolleninterview	Interview in einer Rolle. Einnehmen einer Rolle. Exploration. Durch zirkuläres Fragen Suchbewegungen einleiten und Botschaften geben.
Interaktions- interview	Gefühle/Beziehungen/Wünsche in Haltungen/Gesten/Bewegungen zu jemandem (zu etwas) ausdrücken und verdeutlichen. Klären von Beziehungen. Aktivieren von Gefühlen und Empfindungen. Erleben von Beziehungsdynamiken. Gleichzeitiges Interaktionsinterview.
 Rollentausch	Zwei Personen tauschen simultan ihre Rollen. Dialogisches Geschehen. Gegenseitige Zweifühlung und Begegnung. Einsatz in Verbindung mit bestimmten Fragestellungen (z.B.: "Was führt Sie hierher?").
 Szenisches Spiel	Durchspielen von Szenen • *Alltagssituationen* • *Übungsszenarien* • *Fantasierte Szenen* • *In Bewegung setzen von Bildern, Skulpturen und Konstellationen* • *Rollenspiel* • *Rollentraining, Interaktionstraining.*
 Szenenwechsel	Auflockern. Verflüssigen. Kontextinterventionen. Szenenbesprechung. Szenenwechsel. Szenenfolge. Mehrere Stationen. Simultane Szenen.
 Szenischer Spiegel	Reflexion eigener Szenarien aus der Außenperspektive. Mauerschau. Überblick. Durchblick. Ausblick. Stühle oder Symbole als Platzhalter. Therapeuten als Stand In. Symbole und Figuren. Videotechnik. Zusätzlicher Rollenwechsel im Interview
 Doppeln	Für Andere sprechen als alter Ego oder innere Stimme • Arten: *unterstützend, explorierend, hinterfragend, ironisch übertreibend, direkt kommunikativ, zirkulär* • Pendelndes Doppeln • Doppeln übergeordneter Elemente • Interview mit mehreren Doppeln
Integrationstechniken	
Rollenfeedback	Spieler berichten aus ihrem Rollenerleben. Würdigung. De-Rolling.
Situations- und Szenenabbau	Klienten bauen selbst die Szene ab. Entrollung. Abschluss und Distanzierung aus der Szene. Bewusstes Abräumen und Abschließen.
Prozessanalyse	Reflektierendes Verstehen des Prozesses, Pause (z.B. Folgetreffen). Lernen II. Ordnung
Sharing	Assoziationen zur Szene, Botschaft ohne Wertung. Einbezug. Würdigung. Erweiterung des Horizonts.

Abbildung 19: Zentrale psychodramatische Techniken in der Therapie mit Familien und Paaren

II.2. Rollen und Aufgaben im Prozess des Inszenierens

> »Ich zeige nur etwas. Ich zeige Wirklichkeit, ich zeige etwas an der Wirklichkeit, was nicht oder zu wenig gesehen worden ist. Ich nehme ihn, der mir zuhört, an der Hand und führe ihn zum Fenster. Ich stoße das Fenster auf und zeige hinaus.«
> Martin Buber

Zeigen notieren Dozenten für kreatives Schreiben gern an den Rand von Manuskripten. Gemeint ist, dass Autoren nicht *über* etwas schreiben sollen, sondern in lebendigen Bildern, Vergleichen, Metaphern, Geschichten, Dialogen und Szenen zeigen, was sie ausdrücken wollen. Darum geht es auch in der Arbeit mit Aktionsmethoden: Es soll nicht über etwas geredet, sondern miteinander gesprochen, etwas gezeigt und erfahren werden. *Wie zeigt sich das? Wie kann es gezeigt werden?* Das sind die Fragen, von denen jede Inszenierung ausgeht.

Phasen, Rollen und Aufgaben des Inszenierens

Therapeutische Inszenierungen erfordern Überblick und sind – egal ob sie im Voraus geplant werden oder sich spontan aus der Situation heraus ergeben – mit bestimmten Anforderungen und Aufgaben verbunden. Die Aufgaben ergeben sich aus vier Phasen, die die Arbeit mit Aktionsmethoden strukturieren (Tabelle 14).

Tabelle 14: Phasen und Aufgaben im Prozess des Inszenierens

Phasen	Aufgaben
Situation erfassen	Beobachten, intuitiv verstehen, szenische Aufmerksamkeit
Plan entwickeln	Inszenierungsideen/Lösungsfantasien entwickeln
Situation einrichten	Den Ort gestalten, zum Spiel einladen und motivieren
Aktion umsetzen	Inszenieren im Hier und Jetzt

Inszenieren als Prozess
Jede der genannten Aufgaben erfordert von den Therapeuten bestimmte Fähigkeiten, die mit der Einnahme einer besonderen Rolle verbunden sind. Idealtypisch gesehen ergibt sich ein kreisläufiger Prozess, der mehrmals durchlaufen werden kann (Abbildung 20).

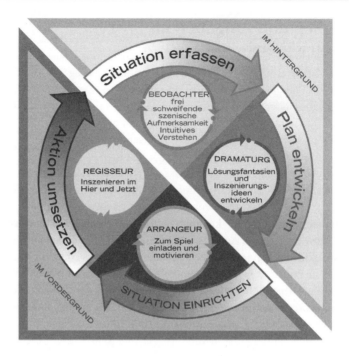

Abbildung 20: Phasen, Rollen und Aufgaben im Prozess des Inszenierens

Teamwork

Wenn mehrere Therapeuten zusammenarbeiten, können Rollen und Aufgaben im therapeutischen Team aufgeteilt werden. In der Regel wird es jedoch so sein, dass alle Rollen selbst eingenommen werden müssen. Dann repräsentieren die vier Rollen ein *Inneres Team*. In jedem Fall kommt es auf die Zusammenarbeit im Team an. Im Inszenierungs-Team übernimmt im Wechsel jeweils eine Rolle die Führung. Die einzelne Therapeutin steht vor der Aufgabe, gezielt in Rollen zu wechseln und die Zusammenarbeit des Inneren Teams zu koordinieren. Jede Rolle erfordert bestimmte Fähigkeiten und die Konzentration auf bestimmte Aufgaben, die im Folgenden näher beschrieben werden sollen. Für die Funktion *Beobachten* und *Dramaturgie* wird zusätzlich beschrieben, wie Klienten in die Aufgaben mit einbezogen werden können.

Beobachtung

Eine genaue und möglichst unvoreingenommene Beobachtung bildet die Grundlage jeder Intervention. Als Beobachter einer Szene nehmen Therapeuten sich zurück. Es gilt, mit einer frei zirkulierenden szenischen Aufmerksamkeit (→ II.4. S. 194)

eine Situation als Ganzes wahrzunehmen: Wer spricht wie mit wem? In welchem Ton, wie lange? Wer sitzt in welcher Haltung und wo? Wer wendet sich wem zu? Wer tauscht mit wem wie Gesten aus? Was passiert? Wie fühlt sich die Situation an?

Beim Beobachten geht es vor allem darum, wahrzunehmen, was sich zeigt. Darin liegt für viele Therapeuten eine nicht zu unterschätzende Herausforderung, weil Therapeuten besonders darin trainiert sind zu interpretieren. Das unvoreingenommene Betrachten und Beschreiben von Situationen muss oft erst wieder geübt werden. Christian Hawellek spricht in diesem Zusammenhang von der *Rückkehr zur Beobachtung* (Hawellek u. von Schlippe, 2005, S. 56ff.). Die Besinnung auf einfaches Beschreiben (und nur Beschreiben): »*Ich sehe, Sie schauen sich beim Sprechen nicht an*« fällt nicht leicht. Natürlich sind Interpretationen auch beim Beschreiben unvermeidlich, aber in der Phase des Beobachtens geht es eben darum, Interpretationen weitgehend zu suspendieren. »Ein sonnenklar und heiter das Ganze umfassender Blick, der eben [...] der Blick höchster Freiheit, Ruhe und von keinem Moralismus getrübten Sachlichkeit ist« (Thomas Mann in einem Vortrag über die Kunst des Romans, 1939 in Princeton) – um diesen Blick geht es. Er eröffnet dem Therapeuten alle Möglichkeiten, einfach und wirksam zugleich zu intervenieren: »*Schauen Sie sich beim Sprechen bitte direkt an.*«

Die Aufmerksamkeit sollte sich aber auch nach innen wenden: Welche körperlichen Reaktionen und Gefühle nehme ich bei mir wahr, während ich mit diesen Menschen im Kreis sitze und spreche? »Hier ist mein Geheimnis. Es ist ganz einfach: Man sieht nur mit dem Herzen gut. Das Wesentliche ist für die Augen unsichtbar« sagt der Fuchs in »Der kleine Prinz« von Saint-Exupéry. Auch diese nach innen gewandte Form der Beobachtung sollte zunächst weitgehend frei sein von Interpretationen und sich auf der Beschreibungsebene bewegen: »*Während ich Ihnen zuhöre, bekomme ich kaum noch Luft.*« »*Ich spüre ein angenehmes Kribbeln im ganzen Körper, wo es jetzt so lebendig wird.*« »*Ich sehe Sie alle sehr traurig und dabei wird mir warm ums Herz.*« Inwieweit solche Beobachtungen unmittelbar mitgeteilt werden (sollten) oder nicht, hängt von der Situation ab.

Die Beobachterrolle kann differenziert und erweitert werden, indem man in der Beobachterrolle unterschiedliche Distanzen, Positionen, Blickwinkel oder Rollen einnimmt. Beobachtungen aus anderen Rollen können eventuell auch mitgeteilt werden »*Wenn ich Ihre Katze, Mathilde, wäre, würde ich jetzt ...*«

Einbeziehung von Klienten als Beobachter
Mitglieder von überdauernden sozialen Systemen wie Familien und Paare (oder lang zusammenarbeitende Teams) neigen dazu, »schon alles zu wissen«. Die Kehrseite einer solchen eingefahrenen Wahrnehmung ist ebenfalls gut bekannt: Neues oder Ausnahmen werden nicht mehr wahrgenommen. Familien- und Paarsysteme versklaven ihre Mitglieder durch Festlegungen und binden damit Potenziale der Veränderung. Mit der Zeit wird es immer schwieriger, die Anderen anders zu sehen, und es wird auch schwieriger, sich anders zu zeigen, als die Anderen meinen, dass

man sei; ein eingelaufener Wahrnehmungskreis, in dem Abweichungen und Ausnahmen, die zu Veränderungen führen könnten, kaum eine Chance haben. Es ist
daher sinnvoll, die Beobachtungsfunktion neu in Gang zu setzen, das heißt, Klienten
in eine Lage zu versetzen, in der sie sich neu oder anders entdecken oder erfinden
können. Das kann auf verschiedene Weise geschehen:

- Beschreibendes Beobachten als Aufgabe
*»Bitte versuchen Sie in der nächsten Woche möglichst genau zu beobachten, was die
Anderen tun. Erklären und bewerten Sie nicht. Beschreiben Sie nur möglichst genau,
was Sie sehen. Wir besprechen das beim nächsten Mal.«*

- Spezielle Beobachtungsaufgaben
*»Bitte beobachten Sie bis zum nächsten Treffen genau alles, was Ihnen Freude macht
(Probleme, Ärger, Hoffnung, alle Abweichungen vom erwarteten Verlauf der Dinge).«*

- Besondere Beobachterrollen
*»Betrachten Sie das Geschehen in ihrer Familie einmal mit den Augen eines Ethnologen
(Hundes, Teddys, der Sozialarbeiterin, Aliens, Großeltern, Kindes, Skandalberichter-
statters).«*

- Einsatz von Video
Videoaufnahmen von Treffen (oder ihr gezielter Einsatz zu Hause wie im Video-
Home-Training oder beim Elterncoaching nach dem Marte-Meo-Modell (Hawellek
u. von Schlippe, 2005) fördern die Distanz und können das Beobachten erleichtern.

- Anderer Wahrnehmungsmodus
»Achten Sie einmal auf den Klang der Stimme.«

- Beobachtung des therapeutischen Geschehens
*»Wenn Sie das Ganze hier distanziert betrachten, sagen wir wie ein Reporter, wie wür-
den Sie beschreiben, was hier passiert?«*

Dramaturgie

Als Dramaturgie bezeichnet man die Lehre von den Bauformen und Strukturen des
Dramas. Die Dramaturgin beschäftigt sich mit der Bearbeitung und Umsetzung eines Stückes auf der Bühne. In der Rolle der Dramaturgin gilt es zunächst, eine spezifische Situation oder Handlung als Teil einer Geschichte zu verstehen. Bereits an
dieser Stelle ergeben sich Möglichkeiten, Klienten aktiv einzubeziehen. *»Wenn diese
Situation/Szene Teil einer Geschichte wäre, wie würde die Überschrift lauten?« »Wir
finden, jeder sollte die Geschichte einmal aus seiner besonderen Sicht und auf seine ganz
besondere Weise zeigen (erzählen).«* Die Sichtweise eines Dramaturgen konzentriert

sich auf die Zusammenhänge und das Verstehen von Entwicklungen: Wie kann diese oder jene Handlung, diese oder jene Situation in den Fortgang einer Geschichte eingeordnet werden? Welchen Bezug haben verschiedene Szenen und Ereignisse zueinander? Wie kommentieren sie sich gegenseitig? Welche Kontexte spielen eine wichtige Rolle? Welche Entwicklungslinien werden in der Geschichte einer Person, einer Familie oder eines Paares erkennbar? In welcher Lebensphase, welcher Entwicklungsphase befindet sich ein Paar, eine Familie? Diese Fragen können Therapeuten sich im Stillen stellen oder, wenn es passt, Klienten mit einbeziehen: »*Ich frage mich, welche Bedeutung das, was gerade in der Familie passiert, für die Entwicklung Ihrer Paarbeziehung haben könnte.*«

Für Dramaturgen geht es immer um die Entwicklungen und möglichen Zukünfte, die sich in der Vergangenheit und der Gegenwart zeigen. Die dramaturgische Aufgabe besteht darin, aus der Geschichte – einer einzelnen Person, eines Paares, einer Familie – heraus Lösungsrichtungen und Lösungen zu fantasieren und, von diesen Ideen ausgehend, Lösungsschritte in Form konkreter Inszenierungsideen zu entwickeln.

Der Plot: Verlauf, Figuren, Motive, Themen und Fragen
Jede Episode oder Geschichte hat nach Aristoteles einen Anfang, eine Mitte und ein Ende. (Das klingt banaler, als es ist, und wird daher nicht selten von Therapeuten oder Klienten *vergessen*.) In jeder Geschichte gibt es Figuren, handelnde Charaktere, die mehr im Zentrum der Geschichte oder eher am Rand stehen. In diesem Spannungsfeld, zwischen Zentrum und Peripherie, entwickelt sich die Dynamik zwischen Hauptfiguren und Hauptfiguren, Randfiguren und Randfiguren, Hauptfiguren und Randfiguren. Welche Wünsche bestimmen die Figuren? Was macht sie unverwechselbar? Was zeichnet sie aus? Was sind ihre Ziele? Haben sie die Fähigkeit, den Willen sich zu ändern? Das sind einige der Fragen, die den Dramaturgen beschäftigen. Das wichtigste ist jedoch das Thema der Geschichte und die Fragen, die in der Geschichte aufgeworfen werden. Was ist das Thema oder die Themen, um die es geht (Themenlisten → I.5. S. 87 + 90 und I.8. S. 135)? Welche Fragen bringen eine Geschichte voran? Können die Fragen am Ende beantwortet werden oder nicht? Aus all dem ergibt sich ein *Plot* (Fabelführung, Handlung). Im einfachen Plot tritt ein vorweggenommenes Ende schließlich ein, während ein komplizierter Plot – auf Umwegen und gekennzeichnet durch Schwenks und Umschwünge – mit einem anderen Ende als angenommen überrascht. Um das Erfassen und Weiterentwickeln solcher Plots geht es in der Rolle der Dramaturgin. Dabei kann man drei Aufgaben unterscheiden:

• Verstehen eines Plots – der rote Faden
Anfang: Der Anfang einer Geschichte markiert meist Wendepunkte, etwas Neues passiert oder wird eingeführt: »*Wann und womit hat es begonnen? Was ist passiert? Wer hat das Problem in welcher Situation zuerst entdeckt und benannt? Welche Fragen*

sind damals aufgetaucht?« Es ist immer interessant, welche Fragen am Anfang einer Geschichte aufgeworfen werden.

Mitte: Die Mitte einer Geschichte besteht meist aus einer Kaskade sich beschleunigender Ereignisse, die auseinander hervorgehen, während die Protagonisten die Fragen zu lösen versuchen, die am Anfang aufgeworfen wurden. Nicht selten ergeben sich aus Lösungsversuchen neue Konflikte und Fragen. Die Ereignisse verdeutlichen, welche Emotionen, Wünsche und Sehnsüchte die Protagonisten vorantreiben. Welche Ziele verfolgen sie? Auf welche Hindernisse stoßen sie dabei und welche Konflikte tun sich auf? Die Dramaturgie beschäftigt sich mit den zentralen Wünschen und Fragen, die eine Geschichte voranbringen. Diese Fragen hängen eng mit den Zielen zusammen, die die Protagonisten anstreben, und dem Schicksal dieser Ziele. Ziele können bewusst oder unbewusst, konkret oder schemenhaft sein, sie können sich widersprechen und zum Konflikt führen. In jedem Fall ergibt sich aus den Zielen die zentrale Frage oder die zentralen Fragen, die den roten Faden einer Geschichte bilden. Interessante und spannende Geschichten leben vom Konflikt. Die Spannung steigt, und es kann zu Zuspitzungen kommen: ein emotional aufgeladenes dramatisches Ereignis, eine Krise, die die Chance zur Veränderung in sich trägt und als Ereignis den Meilenstein in einem Veränderungsprozess bilden kann. Bion spricht im Zusammenhang mit der Dynamik in Gruppen von einem *Catastrophic Change* (Bion, 1962).

Ende: Das Ende einer Geschichte ist erreicht, wenn die Konflikte zum Stillstand kommen und das Potenzial für Veränderung und Entwicklung erschöpft scheint. Die Fragen können am Ende beantwortet sein oder offen bleiben, aber wie eine Geschichte endet, ist von zentraler Bedeutung: Das Ende prägt die Geschichte in der Erinnerung der Beteiligten weit mehr als alle vorangegangenen Ereignisse (Das böse Ende einer euphorischen Lovestory. Das gute Ergebnis am Ende eines steinigen Weges).

- Weiterentwickeln eines Plots – Lösungsrichtungen und Lösungsfantasien
Wenn man glaubt, eine Geschichte ausreichend zu verstehen, kann man seine Gedanken auf der Suche nach Lösungsfantasien frei schweifen lassen; möglichst ohne Zensur und Auflagen. Wie könnte die Geschichte weitergesponnen werden und welche Lösungen sind denkbar? Wirksame Therapeuten entwickeln wie gute Drehbuchautoren ein Gespür für die innere Entwicklungsdynamik einer Geschichte und die Möglichkeiten, die in ihr liegen, und lassen sich dann von den Figuren und dem Geschehen leiten. In der zurückgenommen dramaturgischen Position erkennt man leichter Schlüsselszenen, Umkehrpunkte, Risiken und Chancen. Wenn man die Systemdynamik nutzt und der inneren Logik der beteiligten Figuren folgt, kann man kreativ werden: Braucht eine Familie, ein Paar vielleicht einen neuen, anderen Anfang? Wie beendet man dann die alte Geschichte? Oder kann man den Anfang umschreiben? Durch welches Ende? Oder geht es eher um den Mittelteil? Wie könnten

Konflikte gelöst werden, um zum Ziel zu kommen? Sind die Ziele realistisch und wirklich verfolgenswert? Sind die eigentlichen Fragen noch im Blick? Sind vielleicht andere Ziele am Horizont erkennbar und mit welchen Fragen wären sie verbunden? Was muss passieren, damit neue Bewegung in eine Geschichte kommt?

Unter Drehbuchautoren wird die Idee gehandelt, es gebe eigentlich nur Variationen zweier Grundplots: *Jemand geht auf die Reise* und *Ein Fremder kommt in die Stadt* (die Sage von »Odysseus«, der Film »King-Kong« oder der Roman »Nachtzug nach Lissabon« verbinden beide Motive). Das ist eine interessante Idee, wenn es darum geht, Lösungsfantasien zu entwickeln. Wer könnte sich bei diesem Paar, dieser Familie wohin auf die Reise machen? Welcher Fremde (eine Person, ein Gedanke, ein Ereignis) könnte bei dieser Familie, diesem Paar eine heilsame Entwicklung anregen? Was muss passieren, damit solche Entwicklungen möglich werden?

• Inszenierungsideen entwickeln und Entwicklungsschritte planen
Im nächsten Schritt kommt es auf Einfälle an, wie man durch szenische Gestaltung schrittweise vom Problem oder Konflikt zur Lösung kommt. Es können verschiedene Möglichkeiten entwickelt werden, wie sich Lösungsideen in der therapeutischen Situation oder in der Lebenswelt der Klienten in Aktion umsetzen lassen. Dabei muss selbstverständlich der Rahmen der Veränderung berücksichtigt werden. Vor allem ist Gespür für Entwicklung gefragt: Welche Potenziale und Ressourcen stehen zur Verfügung?

– Wie kann der nächste praktische Entwicklungsschritt aussehen, und wie kann man durch Aktionsmethoden solche Entwicklungsschritte optimal unterstützen?
– Welches Thema soll wann und wie verfolgt werden?
– Ist dies die passende Situation, der richtige Zeitpunkt, die geeignete Zusammensetzung von Teilnehmern, um das Thema zu bearbeiten?
– Wie muss das Arrangement aussehen, damit das Thema angemessen bearbeitet werden kann?
– Welche Abläufe müssen bedacht werden, um den Prozess klar und produktiv zu steuern?
– Wie ist es mit der Zeitplanung?
– Wie kann man Requisiten einsetzen und den Raum optimal nutzen?

Arrangement

Wie kommt man vom Reden ins Spiel und zurück zum Reden? Die Rolle des Arrangeurs ist gefragt bei allen Übergängen vom Sprechen zum Handeln. Als Arrangeur richtet der Therapeut den Raum oder den Ort entsprechend den Erfordernissen der geplanten Inszenierung her (Zuschauerraum und Bühne → II.1. S. 158) und lädt die Klienten zum Spiel ein. Als Arrangeur sollte man von der Sinnhaftigkeit einer Inszenierung überzeugt sein (→ I.1.) und Autorität ausstrahlen (Schauen Sie sich genau an, wie Gastgeber, Moderatoren oder Entertainer, die Sie schätzen, mit ihrer Klientel umgehen, und trainieren Sie im Rollenwechsel mit diesen Leuten, um Ihre eigenen Klienten genauso gut zu begleiten). Wenn Therapeuten die pragmatische Grundregel (→ I.7. S. 113) einsetzen und beherzigen, können sie ohne innere Hemmungen Vorschläge machen und zum Spiel motivieren: »*Manchmal ist es besser, nicht nur zu reden, sondern etwas zu machen.*« »*Heute machen wir mal was ganz Besonderes (Anderes, Abgefahrenes).*« »*Ich glaube, das sollten wir uns einmal genauer anschauen.*« »*Mich interessiert sehr, wie sich das konkret zeigt.*« »*Lassen Sie uns das einmal spielerisch ausprobieren.*« »*Können Sie mir das bitte zeigen?*« »*Ich möchte Ihnen gern etwas zeigen*«[3].

Manchmal ist es sinnvoll, eine Aktion ausführlicher zu begründen: »*Wir machen das jetzt, weil . . .*« Zum Job des Arrangeurs gehört auch das Beenden von Aktionen und das Wiederankommen in der Besprechungssituation: »*Wir gehen jetzt aus dieser Situation raus. Bitte bauen Sie die Szene ab.*« »*Jetzt setzen wir uns – hier – in den Kreis zum Gespräch. Was war aus Ihrer Sicht interessant?*«

Regie

Als Regie bezeichnet man die Leitung eines Geschehens oder Spiels. In dieser Phase kommt es darauf an, Ideen in konkretes Handeln g umzusetzen. Die zentralen psychodramatischen Techniken (→ II.1.) zusammen bilden die Basis für diese Arbeit. Werden diese zentralen Techniken beherrscht, kann die therapeutische Situation fast unbegrenzt kreativ gestaltet werden. Teil III (systemische Aktionstools) präsentiert ein breites Instrumentarium für die Umsetzung von systemischem Denken in lebendiges Handeln. Beim Regieführen kommt es vor allem auf Spontaneität und Improvisation an. Der Regiestil ist stark abhängig von der Persönlichkeit, dennoch gibt es ein paar Punkte, die beachtet werden sollten:

- Regie als Improvisation
Therapeutische Regie, mag sie auch noch so gut vorbereitet und geplant sein, bezieht sich immer auch auf die unmittelbare Szene, das, was sich gerade spontan ereignet (sonst besteht die Gefahr, Klienten zu verlieren oder zu instrumentalisieren). Es geht also um eine Form der Regie, bei der spontane Improvisation eine zentrale Rolle spielt. »Um gut zu improvisieren, muss man sehr schnell, sehr offen und zu allem bereit sein«, sagt Peter Brook (2005, S. 71). Es kommt also darauf an, in einer professionellen Art offen zu sein für das, was in einem und um einen herum ge-

---

3 »I want to show you something«, mit dieser Einleitung gab Virginia Satir Familien mit Hilfe der Skulpturtechnik ein Feedback über ihre Sichtweise als Therapeutin.

schieht (Interaktive Präsenz → II.4. S. 194). Die Regie wirkt hölzern und aufgesetzt, wenn sie zu intellektuell, gekünstelt oder konstruiert daher kommt. Ohne Spontaneität, ohne das Potenzial des einmaligen Augenblicks zu berücksichtigen, verfehlt die Regie ihr Ziel.

• Energisches Auftreten
Im therapeutischen Kontext geht es keinesfalls darum, irgendein Programm oder eine Idee einfach durchzuziehen, sondern primär darum, gemeinsam Erfahrungen zu sammeln. Das gilt auch und gerade für Inszenierungen. Dennoch ist es notwendig und sinnvoll, durch entschlossenes Auftreten für Stopps, klare Übergänge und zügige Abläufe zu sorgen. Natürlich kommt es dabei auf gutes Timing und die passende Form an.

Regieanweisungen gestisch unterstützen und eine handlungsorientierte Sprache verwenden. Der Prozess gewinnt an Kraft, Stringenz und Flüssigkeit, wenn die Therapeuten Regieanweisungen gestisch (Sprechen mit Händen und Füßen) unterstützen und eine direkte und handlungsorientierte Sprache benutzen. Einige Beispiele:

»Stopp, an dieser Stelle möchte ich unterbrechen.«
»Das Thema heißt offenbar . . .«
»Wechseln Sie bitte die Positionen.«
»Kommen Sie bitte hier herüber.«
»Bauen Sie das bitte auf.«
»Können Sie mir das zeigen?«
»Tun Sie das jetzt.«
»Machen Sie das deutlich.«
»Ein kurzer Satz von Herzen.«
»Stopp. Wir machen einen Schnitt an dieser Stelle.«
»Bitte beenden Sie die Situation und bauen Sie die Szene ab.«

Wenn man den direkten Regiestil erst einmal beherrscht, kann man diesen Stil jederzeit mit einem eher weichen, verlangsamten, bedeutungsgenerierenden, raumgebenden oder tranceinduzierenden Stil kombinieren: *»Ich stelle mir vor, dass es in diesem Moment für Sie vielleicht angenehm sein könnte, einfach sitzen zu bleiben – sich zurückzulehnen – vielleicht die Augen offen zu halten – oder zu schließen – über verschiedene Möglichkeiten, in Aktion zu kommen, nachzudenken – vielleicht aber auch Ihre Gedanken aus dem Raum herausgleiten zu lassen – oder vielleicht etwas ganz anderes tun.«* Man kann auch mit den Möglichkeiten, die sich aus einem Wechsel beider Stile ergeben, spielen: *»Nach dieser Zeit der Besinnung, möchte ich Sie bitten, mit einem tiefen Atemzug wieder hier anzukommen – und aufzustehen.«*

Allen Anwesenden eine Rolle zuweisen und im Blick behalten. Grundsätzlich gibt es in der Arbeit mit Mehrprotagonistensystemen drei verschiedene Möglichkeiten: a) Alle Anwesenden sind gleichermaßen beteiligt.

b) Es gibt zwei Gruppen: Akteure und Zuschauer.

c) Eine Person rückt zeitweilig in den Mittelpunkt.

In allen drei Fällen ist es notwendig, *allen* Anwesenden eine Rolle zu geben und *alle* im Blick zu behalten. Bei der Variante c) können auch Szenen gespielt werden, die von den Vorstellungen einzelner Personen ausgehen: »*Frau Sommer-Wiese, Sie sprachen davon, wie sehr Sie Ihren Garten lieben und dass Ihre Kinder wie Blumen seien. Vielleicht können wir Ihre Familie mal als Garten mit Blumen aufbauen.*« Dabei muss man allerdings darauf achten, das Einverständnis anderer Familienmitglieder einzuholen und potenziellen Mitspielern eine klares Rollenverständnis geben: »*(Kinder) Seid ihr bereit, in dem Bild der Mutter mitzuspielen. Ihr habt vielleicht ganz andere Bilder von der Familie im Kopf, darauf kommt es aber im Moment nicht an, nur darauf, wie eure Mutter euch sieht.*« »*Herr Sommer-Wiese, Sie schauen sich das Ganze bitte von außen an und überlegen, welche Rolle Sie in dem Bild Ihrer Frau spielen könnten.*«

Regiehilfen (Leitideen für das Regieführen)

Therapeutische Regie wird durch eine Reihe von leitenden Ideen erleichtert. Viele bekannte therapeutische Techniken lassen sich aus diesen Ideen ableiten. Das Besondere in der Arbeit mit Aktionsmethoden liegt darin, dass kreative Interventionen, hält man sich an die Leitideen, sich aus dem Ablauf *wie von selbst* ergeben – maßgeschneidert für den speziellen Fall. Die Leitideen für die Regiearbeit werden im Folgenden an einem Beispiel verdeutlicht. Ausgangslage ist die Aussage der Familie Sommer-Wiese »*Wir streiten immer so viel*«:

Konkretisieren
Beim Konkretisieren geht es darum, dass etwas möglichst konkret gezeigt wird:
    Wo genau wird gestritten (Orte, Räume)? Wann wird gestritten, wann nicht? Wer streitet mit wem, wer schaut zu, wer ist nicht da? Wie wird gestritten? Welche Kontexte spielen eine Rolle (Arbeitssituation, Schule, Haushalt)?

Externalisieren (→ III. S. 211)
Hier geht es darum, innere Zustände, Gefühle, Ideen, Handlungen oder Wünsche, aber auch Symptome, abstrakte Vorstellungen (*das Leben*) oder Diagnosen (*meine Depression*) nach außen zu bringen, also mit Hilfe von Gegenständen oder Personen (im Rollenwechsel) darzustellen und diesen Aufbau dann weiter zu nutzen: »*Ich stelle mal für die Streitsituation diese Stühle hier hin, damit wir das nicht vergessen, und jetzt* (Ortswechsel) *unterhalten wir uns bitte über irgend etwas anderes ... was könnte das sein?*« »*Wenn der Streit eine Person oder ein Ereignis wäre (in einer Person oder in*

einem Ereignis dargestellt werden könnte), wer oder was wäre es dann?« »Der Dämon und das Gewitter, der/das für den Streit steht, wie lässt sich das hier darstellen?« »Bei Ihnen gibt es während des Streitens also das Gefühl der Wut, bei Ihnen das Gefühl der Ohnmacht, bei dir das Gefühl des Erschreckens und bei dir das Gefühl, dass es jetzt lustig wird. Gut, wählen Sie jetzt bitte alle für Ihr eigenes Gefühl einen Gegenstand (eine Figur) und legen Sie das auf diese Stühle hier (Therapeut stellt separate Stühle in einen Kreis). *Wir schauen uns das mal von außen an. Herr Sommer-Wiese, stellen Sie sich bitte hinter den Wut-Stuhl, und sprechen als Wut* (weiter mit Rolleninterview).«

Internalisieren

Beim Internalisieren geht es darum, erfahrbar zu machen, wie sich Ereignisse, Personen, Konstellationen, Interaktionen oder Systemstimmungen körperlich niederschlagen und anfühlen, um damit weiterzuarbeiten: »*Dieser Streit, wie fühlt er sich an? Wo genau im Körper spüren Sie diese Anspannung (Wut, Ohnmacht, ...)?« »Lassen Sie diese Erstarrung sich einmal im ganzen Körper ausbreiten, Sie sind jetzt diese Erstarrung* (Rollenwechsel mit der Erstarrung) *– und jetzt springen Sie vom Stuhl auf und lassen diese ganze Erstarrung hinter sich, werden wieder Sie selbst und spüren wie beweglich und lebendig Sie sind, ohne diese Erstarrung* (Klient läuft im Raum herum, lockert sich) *– bleiben Sie bitte in diesem Gefühl und in dieser lockeren Haltung und kommen Sie damit wieder hierher zurück.«*

Symbolisieren (→ III. S. 210)

Beim Symbolisieren geht es darum, etwas durch die Wahl von Gegenständen (als Symbole), durch die lebendige Darstellung von Metaphern oder durch symbolische Interaktion darzustellen. Auch der Raum kann in einer symbolischen Funktion genutzt werden (Aufstellungen → III. S. 244) »*Der Wüterich, die Ohnmächtige, der Erschrockene und die Belustigte, die in den Streits der Familie Sommer-Wiese auftauchen – können Sie sich bitte alle Figuren dafür auswählen?* (Therapeut weist auf eine Sammlung von Figuren). *Jetzt können wir einmal mit diesen Figuren einen typischen Streit durchspielen. Oder: Der Streit als Gewitter. Wer ist was?* (Rollenwechsel) *– Nun spielen wir das Gewitter mit Donner, Blitz, Regen, Sturm, Erde, Bäumen einmal durch* (wenn Musikinstrumente zur Hand sind, kann das Ganze auch mit Instrumenten durchgespielt werden) *– Alle tauschen jetzt die Rollen einmal durch ...«*

Verfremden

Beim Verfremden geht es darum, ein Ereignis in einen anderen Zusammenhang, einen anderen Rahmen (Reframing) zu transferieren: »*Wer ist denn in Ihren, in euren Augen der wütigste Wüterich, die ohnmächtigste Ohnmächtige, der erschrockenste Erschrockene und die belustigtste Belustigte, die Sie, die Ihr kennen(t)?«* Die Familienmitglieder wählen Rollen aus Literatur, Film, TV, Theater. Das Ganze könnte dann im Stegreifspiel als Musical, Tragödie, Krimi oder Komödie inszeniert werden.

Verräumlichen
Beim Verräumlichen geht es darum, Positionen, Unterschiede, Verhältnisse und Relationen im Raum in räumlichen Dimensionen zu verdeutlichen (ausführlich in → III.).

Verzeitlichen
Hier geht es darum, die zeitlichen Dimensionen von Prozessen und Ereignissen in den Vordergrund zu bringen, erfahrbar zu machen und damit zu arbeiten:
– Bewegungen, szenische Abläufe und Ereignisse können *verlangsamt* (Zeitlupe) oder *beschleunigt* werden (Zeitraffer).
– Einzelne Sequenzen können herausgehoben (zeitlich ausgedehnt) werden.
– Der Rhythmus von Geschehnissen kann verändert werden.
– Pausen können gezielt eingesetzt und gestalterisch genutzt werden. In den Pausen kann einfach innegehalten werden, oder es können Personen interviewt werden.
– Szenen können *eingefroren* werden.
– Szenen können *wiederholt* werden und verändert werden: »*Die ganze Szene* (den Streit) *bitte jetzt noch mal in Zeitlupe (Zeitraffer).*«
– Szenen können zerlegt werden: »*Die Anfangssequenz (das Ende) der Streitszene sollten wir nun noch einmal verlangsamt durchspielen. Der Einstieg (das Ende) erscheint mir wichtig. Wenn ich in die Hände klatsche (den Gong betätige), ist das ein Zeichen für Sie, innezuhalten.*«
– Die Zeit kann gerafft oder übersprungen werden (wenn die Szene sich hinzieht oder aus einem anderen Grund): »*Wir überspringen diesen Teil – spulen schnell vor und steigen kurz vor dem Ende wieder ein.*« »*Stunden später . . .*«
– Es kann mit Vor- und Rückblenden gearbeitet werden: »*Wir gehen noch mal an den Anfang (in die Mitte) der Szene.*«

Erweitern
Beim Erweitern geht es darum, den Horizont zu erweitern, bisher wenig beachtete Aspekte oder Kontexte wahrzunehmen und neue Perspektiven einzuführen: »*Was passiert vor dem Streit, was passiert nach dem Streit?*« »*Wann und wo kommt es* nicht *zum Streit (Ausnahmen)?*« »*Welche Personen (Umstände, Institutionen, Innere Stimmen) spielen bei dem Streit noch eine Rolle?*« »*Wenn es vielleicht gar nicht so sehr um die Themen geht, an denen sich die Streits entzünden, was wären dann Ihrer Meinung nach die Themen, um die es eigentlich geht?*« »*Was tun Sie sonst noch so?*« »*In Ihren Ursprungsfamilien, wie wurde da gestritten?*« »*Ich möchte mal die Großeltern hier mit in die Streitszene hereinnehmen.*« »*Wenn Sie Ihre Streits an einen anderen Ort (auf eine andere Zeit) verlegen würden, welche Orte, welche Zeiten wären dann günstig (damit es richtig kracht um den Streit in eine effektive Auseinandersetzung umzuwandeln)?*« »*Wenn ich mir das so anschaue, denke ich: Hören Sie auf keinen Fall mit dem Streiten auf, bevor Sie etwas anderes gefunden haben, was Sie so stark verbindet. Lassen Sie uns die Versöhnungssequenz am Ende vom Streit doch noch mal ausführlicher und*

intensiver durchspielen.« »Ich übernehme mal Ihre/deine Rolle und Sie/du schauen/schaust sich/dir die Streitszene mal von außen an.« »Jeder darf jetzt mal in einer selbst gewählten Rolle eingreifen. Angenommen, Sie/du wären/wärst ein Streitschlichter (Streiteinheizer, der Papst, Angela Merkel, Gandhi, Harald Schmidt, Batman, Red Adair, Mutter Teresa . . .), was würden/würdest Sie/du dann tun?«

Verdichten

Beim Verdichten geht es darum, bestimmte Ereignisse, Szenen, Interaktionsmuster, Begriffe oder Themen dramatisch zu verdichten. Typische Verdichtungen sind Skulpturen oder Aufstellungen (→ III.): *»Stellen Sie bitte den Streit, wie Sie ihn sehen in einer Skulptur dar.« »Wenn man die typischen Positionen nimmt, die sich im Streit immer wieder ergeben: Können Sie mir das bitte zeigen, indem Sie alle Familienmitglieder hier in diesem Feld aufstellen, so dass die jeweilige Position deutlich wird (ich übernehme in dieser Streitkonstellation stellvertretend Ihre Position)?« »Wir fassen die ganze Streitszene zusammen: Nehmen Sie bitte jetzt alle deutlich eine Haltung ein, die Ihrem Gefühl im Streit entspricht – und jetzt ein Satz aus dieser Haltung heraus.«*

Maximieren (Übertreiben)

Beim Maximieren geht es darum, Körperausdruck, Gefühle und Handlungsimpulse zu intensivieren. Diese Technik wird im klassischen Psychodrama häufig angewandt, um eine körperliche Abreaktion (*Acting Out*) herbeizuführen. In der Arbeit mit Familien und Paaren sollte diese Technik nur sehr gezielt, gut gerahmt und bedacht angewendet werden: *»Stehen Sie bitte auf, Stühle an den Rand. Wir spielen den Streit jetzt mal ohne Worte, nur mit körperlicher Bewegung. Sie versuchen sich gegenseitig aus diesem Kreis hier herauszuschieben, ohne sich zu verletzen. Wer an den Rand tritt, macht nicht mehr mit und ist sicher.« »Machen Sie das stärker (schneller, doller, deutlicher, mit mehr Kraft, intensiver).« »Nehmen Sie jetzt die Stimme dazu. Machen Sie einen Ton – lauter – noch lauter.«*

II.3. Prozesssteuerung

Ablauf einzelner Treffen

Jedes Treffen mit einer Familie oder einem Paar entwickelt seine eigene Dynamik zwischen geplanter und spontaner Interaktion. Eine besondere Herausforderung liegt daher in der zeitlichen Steuerung einzelner Treffen mit mehreren Protagonisten. Deshalb ist es hilfreich, einem flexiblen Ablaufschema zu folgen, an dem man sich orientieren kann. Eine einfache Orientierung bietet die klassische psychodramatische Einteilung in drei Phasen: *Erwärmung, Aktion* und *Integration*. In der Phase der Erwärmung geht es darum, Kontakt aufzunehmen, einen gemeinsamen Aufmerksamkeitsfokus herzustellen und sich für ein Thema anzuwärmen. Die Phase

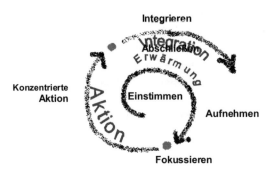

Abbildung 21: Zirkulärer Ablauf therapeutischer Treffen

Tabelle 15: Phasen, Schritte und Aufgaben im Ablauf therapeutischer Treffen

Phasen	←Erwärmung→		←Aktion→	←Integration→	
Schritte	Einstimmen	Aufnehmen und Fokussieren	Konzentrierte Aktion	Integrieren	Abschließen
Aufgaben	Kontakt aufnehmen Joining Pacing Zugang gemeinsamen Aufmerksamkeitsfokus herstellen	Mitteilungen aufnehmen oder erfragen Ideen und Themen sammeln und sortieren Fokus bestimmen	Situationsaufbau szenische Aktion Situationsabbau	Nachbesprechung Feedback Kommentar Vereinbarungen Experimente	Abschlussritual Abschlussübung

der Aktion gibt Raum für konzentriertes Arbeiten in Aktion. Die Phase der Integration gibt Raum für Reflexion, Ausblick und Abschluss. Der zirkuläre Ablauf kann während eines Treffens auch mehrmals durchlaufen werden und lässt sich in einer Spirale darstellen (Abbildung 21). Die Aufgaben von Familientherapeuten ordnen sich in den beschriebenen Ablauf ein und orientieren sich an bekannten Vorgehensweisen (Tabelle 15).

Timing

Für ein Treffen mit Familien und Paaren sollte man 75–90 Minuten einplanen (bei vielen Beteiligten, großen Abständen und komplexen Fragestellungen eventuell mit Pause und mehr Zeit). Bei der Zeitplanung und beim Timing während des Treffens kann man sich an der einfachen dreiphasigen Einteilung orientieren:

←Erwärmung→	←Aktion→	←Integration→

Es empfiehlt sich, die Zeitplanung von hinten zu beginnen, denn auf jeden Fall sollte man genügend Zeit für die Integration berücksichtigen. Auch für die Kontaktaufnahme und einen gemeinsamen Aufmerksamkeitsfokus sollte man genügend Zeit einplanen. Das gilt besonders dann, wenn die Beteiligten aus unterschiedlichen Richtungen anreisen, aus verschiedenen Zusammenhängen kommen oder einzelne Treffen zeitlich weit auseinanderliegen. Ein gemeinsamer Aufmerksamkeitsfokus kann durch kleine Übungen oder Rituale unterstützt werden. Wenn man die Zeit für Integration (z. B. 20 Minuten) und die Zeit für Erwärmung (z. B. 15 Minuten) von der Gesamtzeit abzieht, erhält man die Zeit, die für Inszenierungen im engeren Sinne zur Verfügung steht.

In der Arbeit mit Mehrprotagonistensystemen ist es nicht immer leicht, die Zeit einzuhalten. Zum Beispiel bedeuten vier Personen in der Regel vier Skulpturen oder Aufstellungen, um alle Perspektiven zu erfassen. Inszenierungen brauchen ihre Zeit und alle Anwesenden wollen beachtet, in den Prozess mit einbezogen und ausreichend gewürdigt werden. Fehlt die Zeit am Ende, kann man dafür zu Beginn des nächsten Treffens Zeit einplanen: »*Heute haben wir etwas wenig Zeit zur Nachbesprechung. Wir werden uns in der Zwischenzeit Gedanken machen. Vielleicht tun Sie das auch. Da knüpfen wir das nächste Mal an.*«

Freie Wahl zwischen sprachlichem Modus und Aktionsmodus

Aktionsmethoden können selbstverständlich in allen Phasen eines Treffens von Beginn bis zum Ende eingesetzt werden. Da man jederzeit frei wählen kann, in welchem Modus – im Sprachmodus oder im Aktionsmodus – man arbeiten möchte, ergibt sich eine große Variabilität in der Gestaltung von Treffen. Aktionsmethoden müssen keineswegs immer von Anfang bis Ende eingesetzt werden. Man kann sich auf ein Ballwerfen am Anfang oder das Sammeln von Themen mit Symbolen beschränken und alles Übrige im Sprachmodus bearbeiten. Man kann die Erwärmungsphase sprachlich gestalten, in der Aktionsphase mit Skulpturen arbeiten und die Integrationsphasen wieder nur sprachlich gestalten. Oder man beendet ein bisher rein sprachlich gestaltetes Treffen mit einem aktionsorientierten Abschlussritual.

Fokussierung

Wer gewohnt ist, vorwiegend mit Sprache zu arbeiten, muss sich bei der Verlaufssteuerung etwas umstellen. Eine Schlüsselfunktion nimmt dabei die Kunst der Fokussierung ein. Die Therapeuten folgen dem Fluss des Geschehens und des Sprechens mit einer besonderen Aufmerksamkeit (Beobachtung und Dramaturgie → II.2.), immer auf der Suche nach Möglichkeiten, etwas in Aktion umzusetzen, zu verdichten und zu bearbeiten. Dabei kommt es auf Geduld und den richtigen Zeitpunkt an. Man muss warten können wie ein Bär am Bach beim Fischfang. Manchmal ist es sinnvoll, ein Gespräch eine Weile vor sich hinplätschern zu lassen. Wenn man genau beobachtet und gezielt fragt, kommen irgendwann der Zeitpunkt und die Möglichkeit, etwas in Handlung umzusetzen oder in Aktion zu bearbeiten.

Entschlossenes Handeln

Gelegentlich ist es notwendig, durch entschlossenes Handeln für Stopps, Positions- und Szenenwechsel und zügige Abläufe zu sorgen. Wenn man eher gewohnt ist, Fragen zu stellen und geduldig zuzuhören, scheut man anfangs vielleicht davor zurück, den Redefluss von Klienten oder eine Handlung zu unterbrechen und etwas auf den Punkt zu bringen. Unterbrechungen, Stopps und Verdichtungen sind aber unumgänglich, wenn man mit Aktionsmethoden arbeiten will. Natürlich kommt es auf Timing und die passende Form an:

»Stopp, an dieser Stelle möchte ich unterbrechen.«
»Das Thema heißt offenbar . . .«
»Die Frage ist . . .«
»Fällt jemandem dazu eine Szene ein?«
»Wie kann man das darstellen?«
»Bauen Sie das bitte auf.«

Beobachten – Initiativen folgen – aktiv Führen – Beobachten

Entschlossenes Handeln, wie es hier gemeint ist, setzt Interaktive Präsenz (→ II.4. S. 194) voraus. Dabei geht es darum, Handlungsimpulse, Reaktionen, mögliche Initiativen und Stimmungen intuitiv zu erfassen. Es ist sehr wichtig, nicht nur beim Einleiten einer Initiative achtsam zu sein, sondern *während* man die Initiative behält, achtsam zu bleiben und genau zu beobachten, wie die Reaktionen sind. Es geht nicht darum, irgendein Programm durchzuziehen: »*Ich sehe Sie zögern. Bleiben Sie einen Moment da, wo sie sind. Was ist gerade los?*« Vielleicht ist in einem Zögern oder einer Irritation etwas Wichtiges aufgehoben. Dies deutlich zu machen und zu bearbeiten ist vielleicht wichtiger, als die angestrebte Handlung zu vollziehen. Den ganzen Ablauf muss man sich eher als einen interaktiven Reigen, eine fließende Bewegung im Wechsel von Beobachten – Initiativen folgen – aktiv Führen – Beobachten – vorstellen (vgl. Hawellek u. von Schlippe, 2005).

Komplexität und Einfachheit

Ein besonderes Augenmerk sollte darauf liegen, den Grad der Komplexität angemessen zu steuern. Steigt der Grad der Komplexität zu stark an, kann der therapeutische Prozess unproduktive Verwirrung stiften (im Gegensatz zu produktiver Verwirrung). Sinkt der Grad der Komplexität jedoch unter ein bestimmtes Maß, wird der Prozess flach und generiert wenig Bedeutung. Die Frage ist: Wie kann man es einfach (genug) machen, ohne (zu) simpel zu werden? Die jeweils angemessene Balance zwischen Komplexität und Einfachheit findet man nur in der konkreten Situation. Dabei kann man sich an drei Fragen orientieren:
– Welcher Grad an Komplexität/Einfachheit entspricht den Aufgaben und Kontexten?
– Welcher Grad an Komplexität/Einfachheit passt zu den Klienten?
– Welchen Grad an Komplexität/Einfachheit können die Therapeuten steuern?

II.4. Interaktive Präsenz

Pendeln zwischen Leibachtsamkeit und Kontextsensibilität

Die Arbeit mit Aktionsmethoden erfordert die Fähigkeit, *ganz in einer Situation da zu sein*.[4] Was ist damit gemeint? Interaktiv präsent zu sein bedeutet, sowohl nach innen als auch nach außen hellwach zu sein. Zur Illustration eine kleine Übung:

> Gehen sie mit Ihrer Wahrnehmung nach außen und konzentrieren Sie sich für einen Moment bewusst ganz auf ein Detail ihrer Umgebung – Lösen Sie sich nun von dem Detail ihrer Umgebung und spüren sie ganz bewusst nach innen – Wiederholen Sie den ganzen Vorgang mehrmals in relativ schneller Folge (jeweils 10–15 Sekunden) – Versuchen Sie nun mit Ihrer Aufmerksamkeit ein Detail außen zu fixieren und gleichzeitig Ihre Empfindungen, Gefühle, Gedanken, Handlungsimpulse und Wünsche wahrzunehmen.

Die Idee dieser Übung (und vieler weiterer möglicher Übungen) besteht darin, den Pendelprozess zwischen Innen- und Außenwahrnehmung bewusst in Gang zu setzen oder in Gang zu halten. Das Ziel besteht in einer annähernd gleichzeitigen Aufmerksamkeit für die Vorgänge in einem selbst und in der Umgebung. Eine gleichzeitig nach innen und außen gerichtete Achtsamkeit kann man sich als einen dynamischen Prozess vorstellen, in dem wir in unserer Aufmerksamkeit zwischen Leibachtsamkeit und Kontextsensibilität hin und her pendeln.

Die Schwingung zwischen Leibachtsamkeit und Kontextsensibilität wird wie der Herzschlag oder die Atmung dynamisch geregelt und variiert situationsbezogen. Im Alltag wird uns dies selten bewusst und doch ist dieser Pendelprozess charakteristisch für unsere Wahrnehmung und unser Erleben. Die Pendelbewegung beziehungsweise der Rhythmus der Pendelbewegung kann mehr oder weniger gut ausbalanciert, aber auch empfindlich gestört sein (Arretierung, Entgleisung). Solche Störungen können sich in den verschiedensten Symptomen zeigen. In jedem Fall bildet ein ausbalancierter Pendelprozess die Grundlage für Beziehungsfähigkeit und Kommunikation, für soziale und emotionale Kompetenz.

Exkurs
Konzepte der Achtsamkeit: Die Fähigkeit, die ich – mit Bezug auf die therapeutische Situation und die Arbeit mit Aktionsmethoden – *Interaktive Präsenz* nenne, hat einige

---

4 Diese Formulierung verdanke ich meiner Kollegin Katharina Witte.

Berührungspunkte mit dem Konzept der Gewahrsamkeit in der Gestalttherapie und Konzepten der Achtsamkeit, die in der Praxis des Buddhismus, zunehmend aber auch in der psychosomatischen Medizin und Psychotherapie eine wichtige Rolle spielen. Im buddhistisch inspirierten *Satipatthana Sutta* werden vier Grundlagen der Achtsamkeit genannt: Achtsamkeit für den Körper, Achtsamkeit für Gefühle und Empfindungen, Achtsamkeit für Bewegungen des Geistes, Achtsamkeit für Geistobjekte. Die Achtsamkeitspraxis verfolgt folgende Ziele: mit sich *selbst* in Kontakt kommen, aufwachen und in *Harmonie* mit sich selbst und der Welt leben, erforschen, wer wir sind, unsere *Weltanschauung* und Rolle in der Welt hinterfragen und jeden *Augenblick*, in dem wir leben, in seiner Fülle schätzen lernen. Achtsamkeit ergänzt oder komplettiert Konzentration. »Doch so intensiv und befriedigend es auch sein mag, sich in der Konzentration zu üben, bleibt das Ergebnis doch unvollständig, wenn sie nicht durch die Übung der Achtsamkeit ergänzt und vertieft wird. Für sich allein ähnelt sie einem Sich-Zurückziehen aus der Welt. Ihre charakteristische Energie ist eher verschlossen als offen, eher versunken als zugänglich, eher tranceartig als hellwach. Was diesem Zustand fehlt, ist die Energie der *Neugier*, des *Wissensdrangs*, der *Offenheit*, der Aufgeschlossenheit, des *Engagements* für das gesamte *Spektrum* menschlicher Erfahrung. Dies ist die Domäne der Achtsamkeitspraxis, in welcher die Einspitzigkeit und die Fähigkeit, *Ruhe* und *Stabilität* in den Augenblick hineinzubringen, genutzt werden, um tief in die Vernetztheit einer Vielzahl von *Lebenserfahrungen* hineinzublicken und sie zu verstehen« (Kabat-Zinn, 2007, S. 75). Durch Achtsamkeitsübungen wird die Aufmerksamkeit weiter, offener und intensiver, Entspannung, Gelassenheit und *emotionale* Kompetenz (Franken, 2004) wird gefördert. Achtsamkeitsübungen erschließen *Quellen* der Kreativität und eröffnen mitten im *Alltag* Spielräume.

Jon Kabat-Zinn und Ellen Langer (Langer, 1990) von der Harvard Universität in Boston beschäftigen sich seit vielen Jahren mit dem intensiven therapeutischen Einsatz von Achtsamkeit in der psychosomatischen Medizin, bei *Stress*, Persönlichkeitsstörungen, Depression und Sucht.

 Karl Heinz Brodbeck schlägt zum Beispiel folgende Übung vor: »Während Sie mit dem Lesen jetzt fortfahren – weiten Sie bitte den Blick und das Gefühl langsam und behutsam – auf alles andere – Augenbewegungen – Atemrhythmus – wie Sie sitzen – auf verschieden Körperteile – den Raum neben, vor und hinter Ihnen – während Sie lesen – ...« (Brodbeck, 2007).

Interaktive Präsenz im Kontakt trainieren

In der konkreten therapeutischen Arbeit geht es darum, im Kontakt mit Klienten interaktiv präsent zu sein und zu bleiben. Interaktive Präsenz als elementare Fähigkeit kann ständig im therapeutischen Alltag geübt und gezielt in Workshops trainiert werden. Die Vorstellung, dass es sich um einen dynamischen Prozess handelt (Pendeln zwischen Leibachtsamkeit und Kontextsensibilität), bietet eine gute Grundlage, variationsreiche und maßgeschneiderte Trainingsprogramme zu entwerfen. Zwei Beispiele für Übungen im Kontakt:

Setzen Sie sich einem Partner, einer Partnerin gegenüber und fixieren Sie gegenseitig Ihre Augen – Lösen Sie sich nun mit Ihrem Blick und spüren nach innen: Nehmen Sie bewusst Ihre körperlichen Reaktionen wahr, welche Empfindungen und Gefühle bewegen Sie, welche Gedanken gehen Ihnen durch den Kopf, welche Impulse regen sich und welche Wünsche werden wach – Wiederholen Sie den ganzen Vorgang mehrmals in relativ schneller Folge – Nehmen Sie Ihre Atmung wahr – Versuchen Sie nun beides gleichzeitig zu tun.

Stellen Sie sich allein auf die Bühne vor eine Gruppe – Nehmen Sie bewusst die gesamte Gruppe und jeden Einzelnen wahr – Wandern Sie nun mit ihrer Aufmerksamkeit nach innen: Nehmen Sie bewusst Ihre körperlichen Reaktionen wahr, welche Empfindungen und Gefühle bewegen Sie, welche Gedanken gehen Ihnen durch den Kopf, welche Impulse regen sich und welche Wünsche werden wach – Wiederholen Sie den ganzen Vorgang mehrmals in relativ schneller Folge – Kehren Sie nun der Gruppe den Rücken zu, verweilen Sie schweigend mindestens 10 Minuten so und nehmen Sie wahr, was sich tut – Drehen Sie sich nun wieder der Gruppe zu und versuchen Sie, gleichzeitig innen und außen wahrzunehmen.

Schauspieler trainieren intensiv, sowohl in Kontakt mit sich selbst als auch mit den Mitspielern und dem Publikum zu sein. Interaktive Präsenz ist die Voraussetzung eines überzeugenden Zusammenspiels und einer überzeugenden Performance. Im Improvisationstraining (spontanes Spiel ohne Drehbuch mit wenigen Vorgaben) entwickeln Schauspieler die Fähigkeit, interaktiv im Fluss des Geschehens und unmittelbar bezogen auf die anderen Spieler zu reagieren und zu agieren, ohne sich selbst zu verlieren.

Interaktive Präsenz ist auch genau die Aufmerksamkeitslage, in der Therapeuten ihre besten Ergebnisse erzielen. Sowohl im klinischen Alltag als auch im gezielten Training (Improvisationstheater, Clownsübungen, Kontaktimprovisation, Psychodynamic Movement, Tanz, Kampfsportarten, Kontakt mit Tieren) ergeben sich zahlreiche Möglichkeiten, Interaktive Präsenz zu üben. Nicht zuletzt ist die Anwendung von Aktionsmethoden in der Arbeit mit Familien und Paaren ein gutes Training für Interaktive Präsenz. Schritt für Schritt lernt man, auch in komplexen und emotional herausfordernden Situationen bei sich zu bleiben und gleichzeitig aufmerksam das Geschehen zu verfolgen und zu organisieren.

Raumgebende Präsenz

Die therapeutische Situation verlangt nach dem Selbstverständnis und den Standards moderner Psychotherapie Respekt vor der Selbstbestimmung von Klienten und ein Gespür für die autopoietischen (selbstschöpferischen) Fähigkeiten von Klientensystemen. Die erforderliche *raumgebende Beeinflussung* steht damit in einem deutlichen Gegensatz zu allen einengenden Formen der Beeinflussung, die Abhängigkeit fördern und Autonomie beeinträchtigen. Durch die Form ihrer Präsenz gestalten Therapeuten unterschiedliche Beziehungsangebote und Beziehungsräume. Eine raumgebende Form der Präsenz schafft Raum zur Selbstentfaltung, eine dominante Form der Präsenz schafft Raum für Abhängigkeiten. Die Unterscheidung zwischen einer raumgebenden und einer dominanten Form der Präsenz erscheint mir daher besonders bedeutungsvoll.

Exkurs

Beispiele für dominante Präsenz finden sich in der Politik, aber auch im Bereich der Religion und der Heilkunst. Der klassische Typ (Volkstribun, Religionsführer, Psychoguru) besetzt mit seinem ausgeprägten Charisma den gesamten Raum und dominiert die Szene aus der Position des Hochstatus. Einen Platz im Heil(s)system und Aussicht auf Heilung gibt es in dieser Konstellation für Klienten allerdings nur dann, wenn sie sich mit der Person und den Anschauungen des Heilers vollständig identifizieren und sich der charismatischen Person in einem regressiven Akt ohne Nachdenken ganz hingeben. Auf diese Weise treten sie in die heilende *Aura* (große Mutter, mächtiger Häuptling) eines Heilers, einer Heilerin ein. Die Inszenierung der therapeutischen Prozedur zielt auf diesen Akt und durch den Akt entsteht ein Raum, in dem die Sehnsucht nach Abhängigkeit und die Lust zur Unterwerfung gelebt werden kann. Subjektiv wird die Regression in eine einfach geordnete Welt (die es sonst nicht gibt) als Erlösung und Befreiung empfunden. Das schwache Ich der Klienten leiht sich in der Identifikation mit dem Therapeuten/Guru all das, worüber es in der grauen Wirklichkeit nicht verfügt. Die subjektiven Zeugnisse dieser – über jeden Zweifel erhabenen – Empfindungen werden dann häufig als Beweis der Heilerkräfte (oder der Kräfte, die der Heiler beschwört) ins Feld geführt. In einem autoritär bestimmten sozialen Feld gibt es keinen Platz für Kritik oder selbstbestimmte Klienten. Innerhalb der Logik autoritärer Heil(s)systeme handelt der Heiler nur konsequent, wenn er jedes Aufkommen von Kritik an der Autorität des Heilers (oder den Mächten, Kräften oder Ordnungen, die er beschwört) unterbindet und eine Aufhebung von Abhängigkeit und Idealisierung strikt verhindert. Die Unterdrückung von Kritik und Selbstbestimmung ist deshalb notwendig, weil sich Abhängigkeit und Erlösung im beschriebenen System gegenseitig bedingen, eins kann ohne das andere nicht sein. Das Ausschließliche oder Ausschließende kann subtil kommuniziert werden oder direkt und grob: Wer nicht mitzieht, wer nicht glaubt, dem wird mit Nichtheilung gedroht. Wer durch Kritik und Zweifel stört, muss aus dem Heilskollektiv ausgeschlossen werden, weil sonst die geheimnisvollen Kräfte (des Heilers oder des Feldes, das durch die autoritäre Struktur aufgebaut wird) nicht wirken können.

Die Magie und die berauschende Wirkung der Identifikationsdroge potenzieren sich mit der Menge der Beteiligten, ein Phänomen der Massenpsychologie, das im subjektiven Empfinden deutlich spürbar wird und aus der Wechselwirkung zwischen Menge und charismatischer Person resultiert (das Sportpalastphänomen). Dabei vergessen die Bewunderer, die Fans, die Heilsuchenden, dass sie selbst es sind, die die Aura des Heilsbringers gleichsam aufpumpen, während der Einzelne in der Menge aufgeht und sich gleichzeitig erhoben fühlt. Das Charisma Einzelner entsteht aus der Reflexion und Bündelung projektiver Fantasien der Menge. Vielleicht liegt darin das Geheimnis – und der Schrecken – aller großen Verführungen: dass Verführte und Verführer gleichermaßen diesen Zusammenhang ausblenden. Der Preis ist allemal hoch: Er besteht in der Abhängigkeit vom Heiler (Führer) oder vom Heilungssystem, im Verlust der persönlichen Selbstbestimmung und im Verzicht darauf, selbst ein starkes und kritikfähiges Ich zu entwickeln. Alles zusammen führt zu einem Verlust an Selbstwert und Selbstachtung, der sich aller Erfahrung nach destruktiv auswirkt: aggressiv nach außen und depressiv nach innen. Die Geschichte des zwanzigsten Jahrhunderts liefert hierfür die traurigen Beweise. »[…] Menschen, die blind in Kollektive sich einordnen, machen sich selber schon zu etwas wie Material, löschen sich als selbstbestimmte Wesen aus. Dazu passt die Bereitschaft, andere als amorphe Masse zu behandeln«, formuliert treffend Theodor W. Adorno und: »Wer […] Erziehungsideale verficht, die gegen die Mündigkeit, also gegen die selbstständige bewusste Entscheidung eines Menschen gerichtet sind, der ist antidemokratisch. Die Tendenzen, von außen her Ideale zu präsentieren, die nicht aus dem mündigen Bewusstsein selber entspringen […], sind stets noch kollektivistisch-reaktionär« (Adorno, 1971, S. 107).

Ein gewisser Grad an Idealisierung in der Therapie stützt, besonders anfangs, das Arbeitsbündnis und kann hilfreich sein. Der Klient muss daran glauben, dass der Therapeut, die Therapeutin ihm helfen kann, und da kann es nicht schaden, wenn der Therapeut, die Therapeutin über eine starke und hoffnungsvolle Ausstrahlung verfügt. Vielleicht gehört zum Therapieren auch ein gewisses Maß an Selbstüberschätzung und Überschätzung des Machbaren. Aber seriöse Therapeuten wissen, wie man Abhängigkeiten und Idealisierungen wieder auflöst und Selbstbestimmung, soweit irgend möglich, entwickelt. Der Prozess der Therapie ist ein Prozess des Raumgebens und der behutsamen Entmythologisierung, ein Prozess, in dem die Therapeutin alle ihre Fähigkeiten nutzt, um selbst in den Hintergrund zu treten und Klienten in eine selbstbestimmte Unabhängigkeit zu entlassen.

Präsenzpflege und Arbeitsfreude

Wie kann man Interaktive Präsenz entwickeln, trainieren und pflegen? Der erste Schritt besteht darin, den Stand seiner persönlichen Fähigkeit, interaktiv präsent zu sein, einzuschätzen und sich Entwicklungsziele zu setzen.

Entwicklungsstand

Interaktive Präsenz – Skaleneinschätzung mit Referenzpersonen: Wählen Sie eine Person, die Sie als optimal interaktiv präsent einschätzen. Nehmen Sie für diese Person ein Symbol und legen es auf den Boden. Wählen Sie nun eine Person, die für Sie das andere Ende des Kontinuums repräsentiert, wählen Sie auch für diese Person ein Symbol und legen es in einigem Abstand auf den Boden. Stellen Sie sich selbst in diese Skala. Sie haben nun schon einen gewissen Anhaltspunkt, wie Sie sich selbst einschätzen. Wandern Sie die Skala auf und ab, nehmen Sie eine entsprechende Körperhaltung ein und spüren Sie nach, wie sich das anfühlt.

Wo liegt mein persönliches Lernziel für die nächsten 3 Monate? Von wem möchte ich etwas lernen? Was möchte ich genau lernen und welche Übungen und Lernfelder gibt es dafür?

Präsenzstatus
Der aktuelle Präsenzstatus kann als Indikator für die allgemeine Befindlichkeit und gegenwärtige Leistungsfähigkeit angesehen werden.

 Präsenzstatus – Skaleneinschätzung im Vergleich mit Referenzsituationen: Erinnern Sie eine Situation, in der Sie sich besonders interaktiv präsent fühlten. Wählen Sie dafür ein Symbol und platzieren es auf dem Boden. Erinnern Sie sich an einen gegenteiligen Zustand und wählen Sie auch dafür ein Symbol. Wie stark unterscheidet sich dieser Zustand von dem ersten? Legen Sie das Symbol in eine Entfernung zum anderen Symbol, die diesen Unterschied verdeutlicht. Diese Skala repräsentiert Ihre persönliche Schwankungsbreite in Bezug auf Präsenz. Stellen Sie sich in dieser Skala an den Ort, der Ihren momentanen Präsenzstatus anzeigt. Gehen Sie nun dahin, wo Sie gern in den nächsten Stunden/Tagen/Wochen wären. Gehen Sie zurück zum aktuellen Punkt und überlegen Sie, was Sie tun könnten, um dorthin zu kommen, wo Sie hinwollen.

Günstige und ungünstige Rahmenbedingungen für Interaktive Präsenz
Der aktuelle Präsenzstatus hängt ab von den emotionalen Freiheitsgraden, vom Kohärenzerleben, von ausgeglichenen Rhythmen und der Qualität der Affektabstimmung in Beziehungen:

— *Emotionaler Freiheitsgrad:* Wer durch allzu viele oder durch wenige, aber tief greifende Konflikte oder Entscheidungssituationen besetzt wird, dessen Interaktive Präsenz sinkt. Die emotionale Resonanzfähigkeit nimmt ab und die Pendelbewegung kommt zum Stillstand. Wer dagegen mit sich und seiner Umgebung weitgehend im Reinen ist, kann mit sich und anderen in Kontakt treten. Der emotionale Freiheitsgrad wird bestimmt durch:
  — *Innere Besetzung:* ungeklärte Konflikte, drängende Lösungsideen (Kreativitätsschübe), schwierige Themen, Entscheidungsprozesse;
  — *äußere Gebundenheit:* drückende Termine, Häufung von Anforderungen, Informationsflut, starke Vernetzung.
— *Kohärenzerleben:* Das Kohärenzerleben, Kern des Salutogenesekonzepts von Antonovsky (1997), spielt eine wesentliche Rolle als günstige oder ungünstige Bedingung für Interaktive Präsenz: »Das Kohärenzgefühl ist eine globale Orientierung, die ausdrückt, in welchem Ausmaß man ein durchdringendes, dynamisches Gefühl des Vertrauens hat, dass die Stimuli, die sich im Verlauf des Lebens aus der inneren und äußeren Umgebung ergeben, strukturiert, vorhersehbar und erklärbar sind; einem die Ressourcen zur Verfügung stehen, um den Anforderun-

gen, die diese Stimuli stellen, zu begegnen; diese Herausforderungen sind es, die Anstrengung und Engagement lohnen« (Antonovsky, 1997, S. 36). Das Kohärenzerleben in einer Situation, ein Gefühl von Stimmigkeit speist sich nach Antonovsky also aus drei wesentlichen Quellen:

- *Überblick und Vorhersehbarkeit:* Situationen werden überblickt und Entwicklungen werden verstanden.

- *Handlungskompetenz und Ressourcenverfügbarkeit:* Anforderungen erscheinen angemessen und man verfügt über die notwendigen Mittel und Fähigkeiten, die gestellten Aufgaben zu meistern.

- *Resonanz und Sinn:* Das eigene Engagement und das Engagement Anderer findet ein Echo, man wird gebraucht, fühlt sich nützlich und erfährt Anerkennung und Wertschätzung.

- Weitere Quellen des Kohärenzerlebens sind:

  - *Das Empfinden von Identität:* Wenn man sich selbst wiedererkennt in Vergangenheit, Gegenwart und Zukunft.

  - *Das Empfinden von Vertrauen:* Wenn man ohne Bedrohung authentisch handeln kann.

  - *Das Empfinden von Berechtigung:* Wenn die Bilanz von Geben und Nehmen ausgeglichen erscheint, wenn Schuld und Verantwortung ausbalanciert sind.

  - *Das Empfinden von Eingebundenheit:* wenn man sich in einer Gemeinschaft aufgehoben und erwünscht fühlt.

- *Rhythmen:* Die Stimmigkeit (oder Unstimmigkeit) von Tages-, Wochen- und Jahresrhythmen stellt eine weitere wesentliche Rahmenbedingung für den Präsenzstatus dar. Wesentliche Rhythmen, die untersucht und gestaltet werden können, sind:

  - *Wachen und Schlafen,*
  - *kreative Aktion und schöpferische Pause,*
  - *Interaktion und für sich sein,*
  - *Kontakt und Besinnung,*
  - *Spannung und Entspannung,*
  - *Öffnung und Schließung,*
  - *Eintauchen und Auftauchen,*
  - *Progression und Regression,*
  - *Beschleunigung und Verlangsamung,*
  - *Privat und Beruflich.*

- *Affektabstimmung:* Der Präsenzstatus wird situativ beeinflusst von der Affektabstimmung im aktuellen Beziehungsgeschehen (→ IV.1. S. 263). Die enge Kopplung von Affektabstimmung und Präsenzstatus zeigt sich in der Regel in spezifischen körperlichen Reaktionen: angenehmen oder unangenehmen Hautreaktionen, muskulärer Erstarrung oder Lockerheit (Kiefer, Hals, Rücken), Stimmhöhe und Stimmtiefe, Stimmfärbungen, bestimmten Körperempfindungen (angenehmes Kribbeln, Schmetterlingsgefühle oder dumpfe Empfindungen,

Taubheiten im Körper oder Teilen des Körpers), Augenbeweglichkeit oder Augenunbeweglichkeit, Hörphänomene. Mit etwas Selbstexploration und Übung kann man persönliche Muster der Reaktion als Signale erkennen, daraus den aktuellen Präsensstatus ablesen und regulative Maßnahmen einleiten.

Alle oben genannten Aspekte zusammen eröffnen vielfältige Möglichkeiten, um am Präsenzstatus zu arbeiten und Interaktive Präsenz zu entwickeln.

Präsenztraining als Qualitätsentwicklung und Gesundheitsfürsorge
Wenn man akzeptiert, dass es in Beratung und Therapie ganz wesentlich um die Gestaltung von Beziehungsqualität geht, und wenn man annimmt, dass Interaktive Präsenz (als Indikator und Prozessor) eine Grundbedingung für Beziehungsqualität ist, dann lohnt sich Präsenztraining und -pflege allemal. Die gezielte Entwicklung und der Erhalt der interaktiven Präsenz ist aber nicht nur ein Instrument zur Qualitätssicherung in der Beziehungsarbeit, sondern auch ein Beitrag zum Erhalt von Gesundheit und Arbeitsfreude. Denn nach allem was wir wissen, macht die Pflege und Entwicklung Interaktiver Präsenz Freude und trägt zum Erhalt der Gesundheit (Burn-out-Prophylaxe) bei. Nehmen wir an, Therapeuten würden sich systematisch (entlang den oben genannten Kriterien und Voraussetzungen) mit der Pflege und der Entwicklung Interaktiver Präsenz beschäftigen. Nehmen wir an, Institutionen und Teams würden alle ihre Arbeitsabläufe und Prozesse so gestalten, dass ein Optimum an interaktiver Präsenz erreicht wird. Wir könnten erwarten, dass sich nicht nur die Leistungsfähigkeit im direkten Kontakt mit den Klienten und in der Zusammenarbeit mit Kollegen erhöht, sondern auch die Arbeitszufriedenheit und Arbeitsfreude. Präsenztraining ist also gleichzeitig ein Instrument der therapeutischen Qualitätsentwicklung und ein Instrument der Gesundheitsvorsorge.

Zirkulierende Aufmerksamkeit

Interaktive Präsenz bildet die Grundvoraussetzung für eine zirkulierende Aufmerksamkeit, die man für die Arbeit mit Familien und Paaren braucht, besonders, wenn man mit erlebnisintensiven Aktionsmethoden arbeitet.

Beispiel
Stellen Sie sich vor, Sie arbeiten mit einer Familie von fünf Personen. Gerade erzählt der Vater, Herr S., von seinem Gefühl, *außen vor* zu sein. Sie bitten ihn, das Außenvorsein in einer Aufstellung zu zeigen und zu erkunden: »*Stehen Sie doch bitte alle auf – danke –* (Therapeut wendet sich an Frau S.) *ich möchte gern, dass Sie in dem Bild Ihres Mannes die Position einnehmen, die er Ihnen gleich gibt, hinterher werde ich Sie fragen, was Sie davon halten – danke –* (Therapeut wendet sich den Kindern zu) *von euch hätte ich das auch gern, es geht darum, wie euer Vater die Situation erlebt, hinterher werde ich*

euch fragen, wie ihr das eigentlich seht – o.k. – (Therapeut wendet sich Herrn S. zu) nun, Herr S., es geht ja um keine einzelne Situation, sondern mehr um ein generelles Erleben in vielen Situationen, wenn ich das richtig verstanden habe? – in Ordnung, dann stellen Sie doch bitte mal Ihre Familie so auf, wie Sie das erleben – Sie können mit sich beginnen, ich werde Ihre Position einnehmen – ... – ich trete nun aus Ihrer Position heraus und dafür gehen Sie in Ihre Position – von innen gespürt, stimmt es so? – oder möchten Sie noch etwas verändern? – gut, dann machen Sie das, nehmen Sie sich ruhig Zeit, es soll ja für Sie stimmen (Herr S. korrigiert einige Positionen) – danke, vielleicht wechseln Sie noch mal nach außen, ich übernehme wieder Ihre Position – stimmt es von da aus gesehen auch? – o.k. – dann wechseln Sie bitte wieder in Ihre Position, danke – wie geht's den anderen in ihren Positionen in dem Bild vom Vater? – ... – setzen wir uns nun wieder in den Kreis zum Sprechen.«

Das Beispiel verdeutlicht, worin die Herausforderung in der Arbeit mit Mehrprotagonistensystemen besteht. Die Therapeutin muss alle anwesenden Personen als gleichberechtigte Protagonisten im Auge behalten, während sie sich einzelnen Personen für einen Moment besonders zuwendet und dabei gleichzeitig die Situation als Ganzes im Blick behält. Die Aufmerksamkeit schweift in der Szene, wandert von Person zu Person und berücksichtigt gleichzeitig Aspekte der Interaktion, der Konstellation und des Feldes (→ IV.1. S. 257). Wie im Familienalltag oder beim Dirigieren eines Orchesters braucht man die Fähigkeit, mehrere Prozesse und Ebenen gleichzeitig zu erfassen und verschiedene Dinge gleichzeitig zu tun (Multitasking). Die Arbeit mit Aktionsmethoden erfordert ein ständiges Wechseln von Beobachtungspositionen und Perspektiven, Rollen und Aufgaben (→ II.2. S. 177), verlangt also äußerliche und innerliche Beweglichkeit:

– *Äußerliche Bewegung:* Therapeuten verändern Ihre Position im Feld, vergleichbar mit einer fahrenden Kamera. Sie bewegen sich also durch den Raum und nehmen dabei verschiedenen Positionen zwischen Mitte und Rand ein.
– *Innere Bewegung:* Die beschriebene äußerliche Bewegung kann mit einiger Übung auch innerlich ausgeführt werden: Während man die Position behält, schweift ein Teil der Aufmerksamkeit im Raum umher, betrachten das Ganze von oben (aus der Vogelperspektive) oder von unten (aus der Mausperspektive). Oder man wechselt innerlich, während man die ganze Szene im Blick behält, mit einzelnen Personen die Rolle.
– *Andere Brillen:* Eine weitere Form der innerlichen Bewegung besteht darin, die Einstellungen in der Wahrnehmung (wie bei einem Objektivwechsel) zu verändern, zum Beispiel indem man zwischen einer linearen und zirkulären Sichtweise (→ I.8. S. 151) hin- und herwechselt oder von einer Dimension in eine andere wechselt (→ I.8. S. 148).

II.5. Vom szenischen Verstehen zum szenischen Gestalten

>»Das wichtigste ist, von der beobachtenden Vernunft zur
>handelnden Vernunft überzugehen.«
>Haruki Murakami

Therapie mit dramatischen Mitteln

»Kunst gibt nicht das Sichtbare wieder«, sagt Paul Klee, »sondern macht sichtbar.« Inszenierungen in Kunst und Therapie können zeigen, was mit Worten schwer zu fassen ist. Wenn erlebbar und erfahrbar wird, worüber man nicht reden kann, können Energien frei werden, die vorher gebunden waren. Gemeinschaftliche Inszenierungen stehen nicht nur am Anfang der Kultur, sie werden auch oft in der traditionellen Heilkunst als Mittel eingesetzt, um gebundenes Potenzial der Veränderung zu Heilungszwecken freizusetzen. Seit jeher setzt das Pathos gemeinschaftlicher Inszenierungen Energien frei, um Urängste zu besiegen und Visionen zu wecken (vom griechischen Theater bis zum Unternehmenstheater). Beim Schlangenritual der Hopi-Indianer werden Tänzer zu Schlangen. Intensiver Rollenwechsel und rituelle Gestaltung schaffen sowohl Nähe als auch Distanz zu den gefürchteten und gleichzeitig verehrten Wesen. Eine symbolische Inszenierung, in der die Akteure schließlich, unter den Augen der Zuschauer, die Köpfe echter Giftschlangen furchtlos in ihre Münder wandern lassen.

Dennoch gibt es Unterschiede zwischen der Welt der Kunst und der Welt der Therapie. Die Therapie kann zwar alle Möglichkeiten des Theaters nutzen, verfolgt aber andere Ziele als das Theater. Was sind die entscheidenden Unterschiede? Theater entfaltet sich im Raum zwischen Publikum und Künstlern und zielt auf die Produktion von Kunst in der Öffentlichkeit. Therapie dagegen entfaltet sich im Raum zwischen Therapeuten und Klienten und zielt auf die Entwicklung von Lösungen im Schutz von Intimität (→ I.1. S. 36). Die Kunst therapeutischen Inszenierens verfolgt keinen höheren Zweck als den, Klienten als Autoren und Gestalter ihrer eigenen Lebenswelt ins Spiel zu bringen. Dieser Prozess wird mit den kreativen Mitteln des Theaters organisiert, jedoch ohne jeden Anspruch auf künstlerische Originalität oder Vorzeigbarkeit. Daher spielt es auch keine Rolle, ob Klienten theatralisch begabt sind oder nicht.

Und doch geht dramatische Therapie – in der klassischen Form des gruppenorientierten Psychodramas (von Ameln et al., 2004, Krüger, 1997), aber auch in der systemischen Arbeit mit Familien und Paaren – weit über ein rein verhaltensorientiertes oder übendes Rollenspiel hinaus. Darstellung und Spiel mischen Imagination und Wirklichkeit, sie geben nicht einfach Wirklichkeit wieder, sondern erweitern den Erlebensspielraum: Alltagsszenen und fantastische Bilder, Bewusstes und Unbewusstes, psychische Strukturen und soziale Felder, handelnde Figuren und soziale Konstellationen, Erinnerungen, Träume und Visionen werden lebendig. Es gilt für die Therapie mit dramatischen Mitteln, was Max Reinhardt für sein Theater formuliert hat: »Ein Traum ohne Wirklichkeit bedeutet mir ebenso wenig wie reine Wirklichkeit ohne Traum, und das Theater besteht ja aus verwirklichten Träumen.«

Szenisches Verstehen, Erleben und Gestalten

Körperausdruck, Haltung, Bewegungsmuster, Mimik, Gesten, Stimme, Blick und Ausstrahlung – aus all dem schließen wir intuitiv auf Status, Befindlichkeit und Absicht von Interaktionspartnern und reagieren auf eben dieser Ebene. Diese analoge Form der sozialen Abstimmung bestimmt unser Erleben, unser Verhalten und die Kommunikation mit Anderen weit mehr, als uns in der Regel bewusst wird. Ausdrucksverstehen und emotionale Abstimmung sind daher zweifellos in der Therapie ebenso wichtig wie Sprache und Verhalten.[5] Szenisches Verstehen und Erleben geht jedoch weit über Körperlichkeit hinaus. Es basiert auf einem Phänomen, das G. W. Leibniz *coup d'oeil* nennt. Damit ist unsere Fähigkeit gemeint, auf einen Blick eine Totalität zu erfassen (Supramodale Wahrnehmung, Vitalitätsaffekte, metaphorisches Raumerleben → IV.1.). Mit dieser Fähigkeit erweitert sich die Wahrnehmung auf Positionen und Konstellationen von Personen im Raum und das Verstehen weitet sich aus auf das Zusammenwirken von Personen und Umgebungen. Szenisches Verstehen bezieht sich auf eine Situation als Ganze und im szenischen Erleben erfahren wir uns als eine Menge von Aktivitäten, die in uns und um uns herum geschehen.

Der Zugang zum szenischen Erleben wird allerdings durch den Erwerb und die Anwendung einer Sprache erschwert, die zirkuläre Zusammenhänge linear abbildet. Die Kehrseite unserer außerordentlichen Sprachentwicklung besteht in der Tendenz, die Welt analytisch zu zerlegen und zu verdinglichen. »Die Welt ist die Gesamtheit der Tatsachen, nicht der Dinge« notiert der Philosoph Ludwig Wittgenstein in seinem berühmten »Tractatus« (Wittgenstein, 1921/1979, S. 9). Genau darum geht es. Szenisches Arbeiten will die Gesamtheit der Tatsachen konkret erlebbar und gestaltbar machen.

---

5   »Rainer Krause hat in einem Workshop in Berlin anhand von Videosequenzen die Affektabstimmung zwischen Therapeut und Patient aufgezeigt. Deutlich wurde an diesen Aufnahmen, dass 80 % der Informationen, die ausgetauscht werden, nicht bewusstseinsfähig sind, das heißt auf der Ebene der Mimik, der Physiologie, der Körperhaltung, des Blickkontakts ausgetauscht werden« (Konrad, 2000, S. 50).

Schlüsselszenen und generalisierte Plots

Mit allen Sinnen erleben und erspüren wir die Welt und die Gesamtheit der Sinneseindrücke erzeugt in unserem Inneren Erregungsmuster die wiederum ältere Erregungsmuster aktivieren (Hüther, 2004). Scheinbar chaotische Muster elektrischer Ströme rasen durch das immense Netzwerk der Neuronen, nehmen auf, was unsere Sinne an Informationen von draußen und drinnen liefern, leiten weiter, verbinden Zellen zu neuen Netzwerken und formen selbst im Schlaf noch neue Muster. Handeln, Fühlen, Denken und Träumen fließen zusammen, und in der Mitte entstehen Bilder von uns Selbst und unserer Umgebung – Empfindungsbilder, Sehbilder, Klangbilder, Geruchsbilder, Geschmacksbilder, Fühlbilder, Bewegungsbilder, Körperbilder, Tastbilder, Bilder von unserer Lage im Raum und Bilder von Positionen in sozialen Konstellationen. Wir sind szenisch organisierte Wesen: »So schreite ich von Szene zu Szene, die sich mir leibhaftig einprägen [...] das Gedächtnis wird so ein unendliches Reservoir von Szenen«, schreibt Petzold (zit. nach von Ameln et al., 2004, S. 536).

Innere Szenen werden aber nicht nur gespeichert, sondern auch laufend bearbeitet und weiterentwickelt. Neue und frühere Erfahrungen überlagern sich ständig und verbinden sich zu neuen Szenarien. Die inneren Szenen entwickeln (parallel zur Außenwelt) eine eigene schöpferische Dynamik: ein riesiges inneres Improvisationstheater, auf dessen Bühnen sich Gestalten aus den verschiedensten Welten – der sozialen Realität, den Medien, der Fantasie und dem Traum – tummeln und begegnen, miteinander kommunizieren und in der Fantasie neue Gestalten, Szenen und Geschichten erzeugen.

Aus dem reichhaltigen Material generiert und verdichtet das Gehirn mit der Zeit *metaphorische Schlüsselszenen* und *generalisierte Plots* (vgl. Stern, 1993, → IV.1. S. 273). Schlüsselszenen wirken als Container für spezifische Emotionen, Systemstimmungen, Interaktionsmuster, Rollen und Rollendynamiken. Generalisierte Plots geben eine bestimmte, charakteristische Dramaturgie vor und bestimmen, wie bestimmte Figuren, Charaktere, Konstellationen und Erzählstränge zu spezifischen Szenenfolgen verbunden werden. Persönliche und familiäre Schlüsselszenen und generalisierte Plots bestimmen aber nicht nur das individuelle Erleben und Erinnern – das innere Theater drängt vielmehr danach, sich auf der äußeren Bühne zu inszenieren. Auf diese Weise schließt sich der permanente Kreislauf des Szenischen.

Innenwelten und Außenwelten sind über das Szenische, die symbolische Interaktion miteinander verbunden. Es ist also sinnvoll, szenisches Verstehen, Erleben und Gestalten als Ausgangspunkt und als Zielpunkt der therapeutischen Arbeit zu wählen. Das Setting der Paar- und Familientherapie bietet besondere Möglichkeiten, Schlüsselszenen und generalisierte Plots direkt zu bearbeiten.

Die therapeutische Situation als Szene gestalten

Der entscheidende Schritt besteht aber darin, die therapeutische Situation selbst als Szene zu betrachten, die gestaltet werden kann. Das gilt sowohl für die Zweiperso-nensituation (Einzeltherapie), als auch für die Therapie mit Familien, Paaren oder Gruppen. *Beamen* Sie einen Teil von sich als Beobachter an den Rand des therapeutischen Geschehens: Jetzt sehen Sie eine einzelne Person, ein Paar oder eine Familie im Gespräch mit einer Therapeutin oder mehreren Therapeuten. Genau diese Situation, diese Szene, ist es, von der man bei der Gestaltung ausgehen kann.

Teil III: Systemische Aktionstools

»Es ist ein Irrtum zu glauben, die entscheidenden Momente eines Lebens, in denen sich eine gewohnte Richtung für immer ändert, müssten von lauter und greller Dynamik sein, unterspült von heftigen inneren Aufwallungen [...] In Wahrheit ist die Dynamik einer lebensbestimmenden Erfahrung oft von unglaublich leiser Art. Sie ist dem Knall, der Stichflamme und dem Vulkanausbruch so wenig verwandt, dass die Erfahrung im Augenblick, wo sie gemacht wird, oft gar nicht bemerkt wird«.   Pascal Mercier, Nachtzug nach Lissabon

Vorbemerkungen

Für eine kreative Praxis ist es hilfreich, aus einem breiten Repertoire passende Techniken auswählen zu können. Dieses Kapitel bietet eine Sammlung systemischer Aktionstechniken[1] (Tabelle 16).

Tabelle 16: Systemische Aktionstools im Überblick

Systemische Aktionstools	
1	Symbolische Darstellung mit Gegenständen und Figuren
2	Markierungen im Raum
3	Aktionstechniken in Kombination mit Symbolen
4	Interpunktionen und Orte
5	Entwicklungslinien
6	Feldarbeit
7	Positionen und Anordnungen von Personen im Raum
8	Skalen in Aktion
9	Rangfolgen in Aktion
10	Ambivalenzfelder
11	Aktionssoziometrie
12	Gestaltung unmittelbarer Szenen
13	Gäste im Rollenwechsel
14	Bilder und Metaphern in Aktion
15	Skulpturen
16	Aufstellungen
17	Rituale

Die hier auf die Arbeit mit Familien und Paaren bezogenen Techniken können selbstverständlich auch in anderen Settings oder Formaten angewandt werden. Die anwendungsbezogene Darstellung folgt einem didaktischen Aufbau und erlaubt gleichzeitig

---

1 Die Ideen für diese Techniken gehen zurück auf das Psychodrama von J. L. Moreno, die Gestalttherapie von Fritz Pearls und auf familientherapeutische Pioniere, wie Salvador Minuchin, Virginia Satir, Carl Whitacker oder Peggy Papp.

das Nachschlagen einzelner Techniken. In der Summe ergibt sich eine Fülle von Anregungen für die Gestaltung von Unterschieden in Aktion. Alle Techniken können kombiniert oder mit anderen Techniken angereichert werden – mit Deutungen, Modifikation von Verhalten, Hausaufgaben, Suggestionen, Trancen, Geschichten, zirkulären Fragen, Musik, Malen, Schreiben oder Körperübungen.

Unterschiede gestalten – zirkuläres Fragen in Aktion
Die emotionale Interpretation von Formen und räumlichen Anordnungen gehört zu den fundamentalen Erfahrungen und Eigenschaften des Menschen. Es macht einen Unterschied, ob wir im Viereck um einen Tisch sitzen oder in einem offenen Kreis stehen, ob Clara neben der Mutter sitzt oder neben dem Vater, ob jemand vor oder hinter mir steht. Die Arbeit mit Aktionsmethoden zielt darauf ab, die Metaphorik der Formen und die Metaphorik von Anordnungen im Raum zu beachten und zu nutzen. Im Raum handelnd können Unterschiede gemacht werden: zirkuläres Fragen in Aktion. Manche interessante Unterscheidung taucht bemerkenswerter Weise erst dann auf, wenn man versucht, etwas in Aktion umzusetzen und sichtbar zu machen.

Materialien
Die Arbeit auf einer *leeren Bühne* ohne Requisiten kann sehr effektiv sein. In der Regel ist es jedoch hilfreich, bestimmte Hilfsmittel zur Verfügung zu haben:
– Gegenstände (Bauklötze, Bälle, Figuren aller Art, Steine, Münzen, Gegenstände des täglichen Gebrauchs (Hammer, Taschenlampe),
– Seile, Schnüre,
– Tücher,
– Moderationskarten, Kreppband,
– Stühle.

1. Symbolische Darstellung mit Gegenständen und Figuren

Die symbolische Darstellung mit Gegenständen und Figuren bietet eine Alternative zur direkten Aktion[2]. Alle im Folgenden beschriebenen Aktionstechniken können auch in einer symbolischen Darstellung durchgespielt werden. Direktes Spiel und Symbolspiel werden unterschiedlich intensiv erlebt. Damit eröffnet sich eine Wahlmöglichkeit. Wenn es darum geht, sich von einer Situation oder von dem Erleben in einer Situation zu distanzieren, empfiehlt sich eher eine symbolische Darstellung. Wenn es um die Intensivierung von Kontakt und emotionaler Resonanz geht, eher ein direktes Spiel.

---

2   Zur Arbeit mit Symbolen in der Supervision siehe Katharina Witte (2001b).

Beim gemeinsamen Aufbau von Skulpturen oder Aufstellungen wählen alle Familienmitglieder Symbole für sich selbst: »*Bitte wählen Sie etwas, was für Sie selbst stehen kann*« und führen dann diese Symbole wie Puppenspieler.

Selbstverständlich kann eine Person auch mehrere Symbole für sich oder andere Personen wählen (verschiedene Gefühle, Persönlichkeitsanteile, Rollen, Stimmen). Auf diese Weise kann ein persönliches Rollenensemble, eine Innere Familie oder ein Inneres Team mit Symbolen aufgebaut werden.

Auch Therapeuten können Gegenstände oder Figuren als Symbol für sich selbst wählen und mit diesem Symbol agieren (BOF-Modell → I.3. S. 69).

Die Arbeit mit Symbolen hat viele Varianten:

– Es gibt verschiedene Arten von Symbolen, die Unterschiede können genutzt werden.
– Therapeuten können Symbolarten anbieten oder auswählen lassen.
– Es können innere und äußere Netzwerke/Konstellationen/Strukturen abgebildet werden.
– Wahl für Personen, Themen, Gefühle, Konflikte, Geheimnisse, Stärken, Symptome . . .
– Aufbau von Themensammlung, Konfliktthemen, Lösungsfantasien, Problemsystem, Lösungssystem, Familienkonstellation, Inneres Team, Wunschfamilie, Stärkenkonstellation . . .
– Gestaltung: Symbolen im Raum einen Platz geben, Sprechen als Symbol, Vorher-nachher-Konstellationen, Umbau von Konstellationen, Problemkonstellationen, Lösungskonstellationen, Desasterkonstellationen, Wunschkonstellationen, Symbol (sicher) deponieren.
– Suche nach Symbolen als Hausaufgabe, Verbindung mit weiteren Aufgaben/Experimenten.

Externalisieren mit Symbolen
Beim Externalisieren geht es darum, etwas nach außen zu bringen oder im Außen darzustellen. Das können Gefühle, Vorstellungen, Fantasien oder Wünsche sein. In der systemischen Therapie wird Externalisierung vor allem mit der Externalisierung von Symptomen[3] und der Arbeit der australischen Familientherapeuten White und

---

3 Der Rollenwechsel und die Identifizierung mit dem Symptom haben im Psychodrama und in der Gestalttherapie eine lange Tradition. »*Rollenwechsel mit dem Klumpen im Magen! – Du bist jetzt dieser Klumpen – sag etwas zu deinem Vater als Klumpen. Was willst du mit ihm machen?*« In diesem Beispiel wird aber auch deutlich, dass in der psychodramatischen Arbeit das körperliche Symptom gleichzeitig externalisiert (auf der Bühne von einem Hilfs-Ich dargestellt) und internalisiert (auf der Bühne vom Klienten verkörpert) wird. Moreno spricht von Symptomproduktion, und im psychodramatischen Spiel wird das Symptom sehr konkret und körperlich als etwas erlebt, was in Entwicklung umgewandelt werden kann. Dadurch wird die Gefahr gebannt, ein Symptom als etwas Ich-Dystones, von außen Kommendes zu sehen und zu erleben.

Epstein verbunden. Michael White beschreibt in einem anschaulichen Beispiel, wie er in einer Familientherapie für das Einkoten des Jungen eine Figur erfindet, die sich »sneaky poo« nennt, und wie er diese Figur in die Therapie mit einbezieht (White u. Epstein, 1990, S. 60ff.). Für Externalisierungen aller Art bietet sich die Arbeit mit Symbolen geradezu an.

Im Folgenden beschreibe ich das praktische Vorgehen in der Arbeit mit Symbolen.

Symbole suchen

Das Suchen nach geeigneten Symbolen ist bereits ein wichtiger Schritt. Man kann einzelne Personen oder eine ganze Familie gleichzeitig auf die Suche nach Symbolen schicken. Das Schöne an dieser Art des Vorgehens ist, dass immer dann, wenn Klienten nach Symbolen suchen, die Therapeuten viel Zeit haben – zum Nachdenken, Assoziieren oder um die nächsten Schritte zu planen. Der Suchprozess kann auf unterschiedliche Weise eingeleitet und gesteuert werden:

- Offenes finden

Dieses Vorgehen hat den Vorteil, dass Suchrichtungen nicht von vornherein vorgegeben werden und die Wahl eines entsprechenden Symbols oder einer Symbolart eine Menge Informationen generiert: »*"Wir haben über die hohen Leistungsansprüche der Familie Sommer-Wiese gesprochen. Ich schlage vor, dass jeder, jede jetzt nach einem geeigneten Symbol sucht (alternativ: alle gemeinsam nach einem Symbol suchen), das für diese Leistungsansprüche steht. Es kann alles genommen werden, was sich hier im Raum findet.«* »*Wir haben darüber gesprochen, dass die Anderen Sie, Herr Sommer-Wiese, oftmals als mental abwesend erleben, auch wenn Sie körperlich anwesend sind. Finden Sie bitte ein Symbol für das Gefühl, das diese Kritik in Ihnen auslöst. Die Anderen finden bitte ein Symbol für diese mentale Abwesenheit.«*

- Richtungen oder Metaphern vorgeben

Dieses Vorgehen hat den Vorteil, dass man Klienten auf bestimmte Ideen bringen kann: »*Angenommen diese schlechte Stimmung, die manchmal in der Familie herrscht, wäre ein Tier oder ein schreckliches Monsterwesen, was wäre es dann? – okay, wir haben also den indischen Tiger von Paul, den Monster-Dragon von Martin, von Ihnen, Frau Sommer-Wiese, diesen dunstförmigen Geist und von Ihnen, Herr Sommer-Wiese, diese fremde Macht – vielleicht nehmen wir alle vier. Suchen Sie sich doch bitte dafür Symbole.«*

Weiterarbeit mit Symbolen (Auswahl)

- Symbole erkunden

»*Was Sie da gefunden haben, beschreiben Sie das bitte.«* »*Bitte sprechen Sie als Symbol, ich werde Sie jetzt interviewen«.*

- Symbole miteinander sprechen lassen

»*Ich schlage vor, dass der indische Tiger, der Monster-Dragon, der dunstförmige Geist und die fremde Macht sich einmal unterhalten – Wie kommen Sie eigentlich hierher? – Wer hat Sie gerufen? – Was könnte Sie zähmen? – Wozu ist es gut, dass Sie da sind?*«

- Gegensymbole finden

»*Finden Sie jetzt bitte Symbole, die denjenigen, die Sie vorher für die schlechte Stimmung gefunden haben, entgegengesetzt sind – das gibt's also auch, in welchen Situationen wird das lebendig?*«

- Symbole zuordnen und neu ordnen

»*Herr Sommer-Wiese, ich hätte gern, dass Sie sich jetzt noch einmal ein Symbol für sich selbst wählen – danke, die Symbole für die Abwesenheit stellen wir hier herüber, auch Ihr Gefühl, das die Kritik in Ihnen auslöst – ich schlage vor, dass die anderen jetzt Symbole wählen für Eigenschaften, die sie am Papa, die sie an ihrem Mann, schätzen.*«

2. Markierungen im Raum

Mit Hilfe von Klötzen, Bällen, Symbolen, Figuren, Kreppband, Seilen, Schnüren und Tüchern können einfache Strukturen oder komplexe Landschaften aufgebaut werden (Szenenaufbau → II.1. S. 161). Mit wenig Aufwand können auf diese Weise Unterschiede gemacht, verdeutlicht und gestaltet werden. Der jeweilige Aufbau kann als Darstellung für sich stehen oder weiter genutzt werden. Einige der Nutzungsmöglichkeiten werden weiter unten genauer beschrieben (Tabelle 17 erlaubt einen ersten Überblick).

Tabelle 17: Markierungen im Raum

Markierungen	Beispiele
Punkte im Raum markieren	Mittelpunkt, Anfang, Ende, Point of no return
Polaritäten im Raum markieren	ja – nein, falsch – richtig, gut – böse
Triangel im Raum markieren	hier, dort und dazwischen
Skalen im Raum markieren	Skala von eins bis sieben
Ambivalenzfeld markieren	zwischen *Für sich sein* und *Mit anderen sein*
Spezielle Orte im Raum einrichten	sicherer Ort, gefährlicher Ort, magischer Ort
Entwicklungslinien anlegen	persönliche Entwicklungslinie, Familienlinie
Grenzlinien ziehen	bis hierher und nicht weiter
Felder markieren	Konfliktfelder, Kraftfelder, Entwicklungsfelder
Landschaften aufbauen	Arbeitswelt, Seelenlandschaft, Wohnung

3. Aktionstechniken in Kombination mit Symbolen

In der Regel ergänzen sich Aktionstechniken und Symbolarbeit organisch.

Beispiel
Carmen ist eine dreizehnjährige »Schnitzerin« und geht schon einige Zeit auf Trebe. Sie ist überzeugt davon, das schwarze Schaf der Familie zu sein. Die Familie führt während eines gemeinsamen Treffens heftige Gegenrede, während Carmen weitere Beweise für ihr Bild provoziert. Die Situation scheint ziemlich festgefahren. Die Therapeutin bittet Carmen, ein Symbol zu wählen: *»Bitte wähl dir ein Symbol für deine Überzeugung, das schwarze Schaf in der Familie zu sein – und jetzt leg das bitte auf den Stuhl hier«* (Externalisierung und Unterscheidung von Überzeugung und Person → I.2. S. 55). Dann fordert sie Carmen auf, den übrigen Familienmitgliedern eine Position in Bezug zum Symbol/Stuhl zu geben. Carmen stellt die Familie als Gruppe in weitem Abstand zum Stuhl auf, alle blicken gebannt in Richtung des Symbols. Therapeut: *»Und wo bist du?«* Carmen stellt sich ganz nah zum Stuhl: *»Eigentlich müsste ich noch näher zum Stuhl.«* Therapeut: *»Dann mach das.«* Carmen setzt sich auf den Stuhl und nimmt das Symbol, eine Batman-Figur, in die Hand. Therapeut: *»Es gibt von dir hier im Moment eigentlich nur deine Überzeugung, dass du ein schwarzes Schaf bist!?«* Carmen: *»Ja, irgendwie schon.«* Therapeut: *»Wenn ich das so sehe, ist das schwarze Schaf, dieser Batman da, ziemlich allein und isoliert und doch im Zentrum der Aufmerksamkeit. Keiner aus der Familie will was mit dieser Figur zu tun haben, außer Carmen natürlich. Carmen sagt, sie sei das schwarze Schaf, aber die anderen verneinen das. Carmen muss sich dann fühlen, als wenn sie gar nicht da wäre. Immerhin tut sie alles, um dennoch den Beweis für sich als schwarzes Schaf zu liefern. Vielleicht kann das schwarze Schaf, der Batman da, nur erlöst werden, wenn sich jemand aus der Familie traut, der Carmen mal was zu sagen, was vielleicht weh tut.«* Nach einigem Zögern traut sich eine der Schwestern. Daraufhin verändert die Therapeutin die Konstellation im Raum (die Geschwister sitzen in einem Kreis, die Eltern außerhalb) und es kommt zum ersten Mal seit längerer Zeit zu einem direkten Dialog zwischen den Geschwistern. Im Gespräch beklagen sich Schwester und Bruder heftig über die zentrale Rolle von Carmen in der Familie. Am Ende des Treffens sitzen alle im Kreis, Carmen legt das Symbol eine Armweite entfernt von sich auf einen anderen Stuhl.

• Doppelter Situationsaufbau
Einige schöne Möglichkeiten ergeben sich, wenn eine Situation oder Szene sowohl mit Symbolen aufgebaut als auch in lebendiger Aktion durchgespielt wird. Wenn es sinnvoll ist, kann man zwischen beiden Darstellungsformen auch hin und her wechseln. Zum Beispiel wird eine Familie zuerst mit Tierfiguren auf dem Tisch aufgebaut, dann wird eine Situation im Gruppenraum/Spielzimmer als Spontanspiel durchgespielt, danach wird das Spiel im Besprechungszimmer mit Hilfe des symbolischen Aufbaus durchgesprochen und nachbereitet.

4. Interpunktionen und Orte

Eine sehr einfache Möglichkeit, Räume zu interpunktieren, besteht darin, einen Gegenstand zu nehmen und im Raum zu deponieren: »*Dieser Ball hier stellt den Mittelpunkt Ihrer Gemeinde dar. Wo in etwa befindet sich ihre Familie? Mehr am Rand oder mehr zum Mittelpunkt hin?*«

Mit Hilfe von Symbolen können Punkte im Raum als Orte definiert werden. »*Bitte wählen Sie ein Symbol dafür, worunter Sie leiden – gut, das ist der Ort, an dem wir uns über das Leiden in der Familie unterhalten können – und nun wählen Sie sich bitte Symbole für alles, was Freude macht – hier ist der Ort, wo wir uns über die Freuden unterhalten können.*« Es können die verschiedensten Orte angelegt werden. Einzelne Orte können auch weiter ausgebaut werden: »*Frau Sommer-Wiese, Sie haben darüber gesprochen, dass Sie manchmal einen Rückzugsraum brauchen, wo Sie für keinen aus der Familie erreichbar sind – bauen Sie sich den doch bitte jetzt einmal hier auf – wir unterhalten uns in der Zwischenzeit über die Organisation von Hausarbeit.*«

5. Entwicklungslinien

Die Arbeit mit Entwicklungs- oder Zeitlinien ist wahrscheinlich eine der bekanntesten Aktionstechniken überhaupt. Sie hat eine lange Tradition und wird, besonders in der Arbeit mit Einzelnen, breit angewendet. Der australische Familientherapeut und Psychodramatiker Antony Williams hat dafür den Begriff *Memory Lane* geprägt. Er hat diese Technik ausführlich in seinem Buch »The Passionate Technique« (1989) beschrieben. Die Entwicklung von Systemen kann mit Hilfe einer Linie auf dem Boden dargestellt werden. Auf dieser Linie reihen sich wichtige Ereignisse (Meilensteine, Stolpersteine, Stationen, Wendepunkte, Entwicklungssprünge) im Leben von Systemen in zeitlicher Folge wie Perlen auf einer Schnur. Solche Entwicklungslinien können für Einzelne angelegt werden (persönliche Entwicklungslinie), aber auch für Paare, Familien, Teams oder ganze Organisationen. In der Darstellung hier konzentriere ich mich auf Entwicklungslinien von Paaren und Familien.

Aufbau von Entwicklungslinien
Anfang und Ende einer Entwicklungslinie können durch Klötze oder Symbole gekennzeichnet werden. Die Markierung sollte bereits durch die Klienten selbst erfolgen: »*Bitte kennzeichnen Sie den Anfang und das Ende der Entwicklungslinie – lassen Sie bitte noch Platz für zukünftige Entwicklungen.*« Entwicklungslinien können auch in Kurven, mit Hilfe von Seilen oder Schnüren, ausgelegt werden.

• Entwicklungslinien von Paaren
Bei Paaren können zwei biografische Entwicklungslinien (mit unterschiedlichen Schnüren) gelegt werden, diese Entwicklungslinien vereinigen sich an einem be-

stimmten Punkt. Das hat den Vorteil, dass die persönliche Vorgeschichte in den Blick kommt und gleichzeitig deutlich wird, dass die persönliche Entwicklungslinie mit einer Trennung keineswegs aufhört, sondern einen anderen Kontext erfährt.

• Entwicklungslinien von Familien

In der Arbeit mit Familien können zunächst die Eltern ihre Entwicklungslinien legen, dann legen die Kinder ihre Entwicklungslinien dazu. Besonders interessant wird das Auslegen von Linien bei Patchwork-Familien, in denen die Entwicklungslinien bestimmter Kinder und Elternteile früher gemeinsam verlaufen als die Entwicklungslinien des neuen Paares. Hier können auch abzweigende Entwicklungslinien ehemaliger Partner eingeflochten werden.

Ereignisse können mit Moderationskarten (Jahreszahlen, Überschriften) oder Symbolen markiert werden. Bei mehreren Personen erfolgt die Markierung gleichzeitig und zunächst ohne Worte (um sich nicht gegenseitig zu beeinflussen): »*Bitte überlegen Sie, welche besonderen Ereignisse es aus Ihrer Sicht im Familienleben gab – finden Sie für dieses Ereignis bitte ein Symbol – und legen das Symbol bitte an die Linie, dort, wo es zeitlich hingehört.*« Es können zusätzlich Ereignisse markiert werden, die vor allem die persönliche Entwicklung betreffen. Diese Symbole werden parallel zum Verlauf mit einem Abstand zu den anderen Symbolen gelegt.

• Personen als Markierung

Eine weitere Möglichkeit für den Aufbau von Entwicklungslinien besteht darin, Personen – nach dem Kriterium der Länge ihrer Zugehörigkeit zum System – nacheinander auf einer Zeitlinie zu positionieren und in diesen Positionen nacheinander zu interviewen. Dieses Vorgehen hat sich vor allem in der Arbeit mit Teams bewährt, es lässt sich jedoch auch auf die Arbeit mit Familien übertragen, vor allem dann, wenn mehrere Generationen beteiligt sind. Im Prozess rücken die bereits Interviewten immer auf der (gedachten) Zeitlinie mit vor und können zu jedem weiteren Zeitpunkt in das nun stattfindende Interview mit einbezogen werden.

Der Vorteil aufgebauter Strukturen, nicht nur von Zeitlinien, liegt darin, dass sie jederzeit ohne viel Mühe wiederhergestellt werden können. Dieser Vorteil macht gleichzeitig ihren Nachteil aus: Sie sind weniger flüchtig, aber auch weniger flüssig als Sprache oder dramatische Performance. »*Wir sind für heute am Ende der Zeit, aber es ist noch einiges, was hier liegt, nicht besprochen – beim nächsten Mal machen wir weiter, wenn Ihnen in der Zwischenzeit dazu etwas einfällt, schreiben Sie es bitte auf.*« In manchen Situationen kann es auch sinnvoll sein, ein Foto der aufgebauten Entwicklungslinie zu machen. Der Abbau sollte in Ruhe erfolgen: »*Bitte bauen jetzt alle das, was sie aufgebaut haben, wieder ab – nehmen Sie sich dafür Zeit und machen das ganz bewusst.*«

Arbeitsmöglichkeiten mit Entwicklungslinien

• Auf der Entwicklungslinie wandern

Entwicklungslinien sind in beiden Richtungen, alleine oder gemeinsam, schnell oder langsam begehbar: *»Bitte gehen Sie jetzt noch einmal langsam, Schritt für Schritt, in der Zeit zurück.« »Alle positionieren sich jetzt bitte dort, wo es etwas zu klären (zu besprechen, . . .) gibt.«*

• An bestimmten Punkten ein Gespräch führen
Während der Aufbau erhalten bleibt, können an bestimmten Punkten der Entwicklungslinie Gespräche in der *Gegenwartsform* geführt werden. Das Gespräch wird also so geführt, als wenn das Ereignis gerade stattfände. Durch die aufgebaute Struktur bleibt der zeitliche Kontext präsent. Die Gespräche können im Stehen oder im Sitzen stattfinden und die Linie entlang wandern: *»Jetzt rücken wir alle ein Ereignis weiter.«*

• Skulpturen oder Aufstellungen mit Figuren
An bestimmten Punkten einer Entwicklungslinie können kleine Szenen, Skulpturen oder Aufstellungen mit Figuren aufgebaut werden: *»Es gibt also diese Krise in der Familie, das haben alle mit unterschiedlichen Symbolen sehr deutlich gekennzeichnet – Ich möchte Ihnen jetzt einen Vorschlag machen: Sie, Frau Sommer-Wiese, bauen bitte hier, mit Clara zusammen, Ihre Familie so auf, wie Sie sie nach der Krise sehen, vielleicht nehmen Sie die Tiere – Sie, Herr Sommer-Wiese, bauen bitte die Entwicklung während der Krise auf, hier – und ihr, Paul und Martin, zeigt bitte hier, wie ihr die Familie vorher erlebt habt, nehmt doch die Figuren aus diesem Kasten.«* Auf diese Weise kann die Veränderung von Beziehungen und Konstellationen zeitlich geordnet nachvollzogen und bearbeitet werden: *»Und jetzt probieren Sie bitte, alle gemeinsam, hier, etwas Neues aufzubauen, nehmen Sie dafür ruhig auch die Sachen, die Sie schon aufgebaut haben, aber auch etwas Neues; was Sie nicht brauchen können, lassen Sie stehen.«*

• Lebende Skulpturen und Aufstellungen
Selbstverständlich kann auch mit lebenden Skulpturen oder Aufstellungen auf der Entwicklungslinie gearbeitet werden.

• Von der Vergangenheit aus in die Zukunft schauen
Personen können gebeten werden, die Linie der Ereignisse von der Position der Vergangenheit aus zu betrachten: *»Von hier aus gesehen, gibt es irgendetwas, was Ihnen dazu einfällt? – Können Sie bestimmte Zusammenhänge entdecken? – Was, denken Sie, wird als Nächstes passieren?«*

• Zukünftige Ereignisse aufbauen
»Angenommen, wir beenden beim nächsten Treffen die Therapie. Bitte stellen Sie sich jetzt vor, dass die positive Entwicklung während der letzten Monate anhält – an welchem Ereignis im nächsten halben Jahr oder Jahr könnten Sie das besonders deutlich

ablesen? – Nehmen Sie sich für das Ereignis bitte ein Symbol und legen es in den noch offenen Raum.«

- Von der Zukunft aus in die Vergangenheit schauen
»Was uns sonst leider nicht vergönnt ist, hier wird es möglich – kommen Sie doch bitte mit ihren Stühlen hierher und schauen Sie in der Zeit zurück – Sie haben ein paar wichtige Entscheidungen getroffen und das auf der Zeitlinie mit Symbolen gekennzeichnet – Okay, 10 Jahre sind vergangen, Clara ist 16, die Söhne sind schon aus dem Haus, Sie selbst sind älter geworden, ... – von jetzt aus gesehen, wenn Sie zurückblicken, wie zufrieden sind Sie mit den Entscheidungen, die sie getroffen haben?«

- Symbole auf der Zeitlinien verschieben
»Diese Angst, Frau Sommer-Wiese, die damals gekommen ist, als Paul so krank wurde, und die Sie hier in der dunklen Kugel symbolisiert haben, die wandert doch eigentlich immer mit – Der Therapeut nimmt die Kugel und transportiert sie ans Ende der Linie) – *Paul, hast du irgend eine Idee, was die Mama damit machen könnte?«*

6. Feldarbeit

Weniger bekannt als die Arbeit mit Linien ist die Möglichkeit, Felder im Raum zu markieren und damit zu arbeiten.

Aufbau von Feldern
Zum Aufbau von Feldern gibt es zwei Möglichkeiten:

- Raum großflächig mit Seilen (oder Klötzen) unterteilen
»Der eine Teil des Raumes steht für die dunkle Vergangenheit, der andere für die helle Vergangenheit, beides soll hier Raum haben.« »In dem einen Teil des Raumes unterhalten wir uns über die Wünsche für die Zukunft, in dem anderen Teil über die Ängste, was die Zukunft vielleicht bringen mag – vielleicht gehen Sie erst einmal zwischen den Räumen hin und her und spüren die Unterschiede, wie sich beide Felder anfühlen.« »Ich teile den Raum in drei Felder: Hier ist der Problemraum, da befinden wir uns jetzt – dort ist der Lösungsraum, da soll es hingehen – hier ist der Zwischenraum, da geht es darum, was jede, jeder tun muss, um als Familie zum Lösungsraum kommen.«

- Raum kleinflächig mit Tüchern (mit unterschiedlichen Farben oder Mustern) belegen
»Ich möchte gern die verschiedenen Spielfelder, um die es geht, unterscheiden – ich nehme das Tuch in Orange für das Spielfeld Schule, das Tuch in Grün für das Spielfeld Familie und das pflaumenfarbige Tuch für das Spielfeld Freunde.« »Wählen Sie bitte

jetzt ein Tuch, das in der Farbe passt, für die Situation vor fünf Jahren – und nun ein anderes Tuch für die Situation jetzt – und nun noch eins für die Situation, wie sie wäre, wenn wir hier erfolgreich arbeiten.«

Arbeitsmöglichkeiten mit Feldern
Die Arbeit mit Feldern eignet sich besonders gut, um sich einen Überblick zu verschaffen, verschiedene Lebensbereiche oder innere Bereiche zu unterscheiden, Grenzen zu gestalten, Abstände zu regulieren und Gewichtungen zu bearbeiten. Hier eine Auswahl von Möglichkeiten:

- Unterschiedliche Entfernungen
Tücher können in unterschiedlichen Entfernungen zueinander gelegt werden. Die Abstände können verändert werden.

- Unterschiedliche Größen
Tücher lassen sich falten, daher kann die Größe der Felder flexibel angepasst werden: *»Frau Sommer-Wiese, bitte wählen Sie für die Bereiche Beziehung, Familie, Freunde, Beruf, Sport-Spiel-Spannung, Gesellschaftliche Aktivitäten und Für-sich-Sein jeweils ein Tuch – danke, und nun zeigen Sie bitte durch die Größe des Tuches, wie viel Zeit Sie jeweils in einem Feld verbringen – danke. Herr Sommer-Wiese, das Feld Für-sich-Sein ist bei Ihrer Frau einfach zu klein –* Therapeut nimmt das Tuch und gibt es Herrn Sommer-Wiese – *haben Sie irgendeine Idee dazu?«*

- Belegen mit Symbolen
»Nehmen Sie doch bitte jetzt die roten Klötze für Probleme und legen Sie sie dahin, wo welche auftreten – und nun nehmen Sie bitte die blauen Klötze dafür, wenn keine Probleme auftauchen, und deponieren sie ebenfalls.«

- Szenenaufbau auf Tüchern
Mit Symbolen können sehr gut Konstellationen auf Tüchern aufgebaut werden, das jeweilige Tuch kennzeichnet dann deutlich den jeweiligen Kontext: *»Wenn Sie sich als Familie in dieser Streittrance befinden, welches Tuch könnte dieses Feld, in das Sie da hineingezogen werden, am ehesten darstellen? – Gut, und jetzt zeigen Sie bitte mit Figuren, wer sich wo befindet.«*

- Umgruppierung
Durch den Aufbau unterschiedlicher Felder entstehen Nachbarschaften und Teppiche aus Feldern. Die Zuordnung kann, wie bei einem Puzzle, verändert werden.

- Paralleler Szenenaufbau
Jeder von uns lebt in seiner eigenen Welt. Wenn man unterschiedliche Sichtweisen herausarbeiten möchte, empfiehlt sich ein paralleler Situationsaufbau. Damit wird

vor allem die Gefahr vermieden, dass sich die Nachfolgenden in ihren Beschreibungen bereits sehr stark auf vorangegangene Beschreibungen beziehen (eine Gefahr, die beim Erzählen, aber auch in der Arbeit mit Skulpturen und Aufstellungen bei Familien und Paaren immer gegeben ist). »*Jeder, jede nimmt sich jetzt bitte ein Tuch, das zur Familie passt, und begibt sich in eine Ecke des Raumes – Ich möchte gern, dass jetzt alle auf ihrem Tuch mit Gegenständen und Figuren ihr Bild der Familie (alternativ: das Wunschbild usw.) aufbauen – jede, jeder für sich allein – Gut, jetzt sind alle so weit, wer möchte anfangen, den Anderen das eigene Bild von der Familie zu zeigen?*«

7. Positionen und Anordnungen von Personen im Raum

Mögliche Kombinationen von Positionen und Anordnungen im Raum
Positionen: Personen können im Raum liegen, sitzen, stehen oder sich bewegen. Bei zwei Personen kommt man auf 16, bei drei Personen bereits auf 64 mögliche Varianten.

Anordnungen von Personen und Möbeln im Raum: Auch die Anordnung von Personen und Möbeln im Raum kann sehr unterschiedlich sein. Die Aufstellung von vier Personen oder vier Stühlen auf einer leeren Fläche bietet eine Vielzahl von Möglichkeiten: gegenüber, abgewendet, nebeneinander, übers Eck, verschiedene Winkel, im Kreis, offen, geschlossen, weit – eng, vorn – hinten, rechts – links, nah – fern, oben – unten, verschiedene Distanzen, zum Fenster gewandt oder nicht.

Wenn man nun alle Möglichkeiten von Positionierungen und Anordnungen von Personen im Raum miteinander kombiniert, dann bekommt man eine Ahnung von dem Potenzial, das in der Gestaltung therapeutischer Arrangements steckt. Angesichts dieser Möglichkeiten erscheinen die üblichen Arrangements doch eher beschränkt. Therapeuten können aber im Prinzip alle Möglichkeiten des Situationsaufbaus für die Gestaltung der therapeutischen Situation nutzen. Warum nicht einmal mit einer Familie auf dem Boden liegen und Lösungswege fantasieren: »*Ich schlage vor, wir legen uns jetzt alle auf den Boden, die Köpfe in die Mitte, Füße nach außen, wie ein Stern – und nun stellt euch einmal vor, was passieren müsste, damit die Probleme in der Familie sich auflösen, wie die Wolken im Wind – Wer müsste was tun, um der Lösung einen kleinen Schritt näher zu kommen?*«

- Raum geben

Wenn Klienten einen Raum betreten, können sie bereits Möbel in einer bestimmten Formation vorfinden. Das gibt Sicherheit, schränkt aber die Möglichkeiten ein. Eine Alternative ergibt sich, wenn man alle Stühle an den Rand stellt und die Fläche einfach frei macht. Eine leere Bühne verunsichert, eröffnet aber einen weiten Raum der Möglichkeiten. Es ist dann interessant, wo und wie sich Klienten platzieren. Wenn Therapeuten auf diese Weise Raum geben, verlieren sie allerdings das Privileg, immer in einem bestimmten Sessel, an einem bestimmten Ort zu sitzen.

- Arrangements anregen

Einzelne Klienten, Paare oder Familien können aufgefordert werden, die therapeutische Situation nach ihren Wünschen einzurichten: »*Ich schlage Ihnen vor, dass Sie die Situation hier so einrichten, dass wir gut miteinander arbeiten können.*« »*Richten Sie sich bitte so ein, wie es angenehm ist, wenn wir jetzt über dieses schwierige Thema sprechen.*« »*Heute richten wir den Raum so ein, wie die Kinder es gern hätten.*«

- Räume differenzieren

Mit der gleichen Idee können Räume, ähnlich wie oben bereits eingeführt (Orte), unterteilt und damit wichtige Unterscheidungen deutlich gemacht werden: »*Ich schlage vor, wir teilen den Raum in zwei. In dem einen Teil besprechen wir Probleme, in dem anderen Teil sprechen wir über Lösungen (es können auch zwei unterschiedliche Räume sein).*« »*Die Sache hat offensichtlich zwei Seiten, einerseits ist es traurig, dass der Opa jetzt im Altersheim ist, andererseits gibt es endlich mehr Platz im Haus. Vielleicht unterhalten wir uns über das eine hier und über das andere dort – jetzt stehen bitte alle auf, Stühle an den Rand, wir gehen durch den ganzen Raum – jetzt setzen wir uns in die Mitte des Raumes in einen Kreis.*«

- Sitzkonstellationen verändern und nutzen

Die Sitzkonstellationen und damit die gefühlten Beziehungen im Raum können jederzeit verändert und aktiv gestaltet werden. Hier einige Möglichkeiten:

- Platzwechsel

»*Bitte stehen Sie jetzt alle auf – wir wechseln die Plätze, bitte suchen Sie sich einfach einen anderen Stuhl – danke.*«

- Zueinander

Diese Möglichkeit bietet sich in der Arbeit mit Paaren besonders dann an, wenn Therapeuten aus dem berüchtigten Bermuda-Dreieck aussteigen wollen (Das Bermuda-Dreieck ist jene Dreieckskonstellation, in der der Therapeut im Fadenkreuz des Blickkontakts und der Energien beider Partner sitzt). Die Technik kann aber auch in der Arbeit mit Familien angewandt werden, wenn man den Dialog zwischen zwei Personen besonders in Gang bringen will: »*Bitte stellen Sie Ihre Stühle so, dass Sie sich direkt anschauen, und nun unterhalten Sie sich einfach weiter – wir anderen hören zu.*«

- Rücken an Rücken

»*Bitte drehen Sie Ihre Stühle jetzt alle einmal so, dass Lehne auf Lehne zeigt – sprechen Sie weiter.*«

- Nebeneinander

Diese Möglichkeit lässt sich gut in der Arbeit mit Paaren nutzen: »*Bitte nehmen Sie ihre Stühle und stellen Sie sie nebeneinander vor das Fenster und unterhalten sich, wäh-*

rend Sie entspannt hinausschauen« Varianten: *»Ich setze mich einfach still hier in die Ecke und höre Ihnen zu/Ich gehe für 10 Minuten aus dem Zimmer, und komme dann wieder/Ich gehe in der Zwischenzeit mit den Kindern hier in einen anderen Raum).«*

- Andere Formen einführen:
»Ich schlage vor, dass wir uns im Viereck setzen, so als wenn wir wie bei Ihnen zu Hause am Küchentisch sitzen. Vielleicht probieren wir das mal, wer sitzt wo?« *»Bauen Sie doch bitte mal mit Stühlen Ihr Auto nach – danke – und nun setzen Sie sich bitte dorthin, wo Sie in der Regel sitzen – unterhalten Sie sich ruhig weiter.«*

- Reflektierende Familie
Aktionsmethoden bieten hervorragende Möglichkeiten, die bekannte Methode des Reflecting Team flexibel in das Familiensetting einzubauen. Variationen:

- Unterteilung in Gruppen und Abstand nehmen
»Bitte setzen Sie sich hier herüber – Sie hören jetzt einfach nur zu, hinterher frage ich Sie, was interessant für Sie war – wir beide (die Therapeuten nehmen ihre Stühle und setzen sich in einiger Entfernung gegenüber) *unterhalten uns jetzt darüber, wie es weitergeben könnte.«* *»Wir schlagen vor, die Eltern setzen sich jetzt einmal hierher und die Kinder dorthin – Wer möchte anfangen, darüber zu sprechen, was in dieser Situation passiert ist?«* Die Therapeuten können flexibel zwischen beiden Gruppen hin- und herschalten.

- Fishbowl
Die Fischbowl-Konstellation besteht aus einem inneren und einem äußeren Kreis. Man kann jederzeit Personen in den inneren Kreis bitten, während die anderen im äußeren Kreis bleiben. Die Fishbowl-Technik kann flexibel angewandt werden. Variationen:
a) Die Therapeutin kann mit in den inneren Kreis rücken und sich dort mit bestimmten Personen unterhalten, während die anderen zuhören: *»Ich möchte mich gern jetzt mit allen Kindern unterhalten, rückt doch bitte hier zu mir in die Mitte.«* Zu den Eltern gewandt: *»Und Sie höheren bitte aufmerksam zu, ich frage Sie hinterher, was für Sie interessant war – okay, soweit. Setzt ihr euch bitte jetzt wieder in den äußeren Kreis und Sie kommen bitte zu mir in die Mitte. Was war für Sie interessant?«*
b) Der Therapeut kann auch im äußeren Kreis sitzen bleiben und Personen in die Mitte bitten: *»Frau Sommer-Wiese und Paul, rücken Sie doch bitte beide in die Mitte des Kreises – wir anderen hören jetzt zu.«*

- Außenperspektive
Eine weitere Möglichkeit ergibt sich, wenn die Gruppe einen Kreis bildet, um sich zu unterhalten, und eine Person zuhörend außen sitzt.

a) Ein Therapeut: *»Sie unterhalten sich bitte ganz normal weiter, ich setze mich für eine Weile nach draußen und höre von hier aus zu. Lassen Sie sich nicht stören.«*

b) Ein Klient: *»Martin, du hältst das Gespräch in Gang, und das ist sehr gut so. Für diesen Moment möchte ich gern, dass du dir die Zeit nimmst, einfach mal nur zuzuhören, was die anderen sagen. Such dir einen Platz außerhalb vom Kreis, wo du dich wohl fühlst und gut zuhören kannst.«*

- Wechsel zwischen Sitzen, Stehen und Bewegen

Alle Möglichkeiten, die bisher für das Sitzen auf Stühlen beschrieben wurden, können selbstverständlich auch im Stehen ausgeführt werden. Ein Wechsel zwischen Sitzen und Stehen bringt zusätzlich in Bewegung: *»Ich schlage vor, das Treffen heute im Stehen zu Beginn – und nun setzen wir uns.«* *»Stehen wir bitte alle auf und bilden einen Kreis – Wie ist Ihr Gefühl, wenn es um dieses Thema geht? – Nehmen Sie bitte eine Haltung ein, die diesem Gefühl entspricht!«* Zwischendurch können kleine Einheiten in Bewegung nicht schaden: *»Bitte gehen Sie durch den Raum, lassen Sie alles hinter sich.«* *»Wir könnten das Treffen heute im Sitzen auf dem Boden beenden. Was nehmen Sie sich für die nächsten Wochen bis zum nächsten Treffen vor?«*

8. Skalen in Aktion

Skalierungen dienen in der systemischen Therapie dazu, Unterschiede – in Bezug auf *mehr oder weniger* – zu erzeugen, zu erforschen und in enger Verbindung mit zirkulären Fragen zu bearbeiten. Skalen (typischerweise von 1–10 oder von 1–7) können auf sehr einfache Weise auf dem Boden ausgelegt werden, indem man Anfangs- und Endpunkte – eventuell auch die Mitte – auf dem Boden mit Klötzchen oder Symbolen markiert. Dann kann man mit oder in diesen Skalen aktionsorientiert weiterarbeiten.

Skalenaufbau
Themen oder Kriterien können sich aus dem Prozess heraus ergeben oder erfragt werden: *»Was ist denn Ihrer Meinung nach ein wichtiges Thema in der Familie? – okay, dann untersuchen wir dieses Thema, bitte stehen Sie alle auf.«* Die Markierung einer Skala kann in einfacher Weise geschehen: *»Ich lege diesen Klotz hierhin, der steht für perfekte Ordnung, diesen Klotz lege ich dorthin, der steht für perfekte Unordnung, der Ball hier markierte die Mitte«* oder mit der Wahl von Symbolen verbunden werden: *»Bitte wählen Sie alle ein Symbol für perfekte Ordnung – die legen wir hierhin – und jetzt ein Symbol für perfekte Unordnung – die legen wir dorthin.«*

Mit den Unterschieden in der Symbolwahl kann, wenn die Bedeutungen für die Symbole erfragt werden, zusätzlich gearbeitet werden. Auf diese Weise können Skalen differenziert werden. Oder es entstehen weitere Skalen.

Arbeitsmöglichkeiten mit Skalen

• Alle Personen stellen sich gleichzeitig in eine Skala
»Ich möchte Sie jetzt bitten, sich alle gleichzeitig in der Skala dort hinzustellen, wo Sie sich ihrer Einschätzung nach einordnen.«

• Jede Person stellt sich einzeln in eine Skala
»Bitte schätzen Sie sich jetzt selbst ein, indem Sie nacheinander eine Position auf der Skala finden. Wer möchte beginnen?«

• Eine Person wird gebeten, alle anderen in einer Skala aufzustellen
»Herr Sommer-Wiese, Ihnen scheint das Thema besonders wichtig zu sein. Ich möchte Sie jetzt bitten, allen eine Position in der Skala zu geben, nach Ihrer persönlichen Einschätzung – Für sich selbst nehmen Sie bitte einen Stuhl (alternativ kann ein Therapeut die Position übernehmen).« Im weiteren Verlauf können diejenigen Familienmitglieder, die aufgestellt wurden, gebeten werden, ihre Positionen zu korrigieren, oder man gibt allen die Gelegenheit, die Anderen in der Skala zu positionieren.

• Bewegung in einer Skala
Zirkuläre Fragen können in Bewegung umgesetzt werden. Beispiel: *»Ein unvorhergesehenes Ereignis tritt ein – wo stehen Sie dann?«*

• Besprechung in der Skala
»Bitte holen Sie sich jetzt Stühle – stellen Sie die Stühle dorthin, wo sie eben standen, und setzen Sie sich.«

9. Rangfolgen in Aktion

Reihenfolgen bezogen auf eine Skala können Rangordnungen widerspiegeln oder auch *nicht*. Der Unterschied ist zwar fein, dennoch gibt es technisch und inhaltlich Unterschiede, die beachtet werden können. Eine Rangfolge wird aufgebaut, indem eine oder mehrere Personen eine Position einnehmen – selbst gewählt oder von anderen bestimmt. Es sind also Personen, die Anfang, Ende oder Mitte einer Rangfolge markieren (im Unterschied zu Skalen mit abstrakten Bezugsgrößen).

Aufbau einer Rangfolge

• Wahl einer Person in Bezug auf ein Thema oder ein Kriterium:
»Wer ist denn am meisten (am wenigsten) an dem Thema Ordnung in der Familie interessiert?«

- Positionierung: »Frau Sommer-Wiese, stellen Sie sich doch bitte hier an Position Nummer eins – Wer kommt dann in Bezug auf dieses Thema? Mit welchem Abstand? – Wer dann? Mit welchem Abstand?«

- Unterschiedlicher Aufbau
Eine Rangfolge kann so aufgebaut werden, dass die Personen nebeneinander stehen oder hintereinander stehen. Im Erleben macht das einen deutlichen Unterschied.

Arbeitsmöglichkeiten mit Rangfolgen

- Bewegung in einer Rangfolge
Die Personen in einer Rangfolge können sich auf verschiedene Art und Weise zueinander drehen oder wenden (Zum Beispiel: alle stehen nebeneinander und schauen in die gleiche Richtung, oder die Personen stehen hintereinander, Position eins schaut nach vorne, alle anderen in die entgegengesetzte Richtung). Das kann genutzt werden: *»Wer schaut in welche Richtung? Machen Sie das bitte jetzt deutlich. Position eins, wenden Sie sich einmal um und schauen Sie, was da hinter Ihnen passiert.«*

- Besprechung in einer Rangfolge
Die Personen werden gebeten a) stehen zu bleiben b) sich auf Stühlen so hinzusetzen, wie sie in der Rangfolge standen (nebeneinander, hintereinander). Es wird im Stehen oder im Sitzen weiter gesprochen.

- Rangfolgen betonen
»Bleiben Sie eine Weile bitte so stehen – prägen Sie sich die Positionen genau ein.«

- Rangfolgen auflösen
»Und jetzt lösen Sie sich bitte aus dieser Rangfolge und laufen kreuz und quer im Raum herum – die Karten werden immer wieder neu gemischt – bilden Sie jetzt bitte einen geschlossenen Kreis.«

10. Ambivalenzfelder

Das Leben besteht aus Ambivalenzen (→ IV.3. S. 293), die sich besser in Feldern darstellen lassen als auf Skalen. Ambivalenzfelder werden aus zwei Skalen aufgebaut, die einen gemeinsamen Nullpunkt haben und in einem rechten Winkel zueinander stehen. Durch die doppelte Skalierung wird eine Position im Ambivalenzfeld bestimmbar. Bei mehreren Personen werden durch die Positionen im Feld Nähen und Distanzen deutlich. In Abbildung 22 markieren die Positionen A und B extreme Unterschiede zwischen zwei Personen (hier in Bezug auf die Ambivalenz zwischen Leidenschaft und Langeweile). Die Ambivalenzlinie teilt das Feld diagonal in zwei Hälf-

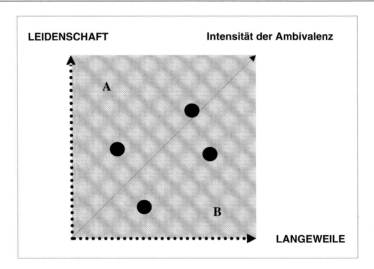

Abbildung 22: Ambivalenzfeld

ten und zeigt die ansteigende Intensität der Ambivalenz an. Ambivalenzfelder können in der Arbeit mit Einzelnen, Paaren, Familien oder Gruppen eingesetzt werden.

Aufbau eines Ambivalenzfeldes

• Wahl eines Gegensatzpaars
Geeignete Gegensatzpaare ergeben sich aus dem Prozess oder können erfragt werden: »*Welcher Gegensatz bestimmt die Dynamik in Ihrer Familie (in Ihrer Paarbeziehung) besonders?*«

• Markieren und Beschreiben
Nehmen wir an, in einer Paartherapie geht es um das Gegensatzpaar *Leidenschaft* und *Langeweile* (vgl. Welter-Enderlin, 1995). Die Therapeutin markiert nun zunächst den gemeinsamen Nullpunkt mit einem Gegenstand und, von diesem ausgehend, den Endpunkt und Mittelpunkt einer Skala von 1–10 für Leidenschaft und genauso für Langeweile: »*Wie Sie sehen, ergibt sich durch die beiden aufeinander bezogenen Skalen ein Feld. In diesem Feld sind verschiedene Positionen möglich. Mich interessiert nun, welche Erwartungen Sie in Bezug auf Leidenschaft und Langeweile in einer Paarbeziehung grundsätzlich haben.*«

• Einweisen
»*Ihre Position finden Sie, indem Sie zunächst auf einer Skala bis zu ihrem gewählten Punktwert gehen und dann im rechten Winkel den Punktwert auf der anderen Skala anpeilen und in das Feld hineingehen. Bitte finden Sie jetzt gleichzeitig Ihre Positionen.*«

Arbeitsmöglichkeiten mit einem Ambivalenzfeld

- Ein Ambivalenzfeld kann sofort wieder aufgelöst werden, um das Ergebnis zu besprechen

»Im Ambivalenzfeld haben Sie sehr unterschiedliche Positionen eingenommen (in Abbildung 22 A und B) *– das sollten wir besprechen.«*

- Arbeit im Ambivalenzfeld

In der entstandenen Konstellation wird, stehend oder sitzend, die Besprechung fortgeführt.

11. Aktionssoziometrie

Die klassische psychodramatische Technik der Aktionssoziometrie bietet verschiedene Möglichkeiten, Beziehungsverhältnisse – *Anziehung/Sympathie/Zustimmung* versus *Abstoßung/Antipathie/Ablehnung* in Bezug auf ein bestimmtes Kriterium – schnell und prägnant durch Wahl(en) zu verdeutlichen.

- Wählen durch Handauflegen

Die Kriterien der Wahl ergeben sich aus dem Prozess, können aber auch erfragt werden. Nachdem das Kriterium klar ist, werden die Personen gebeten, ihre Wahlen deutlich zu machen, indem sie derjenigen Person, die sie wählen, die Hand auf die Schulter legen. Jede Person hat zwei Wahlmöglichkeiten. Beispiele: *»Wenn es um das Aufräumen der Wohnung geht – mit wem von der Familie könnten Sie das am besten tun? Machen Sie das jetzt bitte deutlich, indem Sie der Person Ihrer Wahl die Hand auf die Schulter legen – danke, lösen Sie das bitte wieder auf – und jetzt legen Sie bitte der Person die Hand auf die Schulter, mit der Sie den meisten Spaß beim Aufräumen haben könnten.« »Angenommen es gäbe ein wichtiges persönliches Thema, das Sie gern mit jemandem in der Familie besprechen würden, wen würden Sie dann wählen? Machen Sie das bitte deutlich, indem Sie jetzt demjenigen oder derjenigen die Hand auf die Schulter legen.«*

- Abstimmen mit den Füßen

Bei dieser Form der Aktionssoziometrie stehen alle Beteiligten in einem weiten Kreis. Jeder/jede kann nun etwas einbringen, indem er/sie in die Mitte des Kreises tritt und ein Statement abgibt. Die Anderen machen dann Ihre Haltung dazu deutlich, indem sie sich in einem ferneren oder näheren Abstand zur Person im Zentrum stellen.

- Spielerischer Einsatz

»Jede, jeder kann jetzt einbringen, was gerade so in den Sinn kommt – die Anderen machen dann ihre Übereinstimmung deutlich, indem sie nahe herantreten oder einen

weiteren Abstand wählen. Am besten zeige ich selbst mal, wie das geht – Therapeutin tritt in die Mitte des Kreises – *ich finde, es könnte etwas mehr Schwung in die Sache kommen.*« Dynamik und Spontaneität entsteht, wenn viele sich beteiligen und nicht diskutiert wird: »*Das besprechen wir später.*« »*Danke, das haben wir gesehen, der Nächste bitte.*« Die Therapeuten können den Prozess auch mit gezielten Fragen anregen: »*Die Sätze beginnen jetzt immer mit: ich hasse . . ./ich liebe . . ./ich finde gar nicht gut, wenn . . ./toll finde ich, wenn . . ./mein Gefühl sagt mir . . ./insgeheim denke ich . . ./meine Wunschfamilie . . ./wenn alles gut wird, dann . . .*«

12. Gestaltung unmittelbarer Szenen

Der Königsweg für die Arbeit mit Aktionsmethoden besteht sicher darin, die therapeutische Situation selbst als Szene zu betrachten und mit dieser Szene kreativ zu arbeiten. Egal, ob es sich um eine spontane Szene im Beratungsraum handelt (die fünfjährige Sara springt gerade auf den Schoß des Vaters) oder ob sich die Szene, wie in der sozialpädagogischen Familienhilfe, auf dem Spielplatz oder in der Wohnung einer Familie abspielt (Sie unterhalten sich gerade durch die offene Tür mit der Mutter, die auf dem Balkon raucht, die zweijährige Micha schreit, der dreizehnjährige Peter kommt missgelaunt aus der Schule und wirft die Wohnungstür zu, der Fernseher läuft): Das ist genau die Situation, die Szene, von der man ausgehen kann. Der Vorteil liegt darin, dass Therapeuten Klienten dort abholen, wo sie sich szenisch befinden. Die unmittelbare Szene kann auf vielerlei Art und Weise direkt[4] genutzt werden: zur Unterbrechung von Mustern, zur Entwicklung neuer Verhaltensweisen, für direktes Coaching, um Grenzen zu etablieren, um Kontakt herzustellen, um Konflikte zu regeln oder um destruktives Verhalten zu stoppen.

Die Grundidee in der Arbeit mit unmittelbaren Szenen besteht darin, Szenen, die spontan auftauchen, als *Vehikel* (Carole Gammer, 2007) zu nutzen, um auf einer symbolischen oder metaphorischen Ebene neue Muster einzuführen oder anzuregen. Dafür eignen sich besonders Szenen, die für eine Familie oder ein Paar typisch oder symptomatisch sind. Von diesen Szenen kann man annehmen, dass sie mit relevanten Themen verbunden sind und als *Schlüsselszenen* (II.5. S. 205) genutzt werden können. Schlüsselszenen sind Szenen, die eine zentrale Stellung in der Performance einer Familie einnehmen und Schlüssel für Lösungen bereithalten. Wenn es gut geht, können hierdurch eingeleitete Veränderungen und Entwicklungen generalisiert werden (Generalisierte Episoden → IV.1. S. 273) und auf diese Weise auch in anderen Situationen wirksam werden. Anders formuliert: Man nutzt problematische oder symptomatische Szenen als Eingangsszenen und entwickelt aus diesen Szenen heraus Lösungsszenen. Ein Leitfaden zum Vorgehen würde hier wenig

---

4   Schwing und Fryszer (2006, S. 268) verwenden den Begriff »direkte Szene«.

Sinn haben. Um was es geht, wird sehr anschaulich in einem Beispiel von Rainer Schwing und Andreas Fryszer, das ich deshalb hier in Auszügen zitieren möchte:

»Eine allein erziehende Mutter kam mit ihrer fünfjährigen Tochter und dem zehnjährigen Sohn in die Beratung: Die kleine Tochter zündelte häufig und hatte schon einmal fast einen Wohnungsbrand ausgelöst. Die Situation wurde dadurch brisant, da die Mutter arbeitsbedingt ihre beiden Kinder immer wieder für eine bis zwei Stunden allein ließ. Der ältere Bruder hatte deutlich eine Eltern-Funktion. Die Mutter versuchte das Problem anzugehen, indem sie der Tochter den Umgang mit Streichhölzern verbot und den Sohn aufforderte, besser darauf aufzupassen. Das führte immer wieder zu heftigem Streit der Geschwister. Die Beraterin gab dem Mädchen viel Wertschätzung dafür, dass sie gern neugierig ist und vieles allein ausprobiert, und bat die Mutter, in der Beratung mit ihrer Tochter auf dem Balkon kleine Feuerchen zu entfachen und ihr zu zeigen, wie man damit umging. Der Sohn beobachtete dies ungeduldig und wollte immer helfend eingreifen; die Beraterin besprach mit der Mutter und ihm, was er stattdessen solange für sich machen könne, und gab ihm dann eine Aufgabe: Er sollte seine Familie in Tieren malen, damit sie nachher darüber sprechen können. Das Malen wurde als große Hilfe für die Beraterin gerahmt, damit sie die Familie besser verstehen könnte. Gegen Ende wurden Situationen vereinbart, in denen die Tochter mit den Streichhölzern experimentieren kann (zu Beginn als gemeinsame Spielsituation mit der Mutter) und der Sohn aus der Aufpasserrolle speziell zu diesem Thema entlassen sei. Während des Zündelns auf dem Balkon unterstützte die Beraterin die Mutter, die Initiativen ihrer Tochter aufzugreifen, ihr Raum zu lassen und sie sanft, aber klar zu führen« (Schwing u. Fryszer, 2006, S. 268f.).

13. Gäste im Rollenwechsel

Die psychodramatische Technik des Rollenwechsels (→ II.1. S. 163) macht es möglich, wen oder was immer man will, als *Gast*[5] einzuladen und in die therapeutische Arbeit mit einzubeziehen. Indem Klienten in die Rolle von Personen oder Kontexten wechseln, *praktizieren* Therapeuten zirkuläres Fragen. Im Rollenwechsel wechseln Klienten in andere Perspektiven, gleichzeitig werden Personen, die nicht körperlich anwesend sind, aber wichtig erscheinen, als innere Figuren in der therapeutischen Situation lebendig. Das gilt auch für Kontexte, die wenig bewusst sind, aber relevant erscheinen. Personen und Kontexte (drohender Arbeitsplatzverlust, die Lust am Risiko) können interviewt oder in Dialoge eingewoben werden. Auf diese Weise erhalten sie eine Stimme im therapeutischen Prozess und können Beschreibungen einbringen, Aufträge erteilen, Kommentare abgeben, Haltungen

---

5 In diesem Buch finden sich viele Beispiele für diese zentrale Technik. Schwing und Fryszer nennen die Technik, in Anlehnung an Anthony Williams, *Zeugenarbeit*. Dort finden sich weitere anschauliche Beispiele (Schwing u. Fryszer, 2006, S. 254–263).

vorgeben, Werte einfordern, Kritik formulieren, Unterstützung anbieten, Anerkennung bezeugen, Druck aufbauen, Freiraum gewähren, Probleme benennen oder Lösungen vorschlagen. Der Fantasie sind also kaum Grenzen gesetzt. Als Anregung zeigt Tabelle 18 eine Liste potenzieller Gäste.

Tabelle 18: Gäste-Liste (unvollständig)

– Kinder, Partner, Eltern, Großeltern, Verwandte
– Verschollene, Verstorbene, Ausgestoßene
– Freunde, wohlwollende Weggefährten, Zeitzeugen
– Haustiere, Körperteile, seltsame Wesen,
– Helfer, Autoritäten Vorbilder, Lehrer, Trainer
– Antreiber, Kritiker, Feinde, Schatten, Tyrannen
– Opfer, Täter, Verfolger, Beschützer
– Symptome, Probleme, Potenziale, Ressourcen,
– Experten, Ratgeber, Visionäre, Weise, Hexen
– Organisationen, Institutionen
– Leitbilder, Ideale, Werte, Weltanschauungen
– Narren und Komiker aller Art
– Gefühle, Ideen, Phantasien
– Innere Begleiter, Innere Stimmen
– Höhere Mächte, Götter, Dämonen, Orakel
– Richter, Staatsanwälte, Anwälte, Das Jüngste Gericht, Die Fairness, Zeugen
– Figuren aus Märchen, Comics, Serien, Opern, Theaterstücken, Filmen, Romanen, TV
– Unsere Familie, die Ehe, der Tod, die Hoffnung, Herr ADHS, Meine Neurose, Unser Über-Ich

Personen oder Kontexte einladen und positionieren

• Einladen

Wer eingeladen oder als Kontext aufgebaut wird, ergibt sich im Prozess. Therapeuten können die Klienten nach geeigneten Gästen fragen oder selbst Vorschläge machen.

• Beispiele für Fragen

»Wer ist in diesem Zusammenhang wichtig? – Nehmen Sie bitte Stühle und zeigen Sie, wo diese Personen sitzen, wenn sie jetzt dabei sind.« »Wer könnte mit seiner Sichtweise dazu beitragen, das Leiden aus einem anderen Blickwinkel zu beschreiben?« »Die Schulmedizin, wo sitzt sie hier im Raum?« »Wen könnten wir einladen, um das Ganze hier etwas spannender zu machen?« »Wenn es irgend jemanden gibt, der in dieser Frage Autorität hat, wer könnte das sein?«

- Beispiele für Vorschläge

*»Dazu möchten wir gern einmal die Meinung der Kollegin hören, die sie an uns über-
wiesen hat – ich stelle für sie den leeren Stuhl hier hin.« »Wir möchten gern einmal
Vivo, euren Hund, zum Gespräch hinzuziehen – wo wäre Vivo, wenn er hier wäre?«*

- Ein Symptom einladen

*»Wir möchten Ihnen etwas vorschlagen, was etwas verrückt klingt, aber in ähnlichen
Fällen weitergeholfen hat. Stellen Sie sich vor, das Symptom wäre ein lebendiges Wesen,
vielleicht ein Fabelwesen – wer ist es und wo befindet es sich?«*

- Kontexte einladen

*»Die Hoffnung stirbt bekanntlich zuletzt. Wir möchten ihr hier einen besonderen Platz
einräumen – Wer möchte jetzt diese Position ausprobieren?«*

- Positionieren

Wenn es um die Positionierung der Gäste geht, kann eine Position vorgegeben werden oder Klienten können selbst eine Position (im Rollenwechsel) bestimmen.

- Einladung zum Rollenwechsel

Sind Figuren oder Kontexte positioniert, kann zum Rollenwechsel eingeladen werden. In der Arbeit mit Familien und Paaren gibt es dafür verschiedene Varianten.
Die Therapeuten können:

- Einzelne Personen zum Rollenwechsel einladen

*»Frau Sommer-Wiese, bitte nehmen Sie jetzt auf dem Stuhl ihrer Mutter Platz und
sprechen Sie mit der Stimme ihrer Mutter.«*

- Alle Anwesenden zum Rollenwechsel einladen

*»Wir schlagen vor, dass alle einen Rollenwechsel mit … machen, wir möchten gern
verschiedene Beschreibungen, Meinungen und Auffassungen kennen lernen.«*

- Frei zum Rollenwechsel einladen

*»Wer möchte gern in dieser Rolle etwas sagen: Ich frage jetzt, und wer antworten möch-
te, setzt sich bitte auf den Stuhl und spricht von dort aus.«*

Arbeitsmöglichkeiten mit Gästen (Klienten im Rollenwechsel)

- Interview

Innere Figuren oder Kontexte können interviewt werden (→ II.1. S. 174), und zwar
sowohl von den Therapeuten als auch von den Klienten: *»Ihr könnt den Opa jetzt
fragen, was Ihr wollt.« »Also, Sie sind dieser Wutanfall. Wozu könnte es gut sein, dass
Sie ab und zu auftauchen? Und manchmal sind Sie gar nicht da, wie kommt das?«*

- Therapeuten im Dialog mit Gästen

Therapeuten können in einen Dialog mit inneren Figuren und Kontexten eintreten. In diesen Dialogen können sie nun alle Gesprächstechniken anwenden, die ihnen normalerweise auch zur Verfügung stehen. Der besondere Charme der Situation ergibt sich aus der Tatsache, dass die Therapeuten mit Klienten im Rollenwechsel sprechen, während gleichzeitig Partner oder Familienangehörige zuhören. Diese Konstellation eröffnet zahlreiche Möglichkeiten, Botschaften direkt und indirekt zu platzieren, zu streuen, Relativierungen und Reframings einzuführen, Auseinandersetzungen in Gang zu bringen, negative oder hinderliche Identifikationen und Bindungen aufzulösen, Bilder oder Ideen zu bearbeiten, Distanzierungen von negativen Botschaften oder nicht mehr zeitgemäßen Aufträgen einzuleiten oder die Identifizierung mit positiven Aspekten, Botschaften und Bildern zu fördern.

Beispiel
Die Familie M. hat zwei ältere Söhne, die in der Ablösungs- und Verselbstständigungsphase diverse Probleme bereiten. Frau M. klagt über die »inkonsequente und zu weiche« Erziehungshaltung ihres Mannes den Söhnen gegenüber. Herr M. befindet sich gerade in einem Rollenwechsel mit seinem verstorbenen Vater, der für einen Moment vom Himmel in die Therapie zu Besuch gekommen ist. Nach einem kurzen einführenden Interview geht der Therapeut in einen Dialog mit dem Vater (Herr M. in der Rolle seines Vaters): *»Wenn ich es recht verstehe, mussten Sie, Herr M. senior, nach dem Krieg als Flüchtling hart für die neue Existenz arbeiten. Und in der Erziehung waren sie so etwas, was man einen harten Knochen nennt.«* »Ja, das kann man so sagen.« *»Das hatte sicher auch seine guten Seiten, immerhin ist aus dem Knaben etwas geworden.«* »Na ja, von jetzt aus betrachtet, im Himmel hat man ja etwas Zeit nachzudenken, war es manchmal ein bisschen hart, aber es ist schon was aus ihm geworden ...« *»Sie hätten gern mehr ihre weichen Seiten und sensiblen Fähigkeiten, gezeigt!?«* »Ja, aber ich war mir unsicher, ob das geht. Meine Frau hat die Kinder ja auch ziemlich verwöhnt.« *»Und dann kamen Sie noch als junger Mann aus dem Krieg und hatten vorher die Erziehung in der Hitler-Jugend genossen.«* »Ja, stimmt, ich war einfach sehr verunsichert.« *»Und doch hat jetzt Ihr Sohn etwas von dieser sensiblen, liebenswürdigen, gewährenden Seite entwickelt, eine Seite, die bei Ihnen zu wenig Entwicklungsraum hatte – das Feld haben Sie ganz Ihrer Frau überlassen – Schauen Sie Ihren Sohn doch jetzt mal an.«* Der Therapeut zeigt auf den Stuhl, auf dem Herr M. normalerweise sitzt. »Ja, stimmt, das würde ich ihm am liebsten sagen, wie sehr ich mich freue, wie er geworden ist.« *»Sagen Sie es ihm direkt: ›Ich freue mich, dass du so bist, wie du bist, mit den ganzen lockeren und weichen Seiten.‹«* Der Therapeut bittet Herrn M. an dieser Stelle, auf seinen eigenen Stuhl in die eigene Rolle zu wechseln, setzt sich in den Stuhl des Vaters und spricht, als Vater, zu ihm mit dessen letzten Worten. Dann wechselt Herr M. wieder in die Rolle seines Vaters und der Therapeut auf seinen normalen Stuhl. *»Herr M. senior, ich danke Ihnen für diesen Besuch, es war gut, Sie kennen zu lernen. Unter uns gesagt, Ihr Sohn erscheint mir manchmal etwas inkonsequent in seinem Erziehungsverhalten. Etwas mehr von der Konsequenz – nicht von der Härte –, die Sie an den Tag gelegt haben, könnte ihm vielleicht nicht schaden.«*

- Klienten im Dialog mit Gästen

In der Arbeit mit Familien und Paaren können selbstverständlich auch Klienten in einen Dialog mit inneren Figuren oder Kontexten eintreten. Im oben begonnenen Beispiel könnte etwa Herr M. senior mit den Enkeln sprechen »*Vielleicht möchten Sie, Herr M. senior, noch ein paar Worte mit Ihren Enkelkindern wechseln.*« Es folgt ein längerer Dialog des Großvaters mit den Enkeln, der gleichzeitig ein Dialog zwischen den Söhnen und ihrem Vater, hier in der Rolle seines eigenen Vaters, ist: »*Frau M., was war für Sie interessant am Gespräch Ihres Schwiegervaters mit ihren Söhnen?*«

- Gäste im Dialog

Diese Kombination kann sehr reizvoll sein. In obigem Beispiel könnte es so aussehen, dass Frau M. sich in der Rolle ihres eigenen Vaters mit dem anderen Großvater über die Probleme mit den Enkeln unterhält: »*Frau M., ich schlage Ihnen vor, Sie wechseln in die Rolle Ihres eigenen Vaters – Hallo, guten Tag, Herr W. – Unterhalten Sie sich doch mal mit dem anderen Großvater über die Enkel.*« Anschließend könnten beide Großväter (die Eltern in der Rolle der Großväter) sich mit den Enkeln über Lösungen unterhalten.

Beispiel aus einer Paartherapie
»*Wenn es um die Fragen geht, die im Moment in Ihrer Beziehung auftreten, zu wem von Ihren Freunden würden Sie gehen, um diese Fragen zu besprechen? – Gut, dann nehmen Sie doch bitte Beide jeweils einen Stuhl für die Freundin und den Freund und stellen Sie die Stühle hierher – und jetzt nehmen Sie bitte auf den Stühlen Platz und werden Sie dabei dieser Freund, diese Freundin – Es folgt ein kurzes einführendes Rolleninterview mit beiden Freunden – und jetzt unterhalten Sie sich doch bitte über die Fragen, die in der Beziehung von Christian und Carla aufgetaucht sind.*«

- Ratschlag

»*Ich schlage vor, alle benennen einen Freund oder eine Freundin für einen Ratschlag – Gut, ich stelle Stühle für diese Freunde und Freundinnen in diesen Kreis hier – der Ratschlag beginnt jetzt.*«

- Expertenrunde

»*Wir möchten heute eine besondere Expertenrunde einladen – stehen Sie doch bitte alle auf, und während sie herumgehen, überlegen Sie sich eine Figur, als die Sie gern an der Expertenrunde teilnehmen wollen – das könnte eine Figur aus einem Comic, aus dem Fernsehen, einem Buch oder einem Film sein – So, ich stelle mich mal als Erster vor, ich bin Kommissar Columbo – und du bist Obelix – Ach, und Sie sind also Miss Marple – schön, Sie kennen zu lernen.*«

14. Bilder und Metaphern in Aktion

Bilder und Metaphern können im Prozess spontan auftauchen oder gezielt entwickelt werden.

- Bilder und Metaphern, die im Gespräch auftauchen

Wenn wir aufmerksam zuhören, entdecken wir meist, dass Menschen weit mehr in Metaphern und Bildern sprechen, als wir annehmen. Da stehen Klienten *vor einer Wand*, fühlen sich *zerrissen, hin und her gehetzt, gelähmt* oder *aufgedreht wie ein Brummkreisel*, Eltern fühlen sich unter *Druck* oder sehen sich auf eine *Anklagebank gesetzt*. Metaphern können spontan in Vignetten (kurze, begrenzte Aktionen mit wenig Aufwand) umgesetzt werden: »*Diese Wand, wo wäre die hier? – Stellen Sie sich mal vor die Wand – wechseln Sie die Position mit der Wand – Sie sind jetzt diese Wand – wie lange gibt es dich schon, Wand? – wer hat dich stark gemacht?*« »*Laufen Sie doch bitte jetzt alle sehr gehetzt im Raum hin und her – noch ein bisschen gehetzter.*« Bilder können auch gut als Einstieg für einen Szenenaufbau genutzt werden: »*Die Anklagebank, die stelle ich hier auf – wo ist der Ankläger?*«

Beispiel aus einer Paartherapie

Marta und Heiner sind seit drei Jahren verheiratet und leiden unter einem unerfüllten Kinderwunsch. Die Therapeuten explorieren die Entwicklung der Paarbeziehung mit Hilfe einer Paarentwicklungslinie. Beide markieren die Hochzeit als ein wichtiges Ereignis mit Hilfe von Symbolen. Auf die Frage nach der Bedeutung der Symbole antwortet Marta: »*Das war das Größte. Einmal im Leben ganz in Weiß Prinzessin zu sein.*« Und Heiner: »*Es war toll, ich hätte nicht gedacht, dass ich der Prinz bin, der diese Frau nach Hause führen darf.*« Die Therapeuten schlagen vor, dass der Prinz zeigt, wie er die Prinzessin nach Hause führt. Dabei wird deutlich, wie sehr sich die Prinzessin gegen das Heim-geführt-Werden innerlich wehrt. Sie will das Kleid nicht hergeben und am liebsten immer die Prinzessin bleiben.

- Bilder und Metaphern, die erfragt werden

Therapeuten können Klienten nach Bildern oder Metaphern fragen. Die Fragen können sich auf alle möglichen Kontexte oder Situationen beziehen: »*Paul, wie ist dein Bild von dir in der Schule?*« »*Wenn eure Mutter fröhlich und ausgelassen ist, wie lässt sich dann die Situation in der Familie in einem Bild besonders gut ausdrücken?*« Wenn es um Selbstbilder, Bilder der Paarbeziehung oder Familienbilder geht, kann sehr differenziert gefragt werden (→ I.3. S. 63): »*Wie sieht dein Wunschbild von der Familie aus?*« »*Was denkst du, welches Bild hat deine Mutter von der Familie?*« »*Was denkt ihr, über welches Bild der Verwandten von der Familie würden sich die Eltern besonders freuen?*« »*Was glauben Sie, welches Bild von der Familie hat die Mitarbeiterin vom Jugendamt gewonnen?*« Die Frage kann aber auch offen formuliert werden: »*Wenn Sie Ihre Familien (Ihre Paarbeziehung) in einem lebendigen Bild beschreiben sollten, was für ein Bild fällt Ihnen spontan ein?*« Mit den Bildern kann dann gearbeitet werden, wobei die Unterschiede interessant sind. Es ist aber auch möglich, mit einzelnen prägnanten Bildern zu arbeiten.

Beispiel aus einer Familientherapie
Der Vater: *»Mir ist spontan das Bild von einem Restaurant eingefallen, ich bin der Kellner, meine Frau ist die Köchin, und die Kinder sind die Gäste.«* »Dieses Bild würden wir gern mit ihnen durchspielen, Herr D. – bitte bauen Sie doch das Restaurant auf – Sie, Frau D., übernehmen im Bild ihres Mannes bitte die Rolle der Köchin und ihr, Franz, Karin, Peter, übernehmt bitte die Rollen der Gäste.« Alle spielen begeistert mit, die Szene nimmt, immer wieder unterbrochen durch Lachanfälle, ihren spontanen Lauf und eskaliert in einer lautstarken Auseinandersetzung zwischen dem Kellner und den Gästen, während die Köchin in der Küche einem Zusammenbruch nahe ist. Nach einer kurzen Weile unterbricht einer der Therapeuten den Zank, indem er als Oberkellner die Szene betritt und im Auftrag des Restaurantchefs die Gäste hinausweist. Die Gäste sind über diesen unerwarteten Auftritt einer Autorität so perplex, dass sie kaum Widerstand leisten. In der Nachbesprechung wird von allen bestätigt, dass das Bild des Restaurants einige Aspekte des Familienlebens gut abbilde. Alle zeigen sich beeindruckt durch den Auftritt einer Autorität, aber wer ist der Chef?

- Bilder und Metaphern, die von den Therapeuten angeregt werden

Therapeuten können auch Metaphern anregen, indem sie einen Rahmen für Metaphern vorgegeben oder selbst Metaphern einbringen: *»Wenn alle Mitglieder der Familie Figuren aus dem Dschungelbuch wären – Wer ist dann wer?«* »Mir ist das Bild von einer Familie eingefallen, die von einem unberechenbaren Wirbelwind in Atem gehalten wird – vielleicht können wir das kurz mal anspielen, um zu testen, ob Sie mit diesem Bild etwas anfangen können.«

- Bilder und Metaphern für Probleme oder Lösungen

Bilder für Probleme oder Lösungen können systematisch entwickelt werden, am Beginn von Therapien, um den momentanen Zustand zu beschreiben oder Visionen zu entwerfen, oder gegen Ende, um Lösungen nachhaltig zu ankern. Manchmal kann es sinnvoll sein, Bilder für *wenn das Leiden anhält* oder für *den schlimmsten Fall* zu entwerfen.

- Symptomatisches Verhalten als Metapher

Symptomatisches Verhalten kann (genau so wie körperliche oder geistige Symptome) auf metaphorische Weise auf verdeckte Konflikte, Krisen, Störungen oder stellvertretend gelebte Wünsche (Delegation) in Systemen hinweisen. Mit dieser Idee muss man allerdings vorsichtig sein, weil symptomatisches Verhalten (oder körperliche Symptome) keineswegs *immer* nur als Metapher verstanden werden kann. In einer Metaperspektive (und mit der gebotenen Skepsis!) können Symptome als Zeichen misslungener Lösungsversuche oder als Zeichen notwendiger Entwicklungsschritte gedeutet werden (→ I.8. S. 134). Symptomatisches Verhalten kann (in Szene gesetzt werden, um Metaphorik und Zeichen (auf den konkreten Fall bezogen!) besser zu verstehen.

Beispiel
In einer Familie zeigten alle drei Kinder die verschiedensten Symptomatiken. Die Therapeuten beobachteten in unterschiedlichen Situationen, dass die Eltern immer, wenn es um Begrenzung oder das Ziehen von Grenzen ging, konsequent zurückwichen oder auswichen. Die Therapeuten hatten den Eindruck, dass die Symptome ein Ausdruck dafür waren, dass die Kinder vergeblich nach Halt suchten und Gegenüber einforderten, an denen sie sich reiben konnten. Um diese Idee zu testen, schlugen sie vor, ihre Beobachtung in einem Spiel in Szene zu setzen: »*Wir glauben, wir haben etwas Wichtiges beobachtet, und das möchten wir Ihnen gern in einem Spiel zeigen – eigentlich ist es ganz einfach – Ihr Kinder versucht, die Eltern zu packen und festzuhalten – Sie als Eltern versuchen, den Kindern in jedem Fall auszuweichen und sich nicht halten zu lassen.*« Es war für alle eindrücklich, dieses Spiel zu erleben. Für die Therapeuten war besonders beeindruckend, dass die Kinder – nachdem das Spiel eine Weile lief und ihre Frustration zunahm – auf der Spielebene eben jene symptomatischen Verhaltensweisen zeigten, weshalb sich die Familie angemeldet hatte (Rückzug, Wutausbrüche, Schlagen, Regression). Die Erfahrung wurde im Spiel durch einen kollektiven Rollentausch verstärkt. Die Eltern konnten im Nachgespräch die Anregung der Therapeuten gut akzeptieren, sich mehr auf Konfrontation einzulassen und Grenzen zu setzen. Die Spielsituation wurde auf Anregung der Therapeuten dahingehend geändert, dass die Eltern versuchten, ihren Kindern im Spiel direkt zu begegnen und als Gegenüber präsent zu bleiben. In einer späteren Phase der Therapie wurden die Kinder »beurlaubt« und die Therapeuten erprobten mit den Eltern Situationen der Grenzsetzung und Auseinandersetzung in konkreten Übungsszenarien. Am Ende der Therapie zeigten die Kinder deutlich mehr Respekt, aber auch ungewohnte Zuwendung gegenüber ihren Eltern.

15. Skulpturen

Die Skulpturtechnik gehört zu den populärsten aktionsorientierten Techniken der Familientherapie. Sie wurde vor allem durch die Arbeit von Virginia Satir (Satir u. Baldwin, 1988) bekannt und von verschiedenen Autoren ausführlich beschrieben (Duhl et al., 1973, Papp, 1989, Schweitzer u. Weber, 1982). Rainer Schwing und Andreas Fryszer schildern in ihrem Buch »Systemisches Handwerk« die Arbeit mit Skulpturen in anschaulichen Beispielen (2006, S. 175–209). Meine Erfahrung geht dahin, dass die Skulpturtechnik eher in Aus- und Fortbildungssituationen und in der Supervision angewandt wird, weniger in der direkten Arbeit mit Familien und Paaren. Das liegt an den besonderen Herausforderungen, die hier noch einmal dargelegt werden sollen, bevor die Arbeit mit Skulpturen beschrieben wird.

Achtsamkeit bei der Anwendung der Skulpturtechnik in der Arbeit mit Familien und Paaren
Vergegenwärtigen wir uns die Situation im Rollenwechsel mit einem Familienmitglied, das eine Skulptur im gemeinsamen Setting aufbaut oder in einer Skulptur mitwirkt.

- Meine Skulptur repräsentiert *mein* Inneres Bild von *meiner* Familie.
- Die Skulptur eines Anderen repräsentiert *sein* Inneres Bild von *meiner* Familie.
- Jedes Mitglied der Familie hat ein jeweils eigenes, besonderes Bild von sich und der Familie (zu einer bestimmten Fragestellung → I.3. S. 63).
- Meine Bilder von meiner Familie und die Bilder der Anderen von meiner Familie können mehr oder weniger übereinstimmen. In jedem Fall kommentieren sie sich gegenseitig.
- Es werden Bilder in der Gemeinschaft der Familie veröffentlicht, die mehr oder weniger bekannt, mehr oder weniger intim, mehr oder weniger geheim, mehr oder weniger bewusst sein können.
- Ich oder Andere können diese Bilder als mehr oder weniger stimmig oder mit den eigenen Bildern übereinstimmend erleben.
- Meine Bilder können auf Zustimmung oder Ablehnung stoßen. Die Bilder der anderen können auf Zustimmung oder Ablehnung stoßen.
- Meine Bilder können die Anderen bestätigen oder verstören, die Bilder der Anderen können mich bestätigen oder verstören. In jedem Fall tangieren meine Bilder die Bilder der anderen und umgekehrt.
- Die Unterschiedlichkeit von Bildern kann zu Lösungen führen, aber auch zu neuen Konflikten Anlass geben.
- In meiner Skulptur weise ich Familienmitgliedern Positionen, Rollen, Haltungen, Gesten und Worte zu, die meinem Bild entsprechen, aber nicht unbedingt den ihren. Sie könnten das als Zumutung oder Grenzüberschreitung erleben.
- In der Skulptur von Anderen übernehme ich Positionen, Rollen, Haltungen, Gesten und Worte, die dem Bild der Anderen entsprechen, nicht unbedingt dem meinen. Diese Zuweisung kann mich in Konflikte bringen, eventuell erlebe ich bestimmte Zuweisungen als Zumutung.
- Starke Bilder können starke Wirkungen haben. Dominante Bilder müssen nicht unbedingt mit der sozialen Wirklichkeit übereinstimmen. Einzelne Personen oder Subsysteme können über starke Bilder eine Definitionsmacht ausüben.
- In jedem Fall werden meine Skulpturen und die Skulpturen der Anderen sowohl in der sozialen Wirklichkeit meiner Familie als auch in meinem inneren Bild von meiner Familie weiterwirken. Die Familie ist kein Verband, den man einfach auflösen kann. Die Bindungen bleiben lebenslang bestehen und deshalb behalten die Bilder meiner Familie als Matrix der Identität eine hohe Bedeutung, egal wo ich bin und mit wem ich zusammen bin.

Der Rollenwechsel macht deutlich, dass es immer gute Gründe geben kann, die Skulpturtechnik (oder die Aufstellungstechnik) *nicht* anzuwenden. Andererseits: Wenn der Rahmen aus gegenseitigem Respekt gegeben ist und das Arbeitsbündnis stabil ist, kann eine Skulptur zum richtigen Zeitpunkt das Problemverständnis aller Beteiligten wesentlich verbessern und einen starken Schub in Richtung Lösung und Entwicklung auslösen.

Idee und Besonderheit der Skulpturtechnik

Mit Hilfe der Skulptur-Technik zeigt eine Person ihr Bild von einer Familie, einem Paar oder einem anderen System. Die Person wechselt dabei in die Rolle eines Bildhauers oder einer Bildhauerin und modelliert eine lebende Skulptur. Diese Skulptur spiegelt die Beziehungen zwischen den Personen auf einer bildhaften Ebene. Die Skulpturtechnik arbeitet nicht nur mit Positionen, sondern betont Haltungen, Gesten und Mimik. Das bedeutet, dass besonders Affekte und Gefühle (→ IV.1. S. 263 + 265) angesprochen werden. Dies markiert einen Unterschied zur Arbeit mit Aufstellungen (vgl. weiter unten), wo eher vitale Empfindungen (→ IV.1. S. 258) angesprochen werden. Die Übergänge zwischen Skulptur und Aufstellung können zwar fließend sein, dennoch erscheint es mir wichtig, die Unterschiede zu kennen, um gezielt mit beiden Instrumenten arbeiten zu können.

Varianten der Skulpturarbeit mit Familien und Paaren

a) Therapeuten zeigen ihre Sicht in einer Skulptur: *»Ich möchte Ihnen gern meine Sicht Ihrer Familie in einem Bild zeigen.«* Diese Variante kann ein sehr wirksames Mittel sein, um dysfunktionale Muster oder Blockierung deutlich zu machen oder Lösungsvorschläge einzubringen. Dabei ist es jedoch wichtig, auf die Begrenztheit der eigenen Wahrnehmung hinzuweisen und zur kritischen Stellungnahme aufzufordern: *»Dies ist nur mein Bild, so, wie ich Ihre Familie (Ihre Situation) sehe. Ich bin mir nicht sicher, ob das Bild treffend ist. Bitte korrigieren Sie mich/Ein anderer könnte es ganz anders sehen/Das Bild ist mir einfach so in den Sinn gekommen, keine Ahnung, ob es wirklich etwas mit Ihnen zu tun hat.«*

b) Ein Mitglied der Familie zeigt seine Sicht in einer Skulptur: Die Skulptur wird, wie unten beschrieben, aufgebaut. Korrekturen der anderen Familienmitglieder erfolgen in diesem Aufbau.

c) Mehrere oder alle Familienmitglieder zeigen ihre Sicht in einer Skulptur: Bei dieser Variante werden Skulpturen nacheinander zügig aufgebaut und wieder abgebaut. Es muss beachtet werden, dass relativ viele Bilder und viele Rollenwechsel Klienten in ihrer Aufnahmefähigkeit überfordern können. Aus Zeitgründen ist es nur begrenzt möglich, mit einzelnen Skulpturen vertiefend zu arbeiten. Die Skulpturen wirken eher als kurze Schlaglichter. Für die Nachbesprechung muss unbedingt genügend Zeit eingeplant werden.

d) Eine Skulptur wird simultan entwickelt: Bei dieser Variante werden alle Familienmitglieder gebeten, gleichzeitig in einer Skulptur ihre Beziehungen darzustellen: *»Bitte nehmen Sie den ganzen Raum als Fläche. Und nun bewegen Sie sich, langsam, in eine Position, die Ihrer Position in der Familie entspricht – Sie können sich an den Anderen orientieren – nehmen Sie sich ruhig Zeit dafür und korrigieren Sie, wenn es etwas zu korrigieren gibt* (meist ergibt sich nun eine Art kleiner Tanz) *– wenn jetzt alle ihre Position gefunden haben, dann geben Sie auch Ihrem Blick eine Richtung – und jetzt, wenn Sie das haben, finden Sie eine Haltung, vielleicht eine Geste, die ihrem Gefühl in der Familie entspricht – vielleicht gibt es ein Wort oder einen Satz, der Ihnen aus dieser*

Haltung, dieser Geste heraus spontan einfällt.« Die Reihenfolge, an der man sich orientieren kann, ist: → eine Position finden → eine Blickrichtung finden → eine Haltung finden → einen Satz finden. Sich simultan aufbauende Skulpturen haben etwas Fließendes und Tastendes. Der Vorteil liegt darin, dass die Familienmitglieder sich, wie in der Improvisation oder beim Tanz, aufeinander beziehen und ihre Positionen in der gemeinsamen Bewegung allmählich finden.

Aufbau von Skulpturen
- *Fragestellung oder Überschrift:* Zunächst geht es darum, die Fragestellung, das Motto oder die Überschrift für eine Skulptur zu bestimmen. Die Fragestellung kann von den Therapeuten formuliert werden: »*Die Angst vorm Versagen scheint ein zentrales Thema für die Familie Sommer-Wiese zu sein – wir schlagen vor, dieses Versagen in Bildern zu erforschen.*« Oder die Fragestellung wird von den Therapeuten erfragt: »*Wenn es um die typischen Muster in Ihrer Paarbeziehung geht, fällt Ihnen ein treffendes Motto ein?*« Es können Skulpturen zu bestimmten Situationen (*Freude, Streit*), Zeitpunkten (Krise, Vorher-Nachher), Themen (Macht, Anerkennung) oder Entwicklungen (Lösungen, Verschlimmerungen) aufgebaut werden. Die Anregung kann aber auch eher allgemein gehalten werden: »*Wir interessieren uns für die Bilder, die jeder, jede im Allgemeinen von der Familie hat. Natürlich verändern sich die Bilder über die Zeit und von Situation zu Situation, aber uns interessiert das überdauernde Bild von den Beziehungen in der Familie, das Bild, das jeder in sich trägt.*«
- *Einrichtung des Ortes:* Der Raum wird in Bühne und Zuschauerraum unterteilt, indem ein bestimmter Teil des Raumes für den Aufbau der Skulptur bestimmt wird.
- *Ein Bildhauer, eine Bildhauerin wird bestimmt:* »*Wer möchte beginnen?*« »*Wir schlagen vor, uns auf das Bild von Herrn Sommer-Wiese zu konzentrieren, der hat das Thema eingebracht.*« »*Uns ist wichtig, dass zu diesem Thema alle ihr Bild zeigen – wir schlagen vor, dass Paul mit seinem Bild beginnt.*« Der Bildhauer oder die Bildhauerin werden auf die Bühne gebeten.
- *Wer gehört zum Aufbau dazu?* »*Wer ist in deinem Bild von der Familie wichtig?*« Während eines Aufbaus können auch noch Personen oder Kontexte dazukommen: »*Wo schaut der Martin denn eigentlich hin? – Ach, zum Hund, dann nehmen wir den doch mit in die Skulptur auf.*« Manchmal empfiehlt es sich, mit Subsystemen oder Teilsystemen zu arbeiten. Das gilt besonders dann, wenn sich eine Skulptur spontan aus der Situation heraus ergibt: »*Diesen Streit zwischen Paul und Clara, der Sie alle so genervt hat und der doch recht typisch zu sein scheint – Frau Sommer-Wiese, können Sie uns in einem kurzen Bild zeigen, wie Sie Paul und Clara in diesem Moment erleben.*«
- *Einladen der Familienmitglieder als Mitwirkende:* »*Wir möchten nun gern, dass Sie in dem Bild von Paul mitmachen – und zwar so, wie er Sie sieht – das ist natürlich das Bild, was Paul von Ihnen und der Situation hat, Sie haben vielleicht ein ganz*

anderes – wie es wirklich ist, können wir nicht wissen – wir möchten nun aber gern das Bild von Paul möglichst genau erforschen.« Die zur Mitwirkung bereiten Familienmitglieder stehen am Rand der Bühne.

– *Optimale Regieposition:* Diese befindet sich außen am Rand der Bühne. In dieser Position gibt man das Feld frei für den Aufbau einer Skulptur (stört also nicht im Feld) und kann das Geschehen überblicken. Gelegentlich kann man das Feld betreten, um Klienten zu unterstützen.

– *Begleitung des Bildhauers, der Bildhauerin:* Von Klient zu Klient muss entschieden werden, wie viel oder wenig Anleitung und Begleitung jemand braucht. Abweichungen vom erwarteten Verlauf können immer interessant sein (→ I.4.). Andererseits müssen die Therapeuten für klare Abläufe sorgen: *»Paul, du kannst jetzt alle, die hier stehen, für deine Skulptur verwenden – für dich selbst kannst du einen Stuhl nehmen (alternativ: einen Therapeuten) – fühl dich ganz frei, die Skulptur so aufzubauen, wie du willst – alle lassen sich jetzt von dir führen und bewegen wie du willst, wie Marionetten – du kannst sie an einen Platz führen, die Distanzen verändern, sie kleiner oder größer machen, höher oder niedriger stellen, ihnen Haltungen und Gesten geben und später auch Worte – beginne jetzt bitte damit, den Einzelnen Positionen zu geben.«* Manche Klienten, besonders Erwachsene, neigen dazu, den Aufbau verbal zu kommentieren. Dann ist es gut einzugreifen: *»Bitte nicht so viel reden – es geht jetzt um das Tun – nachher sprechen wir wieder.«* Während des Aufbaus kann man an bestimmten Stellen eingreifen und Unterstützung geben.

– *Kontakt zu den Mitwirkenden:* Es ist wichtig, während des Prozesses mit allen Mitwirkenden Kontakt zu halten (→ II.4.). Manchmal wird der Prozess durch Lachen oder Bemerkungen begleitet, das sollte positiv aufgenommen werden: *»Es ist völlig in Ordnung, wenn Sie hier Ihren Spaß haben«,* um dann wieder für Konzentration zu sorgen: *»Okay, und jetzt konzentrieren sich wieder alle darauf, was gerade passiert.«* Bestimmte Positionen oder Haltungen können heikel sein, dann ist es hilfreich, wenn die Therapeuten die Situation rahmen: *»Wenn Sie in dem Bild eine bestimmte Rolle übernehmen, dann heißt das nicht, dass Sie das Bild akzeptieren«* oder auflockern: *»Diese Position hier, kniend vor Ihrer Frau, wirkt vielleicht etwas übertrieben, aber testen Sie die Haltung ruhig mal aus«* oder der Therapeut betont den experimentellen Charakter der Situation: *»Sie müssen diese Sichtweise keineswegs übernehmen – wir experimentieren mit inneren Bildern, es ist erstmal wichtig, diese Bilder zu verstehen.«*

– *Pendeln zwischen Außenansicht und Innenansicht:* Wenn eine Skulptur aufgebaut ist, sollte zunächst der Bildhauerin, dem Bildhauer Gelegenheit gegeben werden, das Bild zu überprüfen und zu korrigieren durch ein Pendeln zwischen Außenansicht und Innenansicht: *»Paul, du hast die Skulptur aufgebaut, bitte komm jetzt hierher zu mir an den Rand, um dir das Ganze noch einmal von außen anzuschauen – Stimmt das Bild so für dich? – Okay, dann verändere das bitte – Gut, wenn es jetzt so stimmt, dann geh bitte in deine eigene Position* (der Therapeut nimmt den Stuhl, der Platzhalter für Paul war, aus der Skulptur heraus oder der Stellvertreter für Paul macht den Platz frei) – *Nimm auch die Haltung ein – spür genau hin, wie sich das anfühlt – stimmt das so? – Gut, dann schau dir das bitte noch mal von außen an.«* Danach können auch alle anderen Mitwirkenden aus der Skulptur heraus an den Rand treten, um sich die Skulptur von außen anzuschauen: *»Frau Sommer-Wiese, treten Sie doch bitte jetzt hier an den Rand heraus und schauen sich das Ganze von außen an, ich übernehme für diesen Moment ihre Position in der Skulptur.«*

– *Figuren in der Skulptur eine Stimme geben:* Die Bildhauerin kann den Figuren, die sie mit Haltungen und Gesten aufgebaut hat, eine Stimme geben, Wörter oder Sätze in den Mund legen: *»Paul, tritt jetzt mal hinter Clara und sag ein Wort oder einen Satz aus der Position und Haltung von Clara – Danke, und jetzt mach das Gleiche mit den anderen.«*

– *Ein Moment des Innehaltens und Spürens:* Zum Erleben und Wahrnehmen einer Skulptur ist es notwendig, einen Moment innezuhalten und die Skulptur auf sich wirken zu lassen: *»Bitte verharren Sie für einen Moment still in Ihren Positionen und Haltungen – nehmen Sie einfach wahr, wo Sie sind und wo die Andern sind, wie Sie da sind und wie die Anderen da sind.«*

– *Die Bildhauerin und die Mitwirkenden würdigen:* Bevor die Skulptur abgebaut wird, würdigen die Therapeuten die Leistung des Bildhauers und der Mitwirkenden: *»Danke, Paul, das hast du sehr gut gemacht – für uns Therapeuten war sehr hilfreich, was du gezeigt hast – den Anderen danken wir fürs Mitmachen.«*

– *Nachbesprechung:* Nachdem die Skulptur abgebaut ist, können die Erfahrungen mit und in der Skulptur besprochen werden. Wie ausführlich dies geschieht, hängt von der Situation und den Intentionen ab. Zunächst sollten die Mitwirkenden die Gelegenheit haben, aus ihrer Rollenerfahrung ein Feedback zu geben. Wie haben Einzelne sich als Figur in der Skulptur gefühlt? Stimmen diese Gefühle mit der eigenen Wahrnehmung und der Alltagserfahrung überein? Was war bekannt, neu, interessant? Welche Assoziationen und Ideen gab es? Auch die Therapeuten können ihre Beobachtungen und Ideen einbringen und durch Kommentare das Geschehen in unterschiedlicher Weise rahmen.

Arbeitsmöglichkeiten mit Skulpturen

• Erforschen einer Skulptur durch Rollenwechsel

Durch Rollenwechsel kann eine Skulptur aus verschiedenen Positionen heraus erspürt und erforscht werden. In diesen Prozess können alle Mitwirkenden einbezogen werden: *»Paul, geh jetzt bitte in die Position deines Vaters – nimm die Haltung deines Vaters ein – und Sie, Herr Sommer-Wiese, nehmen die Position und Haltung von Paul ein – Danke und jetzt wechseln Sie wieder zurück.«*

• In Bewegung Setzen von Skulpturen (Impuls, Pantomime, Tanz)

»Vielleicht spüren Sie Impulse, irgendetwas an Ihrer Position oder Haltung zu verändern – folgen Sie ruhig diesen Impulsen – langsam – Sie können auch auf die Bewe-

gungen der Anderen reagieren. Wir schlagen vor, dass Sie jetzt Ihre Haltung in Bewe-
gung umsetzen, wie in einer Pantomime – folgen Sie einfach Ihren Bewegungsimpulsen
und reagieren sie auf die Bewegungen der Anderen – wunderbar, und jetzt machen sie
aus dem Ganzen einen kleinen Tanz.«

- Gefühle und Ideen von Mitwirkenden erfragen
  »Herr Sommer-Wiese, in dieser Position und Haltung, gibt es irgendeine Idee, die Ih-
  nen spontan in den Sinn kommt? Was fühlen Sie?«

- Monolog zur Seite
  Einzelne Figuren in der Skulptur können gebeten werden, in einem Monolog zur
  Seite Gefühle oder Gedanken zu äußern (die sie vielleicht sonst nicht aussprechen
  würden): *»Martin, wir sehen, dass du es kaum aushalten kannst, in dieser Position zu*
  stehen – sprich doch mal laut zur Seite, was dir so durch den Kopf geht.«

- Wunschkonstellationen
  »Okay, das ist die Situation, wie sie im Moment ist – Paul, kannst du deine Position
  und Haltung in eine Richtung verändern, die dir besser entspricht? – können das jetzt
  bitte alle machen?«

- Zurückspulen, Wiederholen, Vorspulen
  »Danke, bleiben Sie einen Moment in den Positionen und Haltungen – und jetzt be-
  wegen Sie sich – wie in Zeitlupe – wieder zurück an ihre Ausgangspositionen – und
  jetzt bewegen Sie sich noch einmal – Schritt für Schritt – in die Wunschpositionen.«

- Interpunktieren
  »Stopp – diese Stelle ist wichtig – wenn Sie, Frau Sommer-Wiese, sich jetzt auf Ihren
  Mann zu bewegen – was brauchen Sie von den Anderen, was müssen Sie bei sich in-
  nerlich bewegen, um diese Bewegung wirklich ausführen zu können?«

- Umbau einer Skulptur durch Mitwirkende
  Einzelne Personen können aus der Skulptur herausgeholt und gebeten werden, die
  Skulptur umzubauen: *»Martin, komm doch bitte hier heraus – wir nehmen einen*
  Stuhl für dich – du kannst das Ganze jetzt von außen sehen – angenommen, es passiert
  irgendetwas, vielleicht schon morgen, vielleicht erst übermorgen, vielleicht durch ein
  Wunder, vielleicht dadurch, dass jemand etwas tut – jedenfalls passiert irgendetwas,
  was die Situation in eurer Familie in eine Richtung verändert, die dir gefallen würde –
  dann zeige bitte jetzt, wie das aussehen könnte.«

- Simultanumbau
  »Stellen Sie sich vor, die Situation verschlimmert sich – versuchen Sie, das zu zeigen,
  indem Sie sich bewegen – alle – Sie können auch aufeinander reagieren – aber jetzt
  verbessert sich die Lage wieder – keiner weiß, warum, aber es passiert.«

- Umbau einer Skulptur durch die Therapeuten

»Paul, du hast die Skulptur aufgebaut, ist es in Ordnung, wenn ich an deiner Skulptur zeige, wo ich eine Veränderungsmöglichkeit sehe? – Danke – Herr Sommer-Wiese, nehmen Sie einfach die Hand mit dem Zeigefinger runter – oder nein, besser, lassen Sie die Hand so, klappen sie nur den Finger ein und halten die Hand einfach so, leicht und offen. Danke.«

- Zukunftsskulpturen

Die Therapeuten können vorschlagen, verschiedene Varianten von Zukünften in Skulpturen darzustellen. Als Varianten bieten sich an:

- die wahrscheinliche Zukunft,
- die mögliche Zukunft,
- die befürchtete Zukunft,
- die gewünschte Zukunft,
- die unerwartete Zukunft,
- die machbare Zukunft.

Tabelle 19: Arbeit mit Skulpturen im Überblick

Arbeit mit Skulpturen	
Ablauf	Bearbeitungsmöglichkeiten
Fragestellung oder Überschrift finden	– Erforschen einer Skulptur durch Rollenwechsel
Ort einrichten	– In Bewegung Setzen von Skulpturen (Impuls, Pantomime, Tanz)
Bildhauer, Bildhauerin bestimmen	– Gefühle und Ideen von Mitwirkenden erfragen
Auswahl: wer gehört dazu?	– Monolog zur Seite
Einladen der Mitwirkenden	– Wunschkonstellationen
Begleitung der Bildhauerin: Position, Richtung, Haltung, Geste, Wort	– Zurückspulen, Wiederholen, Vorspulen
Kontakt zu den Mitwirkenden	– Interpunktieren
Pendeln zwischen Außenansicht und Innenansicht	– Umbau einer Skulptur durch Mitwirkende
Figuren in der Skulptur eine Stimme geben	– Simultanumbau
Moment des Innehaltens und Spürens	– Umbau einer Skulptur durch die Therapeuten
Die Bildhauerin und die Mitwirkenden würdigen	– Zukunftsskulpturen

16. Aufstellungen

In der Arbeit mit Aufstellungen tritt die Feldqualität sozialer Beziehungen (→ IV.1. S. 274) besonders in den Vordergrund. Aufstellungen bieten die Möglichkeit, die Strukturen und Dynamiken sozialer Felder zu erkunden und typische Konflikte in sozialen Feldern zu bearbeiten. Bekannt wurde die Technik durch eine spezielle Form des Familienstellens in Gruppen, die mit dem Namen von Bert Hellinger verbunden ist. Die Ideen und der Arbeitsstil von Hellinger sind jedoch nicht vereinbar mit den Ideen und Standards, die in diesem Buch vertreten werden[6]. Aufstellungstechniken haben sich rasch in verschiedenen Bereichen und Formaten etabliert. Dabei geht es vor allem um die Arbeit mit einzelnen Protagonisten in Gruppen, die mit Hilfe von Stellvertretern verschiedenste Systemarten aufstellen. In seinem lesenswerten Buch über Aufstellungen hat Oliver König (2004) diese Form der Arbeit daher auch konsequenterweise als spezielle Form der Gruppentherapie beschrieben. Die Aufstellungstechnik ist eine von Psychodrama und Soziometrie inspirierte spezielle Form des Situationsaufbaus (→ II.1. S. 161), die in sehr vielfältiger Form in allen Formaten und Settings angewandt werden kann. In der Darstellung hier konzentriere ich mich auf die Praxis mit Familien und Paaren.

Idee und Besonderheit der Aufstellungsarbeit
Beim Aufstellen von Systemen wird auf die Einnahme von Haltungen, die Formung von Gesten und auf szenisches Spiel weitgehend verzichtet. Diese Einschränkung schärft die Aufmerksamkeit für die Dimension des sozialen Feldes und rückt die Gestaltqualitäten sozialer Felder (→ IV.1. S. 278) in den Mittelpunkt. Die Personen stehen im Feld und erspüren das Feld stehend. Die Besonderheit besteht darin, dass in der Arbeit mit Aufstellungen *vitale Empfindungen* (Amodale Wahrnehmung und Vitalitätsaffekte → IV.1. S. 258), die sich auf soziale Felder beziehen, besonders angesprochen werden. Menschen in Aufstellungen erleben oft eine überraschende Intuition für soziale Felder. In der Arbeit mit Aufstellungen geht es vor allem um die *intuitive Wahrnehmung und das vitale Erleben von Dynamiken und Bedeutungen in sozialen Feldern.* Wenn man davon ausgeht, dass familiäre Bedeutungsfelder (Familie als Matrix der Identität) Familien und Familienmitglieder in einer Tiefendimension nachhaltig beeinflussen, dann wird die Arbeit mit Aufstellungen besonders interessant. In Aufstellungen kann im Feld oder mit dem Feld gearbeitet werden.

Varianten von Aufstellungen in der Arbeit mit Familien und Paaren
Die Varianten von Aufstellungen entsprechen weitgehend denen von Skulpturen:
a) Therapeuten zeigen ihre Sicht in einer Aufstellung.

---

6 Eine Stellungnahme der DGSF zu diesem Thema kann über das Internet heruntergeladen werden. Vgl. dazu auch den Exkurs über dominante Präsenz (→ II.4. S. 196).

b) Ein Mitglied der Familie zeigt seine Sicht in einer Aufstellung.
c) Mehrere oder alle Familienmitglieder zeigen ihre Sicht in einer Aufstellung.
d) Simultane gemeinsame Entwicklung einer Aufstellung.

Die Variante c) erfordert einige Zeit, schnellere Durchläufe und eine sehr hohe Aufmerksamkeit aller Beteiligten. Die Variante d) verläuft ähnlich wie bei der Arbeit mit Skulpturen. Die folgende Darstellung konzentriert sich auf die Variante b).

Ablauf von Aufstellung mit Familien und Paaren
– *Fragestellung, Überschrift:* Die Fragestellung oder Überschrift ergibt sich aus dem Prozess oder kann gemeinsam entwickelt werden.
– *Markierung eines Feldes:* Wenn das Thema oder der Fokus für die Aufstellung bestimmt sind, wird ein besonderes Feld im Bühnenraum markiert. Dieses Feld sollte absolut frei sein. Optimal ist ein großes Feld.
– *Definition eines Feldes:* Das Feld kann, abhängig von der Fragestellung, als ein besonderes Feld definiert werden. Zum Beispiel als Problemfeld, Konfliktfeld, Feld des Leidens, Feld der Freude, Lösungsfeld oder Katastrophenfeld. Definitionen können im Prozess verändert werden (Kontextinterventionen).
– *Regieposition:* Optimal ist eine Position außerhalb des Feldes, das Feld sollte möglichst wenig von Therapeuten gestört werden!
– *Einladen zum gemeinsamen Projekt – Schaffung einer konzentrierten Atmosphäre:* »Wir möchten gern mit Ihnen gemeinsam etwas mehr über die Probleme in der Familie, aber auch über Lösungsmöglichkeiten erfahren – Dazu werden wir jemanden bitten, die Familie in diesem Feld hier aufzustellen – bei dieser Arbeitsweise kommt es auf Ruhe und Konzentration an.«
– *Bestimmung einer aufstellenden Person:* Das aufstellende Familienmitglied kann je nach Situation und Lage von den Therapeuten vorgeschlagen oder gemeinsamen bestimmt werden.
– *Wer oder was wird aufgestellt:* Es können auch Nichtanwesende, Verstorbene, symbolische Figuren oder andere Elemente (siehe weiter unten) aufgestellt werden: Anregungen dazu finden sich in der *Gästeliste* (S. 240).
– *Einladen der Mitwirkenden:* »Es geht jetzt um das Bild von . . . – Wenn Ihr Bild von dieser Konstellation abweicht, können Sie später Ihre Sicht zeigen.«
– *Aufstellen:* Die aufstellende Person wird gebeten, sich selbst, die Anderen und relevante Figuren oder Elemente in das Feld zu stellen. Für sich selbst wählt die aufstellende Person einen Stuhl als *Platzhalter.* Es kann sich auch ein Therapeut als *Stellvertreter* anbieten. Die Reihenfolge kann durch die Therapeuten vorgegeben werden oder von der aufstellenden Person frei gewählt werden:
  – Mit sich selbst beginnen: »*Bitte nehmen Sie für sich selbst einen Stuhl – geben Sie sich selbst (als Stuhl) nun eine Position im Feld – nehmen Sie sich ruhig Zeit dafür – welche Position nehmen Sie in diesem Feld ein? – Sie können das ruhig korrigieren – gut, stimmt die Richtung, in die Sie schauen? – korrigieren Sie das bitte.«*

- Mit einer Figur oder einem Element beginnen: »*Das manisch-depressive Verhalten Ihres Mannes wurde von allen in der Familie als beherrschend beschrieben – Bitte geben sie diesem Element zuerst einen Platz im Feld.*«
- Freie Wahl: »*Bitte führen Sie nun jedes Familienmitglied nacheinander und ganz in Ruhe an einen Platz im Feld – für sich nehmen Sie bitte einen Stuhl – die Reihenfolge bestimmen Sie – die Personen lassen sich ganz leicht an den Schultern führen – Sie stellen die Person nur auf – geben Sie allen eine Position und eine Richtung, in die sie schauen.*«

- *Überprüfen durch Innensicht und Außensicht:* Ohne weitere Kommentare wird die aufstellende Person gebeten, sich in die eigene Position zu stellen (der Therapeut entfernt den Stuhl) und zu überprüfen, ob die aufgestellte Konstellation aus der Innensicht mit dem eigenen Bild übereinstimmt. Gegebenenfalls kann die Aufstellung korrigiert werden. Danach wird die aufstellende Person gebeten, sich das Ganze erneut von außen anzuschauen und gegebenenfalls zu korrigieren. Dies kann mehrmals wiederholt werden.
- *Intuitives Erspüren des Feldes:* Nachdem die Stimmigkeit der Aufstellung durch die aufstellende Person (aus ihrer Sicht) überprüft worden ist, wechselt die aufstellende Person wieder in die Aufstellung. Dass dies ohne weitere Kommentare geschieht, ist wichtig. Die Intuition der aufgestellten Personen sollte in dieser Phase möglichst wenig von außen gelenkt oder gestört werden: »*Bitte lassen Sie nun diese Konstellation auf sich wirken – nehmen Sie alle Empfindungen, Gefühle und Impulse wahr.*«
- *Erfragen von körperlichen Empfindungen und Beobachtungen:* Nachdem genügend Zeit gegeben worden ist, können die Therapeuten die Personen in der Konstellation befragen.
- *Wahrnehmung von Bewegungsimpulsen – In Bewegung setzen:* »*Paul, wenn du nur deinem Gefühl folgst, wo zieht es dich hin?*« »*Herr Sommer-Wiese, wenn Sie Ihrer Intuition folgen, wohin wenden Sie sich dann – bewegen Sie sich in diese Richtung – wie ist jetzt die Empfindung?*«
- *Nachbesprechung.*

Arbeitsmöglichkeiten mit Aufstellungen
- Einzelne Personen wechseln die Position mit anderen Personen in der Aufstellung.
- Einzelne Personen verändern ihre Position in der Aufstellung.
- Alle Personen verändern simultan ihre Positionen in der Aufstellung.
- Personen entwickeln aus ihrer Position heraus Worte oder Sätze.
- Einzelne Personen verändern die Konstellation von außen.
- Subsysteme verändern die Konstellation gemeinsam von außen.
- Therapeuten verändern die Konstellation von außen.

– Personen entwickeln aus ihrer Position heraus Haltungen, Gesten oder Bewegungen.
– Zusätzliche Figuren oder Elemente werden ins Feld gestellt.

Merke:
– Während des ganzen Prozesses bleibt es wichtig, sich vor allem durch die vitalen Empfindungen und intuitiven Impulse der Personen, die sich im Feld befinden, leiten zu lassen. In der Nachbesprechung kann der Kopf (kritische Reflexion) wieder eingeschaltet werden.
– Alle Mitwirkenden, auch die Therapeuten, nehmen eine erkundende Rolle ein. Aus dieser Rolle heraus kann mit Vorschlägen (!) experimentiert werden.

Aufstellung von abstrakten Elementen
Die psychodramatische Technik des Situationsaufbaus öffnet der Kreativität weite Räume. Das gilt selbstverständlich auch für Aufstellungen. Personen, Figuren oder Gegenstände können daher auch bestimmte Aspekte oder abstrakte Elemente repräsentieren: Ziele, Aufträge, Aufgaben, Symptome, Stärken, Schwächen, Optionen, Überzeugungen, Werte, die Angst des Torwarts beim Elfmeter, die Freude der Oma beim Küssen – was immer man will, es kann unter bestimmten Fragestellungen (mit Symbolen oder Personen) aufgestellt werden. Das enorme Potenzial veränderungswirksamer Interventionen, das sich aus diesen Möglichkeiten ergibt, kann hier nur angedeutet werden.

Entscheidungssituationen
Konflikt- oder Entscheidungssituationen gehören zu den klassischen Themen von Therapie und Beratung. Neben den Möglichkeiten, die Skalen, Rangfolgen und Ambivalenzfelder bieten, können auch Aufstellungen genutzt werden:

• Tetralemma
Diese Form der Aufstellungsarbeit ist unter dem Namen systemische Strukturaufstellung (Varga von Kibed u. Sparrer, 2005) bekannt geworden. Mit dem Konzept des Tetralemma wird eine Dualität (Dies oder Jenes, Hop oder Top, das Eine oder das Andere) um weitere Optionen erweitert. Dilemma-Situationen können auf diese Weise aufgelöst und neue Perspektiven entwickelt werden. In jeder Entscheidungssituation gibt es im Prinzip fünf verschiedene Optionen: *Das Eine (1), das Andere (2), Keines von Beiden (3), Beides (4)* und die *Nicht-Position (5).* (Die fünfte Option kann man auch die Monty-Python-Option nennen:»*Something completely different*«). Diese Optionen können (mit Bezug auf einen Fokus) im Raum als Positionen markiert (Punkte) und erkundet werden. Es ist aber auch möglich, dass Mitglieder von Familien oder Partner, die sich mit einer Option identifizieren, in die Rolle einer dieser Entscheidungsoptionen wechseln. Sie können dann gleich-

zeitig im Feld Positionen einnehmen, verschiedene Optionen vertreten, in einen Dialog miteinander treten und Optionen erkunden und verhandeln.

- Verschiedene Entscheidungsoptionen

Ein Feld wird definiert und ein Fokus bestimmt. Für verschiedene, bereits differenzierte und entwickelte Entscheidungsoptionen werden unterschiedliche Symbole gewählt. Diese werden im Feld platziert. Klienten können sich dicht zu einem Symbol oder zwischen Symbole stellen. Sie können im Feld interviewt werden, in Dialog treten und Optionen aushandeln.

Beispiele aus einer Paartherapie
»Bitte wählen Sie, Frau K., sich einen Stuhl für die Entscheidung, sich zu trennen – und geben Sie bitte diesem Stuhl eine Position und Richtung im Feld – vielleicht dekorieren Sie den Stuhl mit einem Tuch, das zu der Entscheidung passt – danke – und nun nehmen bitte Sie, Herr K., einen Stuhl für ihren Wunsch, mit Ihrer Frau zusammenzubleiben – geben Sie dem Stuhl bitte eine Position und Richtung im Feld – nehmen Sie bitte auch ein Tuch, das zu diesem Wunsch passt – danke.« Frau K. positioniert ihren Stuhl am Rande des Feldes, Blickrichtung nach außen. Herr K. positioniert seinen Stuhl in der Mitte des Feldes, Blickrichtung zur Rückenlehne des Stuhls seiner Frau. Therapeut: *»So wie es hier aussieht, scheint die Konstellation nicht besonders glücklich – gibt es irgendeine Idee von außen, was man ändern könnte?«* Im Folgenden wird mit verschiedenen Konstellationen experimentiert, es werden Stühle verschoben und gedreht, aber alles endet in der Ausgangskonstellation. Frau K. wirft ein: *»Alles wäre anders, wenn du dich für das Tuch interessieren würdest!«* Darauf Herr K.: *»Der andere Kerl interessiert mich nicht.«* Darauf Frau K.: *»Der hat mit dem Tuch nichts zu tun, der steht außerhalb des Feldes, das Tuch hat etwas mit uns zu tun.«* Der Therapeut bittet Frau K., »dem anderen Kerl« als Stuhl eine Position außerhalb des Feldes zu geben. Sie positioniert »Klaus« in einem Winkel von mehr als 90° zu sich, ihr Blick geht in eine andere Richtung. Herr K.: *»Was ist das denn mit dem Tuch?«* Frau K.: *»Darüber kann ich mit dir nur sprechen, wenn du aus der Mitte rausrückst.«* Frau K. nimmt den Stuhl ihres Mannes und rückt ihn an den Rand des Feldes mit Blickrichtung in die Mitte. Dann nimmt sie das Tuch und legt es in die Mitte.

Im weiteren Verlauf des Treffens geht es vor allem darum, Positionen auszuhandeln, die ein Gespräch über zentrale Themen in der Partnerschaft in dieser prekären Situation überhaupt sinnvoll erscheinen lassen. Die Ergebnisse der Verhandlung werden dabei immer wieder mit Hilfe des Feldes und veränderten Aufstellungen illustriert. Es werden weitere Treffen ausgehandelt, in denen es um die Themen gehen soll, die durch die Tücher repräsentiert werden. Nach einigen Treffen mit intensiven Gesprächen über zentrale, aber schmerzliche Themen kristallisieren sich für das Paar in dieser kritischen Entscheidungssituation verschiedene Optionen heraus, die gemeinsam mit dem Therapeuten entwickelt werden: a) Herr K. zieht für drei Monate zu seinem Freund, Frau K. bleibt mit den Kindern im eigenen Haus wohnen. b) Frau K. zieht mit den Kindern in eine Wohnung, die frei ist, Herr K. bleibt vorerst im eigenen Haus wohnen. c) Beide ziehen aus dem Haus aus, das Haus wird möglichst bald verkauft, die

Frage, mit wem die Kinder gehen, bleibt offen. d) Das Paar kommt für den Zeitraum von dreieinhalb Monaten (alle 14 Tage, sieben Termine) zur Beratung. Beide bleiben für diese Zeit im Haus wohnen, jeder bezieht ein eigenes Zimmer. Die Kinder werden gemeinsam versorgt. Wöchentlich wird ein Haushaltsplan erstellt. Es ist möglich, sich gegenseitig zum Gespräch oder zu gemeinsamen Aktivitäten einzuladen. Kontakte außerhalb, auch sexuelle Kontakte, stehen offen. Kein sexueller Kontakt der Partner in dieser Zeit. Nachdem die Optionen klar sind, baut der Therapeut ein Entscheidungsfeld auf. Die verschiedenen Optionen werden nacheinander von beiden Partnern exploriert (Positionierung, Interview). Die Optionen d) wird von beiden Partnern deutlich favorisiert.

- Werte und Leitbilder

Das gesellschaftliche und kulturelle Leben wird in einem hohen Maß von Werten und Leitbildern bestimmt. Das gilt selbstverständlich auch für das Zusammenleben von Paaren und Familien. Die Arbeit mit unterschiedlichen Werten und Leitbildern kann daher ein zentraler Schlüssel in der Arbeit mit Familien und Paaren sein[7].

Beispiel aus einer Familientherapie
In einer Familie war es über die Frage des Schulbesuchs der beiden Söhne, 15 und 16 Jahre alt, zu heftigen Auseinandersetzungen gekommen. An der Auseinandersetzung waren auch die Großeltern beider Seiten beteiligt, besonders stark die Eltern des Mannes; diese hatten gemeinsam ein florierendes mittelständisches Elektronikunternehmen aufgebaut, dessen Geschäftsführung inzwischen an Herrn P. übergegangen war. Die Auseinandersetzungen eskalierten so weit, dass der Bestand der Ehe, der Familie und der Firma in Frage gestellt war. Die Therapeuten, die mit den Eltern und den beiden Söhnen arbeiteten, entschieden sich dafür, die Werte und Leitbilder, die in den Auseinandersetzungen eine zentrale Rolle spielten, in einer Aufstellung zu erkunden. Zunächst wurden die Werte und Leitbilder der Großeltern beider Seiten (im Rollenwechsel) exploriert und im Feld positioniert. Dabei ergab sich folgendes Bild: Die Eltern der Mutter (Sozialwissenschaftler, Übersetzerin) repräsentierten ein Leitbild, in dem die Werte *Gleichheit* und *Gerechtigkeit* dominierten. Dafür wurde in einer Ecke des Feldes ein Stuhl aufgestellt und mit einem grünen Tuch gekennzeichnet. Die Eltern des Vaters repräsentierten ein Leitbild, in dem die Werte *Leistung* und *Erfolg* dominierten. Dafür wurde in der gegenüberliegenden Ecke des Feldes ein Stuhl aufgestellt und mit einem Tuch in Orange gekennzeichnet. Als nächstes explorierten die Therapeuten die Werte und Leitbilder der Mutter, des Vaters und der beiden Söhnen. Herr P. (Leitbild: Forscher. Dominierender Wert: Kompetenz) wurde mit einem gelben Tuch gekennzeichnet. Frau P. (Leitbild: Kräuterfrau. Dominierende Werte: Menschenfreundlichkeit und soziale Kompetenz) wurde mit einem Tuch in Pflaumenfarbe gekennzeichnet. Der ältere Sohn Klaus (Leitbild: Dalai Lama. Dominierende Werte: Gelassenheit und grenzüberschreitende Sichtweisen) wurde mit einem hellblauen Tuch gekennzeichnet. Der jüngere

---

7 Anschauliche Beispiele für interkulturelle Arbeit finden sich u. a. bei Schwing und Fryszer (2006, S. 259–263) und von Schlippe, El Hachimi und Jürgens (2003).

Sohn Peter (Leitbild: Entdecker. Dominierende Werte: Mut und Weitblick) wurde mit einem gelb-rot gestreiften Tuch gekennzeichnet. Auf diese Weise als Vertreter bestimmter Werte gekennzeichnet, gaben sich die Familienmitglieder selbst Positionen im Feld (Simultanaufstellung). Mit dieser Konstellation wurde intensiv gearbeitet. In der Nachbesprechung betonten alle Familienmitglieder, dass ihnen nun die Hintergründe für vieles, was in der Familie passiere, wesentlich durchschaubarer geworden seien. Im weiteren Verlauf der Therapie positionierte sich der Vater viel deutlicher als vorher an der Seite seiner Frau im zentralen Mittelfeld (das er nun als das Feld seiner eigenen Kleinfamilie definierte). In einer sehr heftigen Konfrontation mit seinen Eltern setzte er durch, dass seine beiden Söhne frei über den weiteren Besuch welcher Schule auch immer entscheiden konnten.

17. Rituale

Das menschliche Zusammenleben ist durchwoben von Ritualen (Ritus: *Zahl, Ordnung, Zusammenfügen*). Die Heilkünste – von archaischen Praktiken bis hin zur modernen Medizin – machen hier keine Ausnahme. Das gilt selbstverständlich auch für die Psychotherapie, die selbst wiederum als Ritual angesehen werden kann und deren Prozesse von Ritualen geprägt und getragen werden. In der systemischen Therapie finden die Konstruktion und der Einsatz maßgeschneiderter Rituale zunehmend Beachtung (Welter-Enderlin u. Hildenbrand, 2002).

Rituale vereinigen Aspekte der Wiederkehr, des Übergangs und der Integration. Rituale können, auch wenn eine eindeutige Zuordnung schwierig ist, nach ihrer zentralen Funktion unterschieden werden (Tabelle 20).

Tabelle 20: Unterteilung von Ritualen nach ihrer zentralen Funktion

Rituale	Funktion	Beispiele
der Wiederkehr	geben Struktur und Sicherheit, stiften Ordnung.	Regelmäßige Mahlzeiten, Fünf-Uhr-Tee, Gute-Nacht-Geschichten, Weihnachten, Stuhlkreis
des Übergangs	geben Orientierung in Übergangssituationen und rahmen Veränderungsprozesse.	Schuleintritt, Silvester, Trauerrituale, Pilgerfahrten, Polterabend
der Integration	stiften einen übergeordneten Zusammenhang und schaffen Verbindung.	Heirat, Abschlussfeiern, Aufnahmerituale, Beerdigungen, Trennungszeremonien

Rituale der Wiederkehr
Kinder, Jugendliche, aber auch Erwachsene leiden zunehmend unter dem Verlust stabiler Strukturen und Ordnung stiftender Zusammenhänge. In der Therapie und

Beratung von Familien und Paaren nimmt daher die Bedeutung der Entwicklung und Implementierung ganz alltäglicher Rituale immer mehr zu. Gemeinsam spielen, im Familienkreis etwas vorlesen, eine gemeinsame Unterhaltung führen, gemeinsame Mahlzeiten, gemeinsam etwas Sinnvolles tun – all das ist im modernen Familienleben keine Selbstverständlichkeit mehr. Mit Hilfe von Aktionsmethoden kann die Einführung stabilisierender Alltagsrituale als Lernfeld für die Entwicklung tragender Strukturen genutzt werden.

Beispiel
In einer Multiproblemfamilie entschieden sich die Therapeuten dafür – gegen massive Widerstände –, das Ritual einer gemeinsamen Mahlzeit am Tag durchzusetzen. Dazu musste zunächst das Ritual *gemeinsame Mahlzeit* mit Abläufen und Rollen genau beschrieben werden. Das Ganze wurde dann als übendes Rollenspiel in der Therapie durchgespielt und die Einführung des Rituals in den Alltag über ein halbes Jahr begleitet. Auch in der Begleitphase mussten Abläufe immer wieder geklärt und Rollen eingeübt werden. Auf dem Weg zu einem stabilen Ritual mussten immer wieder Widerstände überwunden, Hindernisse beiseite geräumt und Vorfälle bearbeitet werden. Dabei gab es durchaus Phasen, in denen die Therapeuten an der Sinnhaftigkeit ihres Tuns zu zweifeln begannen. Nach circa einem Jahr entwickelte sich das Ritual allerdings zu einem Selbstläufer, auf das im Bekannten- und Freundeskreis stolz hingewiesen wurde, und die gelernten Fähigkeiten wirkten sich auch in anderen Bereichen positiv aus.

Rituale der Wiederkehr können auch zu einem Gefängnis werden und Entwicklungen verhindern. Dennoch sind sie unverzichtbar, weil jede Entwicklung und alles Lernen eine stabile Basis braucht (→ I.4. S. 81). Manchmal wird die notwendige Veränderungsbereitschaft erst wieder aktiviert, wenn diese Basis bestätigt wird.

Beispiel
Ein Paar klagte über Langeweile in der Beziehung und den Rückgang sexueller Kontakte. Beide scheuten jedes Risiko und die Leidenschaft war eingeschlafen. Auf Erkundungstour in besseren Zeiten stieß das Paar auf ein Ritual, das früher für Zärtlichkeit und Nähe gesorgt hatte, aber in Vergessenheit geraten war. Es handelte sich um eine Tee-Zeremonie, überliefert aus der ostfriesischen Ursprungsfamilie der Frau. Während ein Partner morgens im Bett liegen bleibt, steht der andere auf und bereitet eine Tasse Tee. Diese Tasse wird ohne Kommentar ans Bett gestellt. Der servierende Partner verlässt danach den Raum wieder. Nach circa einer halben Stunde kommt der Service ein zweites Mal, diesmal mit der zurückhaltenden Frage, ob es vielleicht etwas zu erzählen gäbe. Der Service bleibt eventuell eine Weile, entfernt sich dann aber wieder – nicht ohne die Frage, ob eine weitere Tasse Tee gewünscht wird. Die Teezeremonie wurde mit wechselnden Rollen an den Wochenenden wieder aufgenommen. Nach drei Monaten beschloss die Frau, die wegen einer starken Angstsymptomatik in Therapie gekommen war, zum ersten Mal seit Jahren allein in den Urlaub zu fahren. Bei der Wiederkehr erlebte das Paar einige stürmische Tage.

Von einem einfachen, entwicklungsorientierten Ritual berichtet der amerikanische Psychologe Martin E. P. Seligman. Er fragt seine Kinder jeden Abend beim Zu-Bett-Gehen, welche Aktivitäten ihnen an diesem Tag ein gutes Gefühl gegeben haben (Seligman, 2003).

Rituale des Übergangs
Rituale des Übergangs begleiten Familien und Paare in allen Phasen ihrer Entwicklung und Wandlung: bei der Begrüßung und Aufnahme neuer Mitglieder, bei der Loslösung, beim Schließen neuer Verbindungen und bei Verlust und Trennung. Aktionsmethoden können beim Entwickeln und Inszenieren passender Rituale hilfreich sein.

Beispiel aus einer Familientherapie
Ein Kind war sehr früh gestorben. Das Thema war nie wirklich gemeinsam besprochen worden und darüber war die Familie fast zerbrochen. In einer Aufstellung wurde deutlich, dass das gestorbene Kind für alle Familienmitglieder sehr präsent war. Das tote Kind tauchte viermal in der Aufstellung als *stummer Begleiter* von Familienmitgliedern auf, jeweils sehr nahe positioniert; diese stummen Begleiter besetzten als geisterhafte Wesen das Feld und blockierten die Räume. Die Therapeuten schlugen der Familie vor, gemeinsam einen Ort für das gestorbene Kind zu finden. Diese Aktion, in der die Familie dem gestorbenen Kind gemeinsam einen Platz außerhalb des Feldes einräumte, setzte einen intensiven Trauer- und Bearbeitungsprozess in Gang, der in mehreren Treffen durch Abschieds- und Loslösungsrituale unterstützt und gerahmt wurde. Innerhalb dieses Prozesses regten die Therapeuten die Familienmitglieder dazu an, in einem zeremoniellen Akt dem gestorbenen Kind für all das zu danken, was es ihnen in seinem kurzen Leben hatte geben können. Besonders beeindruckend war, wie sehr die Zeremonie des Dankes Kinder und Erwachsene erleichterte und einen Prozess der Lösung von der schmerzvollen Erfahrung des Verlustes einleitete. Am Ende des therapeutischen Prozesses entwickelte die Familie die Idee, in einer jährlich wiederkehrenden kleinen Zeremonie an das verstorbene Kind zu denken.

Rituale der Integration
Rituale der Integration können sich auf die Anerkennung bestimmter Strukturen, die Einbindung in Loyalitäten, die Anerkennung von Leistungen, die Anerkennung von Schuld, auf Vergebung oder auf den Ausgleich von Geben und Nehmen beziehen. Hier öffnet sich ein weites Feld für die kreative Konstruktion und Gestaltung passender Rituale. Zeremonien für Paare, die sich trennen, sind Rituale der Reintegration, die einen Neuanfang ermöglichen (Greitemeyer, 1999, Alt-Saynisch u. Raabe, 2002).

Konstruktion und Dramaturgie von Ritualen des Übergangs
Die Leitfrage bei der Konstruktion von Ritualen in Veränderungsprozessen lautet: Welche Form von Erfahrung bringt eine Person, ein Paar, eine Familie oder eine

Gruppe von einem Zustand in einen anderen? Das Ritual eröffnet einen Weg, auf dem eine Erfahrung, die Veränderung begünstigt, gemacht werden kann, und liefert für diese Erfahrung einen passenden Rahmen.

Ein therapeutisches Ritual sollte maßgeschneidert sein und erfordert daher neben Fantasie eine genaue Exploration. Es ist entscheidend, von der konkreten Situation und den Gewohnheiten auszugehen und an kulturellen Gepflogenheiten und weltanschaulichen Überzeugungen anzuknüpfen. Übergangsrituale orientieren sich an einem einfachen Grundplot (Pilgerfahrt, Abenteuerreise, Hochzeit, Initiation). Mit Hilfe dieses Plots können Rituale des Übergangs in einer breiten Vielfalt kreativ gestaltet werden. Der Plot enthält in der Regel folgende konstruktiven Elemente:

* Vorbereitung

In der ersten Phase sorgt das Ritual für eine ausgiebige Vorbereitung und Einstimmung auf die bevorstehende Erfahrung.

* Unterbrechungen von gewohnten Mustern und Aufbruch

In der zweiten Phase sorgt das Ritual für die Unterbrechung des gewohnten Alltags und den Wechsel in Rollen, die neue Sichtweisen ermöglichen. Der Pilger zieht spezielle Kleider an (Pilgerkluft), legt Amt und Status ab, verzichtet auf Luxus und materielle Güter und macht sich auf die Reise.

* Zeit der Prüfung – Aufschub und Anstrengung

In der dritten Phase organisiert das Ritual eine Zeit des Aufschubs und der Anstrengung. Der Weg des Pilgers darf ruhig etwas steinig sein, es gibt Aufschübe, unangenehme Überraschungen, Entbehrungen, Prüfungen, aber auch lichte Momente ungeahnter Lust und Euphorie.

* Lohn der Mühen – zeremonieller Akt

Die vierte Phase eines Rituals organisiert einen Höhepunkt und besteht meist aus einem zeremoniellen Akt, der folgende Merkmale aufweist:
– Es gibt einen Rahmen der Besonderheit.
– Es gibt einen klar strukturierten Ablauf.
– Die Sinne werden aktiviert.
– Es gibt eine leitende Metapher.
– Es werden Symbole verwendet oder symbolische Handlungen ausgeführt.

* Öffentliche Feier des veränderten Zustands

In der fünften Phase organisiert das Ritual eine öffentliche Feier und Bestätigung des veränderten Zustands, der auf dem Weg oder durch den Weg erreicht wurde. Der Pilger kehrt geläutert und als ein anderer Mensch in seine Gemeinschaft zurück. Er ist schlanker geworden, dafür aber reich an Erfahrungen, die er weitergeben kann.

Teil IV: System und Begegnung

IV.1. Auf dem Weg zu einem mehrdimensionalen und entwicklungsorientierten Ansatz: Emotion, Interaktion, Konstellation, Feld und Umgebung

In diesem Kapitel wird die intensive Wirkung von Aktionsmethoden im Rahmen von Konzepten und Begrifflichkeiten erklärt, die in der neueren Säuglingsforschung, der Emotionsforschung und der Neurobiologie eine wichtige Rolle spielen. Im Rahmen eines multimodalen, mehrdimensionalen und entwicklungsorientierten Ansatzes geht es darum, das Zusammenspiel von Emotion, Interaktion, Konstellation, Feld und Umgebung besser zu verstehen.

Intuition – die Welt als Zusammenhang

Als Michael Ballack im Dezember 2004 das Stadion in Yokohama zum zweiten Mal nach dem WM-Finale 2002 betritt, springt in seinem Kopf ein kleiner Film an: »Die Erinnerung kam, als ich den Spielergang runter gelaufen bin. Die Atmosphäre im Stadion, das Vorprogramm des Finales, die Situation in der Kabine – alles fiel mir wieder ein.« Wir nehmen Situationen ganzheitlich wahr und handeln in den meisten Situationen intuitiv. Intuition verbindet implizites Erfahrungswissen mit gegenwärtigen Situationen, ein Vorgang, der uns allerdings selten bewusst wird (Gigerenzer, 2007). Elf Millionen Sinneswahrnehmungen in der Sekunde bombardieren den Menschen, selbst dann, wenn er entspannt im Sessel sitzt. Wie gut, dass nur ein Bruchteil der Aktivitäten, die der ständige Strom von Eindrücken auslöst, bewusst wird. Unterbewusst stellen wir jedoch ständig intuitiv Zusammenhänge über Musterähnlichkeiten her, um Informationen zu bündeln und Situationen zu strukturieren – ohne ausführliche Berechnungen und Analysen im Detail, aber auf der Grundlage vieler gespeicherter Einzelerfahrungen. Nur auf diese Weise können wir uns überhaupt spontan entscheiden und bleiben gleichzeitig handlungsfähig. Je komplexer eine Situation ist, desto wichtiger werden die schnellen, Muster interpretierenden und konstruierenden Hirnaktivitäten, auf denen Intuition beruht. Stellen wir uns eine beliebige Arena vor, ein Stadion, einen Zirkus, eine Tanzfläche, ein Opernhaus, ein Wohnzimmer oder einen Therapieraum: Die Emotionen der Akteure, die Muster ihrer Interaktionen, die wechselnden Konstellationen der Personen, der Ort, die Kulisse – all das wirkt im Erleben und Wahrnehmen zusammen.

Kreative Kooperation – die Welt als Zusammenspiel

Im Zusammenleben geht es, wie im Fußball oder beim Musizieren, um das *Zusammenspiel von Solisten*. Worauf es dabei ankommt, wird besonders deutlich im Jazz, weil Jazz »eine Kunst ist, die bewusst auf dem Wechselspiel zwischen dem Kollektiv und dem einzelnen aufbaut« (Hillman u. Ventura, 1993, S. 75). Einmal tritt dieser Solist deutlich hervor, ein andermal jene Solistin und gleichzeitig vermischen sich die Stimmen aller Solisten zu einem einzigen Klang. Dieser Sound ist mehr als die Summe der Stimmen der Solisten, er entwickelt eine eigene Dynamik und manchmal passiert im Zusammenspiel etwas, was schwer zu erklären ist: Es entsteht ein Feld, das alle Spieler erfasst und bald auch die Zuhörer, ein Feld, in dem Spieler und Zuhörer gemeinsam schwingen.

Diese Art des Felderlebens ist jedem von uns bekannt und beschränkt sich keineswegs auf Musik. Du betrittst eine Stadt wie New York, eine Kirche oder einen offenen Platz, und diese Orte beeinflussen als besondere Felder dein Empfinden. Oder du besuchst deine Ursprungsfamilie und tauchst in ein besonderes soziales Feld ein, ein Feld mit einer bestimmten Atmosphäre, einem Klima, einem Sound, und dieses Feld löst spezifische Resonanzen und Rollen in dir und in anderen aus. Stellen wir uns vor, jedes Paar, jede Familie, jede Gemeinschaft bildet ein soziales Feld, das durch die Aktionen und Emotionen von Personen, durch Interaktionen und Konstellationen erzeugt wird. Offenbar verfügen wir, ohne dass uns dies allzu bewusst wäre, über ein feines Gespür für soziale Felder, so, wie die Inuit über ein Gespür für Schnee verfügen. Wie lässt sich dieses Gespür für soziale Felder wissenschaftlich erklären und welche Schlüsse kann man aus den Erklärungsansätzen für die Gestaltung therapeutischer Prozesse ableiten? Um sich diesen Fragen anzunähern, muss man vom Erleben und Wahrnehmen der Welt als Zusammenhang ausgehen.

Die Welt als Rhythmus und Schwingung – supramodale Wahrnehmung, Aktivierungskonturen und Vitalitätsaffekte

Beginnen wir mit unseren frühen Erfahrungen während der Schwangerschaft. Diese Welt kann man als eine Welt der Rhythmen und Schwingungen bezeichnen. Als Embryos erleben wir uns als Teil einer schwingenden, von Rhythmen durchzogenen und bestimmten Umgebung. Im Erleben spielen bereits alle Sinne, vor allem aber der kinästhetische Sinn und der akustische Sinn eine überragende Rolle. Durch unser geringes Eigengewicht wird die Schwerkraft zum Teil aufgehoben, und wir machen im Zustand der Schwerelosigkeit – schwebend im mütterlichen Universum – unsere ersten spielerischen Erfahrungen mit Bewegungen durch den Raum und Orientierung im Raum (Ribke, 1995, S. 86 u. 78). Gleichzeitig horchen wir in uns hinein und in die Welt hinaus, und auf diese Weise kommen wir in die Welt und kommt die Welt zu uns. Dabei mischt sich die Musik des Mutterleibs – die Pulsationen des Blutes, der Rhythmus des Herzens, die Harmonien der Atmung, die Melodien des Darmes – mit dem Klang der Umgebung –, Geräusche in Wohnungen und auf Straßen, die Stimmen anderer Personen, das Schnurren einer Katze auf dem Bauch der Mutter, das Wiehern eines Pferdes, Gesang oder Musik aus Lautsprechern (vgl. Decker-Voigt, 1999, S. 40). Wir schwingen und schwingen mit und die Mutter empfindet unser Mitschwingen.

Die erste und unteilbare Einheit der Erfahrung besteht, so formuliert es Winnicott, aus einer »psychosomatischen Partnerschaft« (1990, S. 97). Eine Partnerschaft, die als Funktionskreis »zwei Subjekte umfasst, von denen das eine die Umwelt des anderen bildet und in dem das Verhalten des einen Subjekts unmittelbar in physiologische Vorgänge im Organismus des anderen übersetzt« wird (von Uexküll u. Wesiak, 1988, S. 27)[1]. Unser Erleben ist von Beginn an eingebettet in ein dialogisches Geschehen, bei dem es, über alle Ambivalenzen und Turbulenzen hinweg, auf Synchronisation und *basale Koordination* (Bleckwedel, 2000, S. 128f.) von Rhythmen ankommt: »Körperrhythmen, fließende Gestalten sensomotorischer Korrelationen in engem körperlichem Kontakt zwischen der Mutter und ihrem Kind, sind die Grundlagen des menschlichen Bewusstseins. Zeitmuster, rhythmisch wiederkehrende Formen körperlicher Berührung und Bewegung lebt das Kind im Mutterleib. Geschützt und geborgen in einem pulsierenden, polyrhythmischen Geschehen entwickelt der Embryo seine eigenen Körperrhythmen im Zusammenspiel mit der Mutter: Herzschlag, Atmung, Bewegung und Vibration der mütterlichen Stimme« (Maturana u. Verden-Zöllner, 1993, S. 109).

Auch unser Erleben nach der Geburt, in den Episoden zwischen *lebhafter Aktivität* (Saugen, Schreien) und ausgedehnter *wacher Inaktivität* (einfach so daliegen und wahrnehmen, was so alles passiert in uns und um uns herum), wird durchzogen und getragen von eigenen Körperrhythmen (Herzschlag, Atemfrequenz, Schlaf-Wach-Rhythmus) und Umgebungsrhythmen (getragen werden, gehalten und gewiegt werden, aufgenommen und abgelegt werden, besprochen und besungen werden).

Diese frühe, interpersonale Erfahrungswelt des Säuglings wird vor allem durch zwei Wahrnehmungsformen/Erlebnisarten geprägt: amodale Wahrnehmung und Vitalitätsaffekte (Stern, 1993, S. 74–93) – eindrücklich beschrieben im »Tagebuch eines Babys« (Stern, 1991).

Amodale Wahrnehmung
Die amodale Wahrnehmung (Stern, 1993, S. 79–82) bezeichnet unsere angeborene Fähigkeit, Informationen, die in einer bestimmten Sinnesmodalität (schmecken, sehen) aufgenommen werden, in andere Sinnesmodalitäten (hören, riechen) zu über-

---

1   Vgl. auch »Pränatale Co-Existenzen«, Franz Stimmer in Bleckwedel, 2000, S. 17–46.

setzen. Für erwachsene Gehirne klingt es seltsam, aber wir können hören, was wir sehen, und schmecken, was wir riechen. Wie kann man das erklären? Stern geht davon aus, dass es eine *supramodale Form* der Wahrnehmung gibt, über die wir von Anfang an verfügen und die sich auf abstrakte Eigenschaften der Umgebung bezieht: Formen, Rhythmen, Frequenzen, Intensitätsgrade, Bewegungsmuster.

Prozesserleben

Die Überlegungen zur amodalen Wahrnehmung führen Stern schließlich zu der Überzeugung, dass Personen, Teile von Personen und Dinge in unserem Erleben eben nicht als Objekte (»die gute oder böse Mutterbrust«) auftauchen, sondern als Prozess und Resultat von Interaktionsereignissen (der Prozess des Stillens).[2] Unser grundlegendes Empfinden bezieht sich nicht auf Objekte oder Entitäten, sondern auf das Empfinden von innerer Selbstorganisation und äußerer Umgebungsorganisation:

»Als unsere erste Enkeltochter eineinhalb Jahre alt wurde, begann sie, ›Meike‹ oder ›ich‹ zu sagen. Sie grinste dabei verlegen und zeigte auf sich. Lange vorher – und noch lange danach – benutzte sie ein anderes Wort: ›Meiner‹. Begeistert und mit sehr großem M. Nicht nur, wenn sie etwas haben wollte. ›Meiner‹ waren die kleinen Mädchen im Bilderbuch, Babyschaukeln, ein Fahrradkindersitz, die S-Bahn – alles, was sie kannte, benutzte, liebte. Alles, was sie in Beziehung zu sich bringen konnte. Dabei zeigte sie auf den Gegenstand, nicht auf sich selbst.

Ich beginne, das ist meine Interpretation, mein Leben als Bündel von Beziehungen zwischen Menschen und Dingen und eben nicht als Person mit Beziehungen. ›Mein‹ ist nicht, was (zu) mir gehört; ich selbst bin ›Meiner‹. In der Objektsicht, die unsere Kultur auszeichnet, sind Menschen durch ihre Eigenschaften charakterisiert, die wiederum ihre Beziehungen zu Menschen und Dingen bestimmen. Sie entwickeln sich, indem sie die Eigenschaften ändern – und dadurch die Beziehungen und weiterhin vielleicht die Eigenschaften anderer. In einer Prozesssicht hingegen ist Meike nicht einfach eine Person mit Beziehungen, sondern eine Menge von Aktivitäten, die um sie herum geschehen. Während ihres ersten Lebensjahres lernt sie, die Aktivitäten zu gruppieren, zu ordnen und schließlich zu benennen: Mama, Papa, Käse, Hund. Erst später identifiziert sie ein besonders wichtiges Bündel von Aktivitäten: Meiner. Papa und Mama, Hund und Essen und schließlich Meiner tauchen als feste Punkte aus dem Fluss des Geschehens auf, als Inseln zum Ausruhen und zum Aufbrechen zu neuen Unternehmungen. Erst dann lernt sie, dass sie selber ein solcher Punkt ist, der ›Meike‹ oder ›ich‹ heißt. Sie wird selbständig, vergisst ›Meiner‹ und lernt, mit Beziehungen zu

---

2 Der beschriebene Gedankengang scheint vielleicht kompliziert. Er revolutioniert aber in der Konsequenz unser Nachdenken über psychische und soziale Zusammenhänge. Die Arbeiten von Daniel Stern zur Entwicklung des Selbstempfindens und der Bezogenheit werden meiner Ansicht nach erst wirklich fruchtbar, wenn wir uns mit den grundlegenden Überlegungen beschäftigen, die durch die neuen Forschungsergebnisse angestoßen werden.

jonglieren. Ob wir Kinder erziehen oder von Chefs erzogen werden, ob wir Freundschaften schließen oder um Anerkennung kämpfen, wir tun das immer gemeinsam, mit anderen oder gegen sie« (Siefkes, 1997, Die Zeit Nr. 37/1997).

Im Fluss des Geschehens erleben wir uns als eine Menge von Aktivitäten, die in uns und um uns herum geschehen. Der japanische Schriftsteller Haruki Murakami drückt es so aus: »Ich ist der Inhalt der Beziehung und die Beziehung selbst« (Murakami, 2004).

Spiegelfähigkeit
Schon als Säuglinge können wir uns in das Lächeln anderer einfühlen und wissen, so unglaublich das klingt, dass wir lächeln, wenn wir lächeln. Das Lächeln des Säuglings ist also keineswegs ein reiner Reflex, wie fälschlich angenommen wurde. Die neurobiologische Basis dieser Spiegelfähigkeit könnte mit den *Spiegelneuronen* gefunden worden sein, die in den 1990er Jahren in Parma von Vittorio Gallese und Giacomo Rizzolatti entdeckt wurden. Spiegelneuronen sind Zellen mit einer Doppelfunktion: Einerseits sind sie an sensomotorischen Funktionen des Gehirns beteiligt, andererseits spielen sie Vorgänge, die wir in unserer Umgebung wahrnehmen, in einer Art neuronaler Simulation durch. Dieses Spiegelsystem ermöglicht Modelllernen, die Einfühlung in andere Menschen und bildet die Grundlage für die gemeinsame Entwicklung von Beziehungsfähigkeit (vgl. u. a. Bauer, 2005). Wir können Schmerz oder Freude anderer Menschen nachfühlen, und wir lernen Tätigkeiten (Kochen, Tennisspielen, Zärtlichsein, Schlagen), indem wir anderen bei diesen Tätigkeiten zuschauen. Bereits 1778 vermutete Gottfried Herder in seinem Essay »Vom Erkennen und Empfinden« eine mitschwingende »Nervensaite« als körperliche Grundlage des Einfühlungsvermögens. Die biologischen Grundbausteine dieser Nervensaite finden sich nun in den Spiegelneuronen, und man kann sich vorstellen, wie ein komplexes Netzwerk aus Spiegelneuronen und höheren Gehirnfunktionen zur Fähigkeit des Menschen führt, innere Rollenwechsel vorzunehmen, sich in Szenen und Ereignisse einzufühlen und auf der inneren und äußeren Bühne kreativ zu werden.

Warum ist das für die therapeutische Arbeit und speziell für die Arbeit mit Aktionsmethoden interessant? Die neueren Ergebnisse der Säuglingsforschung und Neurobiologie geben allen Anlass zu der Annahme, dass Menschen über eine szenische Wahrnehmung verfügen. Diese Art der ganzheitlichen Wahrnehmung bezieht sich auf *Rhythmus, Dauer, Zeit, Intensität, Dynamik, Form, Konfiguration* und *Gestalt* von Ereignissen und ist eng verbunden mit einer Erlebnisqualität, die Stern als Vitalitätsaffekte (Stern, 1993, S. 83ff.) bezeichnet. Unsere Erfahrung und unser Erleben sind im hohen Maße szenisch angelegt und organisiert.

Vitalitätsaffekte
Mit diesem Begriff beschreibt Stern jene Formen des Empfindens, die sich am besten mit dynamischen, kinetischen Begriffen umschreiben lassen: aufwallen – abwal-

len, aufleuchten – verblassen, überfluten – verebben, anschwellen – abschwellen, zu-
cken – fließen, aufblitzen – abklingen, flüchtig, explosionsartig, berstend, sich hin-
ziehend, pulsierend. Vitalitätsaffekte begleiten alle Veränderungen der personalen
Lage (Motivations-, Bedürfnis- und Spannungszustände: zum Beispiel Hunger, Aktivierung, Müdigkeit, Kommen und Gehen von Gedanken und Emotionen). Vitalitätsaffekte bilden gewissermaßen die Unterlage emotionalen Erlebens, »während
die ›regulären‹ Affekte kommen und gehen« (Stern, 1993, S. 84). Vitalitätsaffekte
können ohne Affekte auftreten oder in unterschiedlichen Verbindungen mit diskreten Affekten (siehe weiter unten). Jemand liegt entspannt auf der Couch oder
springt ruckartig vom Stuhl auf – beide Aktionen, vom Vitalitätsaffekt her komplett
unterschiedlich, können mit Freude, Interesse, Angst, Ärger oder Schrecken unterschiedlich assoziiert sein. In jedem Fall handelt es sich beim Erleben von Vitalitätsaffekten – ob sie ins Bewusstsein dringen oder nicht –, um eine andere, besondere
Qualität des Erlebens, die sich von diskreten Affekten und Gefühlen unterscheidet.

Aktivierungskonturen
Während wir uns bewegen, zum Beispiel beim Tanzen, erleben wir Verschiebungen
und Veränderungen von Ablaufmustern in uns selbst und in unserer Umgebung.
Diese Verschiebungen und zeitlichen Veränderungen von Ablaufmustern bezeichnet Stern (1993, S. 84ff.) als Aktivierungskonturen. Ein Beispiel sind Bewegungsmuster (charakteristische Aktivierungskonturen) von Personen. Eine Person bewegt
sich lethargisch, eine andere bewegt sich dynamisch und kraftvoll, eine andere heiter
und gelassen. Offenbar sind wir in der Lage, solche Aktivierungskonturen wahrzunehmen (unterbewusst oder bewusst), nachzuahmen (innerlich im Erleben über
Spiegelneuronen oder äußerlich im Handeln) und wiederzuerkennen (wir erkennen jemandem an seinem Gang oder an charakteristischen Bewegungsabläufen).
Das Konzept der Aktivierungskonturen ist vor allem deshalb interessant, weil Aktivierungskonturen als abstrakte Einheiten auf völlig unterschiedliche Ereignisse und
Ebenen bezogen werden können. Zum Beispiel kann sich die Aktivierungskontur
Woge auf ein inneres Ereignis, den Ansturm von Gefühlen und Gedanken, oder ein
äußeres Ereignis, zum Beispiel den Ansturm einer Menschenmenge, beziehen. Aktivierungskonturen bilden die Grundlage für metaphorisches Erleben in Szenarien,
ein Erleben, das in der Arbeit mit Aktionsmethoden eine zentrale Rolle spielt.

Bestimmte Phänomene und Effekte szenischen Arbeitens (die zunächst verblüffend und unerklärlich erscheinen) lassen sich mit den hier beschriebenen Konzepten hervorragend verstehen. Die Arbeit mit Aufstellungen beispielsweise aktiviert
ganz offensichtlich die supramodale Wahrnehmung und das bewusste Erleben von
Vitalitätsaffekten (die eher vage und unbestimmt sind und sonst weitgehend unterbewusst bleiben). Hilfs-Ichs oder Stellvertreter erleben im szenischen Spiel, ganz besonders aber in Aufstellungen, eine besondere Metaphorik des Raumes über Aktivierungskonturen, die sich auf die Konfiguration der Personen im aufgebauten Feld
beziehen. Beides zusammen ermöglicht eine kollektive Intuition, die den Horizont

aller Beteiligten um bisher nicht Sichtbares erweitert und neue Perspektiven eröffnen kann.

Unsere frühen Erfahrungen spiegeln sich nicht nur im Grundvertrauen und im Bindungsverhalten (Bowlby, 1975, Bleckwedel, 2000a), sondern auch in den tieferen Ebenen des Selbstempfindens (Stern, 1993). Supramodale Wahrnehmung und Vitalitätsaffekte sinken zwar in den Hintergrund der bewussten Wahrnehmung, spielen aber in unserem Beziehungsleben weiterhin eine überragende Rolle. Bewusst zugänglich bleibt das vitale Erleben in bestimmten Situationen oder Spielräumen: im Umgang mit Kindern, beim Tanzen, beim Liebemachen, in der musikalischen Improvisation, in der wachen Inaktivität an einem bestimmten Ort (Meditation), in Zuständen spiritueller Verbundenheit, in Trance oder eben im szenischen Spiel.[3]

Die Welt im Kontakt – Aktivierung und Differenzierung von Affekten

Seit Darwin unterscheiden Wissenschaftler zwischen 7 oder 8 *diskreten Affektäußerungen:* Interesse, Freude, Überraschung, Furcht, Traurigkeit, Zorn, Ekel und Scham. Man kann diskrete[4] Affekte in drei Kategorien einteilen (Tabelle 21).

Tabelle 21: Diskrete Affekte

Kategorie	Affekte
positive Affekte	Interesse, Freude
neutrale Affekte	Überraschung, Schreck
negative Affekte	Furcht, Panik, Kummer, Qual, Wut, Scham, Ekel, Verachtung

Diskrete Affekte sind mit neurophysiologischen und neuromuskulären Zustandsveränderungen verbunden, sie erfassen also die ganze Person (Motorik, Herz/Kreislauf, Atmung, Hautreaktionen, Aktivierung bestimmter Hirnareale) und zeigen sich in der Körperhaltung und im Mienenspiel.

Die Liste typischer Gesichtsausdrucksmuster, die durch visuelles Feedback bei Säuglingen aktiviert werden können, zeigt sich im interkulturellen Vergleich als erstaunlich stabil. Man kann also davon ausgehen, dass sich die diskreten Affekte in der Evolution des Menschen stabil entwickelt haben und genetisch programmiert werden.

---

3 Auch die Wirkung bestimmter Drogen kann darauf zurückgeführt werden, dass die vitale Erlebnisdimension künstlich zugänglich wird.

4 Andere Forscher sprechen von elementaren Affekten (Tomkins, 1962) oder Basisemotionen (Plutchik, 1962).

Affekte werden in den ersten Lebensmonaten im Kontakt mit bedeutungsvollen Gegenübern aktiviert, differenziert und geformt. Dabei kommt es offensichtlich auf die Qualität und Intensität früher Beziehungen an. Die Differenzierung und Formung diskreter Affekte kann durch Bezugspersonen eher unterstützt und entwickelt oder eher gestört und verwirrt werden. Günstig ist die Kontinuität verlässlicher Bezugspersonen beziehungsweise Bindungsfiguren (Bowlby, 1975), die sich emotional stabil und im Verhalten kohärent zeigen. Auf der Basis vieler wiederkehrender Episoden und konstanter Muster der Koordination differenzieren und formen sich Affekte und können im Kontakt zunehmend ausbalanciert werden (Bleckwedel, 2000a).

Affekte kann man, ausgehend von Wilhelm Wundt, unter dem Blickwinkel subjektiven Erlebens (Intensität und Lust/Unlust) und unter dem Blickwinkel des Prozesses (Erregung – Hemmung und Spannung – Lösung) betrachten. Zusätzlich wird meist zwischen dem Energieaspekt und dem Informationsaspekt unterschieden (Tabelle 22).

Tabelle 22: Aspekte von Affekten

	Erleben	Prozess
Energieaspekt	Intensität	Erregung – Hemmung
Informationsaspekt	Lust und Unlust	Spannung – Lösung

Aktionsmethoden eignen sich hervorragend, um Erlebnis- und Prozessqualitäten von Affekten im lebendigen Kontakt zu bearbeiten und positiv zu beeinflussen. Das zeigt sich insbesondere dann, wenn Personen oder soziale Systeme stark von negativen Affekten bestimmt oder überflutet werden.[5] Es zeigt sich aber auch im spielerischen Umgang mit Familien, wenn positive Affekte aktiviert werden. Das Ziel der Affektbearbeitung besteht darin, affektive Blockaden aufzuheben, ein intensives Erleben zu ermöglichen, Balancen (wieder) herzustellen, Kontrolle über Affekte (zurück) zu gewinnen und die Energie, die in Affekten, gerade auch in negativen Affekten, gebunden ist, für kreative Lösungen zu nutzen.

In jedem Fall gehören die diskreten Affekte zur emotionalen Grundausstattung des Menschen, so wie ein Repertoire von Grundschritten zur Ausrüstung einer Tänzerin gehört. Auf der Grundlage vitaler und diskreter Affekte entwickelt sich lebenslang, durch Mischung und Kombination, eine breite Palette differenzierter Gefühle und Emotionen.

---

5 Zum Beispiel psychodramatische Therapie traumatischen Erlebens: Auffangen/dialektisches Aufheben/Entmischen/Differenzieren von Affekten in Aktion, Bergen und Begrenzen von Affekten im szenischen Erleben, Differenzierung von Affekt und Situation/Ort, Entwicklung alternativer Handlungen und alternativen Erlebens (von Ameln et al., 2004, S. 281ff.; vgl. auch Bleckwedel, 1999).

Die Welt als Begegnung – Fühlen und Sprechen

Was wir Fühlen nennen ist nach neueren Erkenntnissen ein komplexer Vorgang, den wir noch keineswegs vollkommen durchschauen. In jedem Fall baut unser Gefühlsleben auf den vitalen und diskreten Affekten auf und wird durch verschiedene miteinander verwobene Faktoren beeinflusst:

– Temperament,
– hormonelle Prozesse,
– neurophysiologische Prozesse,
– soziale und kommunikative Erfahrungen.

Die klassische Unterteilung der Antike nennt vier Elemente, aus denen sich ein spezifisches Temperament zusammensetzen kann: sanguinisch, melancholisch, cholerisch und phlegmatisch. Anlage- und Umweltfaktoren beeinflussen die Entwicklung des Temperaments. Eine moderne Hypothese von Temperament als Anlage könnte dahin gehen, dass für jede Person genetisch ein Rahmen definiert wird, innerhalb dessen sich Varianzen und Intensitäten bestimmter Affekte und Affektmischungen entwickeln können (vgl. auch Seligman, 2003).

Während Vitalitätsaffekte vor dem Spracherwerb erfahren und diskrete Affekte unmittelbar als Impuls erlebt werden, entwickeln wir Gefühle erst allmählich in einem selbstreflexiven Prozess, der eng mit dem kommunikativen Vorgang des Sprechens[6] mit Sprechakten, verbunden ist. Wir spüren im Leib ein Gemisch aus vitalen und diskreten Affekten, beobachten uns und andere während des Sprechens, stellen Unterschiede fest und das Ganze wird benannt (von Bezugspersonen und zunehmend von uns selbst). Das Fühlen ist eng verbunden mit dem Erwerb einer Sprache, in der unser Erleben benannt wird. Wir lernen fühlen, indem wir anderen begegnen, uns dabei beobachten und miteinander sprechen. Differenzierte Gefühle entwickeln sich daher erst allmählich mit dem Spracherwerb und dem *verbalen Selbstempfinden* (Stern, 1993). »Ich bin traurig« kann ich erst sagen, wenn ich ein bestimmtes Bild von mir selbst und den Anderen in einer bestimmten Situation mit dem Wort »traurig« verbinde. Diese Entwicklung hört nicht auf: Kindheit, Pubertät, Adoleszenz, verschiedene Familienphasen, Lebensmitte – in den verschiedenen Phasen des Alterns bauen wir ständig unser Gefühlsleben in der Interaktion mit unserer Umgebung um.

Exkurs
Kopf und Bauch: Es kann daher auch nicht verwundern wenn Neurobiologen neuerdings auf ihren Monitoren (PET) feststellen, wie stark Wahrnehmen, Fühlen, Denken,

---

6 Das englische Wort *languaging* bezeichnet den kommunikativen Vorgang des Sprechens. Der bekannte Satz von Humberto Maturana »we exist in languaging« – oft übersetzt mit »wir existieren in Sprache« –, muss also korrekt übersetzt werden mit »wir existieren im Sprechen« oder »wir existieren in Sprechakten«.

Handeln und Wünschen neurophysiologisch miteinander verwoben sind. (Da lächelt das Gehirn des Therapeuten auf dem Monitor, denn das hatte er schon einige Zeit geahnt.) Interessant in diesem Zusammenhang ist die Entdeckung einer zweiten gehirnähnlichen Struktur durch den amerikanischen Neurowissenschaftler Michael Gershon (Die Befunde sind ausführlich dargestellt im GEO-Magazin 11/2000 oder über das Internet einsehbar: www.Geo.de/geo/medizin/psychologie). Diese zweite autonome Gehirnstruktur liegt im Zentrum des Körpers, dort, wo bekanntlich Schmetterlinge flattern oder wo es drückt und zieht. Dass wir in der Mitte fühlen, ahnten wir schon, aber denken? Unsere Eingeweide sind laut Gershon umhüllt von 100 Millionen Nervenzellen (mehr als im gesamten Rückenmark), und diese Struktur führt ein Eigenleben: wie es aussieht, fühlt und denkt das Bauchhirn selbstständig und kommuniziert mit dem Cortex. Die eigentliche Sensation besteht aber darin, wie *little brain* und *big brain* miteinander kommunizieren: 90 % der Verbindungen laufen von unten nach oben! Tag und Nacht – in der Nacht, wenn wir träumen – wird unser Kopfhirn umspült von Informationen, die aus den Eingeweiden strömen. Informationen über Spannungs- und Entspannungszustände in den Eingeweiden (zum Beispiel bei anhaltender Angst oder Freude) fließen also vom Bauchhirn zum Kopfhirn und werden dort gesammelt und weiter bearbeitet. Unser Gefühlsleben entspringt in der Mitte und wird im Kopf kontextualisiert und gesteuert. Das alles in einem komplexen Zusammenspiel von Cortex, limbischem System (Amygdala) und Hypothalamus, das wir erst ansatzweise verstehen.

Gefühle werden also durch Erfahrungen geprägt und können durch Sprechen und gemeinsames Nachdenken beeinflusst werden. Die oben genannten Forschungsergebnisse erklären aber auch, warum Gefühle oft nicht so einfach oder schnell beeinflusst werden können, wie Klienten und Therapeuten sich das wünschen . Der Bauch ist langsamer und beharrlicher als der Kopf. Die Informationen aus der Mitte fließen kontinuierlicher, kompakter und träger, während die filigranen Informationen von oben etwas länger brauchen, um sich unten durchzusetzen. Bei der Beeinflussung von Grundgefühlen braucht man daher einige Geduld. Die Chancen für eine Veränderung steigen allerdings, wenn mehrere Dimensionen (→ I.8. S. 148) gleichzeitig angesprochen und genutzt werden. In jedem Fall fühlen und denken Kopf und Bauch gemeinsam und aus der Wechselwirkung der verschalteten Gehirne mit unserem Körper geht wahrscheinlich das hervor, was wir Intuition nennen.

Die Begegnung mit anderen setzt eine *emotionale Resonanz* in Gang, die weit über das hinausgeht, was Psychoanalytiker Übertragung und Gegenübertragung nennen. Während der Andere unsere Gefühle aufnimmt, widerspiegelt und verändert und wir diese Veränderungen aufnehmen, widerspiegeln und verändern und der Andere nun diese Gefühle aufnimmt und so weiter, verändern sich unsere Gefühle und Emotionen. In einem Prozess kontinuierlicher Koordination (Bleckwedel, 2000a) entdecken und erfinden wir uns selbst und andere.

Um Fühlen zu lernen, brauchen Kinder und Jugendliche emotional kompetente Bezugspersonen, die zu Gefühlsäußerungen ermuntern, diese variantenreich zurückspiegeln, sprachlich aufheben und sich als selbstklare Gegenüber positionieren.

In diesem Prozess entwickeln sich mit der Zeit unterscheidbare Gefühle. Gefühle als Begleiter selektieren und verdichten komplexe Information und machen uns in zwischenmenschlichen Situationen handlungsfähig. Gefühle geben Orientierung: Trauer ist ein Zeichen für bevorstehenden oder erlittenen Verlust und mobilisiert Loslösung, Freude begleitet sinnerfüllte Tätigkeiten und aktiviert Potenziale.

Gefühle können – genauso wie optische, akustische oder olfaktorische Reize – ins Bewusstsein eindringen und dort alles andere in den Hintergrund drängen: produktiv bei Freude oder Interesse, aber auch destruktiv bei Neid, Eifersucht, Zorn oder Hass. In der Arbeit mit Aktionsmethoden werden Gefühle besonders aktiviert, sie werden dadurch im therapeutischen Prozess zugänglich und können in der Interaktion bearbeitet (verstärkt, verflüssigt, verändert, gestaltet, entwickelt) werden.

Emotionen und Systemstimmungen

Auf der Basis eines spezifischen Temperaments und auf der Basis unserer Erfahrungen in sozialen Beziehungen verbinden wir vitale Empfindungen, Affekte und Gefühle mit Ideen über unsere Erfahrungen, und daraus bilden sich mit der Zeit Emotionen. Emotionen sind relativ stabile, integrierte Einheiten, in denen sich unser Erleben der Welt und unsere Ideen über die Welt miteinander verbinden.

Das Verhältnis von Gefühl und Idee ist in der Psychologie immer wieder untersucht und diskutiert worden. Offenbar können Gefühle und Ideen einander wechselseitig bedingen und hervorbringen: Einerseits steuern Ideen und Gedanken Gefühle oder bringen diese hervor (die *Idee* eines heiligen Kreuzzugs erfüllt das Herz des Kriegers mit Freude und Stolz), andererseits spielen Gefühlskomponenten bei der Formung von Ideen eine prominente Rolle (das Gefühl der Demütigung führt zur Idee einer gerechten Rache). Als zentrale personale Ordner (→ I.8. S. 150) bestimmen Emotionen unsere Erwartungen, unsere Sicht auf Ereignisse und die Art, wie wir mit Situationen umgehen.

Emotionen sind integrierte Einheiten, die sich zusammensetzen aus:
– sensomotorischen Mustern,
– Empfindungen und Gefühlen,
– Gedanken und Ideen,
– Handlungen und Verhaltensweisen,
– Motiven und Wünschen.

Den neurobiologischen Zusammenhang liefert das szenische Gedächtnis (→ IV.2.). Emotionen werden szenisch aufbewahrt und entwickelt. Bestimmte Schlüsselszenen, als Container für Emotionen, bilden zentrale Bezugspunkte für Personen oder Gruppen: Szenen der Zurückweisung, der Scham, der Angst, des Schmerzes, der Demütigung oder der Vernichtung, aber auch Szenen der Anerkennung, der Wertschätzung, der Würdigung, der Entwicklung, der Freude, des Triumphes oder der Befreiung.

In der Therapie geht es sowohl um die Bearbeitung negativer Emotionen als auch um die Entwicklung positiver Emotionen (Seligman, 2003). Neid, Gier, Schuld, Eifersucht, Entwertung, Verachtung, Entwurzelung, Verwirrung, Überheblichkeit, Intoleranz, Hoffnungslosigkeit, Verzweiflung, Demütigung, Rache oder Hass können einzelne Menschen oder ganze Gruppen besetzen und von der Entwicklung positiver Emotionen abhalten. Was aber sind die positiven Emotionen, die es zu unterstützen und zu entwickeln gilt? Damit beschäftigen sich Psychologen und Therapeuten erst seit relativ kurzer Zeit. Seligman (2003) unterscheidet zwischen positiven Emotionen in Bezug auf Vergangenheit, Gegenwart und Zukunft (Tabelle 23).

Tabelle 23: Positive Emotionen und Systemstimmungen

Vergangenheit	Gegenwart	Zukunft
Genugtuung	Freude	Zuversicht
Stolz	Liebe	Vertrauen
Zufriedenheit	Leidenschaft	Glauben
Dankbarkeit	Geborgenheit	Hoffnung
Achtung	Erhobenheit	Gelassenheit
Vergebung	Respekt	

Die durch Seligman eingeführte zeitliche Unterscheidung ist für die therapeutische Praxis äußerst hilfreich:
– Die *Vergangenheit* kann man nicht mehr ändern. Was man jedoch ändern kann, ist der Blick auf die Vergangenheit im Hier und Jetzt des Erinnerns. Die therapeutische Aufgabe besteht dann darin, sinnstiftende und positive Emotionen im *Rückblick* zu erzeugen. Konkret geht es darum, wie Einzelne, Paare, Familien oder Gruppen rückblickend Dankbarkeit, Zufriedenheit, Genugtuung, Stolz und Achtung in Bezug auf das Vergangene entwickeln können.
– Die *Gegenwart* kann, gegen alle widrigen Einflüsse, durch Emotionen positiv beeinflusst werden. Konkret geht es darum, wie soziale Systeme Lebensfreude, Arbeitsfreude, Liebe, Leidenschaft, Geborgenheit, Respekt und Erhobenheit entwickeln können.
– Die Gegenwart bliebe jedoch trist und bedeutungslos, gäbe es keine Aussicht auf *Zukunft*. Konkret geht es darum, im Hier und Jetzt positive Gestimmtheiten wie Zuversicht, Vertrauen, Glaube, Hoffnung und Gelassenheit zu entwickeln.

Emotionen bestimmen nicht nur den einzelnen Menschen, sie strahlen aus in den sozialen Raum und führen in Verbindung mit strukturellen Gegebenheiten und Kontextbedingungen zu Systemstimmungen, die auf die Personen zurückwirken. Emotionen (einzelner Personen) und Systemstimmungen (von Gruppen) sind ansteckend und können sich gegenseitig aufschaukeln (Beispiele: Das Lächeln eines Säuglings. Das Sommermärchen während der Fußball-WM 2006).

Spezifische Systemstimmungen sind in jedem sozialen System spürbar. Emotionen und Systemstimmungen sind daher zentrale Ansatzpunkte für Veränderungen in der Therapie. Die Herausforderung besteht in der Aufgabe, negative Emotionen zu überwinden und positive Emotionen und aktive Systemstimmungen gezielt anzuregen, zu entwickeln und zu stabilisieren.

Resilienz und Salutogenese
Resilienz (Welter-Enderlin u. Hildenbrand, 2006) und Salutogenese (Antonovsky, 1997) liefern wichtige Anregungen und Ansatzpunkte für eine Therapie, die auf nachhaltige Entwicklung zielt. Resilienz meint die Fähigkeit von Menschen und sozialen Systemen, Krisen – Krankheit, Arbeitslosigkeit, Trauma, Vertreibung, Verlust, Verwahrlosung – auszubalancieren und aktiv gestaltend zu verarbeiten. Ein anschauliches Beispiel für Resilienz ist die Fähigkeit eines Stehaufmännchens, seine aufrechte Haltung wieder einzunehmen. Die Resilienz von Systemen bezeichnet also deren Fähigkeit, Störungen aufzufangen und Balance wiederzugewinnen.

Aus dem Salutogenesekonzept von Antonovsky (1997) leitet sich die Idee ab, die Entwicklung von Kohärenz und Kohärenzempfinden in sozialen Systemen zum An-

Tabelle 24: Bereiche der Salutogenese

Bereich	Empfinden
Überblick	Ich/wir überblicken und verstehen die Situation.
Vorhersehbarkeit	Ich/wir können zukünftige Entwicklungen übersehen und bestehen.
Handlungskompetenz	Ich/wir verfügen über die Fähigkeiten, Herausforderungen zu meistern.
Ressourcenverfügbarkeit	Ich/wir verfügen über die nötigen Mittel/Unterstützung, Anforderungen gerecht zu werden.
Entwicklung	Es gibt einen angemessenen Entwicklungsraum für Potenziale und Signaturstärken.
Resonanz	Mein/unser Dasein/Engagement findet ein Echo in der Welt.
Anerkennung	Ich/wir erfahren Respekt und Wertschätzung. Ich/wir werden gebraucht.
Sinn	Mein/unser Dasein und Handeln ist bedeutungsvoll.
Identität	Ich/wir erkennen uns und unsere Umgebung in Vergangenheit, Gegenwart und Zukunft wieder.
Freiheit und Sicherheit	Ich/wir können ohne Bedrohung authentisch handeln.
Berechtigung	Meine/unsere Bilanz von Geben und Nehmen ist ausgeglichen, Schuld und Verantwortung sind ausbalanciert
Eingebundenheit	Ich/wir fühle(n) mich/uns in einer Gemeinschaft aufgehoben und erwünscht

satzpunkt zu machen. Wie kann man soziale Systeme und Kontexte so gestalten, dass Klienten in ihnen Kohärenz erleben? Und wenn sich die Rahmenbedingungen nicht oder nur sehr eingeschränkt verändern lassen, wie kann man Klienten darin unterstützen, dennoch Kohärenz zu entwickeln und zu empfinden? Das sind die zentralen Fragen für eine Psychotherapie, die sich an der Entwicklung von Gesundheit orientiert. Das Kohärenzgefühl in einer Situation speist sich nach Antonovsky (1997) im Kern aus drei Quellen: Vorhersehbarkeit, Handlungskompetenz und Sinn. Wenn man diese drei Quellen um Bereiche ergänzt, die in der klinischen Praxis, in der Literatur und der Forschung immer wieder auftauchen, ergibt sich ein salutogenetischer Ansatz, der sich auf das konkrete Erleben von Personen, Familien, Paaren oder Gruppen bezieht (Tabelle 24).

Die Diagnostik, Gestaltung und Entwicklung von Kohärenzerleben gibt der therapeutischen Arbeit eine praktische Orientierung, weil sich eine solche Arbeit nicht auf abstrakte Begriffe bezieht, sondern auf das nachvollziehbare Empfinden und Erleben von Personen in konkreten Situationen. Es liegt auf der Hand, dass mit der Hilfe von Aktionsmethoden ein solches Erleben und Empfinden besonders gut unterstützt und entwickelt werden kann.

Die Welt als gemeinsame Erfindung – Selbstempfinden, Bezogenheit und Koordination

Im Kontakt mit Anderen entwickeln wir mit der Zeit ein mehr oder weniger stark ausgebildetes Selbst oder *Selbstsystem* (Basch, 1992, S. 106), das zum Bezugspunkt des Erlebens und der Erfahrung wird. Daher sind wir unseren Affekten, Gefühlen und Emotionen keineswegs hilflos oder willenlos ausgeliefert. »Wir empfinden ein Selbst als abgegrenzten Körper; wir empfinden ein Selbst als Handlungsinstanz, ein Selbst, das unsere Gefühle empfindet, unsere Absichten fasst, unsere Erfahrungen in Sprache umsetzt und unser persönliches Wissen mitteilt. Meistens bleiben diese Selbstempfindungen, wie das Atmen, außerhalb des Bewusstseins, aber sie können ins Bewusstsein gebracht und dort behalten werden. Instinktiv verarbeiten wir unsere Erfahrungen so, dass sie zu einer Art einzigartiger, subjektiver Organisation zu gehören scheinen, die wir für gewöhnlich als Selbstempfinden bezeichnen« (Stern, 1993, S. 18). Dieses Selbstempfinden sorgt für Kohärenz, Geordnetheit und Konstanz der inneren Welt und verbindet uns gleichzeitig mit der äußeren Welt, weil das Selbstsystem sich sowohl auf sich selbst bezieht als auch aus dem Gestaltungsprozess mit der Umgebung hervorgeht: aus den intensiven Beziehungen mit bedeutungsvollen Gegenübern (Bowlby, 1975 u. 1988, Stern, 1993 u. 1998), aus dem Kontakt mit den Gemeinschaften und Landschaften, in denen wir uns bewegen, aus Situationen, die wir erfahren und gestalten, und aus den Schicksalen, die wir erleiden oder annehmen. Das Selbst ist keine abstrakte Konstruktion, es ist spürbar im individuellen Selbstempfinden und spiegelt eine interpersonale Welt, die aus dem Prozess der bezogenen Individuation (Stierlin, 1989) hervorgeht. Nach Stern (1993) kann man fünf Bereiche des Selbstempfindens unterscheiden. Diese fünf Bereiche des Selbstempfindens und die entsprechenden Beziehungskompetenzen entstehen in der frühen Kindheit, bauen aufeinander auf und entwickeln sich lebenslang weiter (Tabelle 25).

Tabelle 25: Bereiche des Selbstempfindens

Monate	Bereiche des Selbstempfindens	Entwicklung von Kompetenzen
→	auftauchendes Selbstempfinden	lebendige Aktivität und inaktive Wachheit, Wahrnehmung innerer und äußerer Organisation als Prozess und Resultat, amodale Wahrnehmung, Vitalitätsaffekte, primäres Unterscheiden
3 →	Kern-Selbstempfinden	Selbstkohärenz, Selbstaffektivität, Affektdifferenzierung, Selbstgeschichtlichkeit, Urheberschaft, Generalisierung von Episoden, Entdecken und Verbinden
9 →	subjektives Selbstempfinden	gemeinsame Ausrichtung der Aufmerksamkeit, intentionale Gemeinsamkeit, Objektkonstanz, Bewusstsein eigener Schöpferkraft, Interaffektivität, Erkunden und Gestalten
15 →	verbales Selbstempfinden	Entwicklung differenzierter Gefühle, Konstruktion von Bedeutungen, Abfolgen, Realitätsprüfung, Ambivalenzfähigkeit, Verstehen, Prüfen und Erfinden
24 →	narratives Selbstempfinden	Geschichtlichkeit, Moralentwicklung, ethische Reflexion, soziale und emotionale Kompetenz, Gegenseitigkeit, Feldbewusstheit, übergeordnete Einbindung

Als Selbstsystem bilden die Bereiche des Selbstempfindens eine integrierte Einheit, wobei die Bereiche in Beziehung zueinander stehen. Dieses System des Selbstempfindens entwickelt sich durch alle Lebensphasen hindurch weiter. Alle Bereiche des Selbstempfindens bleiben daher lebenslang zugänglich und prinzipiell offen für Veränderung (wobei sich das System mit der Zeit verfestigt und an Flexibilität verliert). Die Bereiche des Selbstempfindens entwickeln sich nach Stern in und durch vier Formen der Bezogenheit zu bedeutungsvollen Gegenübern. Wenn diese Gegenüber, Eltern oder spätere relevante Bindungsfiguren, im Beziehungsgeschehen eine optimale Haltung einnehmen, nämlich positiv, vorhersagbar und sensitiv (vgl. Ainsworth et al., 1978) und eine optimale Resonanz zeigen (Bleckwedel, 2000a), entsteht Kooperation und mit der Kooperation entwickeln sich die Bereiche des Selbstempfindens und der Bezogenheit. Und zwar bei allen Beteiligten: Kindliche und elterliche Beziehungskompetenzen erwachsen durch Kooperation (Tabelle 26).

Die Säuglings- und Kleinkindforschung (u. a. Stern 1993, 1998, Ainsworth, et al. 1978) bringt drei wichtige Aspekte, die in rein verbal orientierten Therapieformen bisher wenig Berücksichtigung fanden, in den Vordergrund:

Tabelle 26: Entwicklung von Bezogenheit, Resonanz und Koordination

Beziehungskompetenz durch Kooperation		
(Kind) *Bereiche der Bezogenheit*	(Kind und Bezugsperson) *Grundmuster der Koordination*	(Bezugsperson) *Optimale Resonanz*
auftauchende Bezogenheit	basale Koordination	globale Resonanz
Kernbezogenheit	konstante Koordination	kohärente Resonanz
intersubjektive Bezogenheit	variable Koordination	differente Resonanz
verbale und narrative Bezogenheit	komplexe Koordination	mehrdeutige Resonanz

a) Die Bedeutung emotionaler Abstimmung zwischen Personen (zwischen Bindung und Autonomie),

b) die Bedeutung von szenischem Erleben und wiederkehrenden Episoden,

c) die Bedeutung von Musterbildung auf der Mikroebene der Kooperation.

»Unter Affektabstimmung verstehe ich Prozesse der Synchronisation, Koordination und wechselseitigen Modulation von Affektausdruck und Empfindung, welche auf intrapsychischer Ebene das Gefühl vermitteln, mit dem anderen in Beziehung zu sein« (Levold, 1997, S. 126). Emotionale Abstimmung und generalisierte Episoden (siehe weiter unten) spielen offenbar sowohl bei der Musterbildung in Selbstsystemen als auch bei der Musterbildung in sozialen Systemen eine überragende Rolle. Wenn man Szenenabläufe (Mutter und Kind beim Stillen, ein Paar beim Küssen, eine Familie im Spiel) unter dem Gesichtspunkt der emotionalen und interaktiven Abstimmung betrachtet, wird deutlich, wie wichtig der Prozess der Koordination zwischen den Personen ist. Der Biologe Humberto Maturana erkannte in der Entwicklung zwischenmenschlicher Koordination ein zentrales Moment des Zivilisationsprozesses (»Coordination of Coordination of Behavior and Emotion«, Maturana, 1993). Im Prozess der Koordination erfinden und gestalten wir uns gegenseitig. Praktisch geht es im Koordinationsprozess um das Herstellen eines gemeinsamen Aufmerksamkeitsfokus, senso-motorische Abstimmung, emotionale Synchronisation, kognitives Einschwingen und das Entwickeln einer gemeinsamen Motivlage. Nur auf dieser Basis gelingt eine Kooperation zwischen Kindern und Eltern, aber auch später im Beziehungsgeschehen zwischen Erwachsenen, nicht zuletzt in der therapeutischen Situation (Fonagy, 1997, Mallinckrodt, 2000, Bleckwedel, 2000b Strauß 2007).

Aus der Metaperspektive betrachtet, hängt es vom Prozess der Koordination zwischen den Personen ab, wie sich Bezogenheit und Selbstempfinden entwickeln. Anders formuliert: Die Koordination zwischen den Personen ist das Medium, in dem sich – über viele sich wiederholende Episoden hinweg – Bezogenheit und Selbstempfinden entwickeln. Dabei kann man vier Grundmuster der Koordination unterscheiden: basal, konstant, variabel und komplex (Bleckwedel, 2000a). Vor allem in den ersten Monaten, aber auch in sprunghaften Übergangszeiten (bis hin zur Pubertät) ist der Prozess der Koordination empfindlich und störbar, letztlich jedoch erstaunlich robust.

Das Eltern-Coaching nach dem Marte-Meo-Modell (Hawellek u. von Schlippe, 2005) zeigt, wie Eltern bei der Entwicklung von Koordination und Kooperation mit Kindern praktisch unterstützt werden können. Im videounterstützten Marte-Meo-Modell werden elterliche Kompetenzen (*Anschluss finden, Initiativen folgen, benennen, positiv lenken*) systematisch entwickelt und unterstützt.

Die Welt als Spielraum – szenisches Erleben und generalisierte Episoden

Grundlage für die Entwicklung von Selbstempfinden und Bezogenheit bilden nach Stern wiederkehrende Episoden, die im szenischen Gedächtnis gespeichert und bearbeitet werden: »Die Grundeinheit des Gedächtnisses ist die Episode, ein kleiner, doch kohärenter ›Block‹ gelebter Erfahrungen [...] Attribute sind Empfindungen, Wahrnehmungen, Handlungen, Gedanken, Affekte und Ziele, die in einem zeitlichen, räumlichen und kausalen Verhältnis zueinander stehen [...] ins Gedächtnis scheint die Episode als unteilbare Einheit einzugehen« (Stern, 1993, S. 139ff.). Das szenische Gedächtnis liefert uns den zum Überleben notwendigen raum-zeitlich-sozialen Zusammenhang, ohne den wir in einem Chaos unverbundener Information versinken würden. »Jede Szene [...], die ich wahrnehmend und handelnd gestalte, wird in mir eingegraben [...] So schreite ich von Szene zu Szene, die sich mir leibhaftig einprägen, in meinem Gedächtnis verankert werden. Das Gedächtnis wird so ein unendliches Reservoir von Szenen: szenisches Gedächtnis. Es archiviert meine Geschichte als Geschichte von räumlichen, zeitlichen und sozialen Konfigurationen« (Petzold, zit. nach von Ameln et al., 2004, S. 536).

Exkurs
Die aktuellen Ergebnisse der Neurobiologie weisen der Verarbeitung und Bearbeitung von Bildern bei der Formung und Strukturierung der Gehirne eine überragende Rolle zu. Unsere Gehirne sind zu 80 % mit der Verarbeitung und Bearbeitung von visuell-haptischen Eindrücken beschäftigt. Im Verlauf der sozialen Evolution haben sich unsere Hirne zu jenem im doppelten Wortsinn fantastischen Organ entwickelt, das Bilder aller Art hervorbringt und selbst gestaltet. Leben ist ein Prozess, in dem lebende Systeme Bilder hervorbringen und gestalten (Hüther, 2004). Was eine einzelne Zelle, ein Mensch, ein Paar, eine Familie oder eine Gemeinschaft tut, um sich an die wandelnde Umgebung anzupassen, verläuft im Prinzip gleich: Bilder und Konstruktionsregeln für Bilder, die als Hypothesen über die Beschaffenheit der Umgebung entstehen, werden verglichen, ergänzt, neu geordnet, erweitert und weiter entwickelt. Ihre schöpferische, konstruktive Kraft entwickeln die Gehirne durch Auswahl, Bildung, Programmierung, Vernetzung und Gestaltung von Bildern. Dabei gelangt nur ein Bruchteil des Geflim-

mers an die Oberfläche unseres Bewusstseins. Mit allen Sinnen erleben und erspüren wir die Welt. Die Signale erzeugen in unserem Inneren Erregungsmuster, die wiederum ältere Erregungsmuster aktivieren. Scheinbar chaotische Muster elektrischer Ströme rasen durch das immense Netzwerk der Neuronen, nehmen auf, was unsere Sinne an Informationen von draußen liefern, leiten weiter, verbinden Zellen zu neuen Netzwerken und formen, selbst noch wenn wir schlafen, neue Muster und Bilder. Neue und frühere Erfahrungen überlagern sich dabei ständig und verbinden sich zu neuen Mustern, die auf verschiedenen Ebenen in einem nie fertigen Gesamtpanorama gespeichert und verankert werden. Handeln, Fühlen und Denken fließen zusammen, und in der Mitte entstehen Bilder von uns selbst und unserer Umgebung – Empfindungsbilder, Sehbilder, Klangbilder, Geruchsbilder, Geschmacksbilder, Fühlbilder, Bewegungsbilder, Körperbilder, Tastbilder, Bilder von unserer Lage im Raum und Bilder von Positionen in sozialen Konstellationen. Bilder, die wir als Landkarten benutzen, um uns zu orientieren.

Durch die Wiederholung und Intensivierung von Episoden mit ähnlichen Komponenten bilden sich *generalisierte Episoden* (RIGs: Representation of Interactions that have been generalized). »Im Gehirn wirkt ein entstandenes sensorisches Erregungsmuster umso ›mächtiger‹, je stärker es sich auf andere Bereiche des Gehirns ausbreitet und die dort normalerweise generierten Erregungsmuster überlagern kann« (Hüther, 2004, S. 23). Generalisierte Episoden beeinflussen die Erwartungen an die Zukunft: »Die generalisierte Episode . . . bezeichnet kein Ereignis, das wirklich einmal geschehen ist [. . .] Sie stellt eine Struktur des wahrscheinlichen Ereignisverlaufs dar, die auf unterschiedlichen Erfahrungen beruht. Dementsprechend erweckt sie Erwartungen [. . .], die entweder erfüllt oder enttäuscht werden können« (Stern, 1993, S. 142). RIGs entfalten nun sowohl auf der inneren Bühne als auch auf den äußeren Bühnen eine eigene Dynamik, in der sich mehr oder weniger stabile Szenarien herausbilden – im Selbstsystem als generalisierte Episoden, in sozialen Systemen als wiederkehrende Muster von Interaktionen und Schlüsselszenen. Diese inneren und äußeren Szenarien bieten wichtige Ansatzpunkte für die Therapie.

Die Welt als Lebensraum – soziale Felder

Kurt Lewin – einer der Pioniere der Sozialpsychologie, der Gruppendynamik und der Aktionsforschung und prominenter Vertreter der Gestalttheorie[7] – geht in seinem feldtheoretischen Ansatz davon aus, dass »der Lebensraum, der die Person und ihre Umwelt umschließt« (Lewin, zit. nach Walter, 1985, S. 65), als Feld betrachtet werden kann. Ausgehend vom allgemeinen Feldbegriff Einsteins versteht Lewin unter einem Feld die Gesamtheit *gleichzeitig* bestehender Tatsachen oder *simultaner*

---

7   Zusammen mit Max Wertheimer, Wolfgang Köhler und Kurt Koffka.

Ereignisse, die in Raum und Zeit gegenseitig aufeinander einwirken und voneinander abhängig sind (Lewin, 1963, S. 233).

Laut Lewin entwickeln soziale Felder eigene Feldkräfte, die auf die Personen im Feld zurückwirken. Deshalb muss jedes psychologische Verstehen die Feldsituation berücksichtigen. Nach Lewin entwickelt sich die komplexe Dynamik sozialer Felder in Verbindung mit der Motivlage, die sich aus der Verarbeitung des Vergangenen und den Wünschen für die Zukunft ergibt. Die soziale Feldtheorie geht davon aus, dass individuelles Verhalten jeweils aus der Anordnung psychologisch relevanter Kräfte hervorgeht, die in einem mathematisch rekonstruierbaren Lebensraum, dem Feld, lokalisiert werden können. Handeln ist immer Handeln im Feld. Jede Analyse von Verhalten beginnt daher mit der Untersuchung der Situation, in der Verhalten sich zeigt, wobei die Situation nicht durch physikalische Beschaffenheiten beschrieben wird, sondern durch Personen und das subjektive, psychologische Erleben derjenigen, die sich in einer Situation befinden.

Es scheint mir wichtig zu betonen, dass umgekehrt gilt, dass Personen soziale Felder hervorbringen und auf soziale Felder einwirken. Die Subjekte sind gewissermaßen die Elementarteilchen sozialer Felder. Anknüpfend an ein modernes Verständnis von Vorgängen in Feldern muss man von einer Dialektik zwischen Personen und Feldern ausgehen. Soziale Felder existieren keineswegs unabhängig von Personen, Raum/Zeit und Umgebungen. Personen bringen – durch Handlungen, Emotionen, Gedanken und Ausstrahlung – Felder hervor, während gleichzeitig Feldkräfte auf die Personen einwirken.

Exkurs

In jedem Fall muss man beim Gebrauch des Feldbegriffs bedenken, dass soziale Felder eine gänzlich andere Kategorie von Feld darstellen als elektromagnetische Felder in der Physik. Die Feldanalogie sollte nur mit größter Zurückhaltung und ohne Mystifizierung (Wunderglaube, Hang zum Geheimnisvollen, Glaubensschwärmerei, unklarer, verschwommener Gedankengang) gebraucht werden. In der modernen Physik spielt der Begriff des Feldes eine zentrale Rolle. Ein physikalisches Feld besteht aus einem Raum, der leer oder stofferfüllt sein kann. Beispiele sind Magnetfelder, Kraftfelder, elektrische Felder, Temperaturfelder oder Geschwindigkeitsfelder. Felder werden definiert durch messbare physikalische Eigenschaften (Feldgrößen), die jedem Raumpunkt zugeordnet werden können. Der Vorteil von Feldbeschreibungen liegt in der eleganten Beschreibung komplexer physikalischer Vorgänge in Vielteilchensystemen (den nahen und fernen Wechselwirkungen von Teilchen). Albert Einstein, dessen spezielle Relativitätstheorie den physikalischen Zusammenhang von Geschwindigkeit, Materie und Energie im Universum beschreibt ($E = m \times c^2$) scheiterte jedoch bei dem Versuch, mit einer allgemeinen Feldtheorie alle physikalischen Vorgänge über Felder zu erklären (Einstein, 1916, Einstein u. Infeld, 1938). In der modernen Physik geht man gegenwärtig davon aus, dass Teilchen ein Feld (z. B. in elektromagnetischen Feldern) lokal beeinflussen und diese Auswirkungen über das Feld zurückwirken. Ein Beispiel wäre Licht: Ein Objekt sendet Licht aus und erwärmt ein anderes Objekt, da Licht jedoch auf der wechselseitigen Einwirkung von elektrischen und magnetischen Feldern beruht, interagiert das Feld mit sich selbst. Allerdings gibt es bis heute kein einheitliches und befriedigendes physikalisches Verständnis vom Zusammenwirken von Teilchen und Wellen in Feldern (Feldtheorie und Quantentheorie konnten bisher nicht wirklich integriert werden). Aber selbst wenn das der Fall wäre, können physikalische Theorien nicht einfach eins zu eins auf andere Bereiche, zum Beispiel auf psychische oder soziale Phänomene, übertragen werden. Mit einiger Sicherheit gelten jedoch die allgemeinen Gesetze des Universums auch für lebende Systeme. Das bedeutet, dass ernst zu nehmende soziale Feldtheorien die wesentlichen physikalischen Komponenten (Raum, Zeit, Geschwindigkeit, Materie, Energie und Information) und die Zusammenhänge in der Raumzeit (Einstein, 1916) zur Kenntnis nehmen und berücksichtigen müssen. Jenseits davon liegt das weite Feld esoterischer Spekulation.

Bindungskraft sozialer Felder

Soziale Felder können mit Lewin nach dem Grad psychologischer Bindung unterschieden werden. Dieser Grad ergibt sich aus der Intensität, der Dauer und der Kontextualisierung von Beziehungen zwischen den Personen (zum Beispiel verwandtschaftliche Beziehung, intime Beziehung, Arbeitsbeziehung), die an einer Situation beteiligt sind. So wird der Grad der psychologischen Bindung in einer Familie in der Regel höher sein als in einem Team.

Direkte Nahwirkung und indirekte Fernwirkung sozialer Felder

Man kann zwischen einer direkten unmittelbaren Nahwirkung sozialer Felder und einer mittelbaren, indirekten Fernwirkung sozialer Felder unterscheiden. Nahwirkungen entstehen in der direkten Begegnung. Fernwirkungen ergeben sich, wenn spezifische Feldkonstellationen von mehreren Personen (zum Beispiel Mitgliedern einer Familie) personal internalisiert werden (Matrix der Identität). Auf diese Weise können soziale Felder auch indirekt und über Distanzen wirken. Die Wirkung sozialer Felder wird besonders spürbar, wenn sich die Mitglieder eines Systems (eine Familie, ein Klassenverbund) nach längerer Zeit wiedertreffen (Festtage, Klassentreffen), wenn also zueinander passende Matrixen (internalisierte Feldkarten) aktualisiert werden.

Stabilität sozialer Felder

Soziale Felder bauen sich allmählich auf und tragen sowohl die Tendenz zur Bewahrung als auch die Tendenz des Zerfalls in sich. Die Stabilität sozialer Felder nimmt mit der Prägnanz zu (Walter, 1985, S. 29). Man kann dabei strukturelle Aspekte und Aspekte der Fülle unterscheiden. Strukturelle Aspekte der Prägnanz sozialer Felder zeigen sich in *Klarheit, Regelung, Eigenständigkeit* und *Intaktheit*. Aspekte der Fülle zeigen sich in *Vielseitigkeit, Ausdrucksfülle* und *Bedeutungsfülle*. Diese abstrakte Betrachtung der Prägnanz sozialer Felder macht zunächst keine wertenden Unterschiede. Ein negativer Clinch kann haltbarer sein als eine positive Beziehung. Destruktive Muster (Streit, Gewalt, Klammern, Drohen, Kränken, Entwerten, Ausstoßung) können ein soziales Feld ebenso anfüllen und als System stabilisieren wie produktive Muster (Kooperation, Anerkennung, Zugehörigkeit).

Feld und Umgebung – Person und Feld
Auch Felder führen kein isoliertes Dasein, sie sind eingebettet in Umgebungen, so wie ein Kornfeld in eine Landschaft eingebettet ist und vom Klima beeinflusst wird. Klimatische, kulturelle, geschichtliche, politische, ökonomische und zeitgeistige Umgebungen wirken über soziale Felder und Konstellationen auf Personen ein.

Es ergibt aber genauso Sinn, die Richtung der Betrachtung umzukehren. In dieser Perspektive tritt uns die Umgebung als etwas entgegen, das wir selbst gestalten: durch unser Handeln, unsere Emotionen, die Form, wie wir miteinander umgehen, durch die Art, wie wir Konstellationen gestalten, durch die besondere Dynamik der sozialen Felder, die wir hervorbringen. Erst wenn man beide Perspektiven einnimmt, kann man meiner Ansicht nach verstehen, was vor sich geht.

Gespür für soziale Felder
Die abstrakte Kategorie des sozialen Feldes wird konkret erfahrbar im persönlichen Erleben. Hier schließt sich der Kreis: Wir verfügen offenbar über ein intuitives Gespür für soziale Felder, das uns normalerweise kaum bewusst wird. Im Situationsaufbau wird diese Intuition für soziale Felder deutlich. Klienten und Therapeuten machen in dieser Arbeit regelmäßig bewusstseinserweiternde Erfahrungen, die durch vitale Empfindungen, supramodale Wahrnehmung, Intuition für soziale Felder und metaphorisches Raumerleben hinlänglich erklärt werden können.

Gestaltqualitäten sozialer Felder
In Aufstellungen treten Phänomene sozialer Systeme in den Vordergrund, die auf andere Weise schwer zu erfassen sind und als Gestaltqualitäten[8] sozialer Felder aufgefasst werden können (Abbildung 23). Der spezielle Situationsaufbau von Aufstellungen (→ III. S. 244) bildet soziale Felder auf einer metaphorischen Ebene ab und macht die Gestaltqualitäten sozialer Felder bearbeitbar.

---

8   Gestalten sind »von der Umgebung abgehobene, transponierbare Wahrnehmungsinhalte, deren Einzelheiten als zusammengehörig aufgefasst werden« (Rohracher, 1971, S. 202).

Gestaltqualitäten sozialer Felder und ihre metaphorische Abbildung im Raum

In der Arbeit mit Aktionsmethoden, besonders mit Aufstellungen, wird die Dimension des sozialen Feldes über metaphorisches Raumerleben (vgl. König, 2004, S. 207–230) erfahrbar. Die Gestaltqualitäten eines Feldes (Abbildung 23), aber auch typische Konflikte in sozialen Feldern (Abbildung 24) werden szenisch deutlich und können in Aktion bearbeitet werden.

- **Positionierung:** Positionen in Bezug zum Zentrum/Peripherie und zu anderen Personen. Beispiel: eine Person in der Mitte der Bühne allein, viele andere am Rand.
- **Gerichtetheit:** vorne-hinten, rechts-links, oben-unten. Beispiel: eine Person steht hinter einer Person, eine andere links, eine andere davor.
- **Nachbarschaft:** Verteilung von Näherungen und Distanzen. Beispiel: ein Kind befindet sich in einer Familienkonstellation in Nachbarschaft zu den Eltern und in Distanz zum Geschwistersystem.
- **Figur-Grund-Abhebung:** Konfiguration vor einem Hintergrund. Beispiel: eine bestimmte Familienkonstellation vor dem Hintergrund von Einwanderung (die Bühne wird symbolisch mit grünen (Auswanderungsland) und gelben (Einwanderungsland) Tüchern belegt).
- **Verdichtung:** Grad der Verdichtung oder Streuung. Beispiel: in einem Teil der Bühne stehen Personen dicht zusammen, ein großer Teil der Bühne bleibt unbesetzt.
- **Morphologie:** Innere Gliederung, Struktur und Form. Beispiel: eine kreisförmige Familienkonstellation. Personen stehen, andere Personen sitzen.
- **Symmetrie:** Ähnlichkeiten und Balancen. Beispiel: In einer Mehrgenerationenkonstellation konstituieren sich drei Generationen in ähnlicher Weise; Verschiebungen auf der Bühne führen zu einer ausgeglichenen Verteilung im Feld.
- **Bewegung:** Bewegungen von Personen. Beispiele: von außen nach innen gehen, einen geraden Weg nehmen, einen verschlungen Weg suchen.
- **Vervollständigung:** Schließung von Lücken, Abschließen offener Gestalten. Beispiel: In einer Familienkonstellation taucht eine Lücke auf. Diese wird exploriert und gefüllt.
- **Begrenzung:** Geschlossenheit/Offenheit nach innen und außen. Beispiele: Alle Familienmitglieder sitzen in einer Konstellation im Kreis und blicken nach innen. Alle Familienmitglieder stehen mit dem Rücken zum Zentrum und blicken nach außen.

Abbildung 23: Gestaltqualitäten sozialer Felder und Abbildung im Raum

Durch szenische Darstellung werden zudem typische Konflikte deutlich, die in sozialen Konstellationen auftauchen können.

- **Ambivalenzkonflikte** tauchen in Bezug auf *eine* Person oder eine Position auf, wenn gleichzeitig Impulse zur Hinwendung/Annäherung und Abwendung/Distanzierung auftreten (ich liebe dich – ich hasse dich; Mitte – Rand).
- **Intimitätskonflikte** tauchen bei zu starken oder zu schwachen Annäherungsbewegungen von Personen im Feld auf.
- **Triangulationskonflikte** tauchen in der Region zwischen zwei positiv besetzten Personen oder Positionen auf, wenn Hinwendung zu einer Person gleichzeitige Abwendung von einer anderen Person bedeutet (Klassisches Beispiel: Scheidungskind zwischen den Eltern).
- **Konflikte zwischen Bindung und Lösung** tauchen als Ambivalenzpunkte bei Annäherung und Entfernung auf, wenn Personen stehen bleiben oder zwischen zwei Richtungen hin- und herschwanken (will ich mich weiter nähern oder entfernen?).
- **Status- und Machtkonflikte** tauchen bei horizontalen Bewegungen (oben unten) und Rangordnungsbewegungen (links rechts, vorne hinten) im Feld auf, wenn Personen um Positionen rangeln oder implizite/explizite Rangordnungsregeln verletzt werden.
- **Zugehörigkeitskonflikte** tauchen bei Eintritt (ins Feld gehen) und Austritt (aus dem Feld gehen) auf oder wenn Personen ins Feld gezogen oder aus dem Feld gedrängt werden.

Abbildung 24: Metaphorische Abbildung typischer Konflikte in sozialen Feldern/Konstellationen

Erkundung und Gestaltung sozialer Felder durch Aufstellungen

Zur Tiefendimension von Aufstellungen

Soziale Felder werden in Aufstellungen begehbar, es kann also im Feld am Feld gearbeitet werden. Eine besondere Rolle in der Aufstellungsarbeit spielen vitale Empfindungen. Während im Spiel und in bewegten Skulpturen Affekte und Gefühle dominieren, sind es beim Stehen und Spüren die Vitalitätsaffekte, die ins Bewusstsein treten. Die Arbeit mit Aufstellungen aktiviert die supramodale Wahrnehmung und das Erleben von Vitalitätsaffekten (die eher vage und unbestimmt sind und sonst weitgehend unterbewusst bleiben). Menschen in Aufstellungen erleben daher eine Erweiterung und Evidenz ihrer Intuition für Beziehungen, die oft verblüfft, weil das intuitive Gespür für soziale Felder unvermittelt und konkret erfahrbar ins Bewusstsein aufsteigt, ohne dass es dafür eine Erklärung zu geben scheint. Der Effekt der Verwunderung wird gesteigert, wenn es in der gemeinsamen Arbeit gelingt, durch kollektive Intuition den Horizont aller Beteiligten um bisher nicht Sichtbares zu erweitern. Die Besonderheit und Nützlichkeit der Aufstellungsarbeit besteht eben darin, dass im gemeinsamen Prozess der Felderkundung jene intuitive menschliche Weisheit freigesetzt werden kann, die einerseits aus konkreter Erfahrung hervorgeht, sich aber darüber hinaus auf das kollektive Unbewusste bezieht.

Es muss kritisch angemerkt werden, dass in der Aufstellungsarbeit durch die Dominanz von Vitalitätsaffekten – potenziert durch den Effekt der Verwunderung der Klienten darüber, dass ihre Intuition in einer Weise zu ihnen spricht, die sie erstaunt und die sie sich rational nicht erklären können – das skeptische Potenzial vorübergehend eher ausgeschaltet wird. Das Eintauchen in frühe Bereiche des Selbstempfindens und das Aufsteigen von Unbewusstem erhöhen die Suggestibilität, die Berührbarkeit, Verletzlichkeit und Abhängigkeit von Klienten. Insbesondere bei labilen, wenig geerdeten, verzweifelten oder schwer gestörten Klienten steigt damit die Gefahr von Verwirrung, Dekompensation, Kontrollverlust, manipulativer Fehlleitung oder Missbrauch. Die Anwendung der Methode erfordert daher ein fundiertes Wissen und ausgeprägte Kompetenzen auf Seiten der Therapeuten, eine sorgfältige Rahmung, ein tragendes Arbeitsbündnis, eine besondere Behutsamkeit und einen besonders verantwortlichen Umgang mit der potenziellen Unterlegenheit und Abhängigkeit, die durch die Struktur der therapeutischen Beziehung vorgegeben ist.

IV.2. Mit allen Sinnen: Konsequenzen neurobiologischer Forschungsergebnisse für die Praxis der Psychotherapie

»Sage es mir und ich werde es vergessen.
Zeige es mir und ich werde mich daran erinnern.
Lass es mich tun und ich werde es verstehen.«
Konfuzius

Kreative Kooperation

Wie entsteht menschliches Bewusstsein und wie lässt es sich verändern? Bei der Entschlüsselung dieser uralten Frage kommen die Innovationen gegenwärtig aus dem Bereich der Neurobiologie. Gerade deshalb ist es wichtig zu verstehen, dass sich die Frage nach dem menschlichen Bewusstsein nicht beantworten lässt, wenn man die Fragestellung auf Vorgänge im Körper einzelner Individuen reduziert. Das Bewusstsein des Einzelnen und das gemeinschaftliche Sein gehen auseinander hervor und sind untrennbar miteinander verwoben. Wenn man diesen Zusammenhang im Blick behält, wird die Bedeutung gemeinsamen Handelns für veränderungswirksame Prozesse erklärbar. Was die klinische Erfahrung lehrt, wird heute durch die Lernforschung und die aktuellen Ergebnisse der Neurobiologie bestätigt: Therapeutische Veränderungsprozesse werden intensiviert und wirken nachhaltiger, wenn alle Sinne (oder einzelne Sinne gezielt) und alle Dimensionen der Veränderung (oder einzelne Dimensionen gezielt → I.8. S. 148) im gemeinsamen Handeln angesprochen werden.

Neuronale Informationsbearbeitung und Gedächtnissysteme

Die Abbildung 25 veranschaulicht die komplexen Zusammenhänge auf der Ebene der Neurobiologie des Gehirns – so, wie sie sich aus dem aktuellen Forschungsstand ableiten lassen. Die komplexen Verknüpfungen verschiedener Gedächtnissysteme mit dem emotionalen Bearbeitungszentrum erklären auf neurobiologischer Ebene die hohe Wirksamkeit aktionsorientierter und kreativer Methoden.

Emotionales Bearbeitungszentrum
Das limbische System wird allgemein als die zentrale Struktur für die Modulation von Empfindungen und Gefühlen betrachtet. Es kann als emotionale Schaltzentrale

und gleichzeitig als Zentrum für die Bewertung und Abspeicherung von Informationen in den Gedächtnissystemen (Steuerungszentrale, Komplexitätsmanagement) angesehen werden. Daraus ergibt sich ein enger Zusammenhang von Emotion und Informationsverarbeitung. Der Hippocampus sortiert, ordnet, fügt zusammen und gestaltet. Die Amygdala hat Verstärkerfunktion, intensiviert oder dämpft Empfindungen und Gefühle. Das limbische System ist auch für die Ausschüttung von Endorphinen und körpereigenen Morphinen verantwortlich. Ohne ein Gedächtnis und ohne einen ständigen Abgleich älterer mit neuer Information gibt es kein Bewusstsein. Im limbischen System werden die aktuellen Sinneseindrücke von außen ständig mit Informationen von innen abgeglichen. Im Wachen, aber vor allem im Schlaf bearbeitet das Gehirn Informationen ständig weiter, verschiebt überarbeitete Inhalte in verschiedene Bereiche und vernetzt Informationen auf verschiedenen Ebenen. Die elektrischen Vorgänge, die das Verschieben von Inhalten während des Tiefschlafes anzeigen, können als spezifische Oszillationen des Gehirns, nämlich als Deltawellen, nachgewiesen werden.

Gedächtnissysteme
– *Das prozedurale System* bezieht sich auf Bewegungen und Handlungen wie zum Beispiel Laufen oder Fahrradfahren und reagiert auf Drill und Übung. Es arbeitet vorwiegend unterbewusst. Es ist zentral in phylogenetisch älteren Gehirnbereichen (Basalganglien, Kleinhirn) lokalisiert.
– *Das Priming-System* nimmt eine große Zahl von Information auf, dieser Vorgang bleibt jedoch unterbewusst und die Inhalte vorbewusst. Dies geschieht zum Beispiel bei Schlagertexten oder -melodien, einzelnen Wörtern bis hin zu Ideen und Theorien. Das System ist nicht willentlich aktivierbar. Auf Schlüsselreize hin tauchen die Inhalte plötzlich wie aus dem Nichts auf, daher halten wir sie in der Regel für eigene Gedanken und Ideen und nicht für Gedächtnisinhalte.
– *Das Wissenssystem* nimmt bewusst und gezielt Informationen auf, zum Beispiel Fakten, Zahlen, Regeln (Wie lautet meine PIN? Wie konstruiere ich einen Fragesatz?). Diese Inhalte können – in der Regel – willentlich aktiviert werden. Das System speichert aber nicht den Kontext, etwa wann, wo, mit wem zusammen und wie die Information aufgenommen wurde.
– *Das episodische System* oder szenische Gedächtnis speichert und bearbeitet Ereignisse als zusammenhängende Szenen und Geschichten, zum Beispiel ein Frühstück in Paris, der Teddy-Klau im Sandkasten. Das System ist dem Bewusstsein mal mehr mal weniger zugänglich und liefert komplexe Informationen über Orte, Umgebungen, Zeiten, Personen, Interaktionen, Konstellationen und soziale Felder.

Zusammenspiel der Systeme
Alle genannten Systeme arbeiten nach neuerer Auffassung integriert zusammen. Bearbeitungs- und Gedächtnissysteme führen zwar ein selbstbezügliches Eigenle-

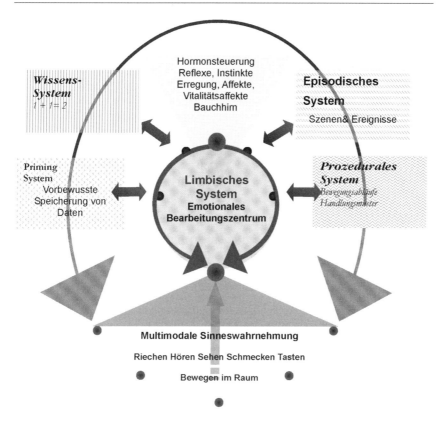

Abbildung 25: Gedächtnissysteme und Bearbeitungszentrum

ben, sind aber in komplexen Strukturen (Netzwerken) miteinander verbunden und kommunizieren miteinander. Als neuronale Systeme werden sie kortikal gesteuert, verzweigen sich jedoch über den ganzen Körper und sind mit allen Sinneskanälen verbunden. Daher fühlen und denken wir auch mit dem ganzen Leib. Menschliche Feldwahrnehmung und Intuition sind integrative Leistungen dieses komplexen Systems.

Konsequenzen für die therapeutische Praxis
Die Konsequenzen für die Praxis der Therapie liegen auf der Hand und bestätigen die klinische Erfahrung. Interventionen sind dann besonders wirksam und haben einen nachhaltigen Effekt, wenn sie möglichst viele Sinnesmodalitäten ansprechen und möglichst viele Dimensionen der Veränderung mit einbezogen werden. Darüber hinaus ist es hilfreich, wenn Veränderungen durch möglichst viele Erfahrungen im Alltag bestätigt und aufgefrischt werden und während des Schlafes – beim Träumen und in den Tiefschlafphasen – tiefer im Bewusstsein verankert werden.

Neurobiologisch fundierte Anregungen für die therapeutische Praxis

Positive Arbeitsbeziehung und produktives Arbeitsklima
Stress (Überforderung oder Unterforderung), negative Emotionen, ungeklärte Konfliktlagen und depressive Systemgestimmtheiten beeinträchtigen die Lernleistung und die Veränderungschancen. Eine gute therapeutische Arbeitsbeziehung, gegenseitiger Respekt, ein tragendes Arbeitsbündnis (→ I.8.) und ein fehlerfreundliches Klima (→ I.4.) begünstigen hingegen Veränderung und Entwicklung.

Körperliche Bewegung
Körperliche Bewegung vor, während und nach der Therapie (Aktionen, Pausen) sorgen für Sauerstoff und Dopaminproduktion und damit für eine erhöhte Neurogenese. Veränderungen und Entwicklungsschritte können auf diese Weise auch neurophysiologisch besser gespeichert werden.

Dosierte Abwechslung und Anregung durch die Lernumgebung
Reizarmut oder Reizüberflutung wirken hemmend. Passende Räume, Licht, Farben, Klänge, gegenständliche Anregungen hingegen wirken anregend und entwicklungsfördernd.

Mit allen Sinnen – multimodale Sinneswahrnehmung
Je mehr Sinneskanäle (fühlen, riechen, schmecken, hören, sehen, tasten) beteiligt sind, desto besser. In diesem Rahmen können einzelne Modalitäten gezielt angesprochen werden.

Kontakt, positive Emotionen und Selbstaktivierung
Intensiver positiver Kontakt, positive Emotionen und Selbstaktivierung steigern den Erfolg von Veränderungs- und Entwicklungsprozessen.

Nachdenken, durchdenken, sacken lassen
Alle aktiven Formen geistiger Beschäftigung, das Durcharbeiten (Lesen, Schreiben, Dialog) steigern den Therapieerfolg. Nach der Therapie entspannen, Pausen machen.

Neues Aufnehmen und Abspeichern
Jeder neue *Stoff* erweitert nicht nur quantitativ, sondern aktiviert alle Systeme, erweitert den Horizont über Referenzsysteme und fördert neue komplexe *Verdrahtungen* und damit qualitative Veränderungen. Intensives Träumen und tiefer Schlaf fördern nachhaltige Veränderung und Entwicklung auch neurophysiologisch.

Künstlerische Aktivitäten

Sie steigern das vernetzte Querdenken und Querverbindungen. Durch überraschende, unbekannte, unverhoffte Verbindungen wird die Kreativität gefördert und Muster werden neurophysiologisch mehrdimensional und nachhaltig *verankert.*

IV.3. Spielräume des Lebendigen

Die Welt lebender Systeme: Vom Unterschied zwischen einer Kuh und einer Espressomaschine

Eines Tages begegnete ich meiner Nichte Rosa im Garten. Die Sonne schien, und wir unterhielten uns über dies und das. Das Gespräch war durchzogen von den charakteristischen Pausen, die nachdenkliche Gespräche so auszeichnen. Ohne ersichtlichen Zusammenhang brachte die Fünfjährige dann einen erstaunlichen Satz hervor: »Weißt du, wenn ich eine Kuh wäre, wäre ich lieber ein Pferd.« Können Sie sich vorstellen, dass Ihr Computer eines Tages zu Ihnen sagt: Angenommen ich wäre eine Espressomaschine, dann wäre ich lieber ein Elefant? Eine Kuh und eine Espressomaschine stehen zwar beide auf der Erde und sind den Gesetzen der Gravitation unterworfen, und dennoch leben beide in komplett unterschiedlichen Welten. Wenn man das akzeptiert, muss man aufhören über lebendige Wesen in den Kategorien der Mechanik nachzudenken.

In der Welt der Mechanik gelten Regeln, die mit Hilfe der Kybernetik 1. Ordnung angemessen beschrieben werden können. *Wenn a, dann b*: Man wirft eine Münze ein, drückt einen Hebel, der einen Mechanismus in Gang setzt, der eine Cola-Dose in den Ausgabeschacht wirft. Geht die Maschine nicht kaputt und wird der Vorrat erneuert, lässt sich der Vorgang *in der immer gleichen Weise* wiederholen. Selbst komplizierte Maschinen können durch solche immer gleichen und linearen Abfolgen (Kausalketten und einfache Rückkopplungseffekte) hinreichend beschrieben und bedient werden. Die Theoretiker der klassischen Schulen der Psychotherapie haben die Gesetze und Begriffe der Newton'schen Mechanik mit einigem Erfolg auf Menschen und soziale Systeme übertragen (Energie, Trieb, Apparat, Sender und Empfänger). Die Konzepte und Metaphern, die auf diesem Weg entwickelt wurden, werden einen hohen Gebrauchswert behalten, weil sie auf der Ebene der Alltagskommunikation anschlussfähig bleiben werden. Auf der anderen Seite wäre es höchst problematisch, wenn wir Menschen und ihre Beziehungen auch theoretisch weiterhin mit Maschinen verwechseln würden. Denn die Theorien über die Dynamik lebender Systeme zeigen, dass mechanistische Beschreibungen dem Wesen lebender Systeme nicht wirklich gerecht werden.

Systemisches Denken unterscheidet in vorher nicht gekannter Klarheit zwischen Maschinensystemen und lebenden Systemen. Dies bedeutet einen entscheidenden Fortschritt in der Geschichte der modernen Psychotherapie, denn wenn sich die

Dynamik lebender Systeme grundlegend von der Dynamik maschineller Systeme unterscheidet und wenn daher die Regeln in sozialen Beziehungen gänzlich andere sind als die Regeln in einem Maschinenpark, dann hat das enorme Konsequenzen für unser Denken und Handeln im psychotherapeutischen Feld. Die Welt der Maschinen und die Welt der Lebewesen sind gänzlich verschiedene Welten. Damit will ich nicht sagen, dass es nicht sinnvoll wäre, die Dynamik des Unbewussten triebtheoretisch zu deuten oder Reaktionen auf Reize zu untersuchen. Aber die komplexe Welt menschlicher Emotionen und Beziehungen im Rahmen von Theorien erklären zu wollen, die sich an die physikalischen Modelle des 19. Jahrhunderts anlehnen, das halte ich für ein absurdes und gefährliches Abenteuer.

Kreative Kooperation: Autopoiese und Allopoiese

Leben kann als fehlerfreundlicher Prozess der Entwicklung von Kooperation, Komplexität und Vielfalt angesehen werden (→ I.4. S. 74). Aber was macht diesen Prozess aus? Irgendwann muss es einzelnen chemischen Verbindungen gelungen sein, »die Information für den Aufbau bestimmter Eiweißstoffe in Form bestimmter Nukleinsäuresequenzen in ihren Zellkernen abzuspeichern und diese genetische Information zu benutzen, um eine Zellmembran aufzubauen, die dazu neigte, mit der Zellmembran anderer, ähnlicher Zellen in eine Wechselbeziehung zu treten« (Hüther, 1999, S. 65). Der Tanz des Lebens beginnt demnach mit einem Doppelschritt: der Abgrenzung von der Umgebung (durch eine Membran) und der Verdopplung von Information auf unterschiedlichen Informationsträgern und Ebenen der internen Organisation (im Zellkern und auf der Membran).

Ein entscheidender Punkt in diesem Prozess scheint mir zu sein, dass die begrenzende Oberfläche der Zelle (die schützende Membran, aus der sich unsere Sinnesorgane entwickelt haben) und der Kern der Zelle (mit der Doppelhelix und dem genetischen Code) materiell nicht identisch sind, aber ähnliche Information enthalten. Dieser Clou des Lebens versetzt einzelne Zellen in die Lage, nicht nur Information über sich selbst zu verdoppeln, sondern sowohl mit sich selbst als auch mit ihrer Umgebung Information auszutauschen. Haben die Keimzellen des Lebens erst einmal die Möglichkeiten zur koordinierten internen und externen Kommunikation erfunden, kommt ein erstaunlicher Prozess von Informationsschöpfung in Gang. Einzelne Zellen und Zellverbände sind zunehmend in der Lage, sich von ihrer Umgebung abzugrenzen. Damit erschaffen sie einen Unterschied zwischen einer eigenen inneren Welt *und* einer äußeren Welt. Diese Unterscheidung versetzt organische Wesen in die Lage, ihre eigene innere Welt *autopoietisch* (selbstgestaltend, Maturana u. Varela, 1987) zu gestalten und zu entwickeln. Gleichzeitig sind diese primitiven Organismen aber auch schon in der Lage, ähnliche Zellen in ihrer Umgebung zu erkennen und sich mit diesen zu verbinden. Einzelne Zellen können sich also auf die Suche nach geeigneten ähnlichen Zellen begeben, um sich mit diesen zu verschmelzen, und bei einigen dieser Verbindungen entsteht etwas Neues. Auf diese Weise sind Zellen auch allopoietisch: Sie gestalten ihre eigene Umgebung.

Exkurs

Der Begriff Autopoiese (altgriechisch αυτός: *selbst* und ττοιειν: *machen*) wurde von den Neurobiologen *Humberto Maturana* und *Francisco Varela* eingeführt und bezeichnet die Eigenschaft von Organismen, sich aus sich selbst heraus zu erschaffen. Das bedeutet, dass Organismen beziehungsweise biologische Systeme zum einen ihre Grenze zur Außenwelt und zum anderen ihre innere Prozessorganisation (Struktur und Dynamik der Komponenten eines Systems) selbstbezüglich gestalten. Humberto Maturana und Francisco Varela betonen mit dem Konzept der Autopoiese die Tatsache, dass Organismen zwar in Kontakt mit ihrer Umgebung sind und Information, Materie und Energie aus der Umwelt in sich aufnehmen, diese jedoch immer in die eigene Selbstorganisation integrieren (abstoßen, ignorieren, umwandeln, einbauen), um ihre Prozessorganisation (ihre Existenz) aufrechtzuerhalten. Maturana und Varela verstehen Organismen (biologische Systeme) daher als *operational abgeschlossene Systeme*. Autopoiese ist auch ein Schlüsselbegriff in der *soziologischen* Theorie sozialer Systeme von *Niklas Luhmann* (1987). Luhmann übernahm den Begriff in den frühen 1980er Jahren von Maturana und übertrug das Konzept auf soziale Systeme. Die zentrale These von Luhmann lautet, dass soziale Systeme ausschließlich aus *Kommunikationen* bestehen (*nicht* aus *Subjekten*, Akteuren, Individuen). Konsequenterweise tauchen lebendige Menschen in der Luhmann'schen Theorie nicht auf. Nach Luhmann beziehen sich Kommunikationen nur scheinbar direkt auf die Umwelt, tatsächlich beziehen sie sich ausschließlich auf die nach eigenen Gesetzen wahrgenommene innere Abbildung der Umwelt, also letztlich auf sich selbst. Diese reine Selbstbezüglichkeit betrachtet Luhmann als typisch für jede Kommunikation und definiert daher auch soziale Systeme als *operativ geschlossen*. Leider wird die Theorie von Luhmann in zahlreichen systemischen Veröffentlichungen unreflektiert weitergereicht, obwohl Maturana selbst dem Luhmann'schen Transfer seines theoretischen Modells für biologische Systeme auf soziale Systeme äußerst kritisch gegenüberstand: »Wenn ich aber über ein autopoietisches System im Bereich der Kommunikation spreche, dann behandle ich die Mitteilungen oder ›Kommunikationen‹ als Elemente und klammere die Menschen aus. [...] Sobald man aber die Menschen als lebende Personen ausklammert, beschäftigt man sich nicht mit sozialen Phänomenen« (Riegas u. Vetter, Interview mit Humberto Maturana, S. 40., zitiert aus Texten zur Diskussion mit N. Luhmann von K. H. Brodbeck, www.khbrodbeck.homepage.t-online.de). Ganz in Maturanas Sinn bestehe ich darauf, dass man lebende und soziale Systeme nur mehrdimensional – Person, Interaktion, Konstellation, Feld und Umgebung – angemessen verstehen kann. Das bedeutet aber, dass man theoretisch eine Perspektive eröffnen muss, die die Prozesse der Öffnung und Schließung bio-psychischer Systeme und die Prozesse der Koordination zwischen diesen Systemen gleichermaßen in den Blick bringt (Bleckwedel, 2000a). Erst auf diese Weise lässt sich annähernd der Zusammenhang zwischen den Vorgängen innerhalb von Individuen und den Vorgängen in sozialen Systemen verstehen. Wenn man dagegen, wie Luhmann, ein Kategoriensystem entwickelt, das die Kommunikationen in sozialen Systemen von den Emotionen der Akteure, die dieses System erzeugen, abtrennt, dann begeht man meiner Ansicht nach einen grundlegenden Irrtum, der sich nur verhängnisvoll auswirken kann.

Das Entscheidende im Prozess biologischer Evolution ist, dass die fortlaufenden Paarungen und die internen Replikationen genetischer Information auf eine Weise zusammenwirken, die fortwährend Abweichungen hervorbringen (was bei einer fehlerlosen Replikation nicht möglich wäre; → I.4. S. 74). Erst diese Fähigkeit zur Variation versetzt lebende Systeme in die Lage, auf Dauer zu überleben, indem sie sich intern dem Wandel anpassen und gleichzeitig ihre Umgebung gestalten.

Auf dieser Grundlage beginnt nun in der Evolution des Lebens ein buntes und erotisches Treiben von Trennung und Verschmelzung und Trennung und Verschmelzung, und dieses ganze Liebesleben bringt jene ungeheure Komplexität und Vielfalt hervor, die wir heute bewundern können. In einer Metaperspektive zeigt sich, dass sich in der Evolution des Lebens zwei kommunikative Fähigkeiten, die bereits primitive Zellen besitzen, entfalten:
– die Fähigkeit zur Schließung und Abgrenzung und zur Gestaltung von interner Organisation (Autopoiese) und
– die Fähigkeit zur gezielten Öffnung und Fusion mit anderen ähnlichen Lebewesen und zur Gestaltung von externer Organisation (Allopoiese).

Diese Fähigkeiten entwickeln sich beim Menschen zu einem vorläufigen Höhepunkt. Die Entwicklung von Kooperation ist eng verbunden mit der Entwicklung von Emotionalität und Beziehungsfähigkeit auf der einen und sozialer Organisation auf der anderen Seite. Produktiv nutzen können wir dieses Potenzial meiner Ansicht nach aber nur, wenn wir uns nicht mit den Maschinen verwechseln, die wir selbst erfinden, oder uns einer Technik unterwerfen, die wir selbst hervorbringen. Maschinen und Technik sind eine gute Sache und auch gegen die Entwicklung künstlicher Intelligenz ist nichts einzuwenden. Aber wenn wir uns zum Anhängsel von Maschinen machen und uns einer rein technischen Logik unterwerfen, dann scheint es sehr wahrscheinlich, dass das destruktive Potenzial, das die Zivilisation offenbar auch hervorbringt, mit großer Vernichtungskraft zum Einsatz kommt. Viel interessanter und lustvoller erscheint es mir, die Komplexität lebender und sozialer Systeme besser zu verstehen.

Flexibilität: Auf der Suche nach dem ungebundenen Potenzial der Veränderung in Systemen

Im Oktober 1970 trafen sich einige Stadtplaner aus New York zu einer Konferenz, die von Gregory Bateson geleitet wurde. Man besprach die damals wie heute aktuelle Frage, wie und mit welchen Mitteln ausgewogene Entwicklungen nachhaltig unterstützt werden können, hier am Beispiel der Stadtentwicklung. Bateson brachte als zentralen Gesichtspunkt den Begriff der Flexibilität in die Diskussion ein. Das war für die Stadtplaner kein ungewöhnlicher Begriff, ungewöhnlich dagegen war, wie der ökosystemische Vordenker über Flexibilität nachdachte.

Bateson definiert Flexibilität als »ungebundene Potenzialität der Veränderung« (Bateson, 1981, S. 628) in einem System und unterscheidet diese Flexibilität von der Flexibilität einzelner Elemente eines Systems. Diese doppelte Beschreibung von Flexibilität erweitert den Blickwinkel und in der erweiterten Perspektive wird erkennbar, was in einfachen oder einseitigen Beschreibungen verborgen bleibt: einzelne Elemente eines Systems – Automobile im Verkehrsnetz, Gruppen in einer Gesellschaft, Einzelpersonen in einer Familie, Spieler einer Mannschaft, Nutzer des Internet – neigen dazu, die Spielräume und ihre Möglichkeiten im System expansiv zu nutzen, und schränken damit die ungebundene Potenzialität der Veränderung im System, das sie selbst hervorbringen und gestalten, ein. An einem bestimmten Punkt ihrer Entwicklung können Systeme – durch die zunehmende Flexibilität ihrer Elemente – ihr Potenzial zur Veränderung verlieren, denn das System »versklavt« (Haken, 1987) nun seinerseits seine Elemente, es wird rigide und begrenzt die Spielräume. Die Bewohner von New York erzeugen durch Bautätigkeit und expandierenden Verkehr eine Dynamik, auf die die Bürokratie mit zahlreichen Verordnungen und Regelungen reagiert, und beides zusammen macht die Stadt zu einem Moloch, der die Flexibilität seiner Bewohner zunehmend einschränkt. Das Potenzial der Veränderung im System wird durch die zunehmende Flexibilität seiner Elemente gebunden.

Die Unterscheidung[9] zwischen der Flexibilität eines Systems und der Flexibilität seiner Elemente führt zu einer doppelten Beschreibung, und diese mehrdimensionale Beschreibung macht eine grundlegende Widersprüchlichkeit sichtbar, deren wechselhafte Dynamik sich auch in sozialen Systemen beobachten lässt und die wir in unserem persönlichen Erleben als Ambivalenz wiederfinden. Die Suche nach dem ungebundenen Potenzial der Veränderung führt also mitten hinein in die sozialen und emotionalen Spannungsfelder, in denen Menschen sich bewegen.

Systemisches Denken als Denken in Gegensätzen

Wir stoßen hier auf etwas Elementares. Alle mehrfachen Beschreibungen der Art, wie sie Bateson in Bezug auf die Stadtplanung einführt, eröffnen mehr als eine Perspektive und machen Widersprüchliches sichtbar – im oben beschriebenen Fall liegt die Widersprüchlichkeit darin, dass die New Yorker die Stadt als Spielraum hervorbringen, aber dass sie diesen Spielraum, wenn sie ihn unbedenklich gebrauchen, auch zerstören können. Jedes soziale System wird:

---

9 Laut Bateson liegt hier das Wesen von Information: Information ist ein Unterschied, der einen Unterschied macht.

- einerseits durch die Aktionen und Beziehungen aller Individuen, die Mitglieder des Systems sind, hervorgebracht, aber
- zugleich bildet dieses System den Raum, der die Aktionen der Individuen und die Dynamik zwischen den Akteuren ermöglicht und begrenzt.

Die Bürger einer Stadt oder die Mitglieder einer Familie sind der Dynamik des Systems, von dem sie ein Teil sind, unterworfen und folgen ihr, während sie gleichzeitig durch ihr Handeln dieses System als ihre Umgebung erschaffen.

Systemisches Denken steht damit in einem grundlegenden Gegensatz zu allen Vorstellungen, die einseitig vom Individuum oder einseitig von der Gemeinschaft her denken. Systemisches Denken wurzelt vielmehr in einem fundamentalen Prinzip, das Perspektiven und Polaritäten nicht einseitig auflöst, sondern aufeinander bezieht. Einem Prinzip der doppelten oder mehrfach fokussierten Beschreibung. Eine Auswahl:

- Innenwelt und Außenwelt,
- Individuum und Gemeinschaft,
- Subjekt und Interaktion,
- Bewusstes und Unbewusstes,
- Autonomie und Bindung,
- Augenblick und Dauer,
- Verschiedenheit und Gleichheit,
- Befriedigung und Versagung,
- Stimulierung und Stabilisierung,
- Nähe und Distanz,
- Individuation und Bezogenheit,
- Geben und Nehmen,
- Verbindung und Ablösung,
- Ordnung und Chaos,
- Freiheit und Verantwortung.

Systemisches Denken arbeitet mit und in Gegensätzen und begreift Menschen und Gemeinschaften eingebettet in dialektische Gegensätze oder Polaritäten, die einander bedingen und auseinander hervorgehen (Stierlin, 1971, 1978). Das Ziel systemischer Therapie kann daher niemals in der Aufhebung von Mehrdeutigkeit und Ambivalenz liegen, sondern nur in der angemessenen Balancierung oder Transformation von Gegensätzlichkeiten.

Gegensätzlichkeiten können bei genauerem Hinsehen verschiedene Formen annehmen:
- gegenüber,
- miteinander,
- Gegensätze, die sich anziehen,
- Gegensätze, die sich bekämpfen,

– Gegensätze, die sich ausschließen,
– Gegensätze die sich bedingen,
– Gegensätze die sich ergänzen,
– Widersprüche, die blockieren,
– und Widersprüche, die voranbringen.

In einer systemischen Perspektive geht es darum, in der Therapie festgefahrene Konflikte, blockierende Dilemmata oder destruktive Spaltungen aufzuheben und in produktive Gegensätze umzuwandeln.

Spielräume der Gegenseitigkeit

Was für Städte oder Zivilisationen gilt, gilt genauso für Paare, Familien oder Gruppen. Einerseits ergeben sich die Spielräume des Einzelnen in der Familie oder in Paarbeziehungen erst durch den Kontakt zu den Mitspielern und andererseits neigen Einzelne dazu, den gemeinsamen Spielraum zu besetzen (einzuschränken oder zu zerstören). Das ungebundene Potenzial für Veränderung in einer Familie oder einer Paarbeziehung ist tatsächlich etwas ganz anderes als die ungezügelte Selbstverwirklichung einzelner Mitglieder (oder die Summe der Selbstverwirklichung aller Mitglieder). Wenn man die Flexibilität der Einzelnen (oder von Teilgruppen) und die Flexibilität des Systems unterscheidet, dann geht es darum, diese Flexibilitäten auszubalancieren. Wie kann man Spielräume nachhaltig erhalten, erweitern und entwickeln? Das ist die entscheidende systemische Frage, und diese Frage führt im Einzelfall zu Überlegungen und Interventionen, die sich erheblich von Interventionen unterscheiden können, die sich ausschließlich am Wachstum einzelner Individuen oder ausschließlich am Wohl einer Gruppe orientieren.

Systemische Therapeuten arbeiten mit den Sichtweisen und Positionen aller Beteiligten, aber auch mit einer übergeordneten Sichtweise, die das Ganze und die Kontexte berücksichtigt. Das gilt besonders bei weit reichenden existenziellen Entscheidungen. In solchen Situationen kann man die relative Unabhängigkeit der therapeutischen Position nutzen, um übergeordnete Perspektive einzubringen. Solche Perspektiven beschäftigen sich mit den Konsequenzen von Handlungen für die Flexibilität und die Entwicklungschancen von Personen und Systemen. Entsprechende Fragen sind nicht immer bequem, sie entlassen Klienten nicht aus der Ambivalenz, sondern fordern dazu auf, mit Mehrdeutigkeit und Ambivalenz angemessen umzugehen.

Systemische Therapie stellt Klienten Entwicklungsräume zur Verfügung, in denen sie selbstbestimmt entscheiden, was für sie und ihre besondere Situation passend ist und wie sie sich verhalten wollen. Die Therapeuten übernehmen Verantwortung für den Prozess, nicht für die Entscheidungen oder Handlungen von Klienten. Wenn aber die Entfaltung einer oder mehrerer Personen die Entfaltung anderer Personen ernsthaft einschränkt, behindert oder verletzt oder wenn eine Familie Mitglieder versklavt, missbraucht oder ausstößt oder eine Person sich selbst verletzt, muss das thematisiert werden. Die Therapeuten können in diesen Fällen:

- die Zeitperspektive erweitern (Was war vor 5 Jahren? Was wird in 10 Jahren sein?),
- den Kontext erweitern (durch Personen, Ideen und Themen),
- Konflikte bearbeiten und Alternativen entwickeln,
- Tabuthemen ansprechen und bearbeiten,
- die Entwicklungschancen *aller* Beteiligten beachten und würdigen,
- den Blick auf die Entwicklungschancen eines Paar-Familiensystems als Ganzem lenken,
- klare Grenzen setzen (zum Schutz können Kontrollinstanzen eingeschalten werden oder Therapeuten können selbst Kontrollfunktionen wahrnehmen. Wichtig dabei ist nur, dass die Kontrollfunktion offen angesprochen, klar gehandhabt und deutlich von der therapeutischen Funktion unterschieden wird).

Systemische Therapie erweitert den Horizont und verdeutlicht in angemessener Weise anzunehmende Konsequenzen von Handlungen über längere Zeiträume hinweg. Systemische Therapie lädt zur Reflexion über Werte und Wertorientierungen ein. Im Diskurs über Werte und ethische Fragen – Fragen von falsch und richtig, gut und böse – geht es um die Übernahme von Verantwortung für die Konsequenzen des eigenen Handelns: für sich selbst, für Andere und für die Kontexte. Denn in einer ökologischen Sicht ist es unausweichlich, uns selbst und unser Handeln als Kontext für das Fühlen, Denken und Tun der Anderen zu betrachten. Darauf können Therapeuten hinweisen und einen Raum anbieten, in dem Entscheidungssituationen (ohne moralisierende Vorgaben) durchgespielt und reflektiert werden können.

Mehrdeutigkeit und Ambivalenz

Es heißt, als Adam und Eva die verbotene Frucht der Erkenntnis im Garten Eden aßen, »gingen ihnen die Augen auf« (Genesis 3,7), denn sie erkannten sich als unterschiedliche Wesen, als Mann und Frau. Man kann diese Geschichte mit Martin Buber so verstehen, dass wir ab einem bestimmten Punkt unserer Entwicklung Gegensätzliches in uns selbst und in unserer Umgebung wahrnehmen und erleben können; das gilt sowohl für die Entwicklung der Spezies als auch für unsere persönliche geistige und emotionale Entwicklung. Die Vertreibung aus dem Paradies beschreibt den Moment, in dem wir uns selbst und das Leben als mehrdeutig und komplex erkennen, voller Widersprüche, Konflikte und Paradoxien. Adam ist so anders als Eva und Eva so anders als Adam, sie passen zusammen und doch auch wieder nicht. Diese Erkenntnis ist selbst ambivalent, sie ist mit Lust verbunden und gleichzeitig von Angst besetzt. Wir verlieren unsere Unschuld und gewinnen die Welt lustvoller Entdeckungen, wir verlieren das Paradies der Eindeutigkeit und treten in die Mehrdeutigkeit ein.

Es gibt aber auch immer wieder die mächtige Gegentendenz, die zur Eindeutigkeit drängt, eine Tendenz, die der schmerzhaften Komplexität und komplizierten Mehrdeutigkeit, die in der Ambivalenz nistet, einfache Antworten entgegensetzen möchte. Dann schlägt die Stunde der großen Vereinfachungen, dann sind es die »Gene« oder die »Kommunikationen« oder die »Fremden« oder die »ewigen Ordnungen«, die das Geschehen angeblich allein bestimmen. Und wir bleiben verführbar, denn kognitive Eindeutigkeit findet ein Echo in den Empfindungen, die uns aus der Geborgenheit des Mutterleibs vertraut sind und denen unsere Sehnsucht gilt. Im spirituellen Erleben und in der mystischen Erfahrung wird dieses frühkindliche Empfinden von Verschmelzung und Allverbundenheit wiederbelebt. Eindeutigkeit und Einfachheit spielen daher in der Sphäre des Religiösen eine prominente Rolle und finden in der Welt des Glaubens ihren existenziell wichtigen Platz. In der Welt der therapeutischen Theorie und Praxis geht es meiner Ansicht nach hingegen darum, die Sehnsüchte nach einfachen Antworten zu überwinden und die Fähigkeit zu Mehrdeutigkeit und Ambivalenz zu entwickeln.

Die Liebe zur Mehrdeutigkeit ist keineswegs eine rein akademische Frage und darf nicht beschränkt bleiben auf elitäre Zirkel. Gregory Bateson hat dieses Problem vorhergesehen, als er im Anschluss an die Konferenz mit den Stadtplanern die Frage stellte: »Ist es notwendig, dass diejenigen, die die Pläne [. . .] ausführen, die Einsichten verstehen, nach denen sich die Planer gerichtet haben? Und er antwortet: Ich glaube, dass diese Ideen nicht übel sind, und dass unser größtes (ökologisches) Erfordernis die Verbreitung dieser Ideen ist [. . .] Ist diese Einschätzung richtig, dann sind die in unseren Plänen angelegten ökologischen Ideen wichtiger als die Pläne selbst. Es wird sich auf lange Sicht nicht auszahlen, die Pläne mit oberflächlichen Argumenten ad hominem zu ›verkaufen‹, die der tieferen Einsicht widersprechen oder sie verschleiern werden« (Bateson, 1981, S. 646f.).

Systemisches Denken beschäftigt sich mit dem komplexen Zusammenspiel von Detail und Ganzem, es interessiert sich für Strukturen, Dynamiken und Prozesse und für den sozial-konstruktivistischen Charakter menschlichen Erkennens. Systemisches Denken begründet und ermöglicht Mehrdeutigkeit und Ambivalenz (Baumann, 1995) und lebt von überraschenden Verknüpfungen. Systemisches Denken ist anstrengend, es fordert Genauigkeit. Systemisches Denken ist reflexiv, es bringt die eigene Beteiligung in den Blick. Systemisches Denken ist unbequem, es macht Widersprüchliches sichtbar. Systemisches Denken ist offen für die Dimension des Spirituellen, aber kein Ersatz für Religion. Systemisches Denken ist schwer auszuhalten und gelegentlich riskant, weil man in einer Welt, die auf Expansion, Eroberung, Beschleunigung und Erfolg ausgerichtet ist, für Nachdenklichkeit nicht immer geliebt und gelegentlich belächelt wird. Aber genau diese Nachdenklichkeit brauchen wir, wenn wir die Flexibilität lebender Systeme erhalten wollen.

Muster und Lücken im kommunikativen Gewebe der lebendigen Welt: Ein fiktives Interview mit Gregory Bateson

Gregory Bateson hat wie kaum ein anderer über die Frage des Überlebens von Öko-systemen nachgedacht. Welche Ähnlichkeiten und Unterschiede verbinden biologi-sche, soziale und kulturelle Systeme miteinander? Das folgende fiktive Interview skizziert die Richtung seines Denkens. Alle wörtlichen Zitate sind *kursiv* gedruckt:

J. B.: Gregory, du hast einmal geschrieben, dass der Wahnsinn des Eriesees etwas mit unserem eigenen Wahnsinn zu tun hat. Wie hast du das gemeint?

G. B.: Der Eriesee war schon Anfang der 1970er Jahre ökologisch so gut wie tot. Natürlich geht das auf das Handeln von Menschen zurück. Wenn wir aber nicht die Ideen, den Wahnsinn, der hinter diesem Handeln steht verstehen, wird sich nichts ändern. Wir müssen daher die grundlegenden Ideen, die uns leiten, ver-stehen und verändern.

J. B.: In welche Richtung?

G. B.: Die entscheidende Frage ist, wie wir erkennen, was wir erkennen. Als westli-cher Denker beginnst du damit, die Wirklichkeit aufzuspalten, Grenzen zu ziehen und die dann zu befestigen. Die *Befestigung der Grenzen* ermöglicht es dir, *über deine Erfahrungen hinwegzugehen* und das Erkenntnis zu nennen. Der ganze Trick beginnt mit der Spaltung: Wenn du dein Bewusstsein vom Körper, der Erfahrung und der Umgebung abtrennst, kannst du sagen: *Mein Bauchweh ist bloß etwas Psychisches* oder wenn du dich verliebst: *Das ist bloß etwas Physisches. Trennt man aber den Geist von der Struktur ab, der er immanent ist, wie etwa die menschlichen Beziehungen, die menschliche Gesellschaft oder das Ökosystem, dann sitzt man mei-ner Ansicht nach einem grundlegenden Irrtum auf, der sich letzten Endes mit Sicher-heit gegen einen selbst auswirken wird.*

J. B.: ... durch Zerreißen der Wirklichkeit in Teilaspekte ...

G. B. Genau. *Typologien sind irreführend. Sie sind nichts als eine Liste von Teilaspek-ten. Von der Typologie muss man immer zu dem Prozess, dem Vorgang selbst über-gehen.* Du verlierst das Ganze aus dem Blick und kannst die zirkulären Zusam-menhänge nicht erkennen. *Immer ist so ein verflixter Zirkel im Spiel.* Den musst du zu fassen kriegen.

J. B.: Wie bist du darauf gekommen?

G. B.: Schon als ich mich mit der balinesischen Kultur beschäftigte, dachte ich da-rüber nach. Nach dem Krieg nahm ich an den Tagungen der Macy Foundation teil, auf denen Norbert Wiener seine Gedanken zur Steuerung von Systemen ent-wickelte. Die Kybernetik lieferte einen ersten Rahmen. Aber man muss den Be-obachter in die Betrachtung mit einbeziehen, die Kybernetik auf das Denken selbst anwenden, dann kommt man auf eine Kybernetik 2. Ordnung. Nur wenn man das Denken auf sich selbst zurückwendet, kann man *die Strukturen hinter den Strukturen*, hinter den logischen Kategorien erkennen, die paradoxen Beziehungen zwischen den einzelnen Elementen und dem Ganzen.

J. B.: Das klingt ziemlich kompliziert und praxisfern.

G. B.: In Harvard habe ich die Empiriker mit Theorie und die Theoretiker mit Empirie traktiert. Das hat denen nicht gefallen, und sie haben meinen Vertrag nicht verlängert. Der Vorteil war, dass mich das in Palo Alto mit Familien, von denen ein Mitglied als schizophren diagnostiziert war, und in Hawaii mit Delfinen zusammenbrachte.

J. B.: Was haben denn Familien und Delfine miteinander zu tun?

G. B.: Sie sind lebende Systeme und lebende Systeme haben ein *Strukturbewusstsein*. Das ist der Hauptpunkt. Jedes Lebewesen und jedes soziale System hat eine spezifische Organisations- oder Prozessstruktur. Das Entscheidende dabei ist: Es gibt im System ein Bewusstsein über die Organisationsstruktur. Das Bewusstsein ist nicht mit der Struktur identisch und doch bilden Struktur und Bewusstsein eine unauflösliche Einheit. Als ich in Hawaii Delfine beobachtete, wurde mir klar, dass diese Säuger vorwiegend mit den *Mustern ihrer Beziehungen* beschäftigt sind, und ich nehme an, dass es uns Menschen genauso geht. Die Delphine haben aber den Vorteil, dass sie keine Hände haben. Ohne Hände landet man wahrscheinlich nicht bei einer so merkwürdigen Kommunikationsform wie der menschlichen Sprache. *Eine Syntax und ein Kategoriensystem zu verwenden, die für die Diskussion von Dingen angemessen sind, die sich handhaben lassen, während man in Wirklichkeit die Muster und Zufälligkeiten von Beziehungen diskutiert, ist phantastisch.*

J. B.: Im Beziehungsalltag hast du dich nicht besonders gut zurechtgefunden?

G. B: Vielleicht, aber das ist eine andere Geschichte. Ich war nicht so besonders gut geschaffen für den normalen Umgang mit Menschen – außer vielleicht mit meiner Tochter Mary. Mich beschäftigten die abstrakten Eigenschaften ganzer Systeme, *die verschränkten Strukturen, die die Dinge verknüpfen.* Ich dachte über *das umfassendere Wissen nach, das die Seesterne und Seeanemonen und die Wälder und genauso Gruppen von Menschen zusammenhält.* Die *Metastruktur*, die verbindet. Diese Metastruktur muss man sich als einen *Reigen interagierender Teile* vorstellen. Keine feststehende Struktur, sondern etwas *Fließendes wie Musik.*

J. B.: Du betrachtest Geist und Natur als untrennbare Einheit und den Menschen als Teil dieser Einheit. Wenn man sich gegenwärtig umschaut, bekommt man den Eindruck, dass wir als Spezies außer Kontrolle geraten und die Natur in Panik verfällt. Ist das das Ende von Geist und Natur?

G. B.: Das Ende des Geistes und der Natur, wie wir sie kennen oder erkennen – vielleicht. Ich glaube aber nicht, dass die ganze Geschichte zu Ende geht. Vielleicht ist es das Ende einer Zivilisation. Dann beginnt eben etwas anderes. Das Ende einer Geschichte ist der Anfang einer neuen Geschichte. Erinnere dich, was Laing sagt: *Wer sind wir, dass wir entscheiden könnten, dass es hoffnungslos ist.*

J. B.: Gregory, ich danke Dir für dieses Gespräch.

Gregory Bateson wurde am 9. Mai 1904 im englischen Grantchester geboren. Vor seiner Auswanderung in die USA studierte er Biologie, Psychologie und Ethnologie in Cambridge. 1936 veröffentlichte er »Naven« eine Studie über Ritual und Symbolismus auf Neuguinea, wo er mit Margaret Mead, mit der er von 1936 bis 1950 verheiratet war, Feldforschung betrieb. Bateson beschäftigte sich mit Fragen der Evolutionstheorie und war ab 1942 zusammen mit Norbert Wiener an der Entwicklung der Kybernetik und der Informationstheorie beteiligt. 1947 lehrte er Anthropologie an der Harvard Universität in Cambridge MA. Danach arbeitete er am Langley Porter Neuropsychiatric Institute in San Francisco sowie am Palo Alto Veterans Hospital, wo er mit L. C. Wynne, P. Watzlawick und anderen die *Double-Bind-Theorie* entwickelte und eine Theorie des Deutero-Lernens (Lernen zu lernen) formulierte. Am Ozeanischen Institut auf Hawaii forschte er über Delfine, lehrte an der University of Hawaii und wurde 1972 Mitglied der Universität von Kalifornien in Santa Cruz. Gregory Bateson ist einer der wichtigsten öko-systemischen Pioniere und hat viele Wissenschaftler in ihrem Denken beeinflusst. Er starb am 4. Juli 1980 in San Francisco.

Postskriptum: Brief aus der Werkstatt

Liebe Lilli, lieber Hans,

es bleiben noch viele Fragen offen, meinst Du, und manchmal gäbe es da ein Zögern. Das beruhigt mich sehr. Entschlossenes Handeln ist hilfreich, aber wenn Du irgendeine Methode ohne Skepsis anwendest, wird es gefährlich. »Nach der Schule fragten die Mütter immer ihre Kinder, was sie an diesem Tag gelernt hätten. Meine Mutter aber wollte wissen: Was hast du denn heute in der Schule für Fragen gestellt?«, berichtet Isidor Rabi, der 1944 den Nobelpreis für Physik erhielt (Bonder, 2003, S. 46). Die Vorstellungen, die wir uns von der Welt machen, stimmen mit großer Sicherheit nicht mit den Tatsachen überein. Deshalb sollten wir den Gedanken, *alles könnte ganz anders sein*, ständig trainieren, wie einen Muskel. Der Zweifel bildet ein Gegengewicht gegen die Verführbarkeit, alles so hinzunehmen, wie es erscheint, oder alles so hinzubiegen, wie es den eigenen Vorstellungen gerade entspricht.

Der Burgschauspieler Ignaz Kirchner wuchs als Sohn einer lesbischen Mutter und eines schwulen Vaters auf. In einem Interview sagt er: »Meine Mutter war der Vater. Sie hatte sich einen gepflegten Schnurrbart stehen lassen. Sie war darauf ungeheuer stolz, und mir war ihr Bart mehr als peinlich. Dieser Schnurrbart war der Ausdruck des Vaters. Deswegen scheitert an mir eine Psychoanalyse, weil die Verhältnisse, in denen ich aufgewachsen bin, unmöglich zu analysieren sind. Freud mit seinem Ödipuskomplex greift bei mir nicht. Das ist viel, viel komplizierter.« Der Schauspieler hat ja Recht und irrt doch. Denn Theorien und Konzepte sind für die Klienten da, nicht umgekehrt. Und wenn sie nicht passen, müssen wir sie eben passend machen. Unsere Vorstellungen über Krankheit und Gesundheit entsprechen keineswegs universellen Gegebenheiten, sie sind vielmehr Ausdruck kultureller Übereinkünfte und subjektiver Bewertungen, abhängig von Ort, Zeit und Position im System. Wenn wir das verstehen, wird der kreative Umgang mit konkreten Menschen und Situationen wichtiger als die starre Behauptung irgendeiner Idee oder eines Programms.

Transparente und wirksame Konzepte, klare Verfahrensregeln, effektive Orientierungssysteme und ethische Standards – all das beugt der persönlichen Willkür vor und eine kritische Überprüfung ist unverzichtbar. Im Diskurs beziehen wir uns auf verschiedene Wissenschaften und eine Evaluation sollte wissenschaftlichen Kriterien genügen, und doch ist Psychotherapie mehr Handwerk als Wissenschaft. Das hat für unsere Klienten den unschätzbaren Vorteil, dass wir ihnen weder ein Konzept überstülpen noch ein Programm aufzwängen müssen. Jede Art von Schema

tismus oder Dogmatismus scheitert an der Wirklichkeit. Man kann eine psychotherapeutische Beziehung ebenso wenig auf der Grundlage irgendeines Programms
oder einer Ordnung aufbauen wie die Liebe.

Ist Therapie Kunst? Kunst lebt von der Verschränkung mehrerer Dimensionen
und macht verborgene Zusammenhänge sichtbar. Kunst bestätigt und wirkt zugleich rätselhaft und verstörend (denk an Mozart oder Picasso). Kunst bildet ein
Gegengewicht zum rein Dekorativen, Unterhaltenden, Nützlichen. Etwas von all
dem kann in der Therapie nicht schaden und doch ist Therapie keine Kunst, weil
Therapie andere Voraussetzungen hat und andere Ziele verfolgt als die schönen
Künste. Aber die Mittel und Möglichkeiten von Malerei, Musik, Theater und Literatur können in einer Welt, die am reinen Zweckdenken erkrankt ist, Wunder wirken. Im Schöpferischen vereinen sich Gegensätze. »Erst wenn diese Fusion stattfin-
det, ist der Geist ganz fruchtbar gemacht und kann alle seine Fähigkeiten
anwenden«, sagt Virginia Woolf in »Ein Zimmer für sich allein«.

In turbulenten und unübersichtlichen Zeiten verlangen Menschen schnelle Antworten auf komplizierte Fragen und die Verführung ist groß, komplexe Zusammenhänge auf dem Altar der Vereinfachung zu opfern. Soll man die Sehnsüchte nach
Führung bedienen oder die Menschen auf sich selbst zurückverweisen? Ich neige
sowohl zu dem Einen als auch zu dem Anderen. Manchmal passt es, unbestimmt
zu bleiben, und manchmal erfordert es die Situation, Position zu beziehen. Wer sich
aber generell *auf eins* festlegt, begeht meiner Ansicht nach einen folgenschweren Irrtum. Das Zusammenspiel von Chaos und Ordnung wird gestört, das Leben gerät
ins Stocken und das freie Element erstickt. Es stimmt, wenn Du wirkungsvoll sein
willst, handle einfach. Aber die Einfachheit, die ich meine, ist etwas ganz anderes als
Vereinfachung.

Dauernd legen wir irgendwelche Landkarten an, und du weißt, ich liebe das.
Aber wenn du in irgendein kartographisches Museum gehst – in Lissabon, Venedig
oder sonst wo –, offenbart sich dir, wie sich die Landkarten mit der Zeit verändern.
Christopher Kolumbus brach 1492, kartographisch gesehen, in eine ganz andere
Welt auf als achtzig Jahre später Sir Francis Drake. Das wird mit unseren Landkarten kaum anders sein. Auch die Neurobiologie unseres Gehirns werden wir in 20
Jahren anders sehen als heute. Karten sind eine unschätzbare Hilfe, aber wer an
ihnen festhält, kann das Neue nicht entdecken und verliert das Leben. Eine vorläufig gültige Hypothese und ein konkreter Plan für die Arbeit mit Familie Meyer,
das ist notwendig und hilfreich. Aber jede Vorstellung einer universellen und fest-
stehenden Ordnung taugt nicht für unseren Job. Solche Vorstellungen sind von
einer anderen Welt und wir tun gut daran, diese Dimension den Priestern zu überlassen. In unserem Metier führen sie mit Sicherheit ins Abseits. Steh also einfach
auf, öffne mit wenigen einfachen Regeln einen Raum, zeige auf den Horizont und
begleite die Leute dabei, sich neu zu erfinden. Was man nicht kennt, muss man
entdecken. Die Fantasie entregelt alle Sinne und trägt uns über jede Ordnung hinweg. Wohin? Das kann man eben nicht wissen! Die therapeutische Situation bleibt

ungewiss, eine Situation, die der Therapeut ebenso wenig in der Hand hat wie der Klient.

Während man herumwandert, verändert sich die Welt, die Klienten verändern sich und du selbst mit ihnen. Natürlich entdecken wir auf Reisen ins Unbekannte häufig nur allzu Bekanntes – so wie der kleine Tiger und der kleine Bär auf ihrer Reise nach Panama ihre alte Couch neu entdecken. Aber das ist egal, wenn du nur unterwegs bist. Du erinnerst dich an Paul, den Analytiker, der am Ende als Wunschkonstellation einen Sessel hinter eine Couch stellte: das klassische Arrangement! Und dennoch hatte sich etwas verändert, ihm war klar geworden, dass er ein sehr spezielles Szenario aufbaute – und dass man die therapeutische Situation eben auch ganz anders einrichten und angehen kann. *Wir können auch anders* – das ist es, was zählt.

Im Konzert des Lebens kriegt niemand ein Programm, sagt ein holländisches Sprichwort. Im wirklichen Leben entsteht das jeweilige Stück während des Spiels – alle Spieler sind zugleich Autoren, Regisseure, Dramaturgen, Inspizienten, Intendanten und Zuschauer. Natürlich gibt es die großen Erzählungen und bestimmte Vorlagen, die immer wieder gern gespielt werden, die Mythen und Legenden, nach denen sich die Komödien und Tragödien des Lebens zu richten scheinen, die klassischen Plots um Macht und Neid, Liebe und Hoffnung, Sieg und Niederlage, Triumph und Verlust, Geburt und Sterben. Aufgeführt mit dem ganzen archetypischen Personal. Und doch, beim Weinen wie beim Lachen führen wir selbst Regie und das Spiel bleibt offen. Weil eine Vielzahl von Spielern und Kontexten den Gang der Ereignisse als ungewisses Geschehen bestimmen. Keine Trauer, keine Freude ist wie die andere. Die komplexen Wechselfälle des Lebens bringen immer neue Konstellationen hervor und erzeugen ein Feuerwerk unterschiedlichster Emotionen. Und diese Vielfalt macht alle Versuche zunichte, eine bestimmte Idee oder eine bestimmte Ordnung dauerhaft durchzusetzen. Das Drehbuch des Lebens schreibt sich selbst, während das Theater läuft, und niemand bestimmt allein das Programm. Natürlich werden wir durch alles Mögliche determiniert und sind abhängig von anderen und der Umgebung. Aber die Gegenseitigkeit dieser Abhängigkeit gibt uns die Macht, die Verhältnisse zu gestalten. »Die Wahrheit muss sehr viel menschlicher verstanden werden. Ich glaube, dass jeder in jedem Augenblick seines Lebens tausende von Möglichkeiten der Wahl hat. Zur Tür hinausgehen oder nicht – es gibt eine Mischung des Schicksals und der Entscheidungen, und in all diesen Entscheidungen gibt es ein Element, das zutiefst emotional und intuitiv ist«, sagt der Regisseur Peter Brook (2005, S. 68). In aller Bescheidenheit: Alles hängt auch von dir und mir ab.

Literatur

Allgemeine Literatur

Adorno, T. W. (1971). Erziehung zur Mündigkeit. Frankfurt a. M.: Suhrkamp.

Adorno, T. W., Horkheimer, M. (1969). Dialektik der Aufklärung. Frankfurt a. M.: Fischer.

Ainsworth, M., Blehar, M., Waters, E., Wall, S. (1978). Patterns of attachment. Hillsdale, NJ: Erlbaum.

Antonovsky, A. (1997). Salutogenese. Zur Entmystifizierung der Gesundheit. Tübingen: DGTV–Verlag.

Barley, N. (1993). Traurige Insulaner. Stuttgart: Klett-Cotta.

Basch, M. F. (1992). Die Kunst der Psychotherapie. München: Pfeiffer.

Bateson, G. (1981). Ökologie des Geistes. Frankfurt a. M.: Suhrkamp.

Bateson, G. (1984). Geist und Natur. Eine notwendige Einheit. Frankfurt a. M.: Suhrkamp.

Bateson, G., Bateson, M. C. (1993). Wo Engel zögern. Frankfurt a. M.: Suhrkamp.

Bateson, G., Jackson, D. D., Haley, J. (1969). Schizophrenie und Familie. Frankfurt a. M.: Suhrkamp.

Bateson, M. C. (1986). Mit den Augen einer Tochter. Reinbek: Rowohlt.

Baudrillard, J. (2007). Warum ist nicht alles schon verschwunden. Lettre International, Sommer 2007.

Bauer, J. (2005): Warum ich fühle, was du fühlst. Intuitive Kommunikation und das Geheimnis der Spiegelneuronen. Hamburg: Hoffmann und Campe.

Baumann, Z. (1995). Moderne und Ambivalenz. Frankfurt a. M.: Fischer.

Bion, W. R. (1962). Lernen durch Erfahrung. Frankfurt a. M.: Suhrkamp.

Bleckwedel, J. (1996). Die Überlebenden brauchen ein Echo. Grenzen und Möglichkeiten von freiwilligen HelferInnen im Umgang mit Extremtraumata. In: Bildungs- u. Begegnungsstätte für gewaltfreie Aktion e. V., Christlicher Friedensdienst e. V. (Hrsg.), Kleine Inseln der Menschenwürde (S. 47–58). Kassel: Weber, Zucht & Co.

Bleckwedel, J. (1996). HelferInnen zwischen den Welten. Supervisorische Begleitung von Helfern in Ex-Jugoslawien. In: Bildungs- u. Begegnungsstätte für gewaltfreie Aktion e. V., Christlicher Friedensdienst e. V. (Hrsg.), Kleine Inseln der Menschenwürde (S. 73–78). Kassel: Weber, Zucht & Co.

Bleckwedel, J. (1999). Geschützte ZeiTRäume: Umgang mit Gewalterfahrungen. Wie können sich Therapeutinnen in der Konfrontation mit den Folgen menschlicher Destruktivität schützen. In G. Kruse, S. Gunkel (Hrsg.), Trauma und Konflikt (S. 123–143). Hannover: Hannoversche Ärzte-Verlags-Union.

Bleckwedel, J. (2000a). Menschliche Koordination zwischen Autonomie und Bindung. Subjektbeziehungtheoretisches Modell zum Verständnis elementarer Identitäts- und Beziehungsstörungen. Zeitschrift Psychodrama, 10 (1/2), 91–143.

Bleckwedel, J. (2000b). Elementare Identitäts- und Beziehungsstörungen. Zeitschrift Psychodrama, 10 (1/2), 5–16.

Bleckwedel, J. (2006). Jenseits von Schulen und Richtungen wartet die Vernunft. Psychotherapeutenjournal, 4/2006, download: http://www.psychotherapeutenjournal.de/pdfs/2006-04/05-bleckwedel.pdf

Boal, A. (1999). Der Regenbogen der Wünsche. Seelze: Kallmeyer.

Bonder, N. (2003). Der Rabbi hat immer recht. Die Kunst, Probleme zu lösen. Zürich: Pendo Verlag.

Bowlby, J. (1975). Bindung. München: Kindler.

Bowlby, J. (1988). A Secure Base. London: Basic Books.

Brodbeck, K.-H. (2007). Entscheidung zur Kreativität. Darmstadt: Wissenschaftliche Buchgesellschaft.

Brook, P. (2005). Theater als Reise zum Menschen. Berlin: Alexander Verlag.

Buber, M. (1962). Das dialogische Prinzip. Gerlingen: Schneider.

Ciompi, L. (1988). Außenwelt – Innenwelt. Göttingen: Vandenhoeck & Ruprecht.

Cole, J. (1999). Über das Gesicht. München: Kunstmann.

Darwin, C. (1871). Die Abstammung des Menschen und die natürliche Zuchtwahl. Stuttgart: Kröner.

Dawkins, R. (1978). Das egoistische Gen. Berlin: Spektrum.

Decker-Voigt, H.-H. (1999). Mit Musik ins Leben. Wie Klänge wirken. Himberg: Wiener Verlag.

Einstein, A. (1916). Über die spezielle und allgemeine Relativitätstheorie.

Einstein, A., Infeld, L. (1938/1995). Die Evolution der Physik. Reinbek: Rowohlt.

Feuchtwanger, L. (1934–35/1983). Die Söhne (4. Aufl.). Berlin und Weimar: Aufbauverlag.

Fonagy, P. (1997). Multiple voices vs. meta-cognition: an attachment theory perspective. Journal of Psychotherapy Integration, 7, 181–194.

Franken, U. (2004). Emotionale Kompetenz – eine Basis für Gesundheit und Gesundheitsförderung. Universität Bielefeld: Fakultät für Gesundheitswissenschaften.

Freud, S. (1927). Die Zukunft einer Illusion. G. W. Bd. XIV.

Frohne-Hagemann, I. (Hrsg.) (1990). Musik und Gestalt. Paderborn: Junfermann.

Förster von, H. (1981). Das Konstruieren einer Wirklichkeit. In P. Watzlawick (Hrsg.), Die erfundene Wirklichkeit (S. 39–60). München: Piper.

Gergen, K. J. (1985). The social constructionist movement in modern psychology. American Psychologist, 40, 266–275.

Gigerenzer, G. (2007). Bauchentscheidungen. Die Intelligenz des Unbewussten und die Macht der Intuition. München: Bertelsmann Verlag.

Greenberg, L. (2005). Emotion-focused Approach to Treatment. In Psychotherapeutenjournal 4/2005, S. 324–337.

Haken, H. (1987). Die Selbstorganisation der Information in biologischen Systemen aus Sicht der Synergetik. In O. B. Küppers (Hrsg.), Ordnung aus dem Chaos (S. 127–156). München: Piper.

Hartkemeyer, M., Hartkemeyer, J. (1998). Die Kunst des Dialogs. Kreative Kommunikation entdecken. Stuttgart: Klett-Cotta.

Hillman, J., Ventura, M. (1993). Hundert Jahre Psychotherapie. Düsseldorf: Walter.

Hüther, G. (1999). Die Evolution der Liebe. Göttingen: Vandenhoeck & Ruprecht.

Hüther, G. (2004). Die Macht der inneren Bilder. Göttingen: Vandenhoeck & Ruprecht.

Jantsch, E. (1982). Die Selbstorganisation des Universums. Vom Urknall zum menschlichen Geist. München: dtv.

Kabat-Zinn, J. (2007). Im Alltag Ruhe finden. Frankfurt a. M.: Fischer TB.

Konrad, R. (2000). Die Fähigkeit zum Alleinsein als Fähigkeit zur Selbstregulation: Stern und Winnicott. Fachtexte zur Entwicklung von Psychotherapie in Theorie und Praxis, 1, 47–54.

Konrad, R. (2000). Die therapeutische Haltung und ihr Einfluss auf den Heilungsprozess. Fachtexte zur Entwicklung von Psychotherapie in Theorie und Praxis, 1, 55–62.

Kutter, P. (Hrsg.) (1988). Die psychoanalytische Haltung. München u. Wien: Verlag Internationale Psychoanalyse.

Langer, E. J. (1990). Mindfulness. Addison Wesley Publishing Company

Lewin, K. (1963). Feldtheorie in den Sozialwissenschaften, Bern: Huber.

Lorenzer, A. (1973). Über den Gegenstand der Psychoanalyse. Frankfurt a. M.: Suhrkamp.

Lown, B. (2004). Die verlorene Kunst des Heilens. Frankfurt a. M.: Suhrkamp.

Luhmann, N. (1987). Soziale Systeme. Frankfurt a. M.: Suhrkamp.

Mallinckrodt, B. A. (2000). Attachment, social competencies, and the therapy process. Psychotherapie Research, 10, 239–266.

Mankell, H. (2002). Der Chronist der Winde. München: dtv.

Maturana, H., Varela, F. (1987). Der Baum der Erkenntnis. München: Scherz.

Maturana, H., Verden-Zöller, G. (1993). Liebe und Spiel. Heidelberg: Auer.

Mercier, P. (2006). Nachtzug nach Lissabon. München: Hanser.

Möller, H. (2002). Schamerleben in Supervisionsprozessen. Download über www.donau-uni.ac.at/imperia/md/content/studium/umwelt_medizin/psymed/artikel/schamerleben.pdf

Müller-Ebert, J. (2001). Trennungskompetenz – die Kunst, Psychotherapien zu beenden. Stuttgart: Klett-Cotta.

Müller-Ebert, J. (2007). Trennungskompetenz in allen Lebenslagen. München: Kösel.

Murakami, H. (2004). Kafka am Strand. Köln: DuMont.

Nicolis,G., Prigogine, I. (1987). Die Erforschung des Komplexen. München: Piper.

Piaget, J. (1969). Nachahmung, Spiel und Traum. Die Entwicklung der Symbolfunktion beim Kinde. Stuttgart: Klett-Cotta.

Piaget, J. (1976). Die Äquilibration der kognitiven Strukturen. Stuttgart: Klett.

Plutchik, R. (1962). The emotions. New York: Random House.

Reddemann, L. (2001). Imagination als heilsame Kraft. Stuttgart: Pfeiffer.

Reddemann, L. (2004). Psychodynamisch Imaginative Traumatherapie. Stuttgart: Pfeiffer.

Ribke, J. (1995). Elementare Musikpädagogik. Regensburg: ConBrio.

Rohracher, H. (1971). Einführung in die Psychologie. Wien: Urban und Schwarzenberg.

Rorty, R. (1992). Kontingenz, Ironie und Solidarität. Frankfurt a. M.: Suhrkamp.

Seidler, G. H. (2001). Der Blick des Anderen. Stuttgart: Klett-Cotta.

Seligman, M. E. P. (2003). Der Glücksfaktor. Bergisch Gladbach: Lübbe.

Senge, P. (2003). Die fünfte Disziplin. Kunst und Praxis der lernenden Organisation. Stuttgart: Klett-Cotta.

Sennet, R. (1998). Der flexible Mensch. Die Kultur des neuen Kapitalismus. Berlin: Berlin-Verlag.

Stern, D. N. (1991). Tagebuch eines Babys. München: Piper.

Stern, D. N. (1993). Die Selbsterfahrung des Säuglings. Stuttgart: Klett-Cotta.

Stern, D. N. (1998). Die Mutterschaftskonstellation. Stuttgart: Klett-Cotta.

Strauß, B. (2007). Bindung und Gruppenprozess: Wie nützlich ist die Bindungstheorie für die Gruppenpsychotherapie. Gruppenpsychotherapie und Gruppendynamik, 43 (2), 90–108.

Störig, H. J. (1992). Kleine Weltgeschichte der Philosophie. Frankfurt a. M.: Fischer.

Sullivan, H. S. (1980). Die interpersonelle Theorie der Psychiatrie. Frankfurt a. M.: Fischer.

Theweleit, K. (1990). Ein Aspirin von der Größe der Sonne. Freiburg: Jos Fritz Verlag.

Tomkins, P. (1962). Affect, imagery, consciousness. New York: Springer-Verlag.

Uexküll, J. von (1909). Umwelt und Innenwelt der Tiere. Berlin: Springer-Verlag.

Uexküll, T. von, Adler, R., Herrmann, J. M., Köhle, K. (Hrsg.) (1990). Psychosomatische Medizin. München: Urban & Fischer.

Uexküll, T. von, Wesiack, W. (1988). Theorie der Humanmedizin. München: Urban und Schwarzenberg.

Walter, H.-J. (1985). Gestalttheorie und Psychotherapie. Opladen: Westdeutscher Verlag.

Van der Kolk, A. B., McFarlane, A., Weisaeth, L. (2002). Traumatic Stress. Grundlagen und Behandlungsansätze. Paderborn: Junfermann.

Watzlawick, P., Beavin, J., Jackson, D. (1969). Menschliche Kommunikation. Stuttgart: Huber.

Weizsäcker, C. von, Weizsäcker, E.-U. von (1984). Fehlerfreundlichkeit. In K. Kornwachs (Hrsg.) (1984). Offenheit – Zeitlichkeit – Komplexität. Zur Theorie der Offenen Systeme. Reihe Campus Forschung, Bd. 387 (S. 167–201). Frankfurt a. M.: Campus.

Weizsäcker, V. von (1940/1968). Der Gestaltkreis. Theorie der Einheit von Wahrnehmen und Bewegen. Stuttgart: Thieme.

Welter-Enderlin, R., Hildenbrand, B. (Hrsg.) (2006). Resilienz – Gedeihen trotz widriger Umstände. Heidelberg: Carl Auer.

Willi, J. (1996). Ökologische Psychotherapie. Göttingen: Hogrefe.

Winnicott, D. W. (1953). Transitional objects and transitional phenomena. International Journal of Psychotherapy, 34 (2), 89–97.

Winnicott, D. W. (1971) Das Schnörkelspiel. Stuttgart: Klett-Cotta.

Winnicott, D. W. (1990). Das Baby und seine Mutter. Stuttgart: Klett-Cotta.

Winnicott, D. W. (1994). Die menschliche Natur. Stuttgart: Klett-Cotta.

Wittgenstein, L. (1921/1979). Tractatus logicus philosophicus. Frankfurt a. M.: Suhrkamp.

Wurmser, L. (1989). Die zerbrochene Wirklichkeit. Berlin: Springer-Verlag.

Wurmser, L. (1990). Die Maske der Scham. Berlin: Springer-Verlag.

Systemische Therapie und Familientherapie

Anderson, T. (Hrsg.) (1990). Das reflektierende Team. Dortmund: Verlag Modernes Lernen.

Boscolo, L., Cecchin, G., Hoffmann, L., Penn, P. (1988). Familientherapie – Systemtherapie. Das Mailänder Modell. Dortmund: Verlag Modernes Lernen.

Boszormenyi-Nagy, I., Spark, G. M. (1973). Unsichtbare Bindungen. Stuttgart: Klett-Cotta.

Boszormenyi-Nagy, I., Krasener, B. R. (1986). Between Give and Take. New York: Brunner and Mazel.

Cecchin, G., Lane, G., Ray, W. A. (1992). Vom strategischen Vorgehen zur Nicht-Intervention. Familiendynamik, 17 (1), 3–18.

Cecchin, G., Lane, G., Ray, W. A. (1993). Respektlosigkeit – eine Überlebensstrategie für Therapeuten. Heidelberg: Carl Auer.

De Shazer, S. (1989). Der Dreh. Heidelberg: Auer

Gammer, C. (2007). Die Stimme des Kindes in der Familientherapie. Heidelberg: Carl Auer.

Goll-Kopka, A. (2004). Jedes Kind hat eine Familie – Formen ressourcenorientierter Familienarbeit in einem Sozialpädiatrischen Zentrum. Kontext 35,1 (2004) S. 21–42.

Graf, J. (2002). Partner werden Eltern: Wechselwirkungen zwischen Paaren und Kindern. www.familienhandbuch.de: Zugriff am 17.7.2007

Graf, J. (2005). FamilienTeam – das Miteinander stärken. Das Geheimnis glücklichen Zusammenlebens. Freiburg: Herder.

Hawellek, C., Schlippe, A. von (2005). Entwicklung unterstützen – Unterstützung entwickeln. Systemisches Coaching nach dem Marte-Meo-Modell. Göttingen: Vandenhoeck & Ruprecht.

Hoffmann, L. (1984). Grundlagen der Familientherapie. Hamburg: Isko-Press.

Imber-Black, E. (1999). Die Macht des Schweigens. Stuttgart: Klett-Cotta.

Kriz, J. (2004). Gutachten über den Begriff der Wissenschaftlichkeit in der Psychotherapie. Punktum, Zeitschrift des SBAP. Sonderdruck.

Kriz, W. C. (2000). Lernziel: Systemkompetenz. Göttingen: Vandenhoeck & Ruprecht.

Lenz, A. (1999). Kinder in der Erziehungs- und Familienberatung. Ein Praxisforschungsprojekt. Erziehungsberatungs-Info, 54, 25–42.

Levold, T. (1997). Affekt und System. System Familie, 10 (3), 120–127.

Massing, A. (Hrsg.) (1990). Psychoanalytische Wege der Familientherapie. Berlin: Springer-Verlag.

Minuchin, S., Fishman, H. C. (1983). Praxis der strukturellen Familientherapie. Freiburg: Lambertus.

Minuchin, S. (1988). Familienkaleidoskop. Reinbek: Rowohlt.

Omer, H., von Schlippe, A. (2003). Autorität ohne Gewalt. Coaching für Eltern von Kindern mit Verhaltensproblemen. Göttingen: Vandenhoeck & Ruprecht.

Omer, H., von Schlippe, A. (2004). Autorität durch Beziehung. Göttingen: Vandenhoeck & Ruprecht.

Omer, H., Alon, N. (2005). The Demonic and Tragic Narratives in Psychotherapie and Personal Relations, in Vorbereitung

Papp, P. (1989). Die Veränderung des Familiensystems. Stuttgart: Klett-Cotta.

Penn, P. (1986). Feed-Forward. Vorwärtskopplung: Zukunftsfragen, Zukunftspläne, Familiendynamik, 11(3), 206–222.

Reiter, L. (1991). Vom reflektierenden Team zum fokussierenden Team. System Familie, 4, 119–120.

Reiter-Theil, S. (1994). Der ethische Status des Kindes in der Familientherapie und Systemischen Therapie. Praxis der Kinderpsychologie und Kinderpsychiatrie, 43, 379–382.

Richter, H. E. (1972). Patient Familie. Reinbek: Rowohlt.

Ritscher, W. (2002). Systemische Modelle für die Soziale Arbeit. Heidelberg: Carl Auer.

Rotthaus, W. (2002). Wozu erziehen? Entwurf einer systemischen Erziehung. Heidelberg: Carl-Auer-Systeme.

Rotthaus, W. (2003). Welchen Platz haben Kinder in der Systemischen Familientherapie? Eine kritische Bestandsaufnahme. Kontext, 34, 225–236.

Rotthaus, W. (2004a). Tatort Familie – Lösungsraum Familie. Kontext, 35 (2), 123–135.

Rotthaus, W. (2004b). Die Diskussion um die Wissenschaftlichkeit von Psychotherapie. Kontext, 35 (2), 184–189.

Satir, V., Baldwin, M. (1988). Familientherapie in Aktion. Paderborn: Junfermann.

Schlippe, A. von, Schweitzer, J. (1996). Lehrbuch der systemischen Therapie und Beratung. Göttingen: Vandenhoeck & Ruprecht.

Schlippe, A. von, El Hachimi, M., Jürgens, G. (2003). Multikulturelle systemische Praxis. Ein Reiseführer für Beratung, Therapie und Supervision. Heidelberg: Carl Auer.

Schmidt, G. (1985). Systemische Familientherapie als zirkuläre Hypnotherapie. Familiendynamik, 10 (3), 241–264.

Schwing, R., Fryszer, A. (2006). Systemisches Handwerk. Göttingen: Vandenhoeck & Ruprecht.

Siefkes, D. (1997). Im Großen im Kleinen leben. Wochenzeitung Die Zeit Nr. 37/1997.

Simon, F. B., Stierlin, H. (1984). Die Sprache der Familientherapie. Ein Vokabular. Stuttgart: Klett-Cotta.

Simon, F. B. (1988). Unterschiede, die Unterschiede machen. Berlin: Springer-Verlag.

Sperling, E., Massing, A., Reich, G., Georgi, H., Wöbbe-Monks, E. (1982). Die Mehrgenerationen Familientherapie. Göttingen: Vandenhoeck & Ruprecht.

Stierlin, H. (1971). Das Tun des Einen ist das Tun des Anderen. Frankfurt a. M.: Suhrkamp.

Stierlin, H. (1978). Delegation und Familie. Frankfurt a. M.: Suhrkamp.

Stierlin, H. (1989). Individuation und Familie. Frankfurt a. M.: Suhrkamp.

Stierlin, H. (2001). Psychoanalyse – Familientherapie – Systemische Therapie. Stuttgart: Klett-Cotta.

Stimmer, F. (2000). Familiale Beziehungsräume. Psychodrama, 10 (1/2), 145–153.

Toman, W. (2002) Familienkonstellationen. München: C. H. Beck.

Vossler, A. (2000). Als Indexpatient ins therapeutische Abseits. Praxis der Kinderpsychologie und Kinderpsychiatrie, 49, 435–449.

Weber, G., Stierlin, H. (1989). In Liebe entzweit. Reinbek: Rowohlt.

Weeks, G. R., L'Abate, L. (1985). Paradoxe Psychotherapie. Stuttgart: Enke.

Welter-Enderlin, R. (1995). Paare – Leidenschaft und lange Weile. Die Kunst des Lebens zu zweit. Freiburg: Herder.

Welter-Enderlin, R., Hildenbrand, B. (1998). Gefühle und Systeme. Heidelberg: Carl-Auer-Systeme.

Whitaker, C. (1982). From Psyche to System. New York u. London: Guilford.

White, M., Epstein, D. (1990). Die Zähmung der Monster. Heidelberg: Carl Auer.

Psychodrama

Ameln, F. von, Gerstmann, R., Kramer, J. (2004). Psychodrama. Berlin: Springer-Verlag.

Bleckwedel, J. (1989). Moderation des Wissenschaftlichen Forums der Freiburger Psychodramatage und Paradigmenwechsel und Psychodrama (S. 56–59). In E. Kösel (Hrsg.), Freiburger Psychodrama-Tage, Freiburg.

Bleckwedel, J. (1990). ZeiTRäume zwischen Träumen und Realisieren. Psychodrama, 1, 113–129.

Bleckwedel, J., Klein, U., Portier, L. (1991). Schamszenen und Jagdszenen. Über den Umgang mit Beschämung und eine experimentierfreudige Praxis in der Psychodrama Ausbildung. Psychodrama, 1, 132–137.

Bleckwedel, J. (1992). Über die Fähigkeit zur Respektvollen Irreferenz. Psychodrama, 1, 154–158.

Buer, F. (1989). Morenos therapeutische Philosophie. Opladen: Leske und Budrich.

Buer, F. (1999). Lehrbuch der Supervision. Münster: Votum Verlag.

Klein, U., Bleckwedel, J., Portier, L. (1991). Einladung zur Fehlerfreundlichkeit. Psychodrama, 2, 290–297.

Krüger, R. T. (1997). Kreative Interaktion. Göttingen: Vandenhoeck & Ruprecht.

Lammers, K. (1998). Verkörpern und Gestalten. Göttingen: Vandenhoeck & Ruprecht.

Moreno, J. L. (1954). Grundlagen der Soziometrie. Opladen: Westdeutscher Verlag.

Moreno, J. L. (1988). Gruppenpsychotherapie und Psychodrama (3. Aufl.). Stuttgart u. New York: Thieme.

Ritscher, W. (1996). Systemisch-Psychodramatische Supervision in der psycho-sozialen Arbeit. Eschborn: Verlag Dietmar Klotz.

Witte, K. (2003). Und die Wand wird zum Spiegel. Merkmale für gelingenden Rollentausch. Zeitschrift für Psychodrama und Soziometrie, 1, 145–164.

Zeitlinger, K. (1996). Kompendium der Psychodramatherapie. Köln: inScenario.

Aktionsmethoden und Familientherapie

Aichinger, A., Holl, W. (2002). Kinderpsychodrama in der Familien- und Einzeltherapie. Mainz: Matthias-Grünewald-Verlag.

Alt-Saynisch, B., Raabe, G. (2002). Das Ende als Anfang. Rituale für Paare, die sich trennen. Gütersloh: Gütersloher Verlagshaus.

Bleckwedel, J. (1992). Die Inszenierung von Familienmythen und ihre Veränderung in der Arbeit mit Familien und Paaren. Psychodrama, 2, 285–300.

Bosselmann, R. (1986). Wie sich Psychodrama und Familientherapie ergänzen. Gruppendynamik, 21, 278–284.

Chasin, R., Roth, S., Bogard, M. (1989). Action methods in Systemic Therapy: Dramatizing ideal Futures and reformed Pasts with Couples. Family Process, 28, 121–136.

Clasen, M. (2005). Die Belebung der systemischen Familientherapie durch die handlungsorientierte Methode des Psychodramas. Unveröffentlichte Abschlussarbeit am PIFE.

Compernolle, T. (1982). J. L. Moreno – Ein unbekannter Wegbereiter der Familientherapie. Zeitschrift Integrative Therapie, 166–172.

Dodson, L. S. (1983). Intertwining Jungian depth psychology and family therapy through use of action techniques. Group Psychotherapy, Psychodrama and Sociometry, 35 (4), 47–56.

Duhl, F., Kantor, D., Duhl, B. (1973). Learning, space and action in family therapy. A primer of sculpture. In D. A. Bloch (Hrsg.), Techniques of family psychotherapy (S. 47–63). New York: Grune and Stratton.

Familientherapie (1998). Schwerpunkt der Zeitschrift Psychodrama, Heft 1/98.

Farmer, C. (1998). Psychodrama und Systemische Therapie. Stuttgart: Klett-Cotta.

Fryszer, A. (1993). Psychodrama in der Arbeit mit Familien. In R. Bosselmann, E. Lüffe-Leonhardt, M. Gellert (Hrsg.), Variationen des Psychodramas. Meezen: Verlag Christa Limmer.

Geissler, J., Klein, U. (1999). Nur einfache Darstellung kann Komplexität vermitteln – und sie erhalten. Darstellungsmedien in der Organisationsentwicklung. Zeitschrift für Organisationsentwicklung, 3, 42–50.

Gerstenberg, W. (1997). Psychodrama in der ambulanten Arbeit mit Eltern und Kindern. Praxis der Kinderpsychologie und Kinderpsychiatrie, 28 (8), 293–302.

Goll-Kopka, A. (2000). Tanz und bewegte Systeme: ein Werkstattbericht zu Integration der Tanz- und Bewegungstherapie in der Familientherapie. Zeitschrift für Tanztherapie, 3, 8–13.

Goll-Kopka, A. (2004). Jedes Kind hat eine Familie. Formen ressourcenorientierter Familienarbeit in einem Sozialpädiatrischen Zentrum. Kontext, 1, 21–42.

Greitemeyer, D. (1999). Trennungsrituale. Systhema, (13) 2, 149–162.

Guldner, C. A. (1982). Multiple family psychodramatic therapie. Group psychotherapy, psychodrama and sociometry, 35 (1), 47–56.

Hartmann, N. (1994). Sich finden und sich erfinden. Psychodrama und Systemische Familientherapie im Dialog. Psychodrama, 7 (1), 123–141.

Harvey, S. (1990). Dynamic play therapy. An integrative expressive arts approach to the family therapy of young children. The Arts in Psychotherapy, 17, 239–246.

Hayden-Seman, J. (1986). Action modality couples therapy. Using psychodramatic techniques in helping troubled relationships. Lanham: Rowman and Littlefield.

Kinzinger, W. (1995). Vorsicht Familientherapie?! Möglichkeiten und Grenzen familientherapeutischer Interventionen in psychomotorischen Arbeitsfeldern. In E. J. Kiphard, I. Olbrich (Hrsg.), Psychomotorik und Familie. Psychomotorische Förderpraxis im Umfeld von Therapie und Pädagogik (S.149–166). Dortmund: Verlag Modernes Lernen.

Klein, U. (2004). Curriculum Szenisch-Systemisch. www.istop.de

König, O. (2004). Familienwelten. Theorie und Praxis von Familienaufstellungen. Stuttgart: Pfeiffer.

Lauterbach, M. (1995). Die vergessenen Seiten der Familiendynamik. Zur Ableitung eines familienorientierten Psychodramas. Psychodrama, 8 (1), 95–114.

Lauterbach, M. (2007). Wie Salz in der Suppe. Aktionsmethoden für Gruppen- und Einzelarbeit. Heidelberg: Carl-Auer-Verlag.

Papp, P. (1977). Family Choreography. In P. J. Guerin (Hrsg.), Family therapy. Theory and practice (S. 465–479). New York: Gardner Press.

Perrott, L. A. (1986). Using Psychodramatic Techniques in structural family therapy. Contemporary Family Therapy, 8 (4), 279–290.

Reiners, B. (2006). Kinderorientierte Familientherapie. Eine neue Methode aus Skandinavien zur besseren Integration jüngerer Kinder in die Familientherapie. Kontext, 37 (4), 349–359.

Remer, R. (1986). Use of psychodramatic intervention with families: change on multiple levels. Group Psychotherapy, Psychodrama and Sociometry, 39 (1), 13–29.

Schindler, H. (2002). Erlebnisintensive Methoden in der systemischen Therapie mit EinzelklientInnen. Familiendynamik, 27, 486–487.

Schlippe, A. (1996). Das Auftragskarussell. In H. Schindler (Hrsg.), Un-heimliches Heim (S.135–143). Dortmund: Verlag Modernes Lernen.

Schneewind, U., Kuchenbecker, A. (o. J.). Familientherapie – Zum Einsatz von Methoden aus der Integrativen Therapie in der analytisch-systemischen Familientherapie. In H. Remschmidt, Psychotherapie mit Kindern, Jugendlichen und Familien, Bd. 1 (S. 149–153). Stuttgart: Enke.

Schweitzer, J., Weber, G. (1982). Beziehung als Metapher. Die Familienskulptur. Familiendynamik, 7, 113–128.

Schwing, R., Fryszer, A. (2006). Systemisches Handwerk. Göttingen: Vandenhoeck & Ruprecht.

Seidel, U. (1982) Techniken des therapeutischen Umgangs mit der Familien- und Geschwisterkonstellation. Partnerberatung, 3, 124–132.

Skulpturen (2004). Themenheft. Kontext 3/35.

Varga von Kibed, M., Sparrer, I. (2005). Ganz im Gegenteil. Grammatik und Praxis der Aufstellungsarbeit mit kleineren und größeren Systemen. Heidelberg: Carl Auer.

Welter-Enderlin, R., Hildenbrand, B. (2002). Rituale. Vielfalt in Alltag und Therapie. Heidelberg: Carl Auer.

Williams, J. A. (1989). The passionate technique. London: Routledge.

Williams, J. A. (1991). Strategische Soziometrie. Psychodrama, 4 (1), 273–289.

Williams, J. A. (1995). Visual and Active Supervision. London: Routledge.

Witte, K. (2001a). Der Weg entsteht im Gehen. In F. Buer (Hrsg.), Praxis der Psychodramatischen Supervision (S. 29–51). Opladen: Leske und Budrich.

Witte, K. (2001b). Die Kunst des Denkens in Bildern. Über die Arbeit mit Symbolen in der Supervision. In F. Buer (Hrsg.), Praxis der Psychodramatischen Supervision (S. 141–163). Opladen: Leske und Budrich.

Register

Sigrid Haselmann

Psychosoziale Arbeit in der Psychiatrie – systemisch oder subjektorientiert?

Ein Lehrbuch

2008. Ca. 432 Seiten, kartoniert
ISBN 978-3-525-49138-6

Sigrid Haselmann stellt innovative Modelle psychiatrisch-psychosozialer Arbeit vor und schafft damit einen praxisnahen Orientierungsrahmen, der Maßstäbe setzt.

Ariane Bentner

Systemisch-lösungsorientierte Organisationsberatung in der Praxis

2007. 234 Seiten mit 5 Abb. und 1 Tab., kartoniert. ISBN 978-3-525-49120-1

Der Lösung ist es egal, warum das Problem entstanden ist: Dieses solide Werkstattbuch gewährt aufschlussreiche Einblicke in die systemische Beratung von Non-Profit-Organisationen.

Helga Brüggemann / Kristina Ehret-Ivankovic / Christopher Klütmann

Systemische Beratung in fünf Gängen

Buch und Karten zuammen zum Vorzugspreis

2. Auflage 2007. 150 Seiten mit 25 Karten und 16 Abb., kartoniert
ISBN 978-3-525-49098-3

Das kompakte Praxishandbuch führt in die systemische Beratung ein anhand eines übersichtlichen Fünf-Phasen-Modells und zahlreicher Fallbeispiele. 25 Handkarten unterstützen den Berater bei seiner Vorbereitung wie auch während des Beratungsgesprächs selbst.

Wolf Ritscher

Soziale Arbeit: systemisch

Ein Konzept und seine Anwendung

Unter Mitarbeit von Jürgen Armbruster, Elsbeth Lay und Gabriele Rein.
2007. 180 Seiten mit 22 Abb. und 1 Tab., kartoniert
ISBN 978-3-525-49101-0

Das Buch bietet eine Verknüpfung von Theorien, Handlungskonzepten, Methoden und Praxisbeispielen und ist somit eine Orientierungshilfe für Sozialarbeiter und andere im psychosozialen Feld.

Rainer Schwing / Andreas Fryszer

Systemisches Handwerk

Werkzeug für die Praxis

2. Auflage 2007. 352 Seiten, kartoniert
ISBN 978-3-525-45372-8

Systemisches Handwerk ist lernbar. Erforderlich sind strukturiertes Vorgehen, vielfältige methodische Kenntnisse und theoretisches Hintergrundwissen – dies alles mit streng praxistauglicher Ausrichtung bietet der »Werkzeugkoffer« von Schwing und Fryszer.

Petra Rechenberg-Winter / Esther Fischinger

Kursbuch systemische Trauerbegleitung

2008. Ca. 230 Seiten mit 8 Abb. und 1 Tab. sowie 1 CD, gebunden
ISBN 978-3-525-49133-1

Ob ein zur Adoption freigegebenes Kind, der Tod eines geliebten Menschen, eine Trennung oder Scheidung – wie kann man Betroffenen Kraft und Mut zu Abschied, Trauer und Neubeginn geben?

Vandenhoeck & Ruprecht

Systemische Therapie und Beratung

V&R

Arist von Schlippe / Jochen Schweitzer
Lehrbuch der systemischen Therapie und Beratung
Mit einem Vorwort von Helm Stierlin.
10. Auflage 2007. 333 Seiten mit 20 Abb.,
kartoniert. ISBN 978-3-525-45659-0

Jochen Schweitzer / Arist von Schlippe
Lehrbuch der systemischen Therapie und Beratung II
Das störungsspezifische Wissen
2. Auflage 2007. 452 Seiten mit 13 Abb. und
29 Tab., kartoniert
ISBN 978-3-525-46256-0

Christian Hawellek /
Arist von Schlippe (Hg.)
Entwicklung unterstützen – Unterstützung entwickeln
Systemisches Coaching nach dem Marte-Meo-Modell
2005. 263 Seiten mit 32 Abb. und 8 Tab., kartoniert. ISBN 978-3-525-46227-0

Haim Omer / Arist von Schlippe
Autorität ohne Gewalt
Coaching für Eltern von Kindern mit Verhaltensproblemen. »Elterliche Präsenz« als systemisches Konzept
Vorwort von Reinmar du Bois.
5. Auflage 2006. 214 Seiten, kartoniert
ISBN 978-3-525-01470-7

Haim Omer / Arist von Schlippe
Autorität durch Beziehung
Die Praxis des gewaltlosen Widerstands in der Erziehung
Mit einem Vorwort von Wilhelm Rotthaus.3. Auflage 2006. 262 Seiten mit 5 Abb., kartoniert
ISBN 978-3-525-49077-8

Arist von Schlippe /
Michael Grabbe (Hg.)
Werkstattbuch Elterncoaching
Elterliche Präsenz und gewaltloser Widerstand in der Praxis
2007. 292 Seiten mit 4 Abb. und 6 Tab.,
kartoniert
ISBN 978-3-525-49109-6

Arist von Schlippe / Almute Nischak /
Mohammed El Hachimi (Hg.)
Familienunternehmen verstehen
Gründer, Gesellschafter und Generationen
2008. 296 Seiten mit 19 Abb. und 5 Tab.,
gebunden
ISBN 978-3-525-49135-5

Jürgen Hargens
Aller Anfang ist ein Anfang
Gestaltungsmöglichkeiten hilfreicher systemischer Gespräche
Mit einem Vorwort von Arist von Schlippe
2. Auflage 2006. 160 Seiten mit 2 Abb. und
3 Tab., kartoniert
ISBN 978-3-525-46195-2

Johannes Herwig-Lempp
Ressourcenorientierte Teamarbeit
Systemische Praxis der kollegialen Beratung. Ein Lern- und Übungsbuch
2004. 260 Seiten mit 11 Abb., kartoniert
ISBN 978-3-525-46197-6

Informieren Sie sich über unser Buch- und Zeitschriftenprogramm zu Systemischer Therapie und Kinder-, Jugendlichen- und Familientherapie sowie über unser Gesamtprogramm auf unserer Homepage:
www.v-r.de

Vandenhoeck & Ruprecht